'Van dit boek krijgen wij spontaan zin om onze relatie te verbreken, te eten in Italië en in een yogahouding te gaan zitten.' – *Viva*

'Gilbert schrijft heel aanstekelijk over haar eigen is-dit-nou-alles-gevoel.' – *esta*

'Een mix van beauty and brains, intuïtie en intelligentie, humor en relativeringsvermogen.' – *Happinez*

'Elizabeth Gilbert is eerlijk over de dingen die ze doet en meemaakt. Een heerlijk boek, humoristisch, vlot en lekker geschreven.' – *Noordhollands Dagblad*

'Wat een dappere, inspirerende, intelligente én grappige vrouw is Elizabeth Gilbert.' – *Flair* *****

'Herkenbaar, eerlijk en grappig.' – *Evita*

'Hartveroverend. Een oergeestige spirituele roman over het ware geluk en sexy liefde. U zult lachen en huilen tegelijkertijd.' – *Elegance*

'Het boek is al bijna een klassieker.' – *Glamour*

ELIZABETH GILBERT BIJ UITGEVERIJ CARGO

Mannen van staal
Pelgrims
Toewijding

Elizabeth Gilbert

Eten, bidden, beminnen

De zoektocht van een vrouw
in Italië, India en Indonesië

Vertaald door Martine Jellema

2013
DE BEZIGE BIJ
AMSTERDAM

Copyright © 2006 Elizabeth Gilbert
All rights reserved
Copyright Nederlandse vertaling © 2007 Martine Jellema
Eerste druk mei 2007
Drieënveertigste druk april 2013
Oorspronkelijke titel *Eat, Pray, Love. One Woman's Search for Everything Across Italy, India and Indonesia*
Oorspronkelijke uitgever Bloomsbury, Londen
Omslagontwerp Studio Jan de Boer
Filmbeelden omslag © 2010 Columbia Pictures Industries, Inc. All rights reserved
Foto auteur Deborah Lopez
Vormgeving binnenwerk Peter Verwey, Heemstede
Druk Koninklijke Wöhrmann, Zutphen
ISBN 978 90 234 7980 2
NUR 302

www.uitgeverijcargo.nl

Voor Susan Bowen, die zelfs vanaf een afstand van bijna twintigduizend kilometer mijn steun en toeverlaat was

Zeg de waarheid, zeg de waarheid, zeg de waarheid.*

– Sheryl Louise Moller

* Behalve wanneer je probeert noodtransacties in Balinese onroerend-goedkwesties tot stand te brengen, zoals beschreven in boek drie.

Introductie

oftewel

Hoe dit boek werkt

oftewel

De 109de kraal

Wanneer je door India reist – en dan vooral door pelgrimsoorden en ashrams – zie je veel mensen die kralenkettingen om hun nek dragen. Ook zie je veel oude foto's van naakte, magere en intimiderende yogi's (en soms zelfs van mollige, vriendelijke en stralende yogi's) met kralenkettingen. Die kralenkettingen worden *japa mala's* genoemd. In India worden ze al eeuwenlang gebruikt om ervoor te zorgen dat vrome hindoes en boeddhisten zich kunnen blijven concentreren op hun meditatieve gebeden. De ketting wordt in één hand vastgehouden en met de vingers in een rondje geschoven, één kraal per herhaalde mantra. Toen de middeleeuwse kruisvaarders voor hun heilige oorlogen naar het Oosten trokken, zagen ze gelovigen bidden met zulke japa mala's. Ze vonden het zo'n mooie techniek dat ze het idee mee terugnamen naar Europa in de vorm van de rozenkrans.

De traditionele japa mala is een snoer van 108 kralen. Onder de meer esoterische oosterse filosofen wordt 108 beschouwd als een zeer gunstig getal, een volmaakt, uit drie cijfers bestaand meervoud van drie, waarvan de losse onderdelen bij elkaar opgeteld op negen uitkomen, hetgeen drie keer drie is. En drie is natuurlijk het getal dat voor het opperste evenwicht staat, zoals zonneklaar is voor eenieder die ooit de Heilige Drie-eenheid of een doodgewone barkruk heeft bestudeerd. Aangezien dit boek gaat over mijn pogingen om evenwicht te vinden, heb ik besloten het te structureren als een japa mala en mijn verhaal onder te verdelen in 108 verhaaltjes, oftewel kralen. Verder is dit snoer van 108 verhaaltjes onderverdeeld in drie afzonderlijke delen over Italië, India en Indonesië, de drie landen die ik tijdens mijn jaar van zelfonderzoek bezocht. Die onderverdeling houdt in dat elk boek uit 36 verhaaltjes bestaat, wat me op een persoonlijk niveau aanspreekt omdat ik dit alles tijdens mijn zesendertigste levensjaar op papier zet.

Voordat ik helemaal op de Louis Farrakhan-toer ga met dit numerologische gedoe, moet ik waarschijnlijk zeggen dat ik het ook leuk vind om deze verhaaltjes aan een japa mala-structuur op te hangen omdat dat zo heerlijk gestructureerd is. Oprecht spiritueel onderzoek is al van oudsher een onderneming waar systematische discipline bij komt kijken. Op zoek gaan naar de Waarheid is niet zomaar een leuk partijtje je-doet-maar, zelfs niet nu, in dit grote tijdperk van leuke partijtjes je-doet-maar voor iedereen. Zowel als zoeker als als schrijfster ervaar ik het als nuttig om zo veel mogelijk vast te houden aan mijn kralenketting, zodat ik mijn aandacht beter kan richten op dat wat ik precies probeer te bewerkstelligen.

Hoe dan ook, elke japa mala heeft een speciale extra kraal – de 109de kraal – die als een hanger buiten die gelijkmatig verdeelde kring van 108 hangt. Vroeger dacht ik altijd dat die 109de kraal een reservekraal voor noodgevallen was, net zoiets als de extra knoop op een dure trui of de jongste zoon van een koninklijke familie. Blijkbaar dient hij echter een nog hoger doel. Wanneer je vingers tijdens het bidden dat herkenningspunt bereiken, is het de bedoeling dat je even ophoudt met mediteren en in plaats daarvan je leermeesters bedankt. Dus hier, bij mijn eigen 109de kraal, las ik even een pauze in, nog voordat ik goed en wel begonnen ben. Ik wil graag mijn dank betuigen aan al mijn leermeesters, die dit jaar in zo veel bijzondere gedaanten aan me zijn verschenen.

Maar mijn dank gaat vooral uit naar mijn goeroe, die de goedheid in eigen persoon is, en die zo vriendelijk was me toestemming te geven om tijdens mijn verblijf in India in haar ashram te studeren. Dit is ook het moment waarop ik graag duidelijk wil maken dat ik helemaal vanuit een persoonlijk perspectief over mijn ervaringen in India schrijf, en niet als theologisch geschoolde geleerde of als iemands officiële woordvoerster. Om die reden zal ik ook niet de naam van mijn goeroe noemen in dit boek – omdat ik niet uit haar naam kan spreken. Haar leer spreekt het beste voor zich. Noch zal ik de naam en/of de locatie van haar ashram onthullen, om dat voortreffelijke instituut een publiciteit te besparen waar het misschien helemaal niet op zit te wachten en die het misschien ook helemaal niet aankan.

En dan nog een laatste uiting van dankbaarheid: hier en daar in het boek zijn om diverse redenen enkele namen veranderd, maar de namen van de mensen (zowel Indiaas als westers) die ik in die ashram in India heb leren kennen zijn systematisch veranderd. Dit uit respect voor het feit dat de meeste mensen niet op een spirituele pelgrimage gaan om later als personage in een boek opgevoerd te worden. (Tenzij ze natuurlijk mijzelf zijn.) Ik heb maar één uitzondering gemaakt op dat aan mezelf opgelegde anonimiteitsbeleid. Richard uit Texas heet echt Richard en komt ook werkelijk uit Texas. Ik wilde hier zijn echte naam gebruiken omdat hij zo belangrijk voor me was toen ik in India was.

Nog één laatste ding: toen ik Richard vroeg of hij ermee akkoord ging dat ik in mijn boek vermeldde dat hij een voormalige junk en alcoholist was, zei hij dat dat geen enkel probleem was.

Hij zei: 'Ik vroeg me sowieso al af hoe ik dat eens algemeen bekend moest maken...'

Maar eerst: Italië...

BOEK EEN

ITALIË

oftewel

'Zeg het alsof je het eet'

oftewel

Zesendertig verhaaltjes over de zoektocht naar genot

I

Ik wou dat Giovanni me kuste.

Maar o, er zijn redenen te over waarom dat een verschrikkelijk slecht idee zou zijn. Allereerst is Giovanni tien jaar jonger dan ik en woont hij – net als de meeste Italiaanse mannen van in de twintig – nog bij zijn moeder. Alleen al om die reden is hij voor mij een onwaarschijnlijke minnaar, gezien het feit dat ik een Amerikaanse carrièrevrouw van midden in de dertig ben die net een stukgelopen huwelijk en een verschrikkelijke, eindeloze scheiding achter de rug heeft, onmiddellijk gevolgd door een hartstochtelijke verhouding die uitliep op een weerzinwekkend gebroken hart. Door deze hele reeks verliezen voel ik me nu treurig, broos en zo'n zevenduizend jaar oud. Alleen al uit principe wil ik die leuke, onbezoedelde Giovanni mijn eigen trieste, mislukte ouwe ik niet aandoen. En dan hebben we het nog niet eens over het feit dat ik eindelijk de leeftijd heb bereikt waarop een vrouw zich gaat afvragen of het echt wel zo verstandig is om over het verlies van de ene mooie jongeman met bruine ogen heen te komen door meteen met de volgende in bed te duiken. Vandaar dat ik nu dus al maanden alleen ben. En vandaar dat ik heb besloten dit hele jaar niet aan seks te doen.

Waarop de slimme toeschouwer misschien vraagt: 'Wat doe je dan in godsnaam in Itálië?'

Waarop ik maar één antwoord kan geven, vooral als ik zo over de tafel heen naar de knappe Giovanni kijk: 'Goeie vraag.'

Giovanni is mijn uitwisselingspartner. Dat klinkt suggestief, maar dat is het helaas niet. Het wil alleen maar zeggen dat we elkaar een paar avonden per week hier in Rome ontmoeten om onze spreekvaardigheid te verbeteren. Eerst spreken we Italiaans en heeft hij geduld met mij; vervolgens spreken we Engels en heb ik geduld met hem. Ik ontdekte Giovanni een paar weken nadat ik in Rome was aangekomen, dankzij dat grote internetcafé aan het Piazza Barberini, tegenover die fontein met het beeld van de sexy zeemeerman die in zijn schelp blaast. Hij (dat wil zeggen, Giovanni – niet de zeemeerman) had een briefje op het prikbord geplakt waarop stond dat een native speaker van het Italiaans op zoek was naar een native speaker van het Engels om zijn spreekvaardigheid te verbeteren. Vlak naast zijn oproep hing een ander briefje met precies hetzelfde verzoek, woordelijk identiek, tot en met het lettertype. Het enige verschil was de contactinformatie. Op het ene briefje stond het e-mailadres van ene Giovanni; op het andere prijkte dat van ene Dario. Maar zelfs het telefoonnummer (een vast nummer, niet mobiel) was hetzelfde.

Afgaande op mijn geweldige intuïtie stuurde ik de beide mannen tegelijkertijd een mailtje, en vroeg in het Italiaans: 'Zijn jullie soms broers?'

Waarop Giovanni dit zwaar *provocativo* bericht terugstuurde: 'Nog beter. Tweelingbroers!'

O ja, veel beter. Een lange, donkere, knappe, eeneiige, 25-jarige tweeling, bleek later, met van die gigantische bruine, in het midden vloeibare Italiaanse ogen waarvan ik helemaal week word vanbinnen. Toen ik de jongens eenmaal in levenden lijve had ontmoet, begon ik me af te vragen of ik mijn regel om me een jaar lang aan het celibaat te houden toch niet een beetje moest herzien. Misschien kon ik me bijvoorbeeld wel aan het celibaat houden, maar dan *met uitzondering* van twee minnaars in de vorm van een knappe 25-jarige Italiaanse tweeling...? Wat me een beetje deed denken aan een vriendin van me die vegetariër is, behalve met spek, maar goed... Ik zag mijn ingezonden brief aan

de *Penthouse* al voor me: *In de flakkerende schaduwen in het Romeinse café was het niet duidelijk wiens handen er strelend over mijn li...*
Nee dus.
Nee, nee en nog eens nee.
Ik brak mijn fantasietje midden in het woord af. Dit was niet het moment om op zoek te gaan naar avontuurtjes en zo (want zo gaan die dingen) mijn toch al gecompliceerde leven nog ingewikkelder te maken. Dit was het moment om op zoek te gaan naar het soort rust en genezing dat alleen kan voortkomen uit alleen zijn.

Hoe dan ook, inmiddels, half november, zijn de verlegen, leergierige Giovanni en ik grote vrienden. Wat Dario – de drukke, swingende helft van de tweeling – betreft, die heb ik voorgesteld aan mijn schat van een Zweedse vriendin Sofie, en zoals zij tegenwoordig hun avonden in Rome doorbrengen, nou, dat is weer een heel ander soort uitwisseling. Terwijl Giovanni en ik alleen maar praten. Nou ja, eten en praten. Inmiddels brengen we al wekenlang hele avonden aangenaam etend en keuvelend door, waarbij we samen pizza's delen en vriendelijk elkaars grammatica verbeteren, en vanavond is geen uitzondering op die regel. Een leuke avond vol nieuwe uitdrukkingen en verse mozzarella.

En nu is het middernacht en mistig, en Giovanni brengt me veilig terug naar mijn appartement, door van die Romeinse steegjes die om de oude gebouwen heen kronkelen zoals moerassige kleine riviertjes in het zuiden van de Verenigde Staten rond schimmige groepjes cipressen stromen. Daar staan we dan, voor mijn deur. We staan tegenover elkaar. Hij klemt me enthousiast tegen zijn borst. We gaan vooruit; de eerste paar weken wilde hij me alleen een hand geven. Ik denk dat als ik nog drie jaar in Italië blijf, hij misschien eens het lef zal opbrengen om me een kus te geven. Aan de andere kant, misschien gaat hij me nu wel zoenen, vannacht, hier voor mijn deur... het kan nog steeds... ik bedoel, we staan dicht tegen elkaar aan, hier onder het maanlicht... en natuurlijk zou het een ontzaglijk fout plan zijn... maar toch, het is zo heerlijk, de mogelijkheid dat het er nu eindelijk eens van gaat komen... dat hij zich misschien wel over me heen buigt... en... en...

Nee dus.

Hij maakt zich los uit de omhelzing.

'*Good night, my dear Liz,*' zegt hij.

'*Buona notte, caro mio,*' antwoord ik.

Ik loop de trap op naar mijn appartement op de derde verdieping, helemaal alleen. Ik laat mezelf binnen in mijn piepkleine studio, helemaal alleen. Weer ga ik hier in Rome in mijn eentje naar bed. Weer hoef ik vanavond niet voor mijn nachtrust te vrezen; er ligt niks en niemand in mijn bed, behalve een stapel *Wat en hoe in het Italiaans*-gidsjes en woordenboeken.

Ik ben alleen, helemaal alleen, honderd procent alleen.

Op het moment dat dat tot me doordringt, gooi ik mijn tas opzij, laat ik me op mijn knieën vallen en druk ik mijn voorhoofd tegen de vloer. Daar richt ik een hartstochtelijk dankgebed tot het universum.

Eerst in het Engels.

Dan in het Italiaans.

En vervolgens – opdat het allemaal maar helder overkomt – ook nog eens in het Sanskriet.

2

En aangezien ik nu dan toch op mijn knieën op de vloer lig, kan ik die smekende positie net zo goed nog even aanhouden en intussen drie jaar terug in de tijd gaan, naar het moment waarop dit hele verhaal begon – een moment waarop ik me in precies dezelfde houding bevond: op mijn knieën, biddend op een vloer.

Verder was alles aan die scène drie jaar geleden echter anders. Die keer bevond ik me niet in Rome, maar in de badkamer op de eerste verdieping van het grote huis in een voorstadje van New York dat ik net met mijn echtgenoot had gekocht. Het was een koude novembermaand, rond drie uur 's nachts. Mijn man lag in ons bed te slapen. Ik hield me al voor de zevenenveertigste achtereenvolgende nacht of zo schuil in de badkamer, en net als bij al die eerdere gelegenheden lag ik te huilen. En wel zo hard dat zich vóór me een groot tranenmeer met snot op de badkamertegels uitstrekte, een waar Lake Inferior (zo je wilt) van schaamte, angst, verwarring en zorgen.

Ik wil niet meer getrouwd zijn.

Ik deed mijn uiterste best om dat niet te weten, maar de waarheid bleef zich aan me opdringen.

Ik wil niet meer getrouwd zijn. Ik wil niet in dit grote huis wonen. Ik wil geen baby.

Maar er werd wel van me verwacht dat ik een baby wilde. Ik was 31. Mijn man en ik – acht jaar bij elkaar, waarvan zes jaar getrouwd – hadden ons hele leven opgebouwd rondom de gedeelde verwachting dat ik, als ik eenmaal de stokoude dertig was gepasseerd, het wel rustig aan zou willen gaan doen en kinderen zou willen krijgen. Tegen die tijd, verwachtten we allebei, zou ik het reizen wel zat zijn en zou ik gelukkig zijn met een groot, druk huishouden vol kinderen en zelfgemaakte quilts, met een leuke achtertuin en een gezellige stoofpot die op het fornuis stond te pruttelen. (Het feit dat dit een behoorlijk natuurgetrouwe weergave van mijn eigen moeder was, geeft wel aan hoeveel moeite ik ooit had om het verschil te zien tussen mezelf en de sterke vrouw die me heeft opgevoed.) Maar zelf wilde ik – ontdekte ik tot mijn afgrijzen – helemaal niets van dat alles. In plaats daarvan hing me, toen ik eenmaal achter in de twintig was, die DERTIG-deadline als een terdoodveroordeling boven het hoofd, en ik kwam erachter dat ik helemaal niet zwanger wilde worden. Ik bleef maar wachten tot ik een baby wilde, maar dat gebeurde niet. En geloof me, ik weet hoe het voelt om iets te willen. Ik weet maar al te goed hoe verlangen voelt. Maar er was geen sprake van verlangen. En daarbij bleef er iets door mijn hoofd spoken wat mijn zusje ooit tegen me had gezegd terwijl ze haar eerstgeborene de borst zat te geven: 'Een baby krijgen is net zoiets als een tatoeage op je voorhoofd laten zetten. Je moet echt zeker weten dat je het wilt, anders moet je er niet aan beginnen.'

Maar hoe kon ik nu nog terug? Voor alles was gezorgd. Dit moest het jaar worden. We waren al een paar maanden bezig te proberen zwanger te worden. Er was echter nog niets gebeurd (behalve dan dat ik – in een bijna sarcastische parodie op een zwangerschap – last had van psychosomatische ochtendmisselijkheid en elke dag na het ontbijt van pure zenuwen overgaf). En elke maand fluisterde ik wanneer ik ongesteld werd stiekem in de badkamer: *Dank u, dank u, dank u, dank u wel dat ik nog een maandje mag leven...*

Ik had geprobeerd mezelf ervan te overtuigen dat dat normaal was. Zo voelden álle vrouwen zich als ze probeerden zwanger te raken, had ik besloten. ('Ambivalent' was het woord dat ik gebruikte, om maar niet die veel nauwkeuriger beschrijving te hoeven gebruiken: 'vervuld van afgrijzen'.) Ik probeerde mezelf ervan te overtuigen dat mijn gevoelens doodnormaal waren, hoewel alles op het tegendeel wees – zoals bijvoorbeeld die kennis die ik een week eerder tegen het lijf was gelopen, die net had ontdekt dat ze voor het eerst zwanger was, na twee jaar vruchtbaarheidstherapie die een absoluut fortuin had gekost. Ze was helemaal in extase. Ze wilde al eeuwen moeder worden, vertelde ze me. Ze gaf toe dat ze al jarenlang stiekem babykleertjes kocht en die vervolgens onder het bed verstopte, waar haar man ze niet zou vinden. Ik zag de blijdschap op haar gezicht en herkende die. Precies dezelfde blijdschap had de lente ervoor van mijn eigen gezicht gestraald op de dag dat ik had ontdekt dat het tijdschrift waarvoor ik werkte me naar Nieuw-Zeeland zou sturen, met de opdracht om een artikel over de speurtocht naar reuzeninktvissen te schrijven. En ik dacht: 'Pas als ik even extatisch kan zijn over het krijgen van een baby als over mijn reis naar Nieuw-Zeeland om op zoek te gaan naar een reuzeninktvis mag ik een baby krijgen.'

Ik wil niet meer getrouwd zijn.

Overdag liet ik die gedachte niet toe, maar 's nachts liet hij me niet los. Wat een ramp. Hoe kon ik het in vredesnaam maken om het zover te laten komen met ons huwelijk, en er vervolgens gewoon een punt achter te zetten? We hadden net een jaar geleden samen een huis gekocht. Had ik mijn zinnen niet op dit mooie huis gezet? Was ik er niet dolblij mee geweest? Waarom dwaalde ik dan nu 's nachts wenend als Medea door de gangen? Was ik niet trots op alles wat we hadden vergaard – het prestigieuze huis in de Hudson Valley, het appartement in Manhattan, de acht telefoonlijnen, de vrienden, de picknicks en de feestjes, de weekends in de gangpaden van een of andere vierkante megawinkel naar keuze waar we steeds weer nieuwe apparaten op de pof kochten? Ik had actief deelgenomen aan alle momenten van de schepping van dat leven, dus waarom had ik nu dan het gevoel dat het allemaal geen deel van me uitmaakte? Waarom voelde ik me zo verpletterd door mijn plichten, en was ik het zo zat om de voornaamste kostwinner, huishoudster, sociale planner, hondenuitlater, echtgenote en toekomstige moeder te zijn, en tussendoor, ergens in een paar gestolen momentjes, ook nog eens schrijfster…?

Ik wil niet meer getrouwd zijn.

Mijn man lag in de andere kamer in ons bed te slapen. Ik hield van hem, maar tegelijkertijd kon ik hem ook niet uitstaan. Ik kon hem niet wakker maken om hem in mijn verdriet te laten delen – wat had dat voor zin? Hij keek al maanden toe hoe ik aan het instorten was, hoe krankzinnig ik me gedroeg (over dat woord waren we het allebei wel eens), en hij werd alleen maar doodmoe van me. We wisten allebei dat er *iets mis was met mij*, en hij begon zijn geduld te verliezen. We hadden ruziegemaakt en gehuild, en we waren aan het eind van ons Latijn, zoals alleen een echtpaar waarvan het huwelijk op instorten staat aan het eind van zijn Latijn kan zijn. We hadden de ogen van vluchtelingen.

De vele redenen dat ik niet meer de vrouw van deze man wilde zijn, zijn te persoonlijk en te treurig om hier op te tekenen. Veel ervan hadden te maken met mijn eigen problemen, maar een behoorlijk deel van onze moeilijkheden kwam ook voort uit zijn problemen. Zo gaat dat nu eenmaal; per slot van rekening komen er bij een huwelijk altijd twee kijken – twee stemmen, twee meningen, twee conflicterende reeksen beslissingen, verlangens en beperkingen. Maar het lijkt me niet gepast om zijn problemen in mijn boek te bespreken. Verder zou ik nooit van iemand verwachten dat hij zomaar zou geloven dat ik in staat ben een onbevooroordeelde versie van ons verhaal te vertellen, en dus zal dit geen kroniek van ons stukgelopen huwelijk worden. Ik ga je ook niet vertellen waarom ik nog wél zijn vrouw wilde zijn, of hoe geweldig hij wel niet was, waarom ik van hem hield, waarom ik met hem getrouwd was en waarom ik me mijn leven niet zonder hem kon voorstellen. Dat ga ik allemaal voor me houden. Laat ik gewoon zeggen dat hij die nacht tegelijkertijd mijn vuurtoren en mijn albatros was. Er was maar één ding dat nog ondenkbaarder was dan bij hem weggaan, en dat was blijven; er was maar één ding dat nog onmogelijker was dan bij hem blijven, en dat was bij hem weggaan. Ik wilde niets en niemand kapotmaken. Ik wilde gewoon stilletjes de achterdeur uit glippen, zonder trammelant of consequenties, en dan net zo lang door blijven rennen tot ik Groenland had bereikt.

Dit gedeelte van mijn verhaal is niet bijster vrolijk, dat weet ik. Ik vertel het je echter omdat er op de vloer van die badkamer iets op het punt stond te gebeuren wat de koers van mijn leven voor altijd zou veranderen – een beetje vergelijkbaar met zo'n krankzinnige astronomische supergebeurtenis waarbij ergens in de ruimte zonder enige reden een planeet kantelt en de gesmolten kern van die planeet verschuift, waardoor de polen zich ineens verplaatsen en de hele planeet radicaal van vorm verandert, zodat hij ineens langwerpig wordt in plaats van rond. Zoiets.

Wat er gebeurde was dat ik begon te bidden.

Je weet wel, tot *God*.

3

En ja, dat was iets nieuws voor me. En aangezien dit de eerste keer is dat ik dat beladen woord – GOD – in mijn boek laat vallen, en aangezien het een woord is dat regelmatig op deze bladzijden zal voorkomen, lijkt het me niet meer dan redelijk dat ik hier even een korte pauze inlas om uit te leggen wat ik precies bedoel als ik dat woord gebruik, zodat mensen meteen kunnen beslissen hoe beledigd ze zich moeten voelen.

Als ik het vraagstuk of God überhaupt bestaat even voor later mag bewaren (nee – ik heb een beter idee: laten we dat vraagstuk maar gewoon helemaal overslaan), dan wil ik hier eerst uitleggen waarom ik het woord 'God' gebruik, terwijl ik net zo goed 'Jehova', 'Allah', 'Shiva', 'Brahma', 'Vishnu' of 'Zeus' zou kunnen zeggen. Eventueel zou ik God ook 'Dat' kunnen noemen, zoals de oude heilige geschriften in het Sanskriet doen, en wat volgens mij dicht in de buurt van de allesomvattende, onbeschrijflijke entiteit komt die ik een paar keer aan den lijve heb ervaren. Maar dat 'Dat' heeft wat mij betreft iets onpersoonlijks – een ding, geen wezen – en zelf kan ik niet bidden tot een Dat. Ik heb een eigennaam nodig om echt een persoonlijke aanwezigheid te kunnen voelen. Om diezelfde reden richt ik mijn gebeden als ik bid ook niet tot Het Universum, De Grote Leegte, De Kracht, Het Hogere Zelf, Het Geheel, De Schepper, Het Licht, De Hogere Macht, of zelfs niet tot de meest poëtische manifestatie van de naam van God, die geloof ik uit een gnostisch evangelie komt: 'De Schaduw van de Omkering'.

Ik heb niets tegen deze termen. Wat mij betreft zijn ze allemaal gelijkwaardig, omdat het stuk voor stuk even adequate als inadequate beschrijvingen van het onbeschrijflijke zijn. We hebben echter allemaal een bruikbare naam voor deze onbeschrijflijkheid nodig, en 'God' is de naam die voor mij het warmst aanvoelt, en dus is dat de naam die ik hanteer. Ik moet ook bekennen dat ik God in het algemeen als een 'Hij' zie, waar ik geen moeite mee heb omdat dat voor mij niet meer dan een handig persoonlijk voornaamwoord is, geen exacte anatomische beschrijving of reden tot revolutie. Natuurlijk zit ik er niet mee als mensen God een 'Zij' noemen; ik snap wel waar die behoefte vandaan komt. Nogmaals, voor mij zijn het gelijkwaardige termen, even adequaat als inadequaat. Al ben ik wel van mening dat het aardig is om beide voornaamwoorden met een hoofdletter te spellen, een stukje beleefdheid in het aangezicht van het goddelijke.

In cultureel opzicht, zij het niet in theologisch opzicht, ben ik christen. Ik kom uit een typisch blank, protestants, Angelsaksisch gezin. En hoewel ik zeker van die geweldige leraar van de vrede hou die Jezus heette, en hoewel ik me zeker het recht voorbehoud om me in bepaalde lastige situaties inderdaad af te vragen hoe hij het zou aanpakken, heb ik grote moeite met die ene regel van het christendom waar niet aan te tornen valt, namelijk dat Christus de énige weg tot God is. Strikt genomen kan ik mezelf dus geen christen noemen. De meeste christenen die ik ken accepteren mijn gevoelens op dit vlak met gratie en ruimdenkendheid. Maar goed, de meeste christenen die ik ken zijn dan ook niet zo strikt in de leer. Mocht jij wel strikt in de leer zijn, dan kan ik hier alleen maar zeggen dat het me spijt als ik je gekwetst heb en zal ik je verder niet meer lastigvallen.

Traditiegetrouw reageer ik het sterkst op de transcendente mystici van alle religies. Ik reageer altijd met ademloze opwinding op iedereen die ooit heeft gezegd dat God niet in dogmatische bijbelcitaten huist of op een verafgelegen troon in de hemel zetelt, maar juist heel erg dicht bij ons is – veel dichterbij dan we ons kunnen voorstellen, want hij ademt rechtstreeks door ons eigen hart. Ik reageer dankbaar op eenieder die ooit naar het middelpunt van dat hart is gereisd, en vervolgens naar de aarde is teruggekeerd met de boodschap voor de rest van de mensheid dat God *het ervaren van de hoogste liefde* is. Alle religieuze overleveringen op aarde hebben zo hun mystieke heiligen en transcendente zielen gekend die juist van deze ervaring gewag maken. Helaas zijn velen van hen ten slotte gearresteerd en om het leven gebracht. Toch heb ik een zeer hoge pet van ze op.

Als puntje bij paaltje komt, zijn mijn huidige ideeën over God eenvoudig. Ze zitten als volgt in elkaar: ooit had ik een heel grote hond. Ze kwam uit het asiel. Ze was een ratjetoe van een stuk of tien verschillende rassen, maar leek van al die rassen de beste eigenschappen te hebben geërfd. Ze was bruin. Als mensen me vroegen: 'Wat is dat voor een hond?' gaf ik altijd hetzelfde antwoord: 'Een bruine hond.' En als iemand me vraagt: 'In wat voor soort God geloof je?' is mijn antwoord al even eenvoudig: 'Ik geloof in een schitterende God.'

4

Natuurlijk heb ik sinds die nacht op de badkamervloer toen ik me voor het eerst rechtstreeks tot God wendde ruimschoots de tijd gehad om mijn meningen over God te formuleren. Toen ik echter nog midden in die donkere novembercrisis zat, was ik niet zo geïnteresseerd in het formuleren van mijn theologische opvattingen. Het enige wat me interesseerde, was het redden van mijn leven. Ik had eindelijk gemerkt dat ik een staat van hopeloze, levensbedreigende wanhoop had bereikt, en toen bedacht ik dat mensen in die toestand God nog weleens willen aanschieten voor hulp. Waarschijnlijk was ik dat in een of ander boek tegengekomen.

Wat ik tussen de gierende uithalen door tegen God zei was iets in de trant van: 'Hallo, God. Hoe maakt u het? Ik ben Liz. Leuk u te ontmoeten.'

Inderdaad, ja – ik sprak de schepper van het heelal aan alsof we net op een feestje aan elkaar waren voorgesteld. Maar goed, we hebben nu eenmaal bepaalde gewoonten in het leven, en dit zijn de woorden die ik altijd zeg als ik iemand leer kennen. Ik kon mezelf er nog net van weerhouden om te zeggen: 'Ik ben een grote fan van uw werk...'

'Het spijt me dat ik u zo laat nog moet storen,' ging ik verder. 'Maar ik zit ernstig in de problemen. En het spijt me dat ik me nog nooit eerder rechtstreeks tot u heb gericht, maar ik hoop dat ik u wel altijd uitgebreid genoeg heb bedankt voor alle zegeningen die ik in mijn leven van u heb ontvangen.'

Van die gedachte moest ik nog harder huilen. God wachtte tot ik uitgehuild was. Ik kreeg mezelf weer genoeg onder controle om verder te gaan: 'Ik ben niet zo'n expert op bidgebied, dat weet u. Maar wilt u me alstublieft helpen? Ik heb een enorme behoefte aan hulp. Ik weet niet wat ik moet doen. Ik heb een antwoord nodig. Vertelt u me alstublieft wat ik moet doen. Vertelt u me alstublieft wat ik moet doen. Vertelt u me alstublieft wat ik moet doen...'

En zo werd het gebed vanzelf teruggebracht tot dat ene eenvoudige verzoek – *Vertelt u me alstublieft wat ik moet doen* – dat ik keer op keer herhaalde. Ik heb geen idee hoe vaak ik om hulp smeekte. Ik weet alleen dat ik smeekte alsof mijn leven ervan afhing. En het huilen ging maar door.

En toen hield het ineens op.

Ineens besefte ik dat ik niet meer huilde. Ik was zelfs midden in een snik opgehouden met huilen. Mijn misère was compleet uit me gezogen. Ik tilde mijn voorhoofd van de vloer en ging verrast overeind zitten. Ik vroeg me af of ik nu een of ander Groots Wezen zou zien dat mijn tranen had weggenomen, maar er was niemand. Ik was gewoon alleen. En toch ook weer niet echt alleen. Ik werd omringd door iets wat ik alleen kan omschrijven als een kleine enclave van stilte – zo'n bijzondere stilte dat ik niet wilde uitademen, uit angst dat zij op de vlucht zou slaan. Ik was doodstil. Ik weet niet of ik ooit eerder zo'n stilte had gevoeld.

Toen hoorde ik een stem. Maak je alsjeblieft geen zorgen – het was geen Charlton-Heston-in-het-Oude-Testament-volgens-Hollywoodstem, en ook geen stem die me opdroeg dat ik een honkbalveld in mijn achtertuin moest aanleggen. Het was gewoon mijn eigen stem, die vanbinnen tot me sprak. Maar dan wel mijn stem zoals ik hem nog nooit eerder had gehoord. Het was mijn stem, maar dan uiterst wijs, kalm en meelevend. Mijn stem zoals ik zou klinken als ik mijn hele leven niets dan liefde en zekerheid had gekend.

Hoe kan ik de warme affectie in die stem beschrijven toen hij me het antwoord gaf dat mijn geloof in het goddelijke voor altijd zou bezegelen?

De stem zei: *Ga terug naar bed, Liz.*

Ik ademde uit.

Het was onmiddellijk duidelijk dat dit het enige was wat erop zat. Een ander antwoord zou ik niet geaccepteerd hebben. Ik zou geen vertrouwen hebben gehad in een formidabele bulderende stem die ofwel *Je Moet Van Je Man Scheiden!* had gezegd, ofwel *Je Moet Niet Van Je Man Scheiden!* Dat is namelijk geen ware wijsheid. Ware wijsheid verschaft het enig mogelijke antwoord op een bepaald moment, en die nacht was terug naar bed gaan het enige mogelijke antwoord. *Ga terug naar bed*, zei die alwetende innerlijke stem, want het definitieve antwoord hoef je nu niet meteen te weten, om drie uur 's nachts op een donderdag in november. *Ga terug naar bed*, want ik hou van je. *Ga terug naar bed*, want het enige wat je op dit moment moet doen is slapen en goed voor jezelf zorgen, totdat je het antwoord wél weet. *Ga terug naar bed*, zodat wanneer de storm straks losbarst, je sterk genoeg bent om hem aan te kunnen. Want reken maar dat er een storm aan zit te komen, lieve kind. En snel ook. Maar vannacht nog niet. En dus: *Ga terug naar bed, Liz.*

In zekere zin had deze korte episode alle kenmerken van een typische christelijke bekeringservaring – de donkere nacht van de ziel, de roep om hulp, de stem die antwoord geeft, het gevoel van transformatie. Zelf zou ik echter niet zeggen dat het een religieuze bekering was voor mij, althans niet in de traditionele zin van opnieuw geboren of verlost worden. Ik zou wat er die nacht gebeurde eerder het begin van een religieus gesprek noemen. De eerste woorden van een openhartige, verkennende dialoog die me uiteindelijk heel dicht bij God zou brengen.

5

Als ik ook maar enig idee had gehad dat alles – zoals Lily Tomlin ooit zei – nog veel erger zou worden voordat het nóg erger werd, weet ik niet hoe goed ik die nacht geslapen zou hebben. Zeven zeer moeilijke maanden later ging ik echter inderdaad bij mijn man weg. Toen ik eindelijk die knoop doorhakte, dacht ik dat het ergste achter de rug was. Dat geeft wel aan hoe weinig ik over echtscheidingen wist.

Ooit stond er in het tijdschrift *The New Yorker* een spotprent van twee pratende vrouwen. Zegt de een tegen de ander: 'Als je iemand echt wilt leren kennen, moet je van hem scheiden.' Natuurlijk maakte ik zelf precies het tegenovergestelde mee. Persoonlijk zou ik zeggen: 'Als je iemand echt níet meer wilt kennen, moet je van hem (of haar) scheiden.' Want zo verging het mijn man en mij. Ik geloof dat we beiden geschokt waren over het rappe tempo waarmee we van de twee mensen die elkaar het beste ter wereld kenden verwerden tot twee vreemdelingen die echt helemaal niets meer van elkaar begrepen. Die vervreemding kwam voort uit het afschuwelijke feit dat we beiden iets deden wat de ander nooit voor mogelijk had gehouden: hij had nooit gedacht dat ik hem daadwerkelijk zou verlaten, en ik had zelfs in mijn ergste nachtmerries niet gedacht dat hij het zo moeilijk voor me zou maken om weg te gaan.

Toen ik mijn man verliet, geloofde ik werkelijk dat we onze praktische zaken in een paar uur konden regelen, met een rekenmachine, wat gezond verstand en een beetje goodwill jegens degene van wie we ooit hadden gehouden. In eerste instantie stelde ik voor dat we het huis zouden verkopen en al ons bezit eerlijk zouden verdelen; het kwam gewoon niet bij me op dat we het ook anders konden aanpakken. Dat voorstel vond hij niet eerlijk. Dus deed ik een beter bod, een ander soort eerlijke verdeling: al het geld voor hem, alle kritiek en schuldgevoelens voor mij. Maar zelfs met dat bod stemde hij niet in. Toen wist ik het ook niet meer. Hoe onderhandel je als je al je kaarten al op tafel hebt gelegd? Ik kon niets anders doen dan wachten op zijn tegenvoorstel. Ik voelde me zo schuldig over het feit dat ik bij hem was weggegaan dat ik mezelf niet toestond te denken dat ik ook maar een cent van het geld dat ik de afgelopen tien jaar had verdiend mocht houden. Bovendien was het in verband met mijn pas ontdekte spiritualiteit van groot belang voor me dat we geen oorlog voerden. Ik stelde me dus als volgt op: ik zou mezelf niet tegen hem verdedigen, en evenmin de strijd met hem aangaan. Heel lang weigerde ik zelfs, tegen het advies van iedereen die iets om me gaf in, om advies in te winnen bij een advocaat, omdat ik ook dat als een oorlogsdaad opvatte. Ik wilde dit à la Gandhi aanpakken, of à la Nelson Mandela. Wat ik me op dat moment niet realiseerde, was dat zowel Gandhi als Mandela zelf advocaat was.

Zo gingen er maanden voorbij. Terwijl ik wachtte op mijn vrijheid, op de scheidingsvoorwaarden, verkeerde ik in het ongewisse. Weliswaar woonden we gescheiden (hij was naar ons appartement in Manhattan verhuisd), maar ons huwelijk was nog niet ontbonden. De rekeningen stapelden zich op, onze carrières raakten in het slop, het huis werd een puinhoop en mijn man doorbrak de stilte alleen om af en toe te melden dat ik een vreselijke trut was.

En dan was er nog David.

Alle complicaties en trauma's van die vreselijke scheidingsjaren werden nog verergerd door David, de man op wie ik verliefd werd terwijl ik bezig was afscheid te nemen van mijn huwelijk. Alhoewel... 'verliefd werd'? Wat ik eigenlijk bedoelde is dat ik vanuit mijn huwelijk recht in de armen van David dook, een beetje zoals zo'n circusartiest in een tekenfilm die van een hoge springplank in een klein kopje water duikt, waar hij vervolgens helemaal in verdwijnt. Om aan mijn huwelijk te ontsnappen klampte ik me aan David vast alsof hij de laatste helikopter was die uit Saigon vertrok. Ik drong hem al mijn hoop op verlossing en geluk op. En ja, ik hield echt van hem. Als ik echter een sterker woord dan 'wanhopig' kon verzinnen om te beschrijven hoezeer ik David liefhad dan zou ik dat woord hier gebruiken, en wanhopige liefde is altijd de zwaarste.

Zodra ik bij mijn man weg was, trok ik in bij David. Hij was – is – een bloedmooie jongeman. Een geboren New Yorker, acteur en schrijver, met van die bruine, in het midden vloeibare Italiaanse ogen waarvan ik (had ik dat al gezegd?) altijd helemaal week word vanbinnen. Een door de wol geverfde, onafhankelijke vegetariër, ruw in de mond, spiritueel, verleidelijk. Een rebelse dichter-yogabeoefenaar uit Yonkers. Een echte sexy allrounder, van alle markten thuis. Een enorme persoonlijkheid. Enormer dan enorm. Althans, wat mij betreft. De eerste keer dat mijn beste vriendin Susan me over hem hoorde praten, wierp ze één blik op mijn koortsachtige gezicht en zei toen tegen me: 'Jezusmina meid, daar komt narigheid van.'

David en ik leerden elkaar kennen doordat hij meespeelde in een toneelstuk gebaseerd op een paar korte verhalen die ik had geschreven. Hij speelde een personage dat ik zelf had verzonnen, wat wel enigszins veelbetekenend is. Gaat het bij wanhopige liefde niet altijd zo in zijn werk? Als we wanhopig verliefd zijn, verzinnen we altijd het karakter van onze partner, en eisen we van hem/haar dat hij/zij precies is wat we van hem/haar nodig hebben. En als hij/zij weigert de rol te spelen die we voor hem/haar in gedachten hadden, zijn we er helemaal kapot van.

Maar o, wat hadden we het fijn die eerste paar maanden samen, toen hij nog mijn romantische held was en ik nog zijn vleesgeworden droom. Het was opwindend en we waren beter op elkaar afgestemd dan ik ooit voor mogelijk had gehouden. We verzonnen onze eigen taal. We maakten korte en langere uitstapjes. We klommen naar de top van sommige dingen, zwommen naar de bodem van andere dingen en maakten plannen voor de wereldreizen die we samen zouden maken. We hadden meer lol in de rij bij de afdeling Rijbewijzen van het stadhuis dan de meeste stelletjes op hun huwelijksreis hebben. We gaven elkaar hetzelfde koosnaampje, zodat niets ons zou scheiden. We maakten samen plannen, geloften, beloften en avondeten. Hij las me boeken voor en *deed zelfs de was voor me*. (De eerste keer dat dat gebeurde belde ik stomverbaasd Susan op om melding te maken van dat wonder, alsof ik net een kameel in een telefooncel had zien staan. Ik zei: 'Er heeft net een mán de was voor me gedaan! En hij heeft zelfs mijn ondergoed met de hand gewassen!' Waarop zij nog eens zei: 'Jezus meid, daar komt narigheid van.')

De eerste zomer van Liz en David zag eruit als al die 'en-zo-werden-ze-verliefd'-montages die je in elke romantische film tegenkomt, inclusief samen in de branding rondspetteren en hand in hand bij de ondergaande zon door goudgekleurde velden rennen. Destijds dacht ik nog dat mijn scheiding misschien wel fatsoenlijk zou verlopen, al gaf ik mijn man de zomer vrij van erover praten, zodat we allebei een beetje tot onszelf konden komen. Hoe dan ook, het was doodeenvoudig om te midden van al dat geluk niet aan al dat verlies te denken. En toen kwam er aan die zomer (ook wel bekend als 'het respijt') een eind.

Op 9 september 2001 sprak ik mijn man voor het laatst onder vier ogen. Ik besefte toen nog niet dat we bij elke volgende ontmoeting advocaten nodig zouden hebben om te bemiddelen. We gingen samen uit eten. Ik probeerde het over onze voorlopige scheiding te hebben, maar het enige wat we deden was bekvechten. Hij liet me weten dat ik een leugenaarster en verraadster was, dat hij me haatte en dat hij nooit meer een woord met me zou wisselen. Twee ochtenden later werd ik na een woelige nacht wakker en ontdekte ik dat gekaapte vliegtuigen de twee hoogste gebouwen van mijn stad binnenvlogen. Alles wat ooit onoverwinnelijk was geweest en zo vast als een huis had gestaan, veranderde nu in één grote smeulende puinzee. Ik belde mijn man om te horen of hij ongedeerd was en we huilden samen om de ramp, maar ik ging niet naar hem toe. Zelfs tijdens die week, toen iedereen in New York zich uit eerbied voor de grotere tragedie die zich op dat moment afspeelde over zijn wrok heen zette, ging ik niet terug naar mijn man. Waarmee het voor ons beiden zonneklaar was dat het nu echt helemaal voorbij was.

Ik overdrijf nauwelijks als ik zeg dat ik daarna vier maanden niet sliep.

Ik dacht dat ik er eerder doorheen had gezeten, maar nu (geheel in harmonie met de klaarblijkelijke ineenstorting van de rest van de wereld) viel mijn leven helemaal in duigen. Ik denk met afgrijzen terug aan wat ik David aandeed in de maanden waarin we samenwoonden, net na 11 september en net na mijn voorlopige scheiding van mijn man. Probeer je eens voor te stellen hoe verbaasd hij was toen hij erachter kwam dat de gelukkigste, meest zelfverzekerde vrouw die hij ooit had ontmoet eigenlijk – als je haar een keertje voor jou alleen had – een bodemloze put vol ondoorgrondelijk verdriet was. Opnieuw kon ik niet ophouden met huilen. Daarop begon hij in zijn schulp te kruipen, en toen zag ik de andere kant van mijn hartstochtelijke romantische held: de David die even eenzelvig was als een schipbreukeling, die koel op me reageerde en meer ruimte nodig had dan een hele kudde Amerikaanse bizons.

De plotselinge emotionele afstandelijkheid van David zou waarschijnlijk zelfs onder de beste omstandigheden een ramp voor me zijn geweest, aangezien ik zo'n beetje de meest aanhankelijke levensvorm op deze planeet ben (een soort kruising van een golden retriever en een zeepok), maar dit waren mijn allerergste omstandigheden. Ik was radeloos en afhankelijk, en had meer zorg nodig dan een te vroeg geboren drieling. Doordat hij zich terugtrok werd ik alleen nog maar behoeftiger, en omdat ik zo behoeftig was trok hij zich nog verder terug. Het eindigde ermee dat hij zich terugtrok terwijl ik huilend smeekbedes op hem afvuurde: 'Waar ga je dan heen? Wat is er toch met ons gebeurd?'

(Relatietip: daar zijn mannen GEK op.)

Het zat zo: ik was verslaafd geraakt aan David (ter verdediging: dat had hij zelf aangewakkerd, want zo'n soort *'homme fatal'* was hij wel), en nu zijn aandacht begon te verslappen, leed ik onder de gemakkelijk te voorziene gevolgen daarvan. Verslaving is het kenmerk van alle liefdesverhalen die op waanzinnige verliefdheid gebaseerd zijn. Het begint allemaal als je aanbedene je een duizelingwekkende, hallucinogene dosis geeft van iets waarvan je nooit ook maar had durven toegeven dat je er behoefte aan had – een emotionele speedball, misschien, van flitsende liefde en kolkende opwinding. Al snel begin je een ernstige behoefte te krijgen aan die intense aandacht, met de hunkerende obsessie van zo'n beetje elke junkie. Als de drug je vervolgens onthouden wordt, word je spontaan ziek, gek en uitgeput (om maar niets te zeggen van woest op de dealer die je verslaving aanvankelijk aanmoedigde, maar nu weigert met goed spul over de brug te komen, ook al wéét je dat hij het ergens heeft, zij het goed verstopt, want verdomme, *vroeger gaf hij het je gewoon cadeau!*). Weer wat later zit je broodmager en trillend in een hoekje, met maar één zekerheid in je leven: dat je je ziel en zaligheid zou verkopen of je buren zou beroven om nog maar één keer van *'dat spul'* te mogen genieten. Intussen walgt je aanbedene van je. Hij kijkt je aan alsof hij je nog nooit eerder heeft ontmoet, laat staan je hartstochtelijk heeft bemind. En het ergste is dat je het hem niet eens kwalijk kunt nemen. Ik bedoel, moet je naar jezelf kijken. Je bent een triest geval, zo'n warboel dat je jezelf niet eens meer herkent.

Dus daar zit je dan. Je hebt het eindpunt van je verschrikkelijke verliefdheid bereikt: de totale en genadeloze instorting van je eigen persoonlijkheid.

Het feit dat ik er vandaag de dag zo rustig over kan schrijven is een geweldig bewijs dat de tijd alle wonden heelt, want toen ik er nog middenin zat had ik er grote moeite mee. Om meteen na het uiteenvallen van mijn huwelijk en de terreuraanval op mijn stad, en midden in de ergste periode van mijn scheiding (een levenservaring die mijn vriend Brian heeft vergeleken met 'ongeveer twee jaar lang elke dag een ernstig auto-ongeluk krijgen') ook nog eens David te verliezen... nou, dat was me gewoon te veel.

Overdag hadden David en ik nog steeds vrolijke buien en momenten dat we het heel leuk met elkaar hadden, maar 's nachts, in zijn bed, werd ik de enige overlevende van een nucleaire winter, terwijl hij zíchtbaar afstand van me nam, elke dag een beetje meer, alsof ik een besmettelijke ziekte had. Ik begon de nacht te vrezen alsof het een martelkelder was. Daar lag ik dan, naast het mooie, ontoegankelijke slapende lijf van David, en vervolgens kwam ik terecht in een spiraal van paniek, eenzaamheid en zorgvuldig uitgewerkte, gedetailleerde zelfmoordgedachten. Mijn hele lichaam deed pijn. Ik voelde me alsof ik een primitief apparaat met veerwerking was dat onder veel grotere druk stond dan waarvoor het bedoeld was en dat elk moment kon ontploffen, met groot gevaar voor de omstanders. Ik stelde me voor hoe mijn lichaamsdelen van mijn lijf vlogen om maar te ontsnappen aan de vulkanische kern van droefheid waartoe ik verworden was. De meeste ochtenden trof David me bij het wakker worden onrustig slapend op de grond naast zijn bed aan, als een balletje opgerold op een stapel handdoeken, als een hond.

'Wat was er nu weer?' vroeg hij dan – weer een man die doodmoe van me werd.

Ik geloof dat ik in die periode zo'n vijftien kilo ben afgevallen.

6

Maar goed, het was niet allemaal kommer en kwel in die jaren...

Aangezien God nooit een deur in je gezicht dichtsmijt zonder een gevulde koektrommel open te doen (of hoe dat oude gezegde ook precies luidt), overkwamen me in de schaduw van al dat verdriet ook nog een paar leuke dingen. Zo begon ik bijvoorbeeld eindelijk Italiaans te leren. Verder vond ik een Indiase goeroe. En ten slotte werd ik door een oude medicijnman uitgenodigd om bij hem in Indonesië te komen wonen.

Laat ik bij het begin beginnen.

Allereerst begon het er allemaal iets zonniger uit te zien toen ik in het voorjaar van 2002 bij David wegging en voor het eerst van mijn leven mijn eigen appartement kreeg. Eigenlijk kon ik me dat niet veroorloven, want ik betaalde nog voor dat grote huis in een buitenwijk waar niemand meer in woonde en dat ik van mijn man niet mocht verkopen, en ik probeerde nog steeds het hoofd te bieden aan de rekeningen van mijn advocaat en mijn psycholoog... maar het was van levensbelang voor me dat ik mijn eigen eenkamerappartement kreeg. Ik zag het appartement bijna als een sanatorium, een hospitium voor mijn eigen herstel. Ik verfde de muren in de warmste kleuren die ik kon vinden en kocht elke week bloemen voor mezelf, alsof ik bij mezelf op bezoek ging in het ziekenhuis. Mijn zusje gaf me bij wijze van welkom-in-je-nieuwe-huiscadeautje een kruik (zodat ik niet in mijn eentje tussen de klamme lappen hoefde te liggen) en ik ging elke avond met dat ding tegen mijn hart gedrukt naar bed, alsof ik bij het sporten een blessure had opgelopen.

David en ik waren voor altijd uit elkaar. Of misschien ook niet. Ik kan me nauwelijks meer herinneren hoe vaak we in de maanden die volgden uit elkaar gingen en weer bij elkaar kwamen. Er was echter duidelijk sprake van een patroon: ik ging weg bij David, werd weer wat sterker en zelfverzekerder, en vervolgens ontvlamde zijn passie voor mij weer, omdat hij nu eenmaal altijd aangetrokken werd door mijn kracht en zelfvertrouwen. Dan voerden we een respectvol, beheerst en intelligent gesprek over 'het nog eens proberen', altijd met een nieuw plan om verstandig om te gaan met het feit dat we blijkbaar toch niet helemaal op elkaar afgestemd waren. Dat probleem wilden we maar wat graag oplossen. Want hoe konden twee mensen die zo verliefd waren nu níet nog lang en gelukkig leven? Het moest gewoon lukken. Toch? Als we dan weer met frisse moed bijeen waren, hadden we samen een paar waanzinnig gelukkige dagen, of soms zelfs een paar waanzinnig gelukkige weken. Maar uiteindelijk trok David zich altijd weer terug en klampte ik me aan hem vast (of klampte ik me aan hem vast en trok hij zich daarna weer terug; we waren er nooit helemaal zeker van hoe het precies in zijn werk ging) en zat ik er weer helemaal doorheen. En weg was hij weer.

David was kattenkruid en kryptoniet voor me.

Tijdens die periodes dat we uit elkaar waren, leerde ik echter, hoe zwaar het ook was, om alleen te leven. En die ervaring bracht een ontluikende innerlijke verandering teweeg. Ik begon het gevoel te krijgen dat ik – ook al zag mijn leven er nog steeds uit als een kettingbotsing op een overvolle tolweg tijdens de feestdagen – op het punt stond een onafhankelijk mens te worden. Wanneer ik eens géén zelfmoordgedachten koesterde vanwege mijn scheiding of door het drama met David, was ik zowaar enigszins blij met alle stukken tijd en ruimte die in mijn leven te voorschijn kwamen, stukken tijd en ruimte waarin ik mezelf een radicale nieuwe vraag kon stellen: 'Waar heb je zelf zin in, Liz?'

Vaak durfde ik (omdat ik het nog altijd moeilijk had met het feit dat ik een punt achter mijn huwelijk had gezet) niet eens antwoord te geven op die vraag, maar stilletjes vond ik het geweldig dat ik hem überhaupt durfde te stellen. En toen ik eindelijk antwoord begon te geven, ging dat heel voorzichtig. Ik mocht van mezelf alleen kleine wensen uiten. Zoals:

Ik wil naar yogales.

Ik wil vroeg bij dit feestje weg, zodat ik thuis lekker een roman kan lezen.

Ik wil een nieuw potloodetui voor mezelf kopen.

En dan was er nog dat ene rare antwoord, altijd hetzelfde:

Ik wil Italiaans leren.

Ik wou al jaren dat ik Italiaans sprak – een taal die ik mooier vind dan rozen – maar ik kon nooit de praktische rechtvaardiging vinden om de taal echt te leren. Waarom pakte ik niet gewoon mijn Frans of Russisch weer op, twee talen die ik al jaren eerder had geleerd? Of waarom ging ik niet gewoon Spaans leren, om beter te kunnen communiceren met mijn miljoenen mede-Amerikanen? Wat moest ik in godsnaam met Italiááns? Per slot van rekening was ik absoluut niet van plan naar Italië te verhuizen. Het zou praktischer zijn om accordeon te leren spelen.

Maar waarom moet alles altijd praktisch nut hebben? Ik deed al jaren braaf mijn werk – ik werkte, schreef mijn stukken, miste nooit een deadline, zorgde goed voor mijn dierbaren, mijn tandvlees en mijn banksaldo, ging stemmen, enzovoort. Draait alles in dit leven om verplichtingen? Had ik in deze donkere dagen van verlies een andere reden nodig om Italiaans te leren dan het feit dat dat het enige was waarvan ik dacht dat het me nu plezier zou doen? Want zo'n bizar plan was het nu ook weer niet, een taal leren. Het was niet alsof ik op mijn tweeëndertigste ineens besloot de prima ballerina van het New York City Ballet te worden. Een taal leren is zowaar te doen. En dus gaf ik me op voor een cursus Italiaans bij zo'n instituut voor volwassenen (ook wel bekend als Avondschool voor Gescheiden Dames). Mijn vrienden vonden het hilarisch. Mijn vriend Nick vroeg: 'Waarom ga je Italiaans leren? Omdat je dan, mocht Italië Ethiopië nog eens binnenvallen, en deze keer met succes, kunt opscheppen dat je een taal spreekt die wel in twéé landen wordt gesproken?'

Maar ik vond het heerlijk. Voor mij was elk woord een zingende mus, een goocheltruc, een heuse truffel. Na afloop van de les sopte ik door de regen naar huis, liet een warm bad voor mezelf vollopen en lag dan in het schuim hardop het Italiaanse woordenboek aan mezelf voor te lezen, waardoor ik even niet aan mijn scheiding en mijn gebroken hart dacht. Ik moest hardop om de woorden lachen, zo mooi vond ik ze. Ik begon mijn mobieltje *il mio telefonino* ('mijn piepkleine telefoontje') te noemen. Ik werd een van die irritante mensen die altijd *ciao* zeggen. Alleen was ik extra irritant, want ik legde ook nog eens uit waar het woord *ciao* vandaan kwam. (Als je het echt wilt weten, het is een afkorting van een zin die middeleeuwse Venetianen gebruikten als intieme begroeting: *Sono il suo schiavo*, oftewel 'Ik ben uw slaaf'.) Alleen al door het uitspreken van die woorden voelde ik me sexy. Mijn scheidingsadvocate zei dat ik me geen zorgen hoefde te maken; ze zei dat ze een cliënte van Koreaanse afkomst had die na een nare scheiding haar naam officieel had laten veranderen in iets Italiaans, gewoon om zich weer sexy en gelukkig te voelen.

Misschien moest ik toch maar naar Italië verhuizen...

7

De andere belangrijke gebeurtenis van die periode was een nieuw avontuur: ik ging op het spirituele pad. Daar ging natuurlijk aan vooraf dat er een heuse levende Indiase goeroe in mijn leven kwam – die ik altijd aan David te danken zal hebben. Ik hoorde voor het eerst over mijn goeroe op de avond dat ik voor het eerst Davids appartement bezocht. Je zou kunnen zeggen dat ik op hen allebei tegelijk verliefd werd. Ik liep het appartement van David binnen, zag op de ladekast een foto van een stralend mooie Indiase vrouw staan en vroeg: 'Wie is dat?'

Hij zei: 'Dat is mijn geestelijk leermeester.'

Mijn hart sloeg een keertje over, struikelde toen over zijn eigen voeten en viel languit op de grond. Toen stond mijn hart weer op, veegde het vuil van zich af, haalde diep adem en kondigde aan: 'Ik wil ook een geestelijk leermeester.' Dat bedoel ik letterlijk: het was mijn hárt dat sprak, al kwamen de woorden er door mijn mond uit. Ik voelde een rare tweedeling in mezelf, en mijn verstand stapte even uit mijn lichaam, keek mijn hart verbijsterd aan en vroeg toen in stilte: *'Eerlijk waar?'*

'Ja,' antwoordde mijn hart. *'Eerlijk waar.'*

Daarop vroeg mijn verstand aan mijn hart, niet zonder een vleugje sarcasme: *'Sinds WANNEER?'*

Maar ik wist al wat het antwoord zou zijn: sinds die nacht op de vloer van de badkamer.

Mijn god, wat wilde ik graag een geestelijke leermeester. Ik begon onmiddellijk te fantaseren over hoe het zou zijn om die te hebben. Ik stelde me voor hoe die stralend mooie Indiase vrouw een paar maal per week 's avonds naar mijn appartement zou komen en dat we dan samen zouden gaan zitten, thee zouden drinken en over God zouden praten, en dat ze me leesopdrachten zou geven en de betekenis zou uitleggen van de vreemde gewaarwordingen die ik tijdens het mediteren had...

Dat hele fantasietje loste in rook op toen David me vertelde dat de vrouw een internationale grootheid was en dat ze tienduizenden studenten had, van wie velen haar nog nooit in levenden lijve hadden ontmoet. Maar goed, zei hij, er was in New York elke dinsdagavond een bijeenkomst van volgelingen van de goeroe, die samen mediteerden en chantten. David zei: 'Als je het niet erg vindt om in een zaal te zitten met een paar honderd mensen die eindeloos de naam van God in het Sanskriet chanten, moet je maar eens meekomen.'

De dinsdagavond daarop ging ik met hem mee. Ik vond het helemaal niet erg om tussen al die normaal uitziende mensen die God aanzongen te zitten; integendeel, na al dat gezang voelde ik mijn ziel transparant worden en opstijgen. Toen ik die avond naar huis liep, voelde ik me alsof de lucht door me heen kon waaien, alsof ik een pasgewassen laken aan een waslijn was, alsof New York zelf een stad van rijstpapier was geworden – en alsof ik licht genoeg was om over alle daken te rennen. Ik begon elke dinsdag naar de chantsessies te gaan. Toen begon ik elke ochtend te mediteren, met behulp van de oude Sanskrietmantra die de goeroe aan al haar leerlingen geeft (het luisterrijke *Om namah shivaya*, oftewel 'Ik eer de god die in mij huist'). Toen luisterde ik voor het eerst naar een toespraak van de goeroe zelf, en van haar woorden kreeg ik over mijn hele lijf kippenvel, zelfs op mijn gezicht. En toen ik hoorde dat ze een ashram in India had, wist ik dat ik daar zo snel mogelijk naartoe moest.

8

Eerst moest ik echter op reis naar Indonesië.

Ook dat gebeurde in opdracht van een tijdschrift. Net toen ik verschrikkelijk medelijden met mezelf had omdat ik blut en eenzaam was en in een echtscheidingsinterneringskamp vastzat, belde er een redactrice van een vrouwenblad met de vraag of ze me mocht betalen om naar Bali te gaan om een verhaal over yogavakanties te schrijven. Ik stelde een aantal wedervragen, overwegend in de trant van 'Is een sperzieboon groen?' en 'Is de paus katholiek?' Toen ik op Bali aankwam (om het kort te houden: een heel aangename plek), vroeg de docent die het yogacentrum runde ons: 'Zijn er, nu jullie hier toch zijn, ook mensen die graag een bezoek zouden willen brengen aan een Balinese medicijnman wiens familie al negen generaties in het vak zit?' Ook op die vraag was het antwoord zo voor de hand liggend dat we niet eens antwoord gaven, en dus gingen we op een avond met zijn allen naar zijn huis.

De medicijnman bleek een klein, roodbruin oud mannetje met vrolijke ogen en een bijna tandeloze mond te zijn, wiens totale gelijkenis met het *Star Wars*-personage Yoda niet overdreven kan worden. Hij heette Ketut Liyer. Hij sprak gebroken, uitermate vermakelijk Engels, maar er was een vertaler voorhanden voor als hij eens niet op het juiste woord kon komen.

Onze yogaleraar had ons van tevoren verteld dat we de

medicijnman allemaal één vraag of kwestie mochten voorleggen, en dat hij zou proberen ons met onze problemen te helpen. Ik had dagenlang nagedacht over wat ik hem moest vragen. Mijn eerste ingevingen waren zo stom. *Wilt u ervoor zorgen dat mijn man instemt met een scheiding? Wilt u ervoor zorgen dat David me weer seksueel aantrekkelijk vindt?* Ik schaamde me voor die gedachten, en terecht: wie reist er nu helemaal naar de andere kant van de wereld om een stokoude medicijnman in Indonesië te ontmoeten en hem vervolgens te vragen te bemiddelen in wat jóngensgedoe?

Dus toen de oude man me in levenden lijve vroeg wat ik het liefst wilde, vond ik andere woorden – ware woorden.

'Ik wil God ervaren, op zo'n manier dat het me bijblijft,' zei ik tegen hem. 'Soms heb ik het gevoel dat ik de goddelijkheid van deze wereld begrijp, maar dan raak ik dat begrip weer kwijt omdat ik afgeleid word door mijn triviale angsten en verlangens. Ik wil altijd bij God zijn. Maar ik wil geen monnikenbestaan leiden of alle wereldse geneugten opgeven. Ik denk dat ik graag wil leren hoe ik in deze wereld moet staan en ervan moet genieten, terwijl ik me tegelijkertijd aan God wijd.'

Ketut zei dat hij mijn vraag met een afbeelding kon beantwoorden. Hij liet me een schets zien die hij ooit tijdens een meditatie had gemaakt. Het was een androgyne menselijke figuur die met ineengeslagen handen stond te bidden. Alleen had deze figuur vier benen en geen hoofd. Waar het hoofd had moeten zitten, zat alleen een wild gebladerte van varens en bloemen. Op de plaats van het hart was een lachend gezichtje getekend.

'Om de balans te vinden die je zoekt,' sprak Ketut via zijn vertaler, 'moet je zo iemand worden. Je moet zo stevig in de aarde geworteld zijn dat het lijkt alsof je vier benen hebt, in plaats van twee. Op die manier kun je in de wereld blijven. Maar je moet ophouden de wereld door je hoofd te bezien.

In plaats daarvan moet je met je hart kijken. Op die manier zul je God leren kennen.'

Toen vroeg hij me of hij mijn hand mocht lezen. Ik gaf hem mijn linkerhand, die hij met speels gemak begon te lezen.

'Je bent een wereldreizigster,' begon hij.

Wat ik nogal een schot voor open doel vond, aangezien ik me op dat moment in Indonesië bevond, maar daar zei ik verder maar niets van.

'Je hebt meer geluk dan alle andere mensen die ik ooit heb ontmoet. Je zult lang leven, veel vrienden hebben, veel meemaken. Je zult de hele wereld zien. Je hebt maar één probleem in je leven. Je maakt je te veel zorgen. Je bent altijd te emotioneel, te zenuwachtig. Als ik je beloof dat je nooit enige reden in je leven zult hebben om je ergens zorgen over te maken, geloof je me dan?'

Zenuwachtig knikte ik, al geloofde ik hem niet.

'Je hebt een creatief beroep, misschien ben je kunstenares, en je wordt er goed voor betaald. Je zult altijd goed voor je werk betaald worden. Je gaat gul met je geld om, misschien wel te gul. En ook één probleem. Eén keer in je leven raak je al je geld kwijt. Ik denk dat dat misschien wel spoedig zal gebeuren.'

'Ik denk dat dat misschien wel in de komende zes tot tien maanden zal gebeuren,' zei ik, denkend aan mijn echtscheiding.

Ketut knikte alsof hij wilde zeggen: *Ja, dat klopt wel zo'n beetje.* 'Maar maak je geen zorgen,' zei hij. 'Nadat je al je geld bent kwijtgeraakt, krijg je het allemaal meteen weer terug. Het gaat meteen weer prima met je. Je zult twee huwelijken in je leven meemaken, één kort, één lang. En je zult twee kinderen krijgen...'

Ik wachtte tot hij 'één kort, één lang' zou zeggen, maar ineens werd hij stil. Hij keek met gefronste wenkbrauwen naar mijn handpalm en zei toen: 'Goh, wat raar...', wat typisch zoiets is wat je nooit van je handlezer of tandarts te horen wilt krijgen. Hij vroeg of ik iets rechter onder het aan het plafond hangende peertje kon gaan zitten, zodat hij het beter kon zien.

'Ik zat ernaast,' meldde hij. 'Je zult maar één kind krijgen. Laat in je leven, een dochter. Misschien. Als je besluit... maar er is iets anders.' Hij fronste zijn wenkbrauwen en keek toen op, ineens helemaal zeker van zijn zaak: 'Ooit, over niet al te lange tijd, kom je terug naar Bali. Dat is absoluut noodzakelijk. Je blijft drie à vier maanden hier op Bali. Jij en ik worden vrienden. Misschien trek je wel in bij mijn gezin. Ik kan mijn Engels met je oefenen. Ik heb nooit iemand gehad met wie ik mijn Engels kon oefenen. Volgens mij heb je gevoel voor taal. Ik denk dat dat creatieve beroep van jou iets met taal is, ja?'

'Ja!' zei ik. 'Ik ben schrijfster. Ik schrijf boeken!'

'Je bent schrijfster en je komt uit New York,' zei hij bij wijze van akkoord, van bevestiging. 'Goed, dus jij komt terug naar Bali om hier te wonen en mij Engels te leren. En ik leer je alles wat ik weet.'

Toen stond hij op en veegde hij zijn handen af, alsof hij wilde zeggen: *Goed, dat is dan ook weer geregeld.*

Ik zei: 'Als u het echt meent, meneer, dan ik ook.'

Hij wierp me een tandeloze grijns toe en zei: '*See you later, alligator.*'

9

Nu ben ik toevallig het type dat als een Indonesische medicijnman wiens familie al negen generaties in het vak zit tegen haar zegt dat ze voorbestemd is om naar Bali te verhuizen en vier maanden bij hem te wonen, denkt dat ze haar uiterste best moet doen om dat ook daadwerkelijk voor elkaar te krijgen. En zo nam ten slotte het hele idee van een jaar op reis vaste vorm aan. Ik moest absoluut op de een of andere manier terug naar Indonesië, op eigen kosten deze keer. Dat was duidelijk. Al kon ik me op dat moment nog niet voorstellen hoe ik dat moest aanpakken, gezien mijn chaotische en getroebleerde bestaan. (Niet alleen moest ik nog een dure scheiding en David-problemen afhandelen, maar ook had ik nog een baan bij een tijdschrift, die me ervan weerhield er zomaar drie of vier maanden vandoor te gaan.) Maar ik móest gewoon terug naar Bali. Toch? Had hij het niet *voorspeld*? Het probleem was alleen dat ik ook naar India wilde, naar de ashram van mijn goeroe, en naar India gaan is ook een dure en tijdrovende aangelegenheid. En om het allemaal nog iets verwarrender te maken, wilde ik sinds kort ook dolgraag naar Italië, zodat ik binnen de juiste context mijn Italiaans kon oefenen, maar ook omdat het idee om een tijdje te leven in een cultuur waar men heilig gelooft in genieten en schoonheid me erg aansprak.

Al deze verlangens leken met elkaar in tegenspraak, met name het Italië/India-conflict. Wat was er belangrijker? Het deel van me dat kalfsvlees in Venetië wilde eten? Of het deel van me dat lang voor het ochtendgloren in de sobere omgeving van een ashram wakker wilde worden om te beginnen aan een lange dag van meditatie en gebed? De grote soefistische dichter/filosoof Roemi adviseerde zijn leerlingen ooit om de drie dingen op te schrijven die ze het liefst wilden in het leven. Als een van de dingen op de lijst in tegenspraak is met een ander, zei Roemi waarschuwend, ben je voorbestemd om ongelukkig te worden. Zijn stelling was: het is beter om slechts één doel voor ogen te hebben in het leven. Maar valt er ook niet iets te zeggen voor een harmonieus leven te midden van uitersten? Stel nu eens dat je er op de een of andere manier in slaagde een leven op te bouwen dat zo veelomvattend was dat het schijnbaar onverenigbare tegengestelden met elkaar kon synchroniseren in een wereldbeeld waarin niets wordt buitengesloten? Voor mij gold precies wat ik tegen de medicijnman op Bali had gezegd: ik wilde *beide* dingen ervaren. Ik wilde wereldse geneugten en goddelijke transcendentie – de twee gloriën van het menselijk leven. Ik wilde wat de Grieken *kalos kai agathos* noemden, het bijzondere evenwicht tussen het goede en het schone. Beide had ik de laatste paar moeilijke jaren moeten ontberen, want zowel plezier als spiritualiteit heeft een stressvrije ruimte nodig om te kunnen gedijen en mijn leven had zich de laatste tijd juist afgespeeld in een enorme vuilnismaler van niet-aflatende bezorgdheid. En hoe ik precies een balans moest zien te vinden tussen mijn behoefte aan plezier en mijn verlangen naar spiritualiteit... nou, er was vast wel een manier om die truc te leren. En uit mijn korte verblijf op Bali maakte ik op dat ik hem misschien wel van de Balinezen zou kunnen leren. Misschien zelfs wel van de medicijnman zelf.

Vier benen op de grond, een hoofd vol loof, de wereld door het hart bezien...

Ik deed dus geen poging meer om te kiezen – Italië? India? Of toch Indonesië? – maar gaf uiteindelijk gewoon toe dat ik naar alle drie de landen wilde. Vier maanden in elk land. Alles bij elkaar een jaar. Natuurlijk was dat een iets ambitieuzere droom dan 'Ik wil een nieuw etui voor mezelf kopen'. Maar het was wel wat ik wilde. Ook wist ik dat ik erover wilde schrijven. Ik was niet echt van plan in de landen zelf op ontdekkingsreis te gaan; dat hadden al genoeg andere mensen gedaan. Ik wilde eerder bepaalde aspecten van mezelf grondig verkennen tegen de achtergrond van die drie landen – drie plekken waar men van oudsher heel goed is in het verkennen van die bepaalde aspecten. In Italië wilde ik de kunst van het genieten bestuderen, in India de kunst van de spiritualiteit en in Indonesië de kunst van het in balans brengen van die twee. Pas later, toen ik eenmaal voor mezelf had toegegeven dat dit mijn droom was, merkte ik dat alle drie de namen van die landen met een i beginnen – en 'I' betekent natuurlijk 'ik'. Dat leek me een tamelijk gunstig teken voor een reis die erop gericht was mezelf te ontdekken.

Je kunt je wel voorstellen hoeveel plagerijen dit idee mijn bijdehante vrienden ontlokte. O, dus ik wilde naar de drie i's? Waarom bracht ik dan niet een jaartje door in Iran, Irak of Ivoorkust? Of beter nog, waarom ging ik niet op pelgrimage naar het grote i-triumviraat in drie Amerikaanse staten: Islip, de I-95 en Ikea? Mijn vriendin Susan stelde voor dat ik misschien een non-profithulporganisatie moest opzetten: Gescheiden Vrouwen Zonder Grenzen. Maar al die grappen waren zinloos, want ik had nog helemaal niet de vrijheid om ergens heen te gaan. Van een scheiding was het – ook al had ik mijn huwelijk allang achter me gelaten – nog altijd niet gekomen. Ik moest mijn echtgenoot inmiddels juridisch onder druk zetten en allerlei verschrikkelijke dingen doen die rechtstreeks uit mijn ergste scheidingsnachtmerries kwamen, zoals de echtscheidingsformulieren opsturen aan mijn man en (zoals de wet van de staat New York voorschrijft) kwalijke juridische aanklachten indienen over de wrede manier waarop hij me had behandeld – documenten die geen enkele ruimte voor nuance overlieten, en waarin je op geen enkele wijze tegen de rechter kon zeggen: 'Zeg, moet u horen, het was een erg gecompliceerde relatie. Zelf heb ik ook joekels van fouten gemaakt en dat spijt me enorm, maar het enige wat ik wilde was toestemming krijgen om weg te gaan.'

(Hier zeg ik even een schietgebedje op voor mijn dierbare lezer: dat je maar nooit in New York zult hoeven scheiden.)

In het voorjaar van 2003 bereikte de situatie het kookpunt.

Anderhalf jaar nadat ik bij hem weg was gegaan, was mijn man eindelijk bereid om de schikkingsvoorwaarden te bespreken. Ja, hij wilde geld, het huis en de huurovereenkomst van het appartement in Manhattan – allemaal dingen die ik hem al eeuwen geleden had aangeboden. Maar hij vroeg ook om dingen waar ik nooit bij had stilgestaan (een deel van de royalty's van de boeken die ik tijdens het huwelijk had geschreven, een deel van de eventuele filmrechten voor mijn werk, een gedeelte van mijn pensioen, enzovoort), en daar moest ik ten slotte toch echt protest tegen aantekenen. Wat volgde waren maandenlange onderhandelingen tussen onze advocaten. Gaandeweg werd er een soort compromis op tafel gelegd, en het begon ernaar uit te zien dat mijn man misschien zowaar een aangepaste deal zou accepteren. Die zou voor mij duur uitpakken, maar een gevecht voor de rechtbank zou nog veel meer geld en tijd kosten, en ook dodelijk zijn voor de ziel. Als hij de overeenkomst tekende, hoefde ik alleen maar te betalen en weg te lopen, wat mij zo langzamerhand prima leek. Onze relatie was nu zo verschrikkelijk verpest dat we zelfs niet eens beleefd meer tegen elkaar konden zijn; het enige waar ik nog behoefte aan had was de deur.

De vraag was: zou hij tekenen? Er gingen nog meer weken voorbij, weken waarin hij alsmaar details bleef betwisten. Als hij deze schikking niet accepteerde, zouden we moeten gaan procederen. Een rechtszaak betekende vrijwel zeker dat elke cent die we nog hadden op zou gaan aan juridische kosten. En wat nog erger was: een rechtszaak zou betekenen dat ik nog minstens een jaar in deze rotsituatie vast zou zitten. Dus wat mijn man ook besloot (want hij wás per slot van rekening nog steeds mijn man), het zou nóg een jaar van mijn leven bepalen. Zou ik het jaar erop in mijn eentje door Italië, India en Indonesië reizen? Of zou ik in een rechtszaal ergens in een souterrain verhoord worden?

Ik belde veertien keer per dag mijn advocaat – *Nog nieuws?* – en elke dag weer verzekerde ze me dat ze haar best deed, dat ze me meteen zou bellen zodra de papieren getekend waren. De zenuwen die in die periode door mijn lijf gierden hielden het midden tussen wat je voelt als je bij de rector wordt geroepen en wachten op de uitkomst van een biopsie. Ik zou je graag vertellen dat ik kalm en zen bleef, maar dat was niet het geval. Een paar keer sloeg ik 's nachts in een vlaag van woede met een softbalknuppel mijn bank bont en blauw. Het grootste deel van de tijd was ik gewoon zo depressief dat het pijn deed.

Intussen waren David en ik weer uit elkaar. Deze keer, naar het zich liet aanzien, definitief. Of misschien ook niet; we hadden moeite elkaar helemaal los te laten. Vaak werd ik nog overspoeld door het verlangen om uit liefde voor hem alles op te offeren. Op andere momenten wilde ik precies het tegenovergestelde, namelijk zo veel mogelijk werelddelen en oceanen tussen ons in plaatsen, in de hoop dat ik dan rust en geluk zou vinden.

Inmiddels had ik rimpels in mijn gezicht gekregen, permanente groeven tussen mijn wenkbrauwen, van het huilen en van de zorgen.

En midden in dat hele drama werd een van de boeken die ik een paar jaar eerder had geschreven als paperback uitgegeven en moest ik op een kleine publiciteitstournee. Ik nam mijn vriendin Iva mee om me gezelschap te houden. Iva is van mijn leeftijd, maar is opgegroeid in het Libanese Beiroet, wat inhoudt dat toen ik nog op mijn middelbare school in Connecticut aan het sporten was en auditie deed voor musicals, zij vijf nachten per week in een schuilkelder zat en haar best deed om niet dood te gaan. Ik snap niet hoe iemand die op zo'n jonge leeftijd zo veel geweld heeft meegemaakt heeft kunnen uitgroeien tot zo'n stabiele persoonlijkheid, maar hoe dan ook, Iva is een van de kalmste mensen die ik ken. Verder heeft ze dat wat ik wel 'de "Battelefoon" met het universum' noem: een soort speciale hotline naar God, alleen voor Iva, 24 uur per dag te bereiken.

We reden dus door Kansas, en zoals gebruikelijk zat ik onrustig te zweten vanwege die scheidingsdeal – *Zal hij tekenen of niet?* – en ik zei tegen Iva: 'Ik denk niet dat ik nog een jaar rechtszaken aankan. Ik wou dat God zo langzamerhand eens tussenbeide kwam. Ik wou dat ik een verzóekschrift bij God kon indienen, om te vragen of hij er een einde aan kon maken.'

'Waarom doe je dat dan niet gewoon?'

Ik legde aan Iva uit hoe ik persoonlijk over bidden dacht. Namelijk dat het me niet helemaal lekker zit om specifieke dingen aan God te vragen, omdat dat voor mij als een soort geloofszwakte voelt. Ik vind het niet fijn om te vragen: 'Wilt u dit of dat in mijn leven veranderen, want daar heb ik moeite mee?' Want – wie zal het zeggen? – misschien wíl God wel om de een of andere reden dat ik met die bewuste uitdaging geconfronteerd word. Ik bid liever om de moed om dat wat op mijn pad komt kalm tegemoet te treden, hoe het uiteindelijk ook uitpakt.

Iva luisterde beleefd en vroeg toen: 'Waar haal je dát stomme idee nu weer vandaan?'

'Hoe bedoel je?'

'Waar haal je het idee vandaan dat je in je gebeden tot het universum geen specifieke verzoeken mag doen? Je maakt déél uit van het universum, Liz. Je bent lid van het kiesdistrict, dus je hebt het volste recht om deel te nemen aan de acties van het universum en om je gevoelens kenbaar te maken. Dus leg God vooral je mening voor. Zeg waar het op staat. Geloof me, het zal op zijn minst in overweging worden genomen.'

'Echt?' Dit was helemaal nieuw voor me.

'Echt! Moet je horen, stel dat je nu een verzoekschrift aan

God zou opstellen, wat zou er dan in staan?'
Ik dacht even na, haalde een kladblok te voorschijn en noteerde het volgende verzoekschrift:

> Lieve God,
> Kom alstublieft tussenbeide en help ons een einde te maken aan deze scheiding. Mijn man en ik hebben een zooitje gemaakt van ons huwelijk en nu maken we een zooitje van onze scheiding. Dit giftige proces doet niet alleen onszelf pijn, maar iedereen die iets om ons geeft.
> Ik weet dat u het druk hebt met oorlogen, tragedies en veel grotere conflicten dan het onophoudelijke geruzie van een niet goed functionerend stel. Maar als ik het goed begrijp, wordt de gezondheid van de planeet beïnvloed door de gezondheid van alle afzonderlijke mensen op die planeet. Zolang ook maar twee mensen voortdurend met elkaar in de clinch liggen, wordt de hele wereld erdoor besmet. En zelfs als maar twee mensen bevrijd kunnen worden van hun onenigheid, zal dat de algehele gezondheid van de hele wereld bevorderen, zoals ook maar een paar gezonde cellen in een lichaam de algehele gezondheid van dat lichaam kunnen bevorderen.
> Ik verzoek u dan ook nederig een einde te maken aan dit conflict, zodat twee mensen de gelegenheid kunnen krijgen om weer vrij en gezond door het leven te gaan, en zodat er weer een beetje minder wrok en verbittering is in deze wereld, die al door veel te veel leed geteisterd wordt.
> Dank u zeer voor uw aandacht.
> Met de meeste hoogachting,
> Elizabeth M. Gilbert

Ik las het voor aan Iva, die goedkeurend knikte.
'Daar zou ik mijn handtekening onder zetten,' zei ze.
Ik overhandigde haar het verzoekschrift en een pen, maar

ze moest haar blik op de weg houden, dus zei ze: 'Nee, laten we gewoon maar zeggen dat ik net mijn handtekening heb gezet. In mijn hart.'

'Dank je wel, Iva. Ik waardeer je steun.'

'Wie zouden er verder nog hun handtekening onder zetten?' vroeg ze.

'Mijn familie. Mijn vader en moeder. Mijn zusje.'

'Oké,' zei ze. 'Dat hebben ze net gedaan. Hun namen staan op de lijst. Ik voelde net dat ze tekenden. Zij staan op de lijst. Oké, wie zou er verder nog tekenen? Noem de namen maar op.'

Dus begon ik de namen op te noemen van alle mensen van wie ik dacht dat ze het verzoekschrift ook wel zouden ondertekenen. Eerst noemde ik al mijn beste vriendinnen, toen een paar familieleden en mensen van mijn werk. Na elke naam zei Iva met grote stelligheid: 'Ja, die heeft net zijn handtekening gezet,' of 'Die heeft net haar handtekening gezet.' Soms onderbrak ze me om ondertekenaars van háár kant te melden: 'Mijn ouders hebben net hun handtekening gezet. Zij moesten hun kinderen in oorlogstijd opvoeden. Ze haten zinloze conflicten. Ze zouden graag zien dat er een einde kwam aan jouw scheiding.'

Ik deed mijn ogen dicht en wachtte tot me nog meer namen te binnen schoten.

'Volgens mij hebben Bill en Hillary Clinton net getekend,' zei ik.

'Daar twijfel ik niet aan,' zei ze. 'Moet je horen, Liz, iederéén kan dit verzoekschrift ondertekenen. Begrijp je wat ik bedoel? Vraag iedereen, dood of levend, of ze willen tekenen, en ga handtekeningen verzamelen.'

'De heilige Franciscus van Assisi heeft net zijn handtekening gezet!'

'Natúúrlijk heeft hij zijn handtekening gezet!' Iva sloeg met grote zekerheid met haar hand op het stuur.

Nu kwam ik echt op dreef.

'Abraham Lincoln heeft net getekend! En Gandhi en Mandela en alle vredestichters. Eleanor Roosevelt, moeder Teresa, Bono, Jimmy Carter, Muhammad Ali, Jackie Robinson, de Dalai Lama... mijn oma die in 1984 gestorven is en mijn oma die nog leeft... en mijn lerares Italiaans, en mijn therapeut, en mijn agent... en Martin Luther King Jr. en Katharine Hepburn... en Martin Scorsese (dat zou je niet van hem verwachten, maar wel aardig van hem)... en mijn goeroe, natuurlijk... en Joanne Woodward, en Jeanne d'Arc, en mevrouw Carpenter, mijn lerares in de vierde klas, en Jim Henson...'

De namen stroomden uit me. Bijna een uur lang bleven ze uit me stromen; terwijl we door Kansas reden, kreeg mijn verzoekschrift om vrede er de ene onzichtbare bladzijde vol handtekeningen van supporters na de andere bij. Iva bleef bevestigend antwoorden – *Ja, hij heeft zijn handtekening gezet, ja, zij ook* – en ik voelde me enorm beschermd, omringd door de collectieve goede wil van zo veel groten der aarde.

Uiteindelijk kwam er een einde aan de lijst, en daarmee kwam er ook een einde aan mijn bezorgdheid. Ik viel bijna in slaap. Iva zei: 'Doe maar een dutje. Ik rijd wel.' Ik deed mijn ogen dicht. Er kwam nog één laatste naam bij me op. 'Michael J. Fox heeft net zijn handtekening gezet,' mompelde ik. Toen viel ik in slaap. Ik weet niet hoe lang ik sliep, misschien maar tien minuten, maar ik was diep onder zeil. Toen ik wakker werd, zat Iva nog steeds achter het stuur. Ze zat voor zichzelf een liedje te neuriën. Ik geeuwde.

Mijn mobieltje ging.

Ik keek hoe die rare kleine *telefonino* van opwinding lag te trillen in de asbak van onze huurauto. Ik voelde me gedesoriënteerd, een beetje stoned, en wist ineens niet meer hoe een telefoon precies werkt.

'Toe maar,' zei Iva, die het al wist. 'Neem maar op.'

Ik nam fluisterend op.

'Geweldig nieuws!' kondigde mijn advocate vanuit het verre New York aan. 'Hij heeft net zijn handtekening gezet!'

10

Een paar weken later woon ik in Italië.

Ik heb ontslag genomen, mijn deel van het scheidingsakkoord en rekeningen van het advocatenbureau betaald, mijn huis vaarwel gezegd, mijn appartement opgezegd, mijn overige bezittingen bij mijn zusje achtergelaten en twee koffers gepakt. Mijn jaar op reis is begonnen. En ik kan me zowaar veróórloven om dit te doen, want er heeft zich een verbijsterend wonder in mijn leven voorgedaan: mijn uitgever heeft het boek aangekocht dat ik over mijn reis zal schrijven. Met andere woorden, het is precies zo uitgepakt als de Indonesische medicijnman had voorspeld. Ik ben al mijn geld kwijtgeraakt en heb het meteen weer teruggekregen – althans, genoeg om een jaar van te kunnen leven.

Nu ben ik dus inwoonster van Rome. Het appartement dat ik heb gevonden is een stille studio in een historisch gebouw, maar een paar straten van de Spaanse trappen, onder de elegante schaduwen van de verfijnde Borghesetuinen, vlak bij het Piazza del Popolo, waar de oude Romeinen hun triomfwagenraces hielden. Natuurlijk heeft deze buurt niet half de uit zijn voegen gegroeide grandeur van mijn oude buurt in New York, die uitzicht bood op de ingang van de Lincolntunnel, maar toch...

Ik neem er genoegen mee.

11

De eerste maaltijd die ik in Rome tot me nam was niets bijzonders. Gewoon wat vers bereide pasta (spaghetti carbonara) met als bijgerecht gebakken spinazie met knoflook. (De grote romantische dichter Shelley schreef eens een geschokte brief aan een vriend in Engeland over de Italiaanse keuken: 'Jongedames van goeden huize eten hier zowaar – je raadt het nooit – KNOFLOOK!') Ook nam ik één artisjok, gewoon om te proberen; de Romeinen zijn namelijk verschrikkelijk trots op hun artisjokken. Dan was er nog bij wijze van knalverrassing een gratis bijgerecht dat de serveerster me als bonus bracht – een portie gebakken courgettebloesem met een beetje zachte kaas erin (zo voorzichtig bereid dat de bloemen waarschijnlijk niet eens merkten dat ze niet meer aan hun ranken zaten). Na de spaghetti probeerde ik het kalfsvlees, en verder dronk ik nog een fles rode huiswijn, helemaal voor mij alleen. En ik at warm brood met olijfolie en zout. En bij wijze van toetje tiramisu.

Toen ik na die maaltijd naar huis liep, om een uur of elf 's avonds, hoorde ik herrie die uit een van de gebouwen in mijn straat kwam, iets wat klonk als een congres voor zevenjarige kinderen – een verjaardagspartijtje misschien? Gelach en geschreeuw en een hoop heen-en-weergeren. Ik liep de trap op naar mijn appartement, ging in mijn nieuwe bed liggen en deed het licht uit. Ik wachtte tot de huilbuien en piekergedachten zouden opkomen, aangezien dat zo'n beetje het vaste patroon was zodra het licht uit was, maar ik voelde me eigenlijk wel aardig. Ik voelde me goed. Ik voelde de eerste tekenen van tevredenheid.

Mijn vermoeide lichaam vroeg aan mijn vermoeide geest: 'Was dit dan het enige wat je nodig had?'

Het antwoord bleef uit. Ik was al diep onder zeil.

12

Naar welke grote stad in de westerse wereld je ook gaat, sommige dingen zijn altijd hetzelfde. Dezelfde Afrikaanse mannen verkopen altijd goedkope versies van dezelfde dure handtassen en zonnebrillen, en dezelfde Guatemalteekse musici spelen altijd 'El Condor Pasa' op hun bamboe panfluit. Maar sommige dingen vind je alleen in Rome. Zoals de broodjesverkoper die me altijd zonder enige gêne 'mooi' noemt als we elkaar spreken. *Wil je die panino gegrild of koud, bella?* Of de stelletjes die zitten te zoenen alsof er een soort wedstrijdje aan verbonden is en half in elkaar verstrengeld op bankjes zitten, elkaars haar en kruis strelen en elkaar eindeloos besnuffelen, kussen en aaien.

En dan zijn er nog de fonteinen. Ooit schreef Plinius de Oudere: 'Als iemand de overvloed van Romes openbare watervoorraad voor baden, waterreservoirs, sloten, huizen, tuinen en villa's in ogenschouw neemt, en daarbij rekening houdt met de afstand die het water moet afleggen, over wat voor aquaducten en door wat voor bergen en dalen het moet, zal hij toegeven dat er nergens op aarde iets mooiers te vinden is.'

Een paar eeuwen later heb ik al een paar fonteinen die in aanmerking komen om mijn lievelingsfontein in Rome te worden. Een daarvan bevindt zich in de Villa Borghese. Midden in deze fontein staat een dartelend bronzen gezin. Pa is een faun, ma een gewone mensenvrouw. Ze hebben een baby die graag druiven eet. Pa en ma bevinden zich in een vreemde positie: ze staan tegenover elkaar, houden elkaar bij de pols vast, en leunen beiden achterover. Het is moeilijk te zeggen of ze speels of juist kwaad aan elkaar lopen te trekken, maar hoe dan ook, het ziet er energiek uit. Intussen zit Junior op hun polsen zijn trosje druiven te eten, keurig tussen hen in, onaangedaan door hun vrolijkheid of ruzie. Terwijl hij zit te eten, bungelen zijn gekloofde hoefjes onder hem. (Hij lijkt op zijn vader.)

Het is begin september 2003. Het is warm luierweer. Mijn vierde dag in Rome alweer, en nog altijd heeft mijn schaduw geen enkele ingang van een kerk of museum verduisterd; ik heb zelfs nog geen reisgids ingezien. Wel heb ik eindeloos zonder doel voor ogen rondgelopen, en uiteindelijk kwam ik daarbij het kleine zaakje tegen waarvan een vriendelijke buschauffeur me heeft verteld dat het de beste *gelato* in Rome verkoopt. Het heet Il Gelato di San Crispino, wat volgens mij betekent: 'het ijs van de knapperige heilige'. Ik probeerde een combinatie van honing- en hazelnotenijs. Later diezelfde dag ging ik terug voor grapefruit- en meloenijs. En na het avondeten van die dag liep ik nóg een keer helemaal terug, gewoon om een coupe kaneel-gemberijs te proberen.

Ik probeer één heel krantenartikel per dag te lezen, hoe lang ik er ook over doe. Zo'n beetje om de drie woorden moet ik iets opzoeken in mijn woordenboek. Het nieuws van vandaag is fascinerend. Je kunt je moeilijk een dramatischer kop voorstellen dan: *'Obesità! I bambini italiani sono i più grassi d'Europa!'* Allemachtig! Obesitas! Volgens mij verkondigt het artikel dat Italiaanse baby's de dikste baby's van Europa zijn. Als ik verder lees, kom ik erachter dat Italiaanse baby's veel dikker zijn dan Duitse baby's en heel veel dikker dan Franse baby's. (Gelukkig wordt er niet bij gezegd hoe ze zich verhouden tot Amerikaanse baby's.) Oudere Italiaanse kinderen zijn tegenwoordig ook gevaarlijk dik, zegt het artikel. (De pasta-industrie heeft zichzelf verdedigd.) Deze alarmerende statistieken over gewichtsproblemen onder Italiaanse kinderen waren de dag ervoor bekendgemaakt door – dit hoef ik niet te vertalen – *'una task force internazionale'*. Het kostte me bijna een uur om het hele artikel te ontcijferen. Al die tijd zat ik pizza te eten en naar een Italiaans kind te luisteren dat aan de overkant van de straat accordeon zat te spelen. Het kind zag er niet erg dik uit, vond ik, maar misschien was dat omdat het een zigeunerkind was. Ik weet niet helemaal zeker of ik de laatste regel van het artikel goed heb gelezen, maar als ik het goed begrijp, zegt de overheid dat er maar één manier is om met de gewichtscrisis in Italië om te gaan: belasting heffen op overgewicht. Kan dat echt waar zijn? En zouden ze dan ook achter mij aan komen, als ik een paar maanden zo blijf eten?

Het is ook belangrijk om dagelijks de krant te lezen om te volgen hoe de paus het maakt. Hier in Rome staat de gezondheid van de paus elke dag in de krant, net als het weerbericht of de tv-programma's. Vandaag is de paus moe. Gisteren was de paus minder vermoeid dan vandaag. Morgen, verwachten we, is de paus niet meer zo vermoeid.

Wat taal betreft is dit een soort luilekkerland voor me. Voor iemand die altijd al Italiaans heeft willen leren is er geen betere plek dan Rome. Het is alsof iemand een hele stad heeft verzonnen die aan mijn eisen voldoet, waar iedereen (zelfs de kinderen, zelfs de taxichauffeurs, zelfs de acteurs in de tv-reclames!) die magische taal spreekt. Het lijkt wel alsof de hele samenleving hier in een complot zit om mij Italiaans te leren. Ze willen zelfs best hun kranten in het Italiaans drukken terwijl ik hier ben – kleine moeite! En ze hebben hier boekhandels die *alleen maar boeken in het Italiaans verkopen*! Gisterochtend vond ik zo'n boekhandel, en ik voelde me alsof ik een betoverd paleis was binnengewandeld. Alles was er in het Italiaans – zelfs zoiets oer-Amerikaans als Dr. Seuss. Ik dwaalde langs de kasten, raakte alle boeken aan en hoopte dat de mensen die me zagen dachten dat ik een native speaker was. O, wat wilde ik graag dat het Italiaans zijn geheimen aan me prijsgaf! Dat gevoel deed me denken aan toen ik vier was en nog niet kon lezen, maar het wel heel graag wilde leren. Ik weet nog hoe ik met mijn moeder in de wachtkamer van de dokter zat en een nummer van *Good Housekeeping* voor mijn neus hield, de bladzijden langzaam omsloeg, naar de tekst staarde en hoopte dat de volwassenen in de wachtkamer dachten dat ik echt zat te lezen. Sindsdien heb ik niet meer zo'n honger gehad om dingen te begrijpen als nu. In die winkel vond ik een paar Amerikaanse dichtbundels met de oorspronkelijke Engelse versie van de gedichten op de ene bladzijde en de Italiaanse vertaling op de andere. Ik kocht een bundel van Robert Lowell en een van Louise Glück.

Overal kom je spontane conversatielessen tegen. Vandaag zat ik op een bankje in het park toen er een oud vrouwtje in een zwarte jurk naar me toe kwam, naast me ging zitten en zich ergens druk over begon te maken. Ik schudde zwijgend en niet-begrijpend mijn hoofd en bood in zeer behoorlijk Italiaans mijn verontschuldigingen aan: 'Het spijt me, maar ik spreek geen Italiaans,' waarop ze me aankeek alsof ze me een klap met een pollepel gegeven zou hebben als ze die bij zich had gehad. Ze hield vol: 'Je begrijpt me best!' (Waar ze, interessant genoeg, gelijk in had. Die ene zin begreep ik wel.) Toen wilde ze weten waar ik vandaan kwam. Ik zei dat ik afkomstig was uit New York en vroeg waar ze zelf vandaan kwam. Stomme vraag natuurlijk – zij kwam uit Rome. Toen ik dat hoorde, klapte ik als een baby in mijn handen. *Ah, Rome! Wat een prachtige stad! Ik ben gek op Rome! Zo'n mooie stad!* Ze hoorde mijn primitieve lofzangen sceptisch aan. Toen kwam ze ter zake en vroeg of ik getrouwd was. Ik zei dat ik gescheiden was. Dat was de eerste keer dat ik het tegen iemand zei, en kijk eens aan, ik zei het zowaar in het Italiaans. Natuurlijk vroeg ze: '*Perché?*' En ja, 'waarom' is een moeilijke vraag om te beantwoorden, in elke taal. Ik hakkelde wat en kwam toen uiteindelijk op '*L'abbiamo rotto*' (We hebben het gebroken).

Ze knikte, stond op, liep naar haar bushalte een eindje

verderop en stapte in de bus, en dat allemaal zonder nog eens naar me om te kijken. Was ze kwaad op me? Vreemd genoeg bleef ik nog twintig minuten op die bank in het park op haar zitten wachten. Tegen alle logica in dacht ik dat ze misschien nog terug zou komen om ons gesprek voort te zetten, maar nee. Ze heette Celeste, met een scherpe *tsj* aan het begin, net als in het woord 'cello'.

Later op die dag vond ik een bibliotheek. Jemig, wat hou ik van bibliotheken. Aangezien we nu eenmaal in Rome zijn, is de bewuste bibliotheek een prachtig oud geval, gebouwd rondom een tuin waarvan je het bestaan nooit zou vermoeden als je het gebouw alleen van de buitenkant zag. De tuin is helemaal vierkant met hier en daar een paar sinaasappelbomen en in het midden een fontein. Dat zou weleens mijn lievelingsfontein in Rome kunnen worden, zag ik meteen, hoewel hij in niets leek op de andere fonteinen die ik tot dan had gezien. Ten eerste was hij niet uit keizerlijk marmer gehouwen. Het was een kleine, groene, bemoste, organische fontein, die iets weg had van een ruig, druppelend bosje varens. (Inderdaad, hij zag er net zo uit als het wilde groen dat uit het hoofd van de biddende figuur sproot die de oude medicijnman in Indonesië voor me had getekend.) Het water schoot vanuit het midden van deze weelderig groeiende struik naar boven en regende dan weer terug op de bladeren, wat een lieflijk, melancholiek geluid maakte dat in de hele tuin hoorbaar was.

Ik vond een stoel onder een sinaasappelboom en sloeg een van de dichtbundels open die ik de dag ervoor had gekocht. Louise Glück. Ik las het eerste gedicht eerst in het Italiaans, toen in het Engels, en stopte bij deze regel:

Dal centro della mia vita venne una grande fontana...

'Uit het hart van mijn leven kwam een grote fontein...'

Ik legde het boek op mijn schoot en trilde van opluchting.

13

Eerlijk gezegd ben ik niet de beste reizigster ter wereld.

Dat weet ik omdat ik veel gereisd heb en mensen heb ontmoet die er geweldig in zijn. Echte natuurtalenten. Ik heb reizigers ontmoet die lichamelijk zo sterk waren dat ze een schoenendoos water uit een riool in Calcutta konden opdrinken zonder er ziek van te worden. Mensen die met speels gemak nieuwe talen oppikken terwijl anderen alleen maar besmettelijke ziekten opdoen. Mensen die weten hoe ze een onvriendelijke grenswacht op zijn plaats moeten zetten of een onbehulpzame bureaucraat zover moeten krijgen dat hij hun een visum geeft. Mensen die de juiste lengte en huidskleur hebben om er altijd enigszins normaal uit te zien in het land waar ze naartoe gaan – in Turkije zouden ze voor Turken kunnen doorgaan, in Mexico ineens voor Mexicanen, in Spanje kunnen ze aangezien worden voor Basken, in Noord-Afrika soms voor Arabier...

Ik bezit geen van die eigenschappen. Ten eerste ga ik niet op in de massa. Als lange blondine met een roze huid lijk ik eerder op een flamingo dan op een kameleon. Waar ik ook heen ga, ik val gruwelijk uit de toon, behalve in Düsseldorf. Toen ik in China was, kwamen er op straat voortdurend vrouwen naar me toe die me aan hun kinderen aanwezen alsof ik een of ander ontsnapt beest uit de dierentuin was. En hun kinderen – die nog nooit zo'n spookachtig wezen met een roze gezicht en geel haar hadden gezien – barstten bij mijn aanblik vaak in huilen uit. Dat vond ik echt verschrikkelijk aan China.

Voordat ik op reis ga doe ik nauwelijks (of niet meer dan halfslachtig) onderzoek naar de plaatsen die ik ga bezoeken; meestal ga ik gewoon en zie ik wel wat er gebeurt. Als je op die manier reist, 'gebeurt' het regelmatig dat je urenlang verward midden in een treinstation staat of veel te veel geld uitgeeft aan hotels, gewoon omdat je niet beter weet. Dankzij mijn slechte gevoel voor richting en topografie heb ik in zes werelddelen rondgelopen zonder me daadwerkelijk te realiseren waar ik nu eigenlijk was. Behalve mijn belabberde innerlijke kompas heb ik ook een zeker gebrek aan kalmte, wat erg lastig kan zijn als je op reis bent. Ik heb nooit geleerd hoe ik mezelf dat uitdrukkingsloze gezicht aan moet meten waarmee je er ter zake kundig onzichtbaar uitziet, wat erg handig is als je door gevaarlijke plaatsen in het buitenland reist. Je weet wel, zo'n superrelaxte 'alles-onder-controle'-uitdrukking waardoor je eruitziet alsof je er helemaal thuishoort, waar je je op dat moment ook bevindt, ook al zit je midden in een rel in Jakarta. Ik niet. Als ik niet weet waar ik mee bezig ben, zie ik eruit alsof ik niet weet waar ik mee bezig ben. Als ik opgewonden of zenuwachtig ben, zie ik er opgewonden of zenuwachtig uit. En als ik de weg kwijt ben, wat me regelmatig overkomt, dan zie ik er ook uit alsof ik de weg kwijt ben. Mijn o zo doorzichtige gezicht weerspiegelt al mijn gedachten. Zoals David ooit zei: 'Jij hebt het tegenovergestelde van een pokerface. Jij hebt een... minigolfgezicht.'

En o, wat mijn reizen mijn spijsverteringsorganen allemaal wel niet hebben aangedaan! Eigenlijk wil ik het daar liever niet over hebben; laten we het erop houden dat ik alle uitersten van spijsverteringsnoodsituaties heb meegemaakt. In Libanon werd ik op een nacht zo verschrikkelijk onwel dat ik me alleen maar kon voorstellen dat ik op de een of andere manier de Midden-Oosterse variant van het ebolavirus had opgelopen. In Hongarije leed ik aan een heel ander soort darmklachten; sindsdien heb ik heel andere associaties bij het woord 'Oostblok'. Maar ik heb ook andere lichamelijke zwakten. Op mijn eerste dag reizen in Afrika ging ik door mijn rug. Ik was het enige lid van mijn reisgezelschap in Venezuela dat uit de jungle kwam met ontstoken spinnenbeten, en ik vraag je – echt hoor! – wie verbrandt er nu in vredesnaam in Stóckholm?

Hoe dan ook, ondanks dit alles is reizen mijn grote liefde. Al sinds ik op mijn zestiende van mijn spaarcentjes van het babysitten voor het eerst naar Rusland ging, geloof ik dat reizen alle uitgaven en opofferingen waard is. Andere liefdes wil ik nog weleens afvallen, maar het reizen blijf ik altijd trouw. Ik sta hetzelfde tegenover reizen als een blije, pas bevallen moeder tegenover haar onmogelijke, rusteloze, pasgeboren en aan buikkrampjes lijdende baby – het kan me niet schélen hoe zwaar het af en toe is, want ik ben dol op dat kind. Het is van mij. Het maakt deel van mij uit. Voor mijn part kotst het me aan alle kanten onder – het doet me allemaal niets.

Hoe dan ook, voor een flamingo ben ik niet helemaal hulpeloos in de wijde wereld. Ik heb zo mijn eigen overlevingstechnieken. Ik heb geduld. Ik weet hoe ik licht moet reizen. Ik durf alles te eten. Maar mijn allergrootste reistalent is dat ik met iedereen bevriend kan raken. Ik kan bevriend raken met doden. Ooit raakte ik eens bevriend met een Servische oorlogsmisdadiger, die me vervolgens uitnodigde om met zijn familie de bergen in te gaan. Niet dat ik er trots op ben dat zich onder mijn vertrouwelingen Servische massamoordenaars bevinden (ik moest bevriend met hem raken voor een verhaal, en ook opdat hij me niet in elkaar zou slaan), maar wat ik maar wil zeggen is: ik kan het. Als er niemand anders in de buurt is om mee te praten, kan ik waarschijnlijk nog bevriend raken met een rotsblok van een meter hoog. Daarom ben ik ook niet bang om naar de meest afgelegen plekken ter wereld te reizen – niet als daar mensen zijn om te ontmoeten. Sommige mensen vroegen me vóór mijn vertrek naar Italië: 'Heb je vrienden in Rome?' Waarop ik alleen mijn hoofd schudde en bij mezelf dacht: *Maar dat komt nog wel.*

Meestal leer je op reis je vrienden toevallig kennen, bijvoorbeeld omdat je naast ze zit in de trein, in een restaurant of in een politiecel. Het blijven echter toevallige ontmoetingen, en van het toeval kun je nooit helemaal op aan. Voor een meer systematische aanpak is er altijd nog het geweldige oude systeem van de 'introductiebrief' (vandaag de dag waarschijnlijk eerder een e-mail), waarin je officieel wordt voorgesteld aan de kennis van een kennis. Dat is een fantastische manier om mensen te leren kennen, als je tenminste het lef hebt om zomaar te bellen en jezelf uit te nodigen voor het avondeten. Dus voordat ik naar Italië vertrok, vroeg ik iedereen die ik in Amerika kende of zij misschien ook vrienden hadden in Rome, en het verheugt me te kunnen melden dat ik naar het buitenland ben gestuurd met een aanzienlijke lijst Italiaanse contactpersonen.

Van alle genomineerden op mijn lijst Mogelijke Nieuwe Italiaanse Vrienden kijk ik het meest uit naar mijn ontmoeting met een vent die – nu komt het – Luca Spaghetti heet. Luca Spaghetti is een goede vriend van mijn maatje Patrick McDevitt, die ik nog van de universiteit ken. En ja, zo heet hij echt, dat zweer ik, dit loop ik niet te verzinnen. Daar is het te idioot voor. Ik bedoel, moet je nagaan. Stel je voor dat je door het leven moet met een naam als *Patrick McDevitt!*

Hoe dan ook, ik ben van plan zo spoedig mogelijk contact op te nemen met Luca Spaghetti.

14

Eerst moet ik echter wennen aan mijn nieuwe school. Vandaag begint mijn cursus aan het taleninstituut Leonardo da Vinci, waar ik vijf dagen per week, vier uur per dag, Italiaans ga leren. Ik kijk verschrikkelijk uit naar de lessen. Ik ben echt een schaamteloze scholiere. Gisteravond heb ik mijn kleren al klaargelegd, net als toen ik voor het eerst naar de eerste klas ging, met mijn lakleren schoentjes en mijn nieuwe broodtrommeltje. Ik hoop dat de meester of juf me aardig vindt.

Op onze eerste dag op het Leonardo da Vinci-instituut moeten we allemaal een test doen, zodat ze ons in de juiste klas kunnen stoppen voor ons niveau. Als ik dat hoor, begin ik meteen te hopen dat ik niet in een Niveau-Eén-klas terechtkom, want dat zou ik vernederend vinden, gezien het feit dat ik al een heel semester lang (jawel!) Italiaans heb gestudeerd aan mijn avondschool voor gescheiden dames in New York, dat ik de hele zomer *flash cards* met woorden erop uit mijn hoofd heb zitten leren, en dat ik al een week in Rome ben en de taal in levenden lijve heb geoefend, waarbij ik zelfs met oude oma's over echtscheidingen heb geconverseerd. Eerlijk gezegd heb ik geen idee hoeveel niveaus deze school heeft, maar zodra ik het woord 'niveau' hoorde, besloot ik dat ik op zijn minst in Niveau Twee terecht moest komen.

Vandaag komt de regen met bakken tegelijk naar beneden. Ik kom ruim van tevoren op school (zoals altijd – *nerd!*) en doe de test. En moeilijk dat die is! Ik snap er nog geen tiende van! Ik ken zo veel Italiaans, ik ken tientallen woorden in het Italiaans, maar ze vragen me niets dat ik weet. Dan is er ook nog een mondeling examen dat nog erger is. Er zit een broodmagere leraar Italiaans die me vragen stelt en daarbij volgens mij veel te snel spreekt, en ik zou het er veel beter van moeten afbrengen dan ik doe, maar ik ben zo zenuwachtig dat ik fouten maak met dingen die ik eigenlijk best weet (zoals: waarom zei ik '*Vado a scuola*' in plaats van '*Sono andata a scuola*'? Dat wist ik best!).

Uiteindelijk pakt het echter goed uit. De magere docent Italiaans werpt een blik op mijn examen en kiest een niveau voor me uit: Niveau TWEE!

De lessen beginnen pas 's middags. Ik ga dus lunchen (geroosterde witlof) en kuier vervolgens terug naar school, waar ik zelfvoldaan langs alle Niveau-Eén-studenten (die echt wel *molto stupido* moeten zijn) loop en aan mijn eerste les begin, met mensen van mijn eigen niveau. Behalve dan dat het snel duidelijk wordt dat hun niveau veel hoger is dan het mijne en dat ik hier niets te zoeken heb omdat Niveau Twee echt onmogelijk zwáár is. Ik voel me alsof ik aan het zwemmen ben, maar nauwelijks mijn hoofd boven water kan houden. Alsof ik telkens wanneer ik ademhaal een slok water binnenkrijg. De docent, een graatmagere kerel (waarom zijn alle docenten zo dun hier? Ik vertrouw geen dunne Italianen!), gaat veel te snel. Hij slaat hele hoofdstukken van het lesboek over, zegt: 'Dit weten jullie al, dat weten jullie al...' en voert een razendsnel gesprek met mijn klasgenoten, die blijkbaar vloeiend Italiaans spreken. Mijn maag trekt samen van afschuw, ik snak naar adem en ik hoop dat hij mij niets zal vragen. Zodra de pauze begint, ren ik op wankele benen het lokaal uit en haast ik me bijna in tranen helemaal naar de administratie, waar ik in heel duidelijk Engels smeek of ze me misschien terug kunnen plaatsen naar Niveau Eén. En dat doen ze. En nu zit ik dus hier.

Deze leraar is mollig en spreekt langzaam. Een hele verbetering.

15

Het interessante aan mijn cursusgenoten is dat we hier geen van allen echt hóeven te zijn. We zitten met zijn twaalven in de klas, we zijn van allerlei leeftijden en afkomstig uit allerlei landen en we zijn allemaal om dezelfde reden naar Rome gekomen: om Italiaans te leren, gewoon omdat we daar zin in hebben. Geen van ons kan een praktische reden verzinnen waarom hij/zij hier is. Niemands baas heeft gezegd: 'Het is van essentieel belang dat jij Italiaans leert zodat wij in het buitenland zaken kunnen doen.' Iedereen, zelfs de stijve Duitse ingenieur, heeft dezelfde beweegreden als ik, terwijl ik dacht dat die helemaal persoonlijk was: allemaal willen we Italiaans leren spreken omdat we daar zo'n heerlijk gevoel van krijgen. Een Russin met een triest gezicht vertelt ons dat ze zichzelf op een cursus Italiaans trakteert omdat ze vindt dat ze 'iets moois verdient'. De Duitse ingenieur zegt: 'Ik wilde Italiaans want ik hou van het *dolce vita*' – het zoete leven. (Zij het dat het er met zijn stijve Duitse accent ongeveer uitkomt als 'het *deutsche vita*' – het Duitse leven – waarvan hij volgens mij al genoeg heeft binnengekregen.)

In de maanden die volgen kom ik erachter dat er inderdaad goede redenen zijn dat Italiaans de mooiste, verleidelijkste taal ter wereld is, en dat ik niet de enige ben die er zo over denkt. Om te begrijpen waarom moet je eerst begrijpen dat Europa ooit een chaos van ontelbare, aan het Latijn ontleende dialecten was waaruit zich geleidelijk, door de eeuwen heen, een paar afzonderlijke talen ontwikkelden: Frans, Portugees, Spaans, Italiaans. Wat er in Frankrijk, Portugal en Spanje gebeurde was een organische evolutie: het dialect van de belangrijkste stad werd geleidelijk aan geaccepteerd als de taal van de hele regio. Wat wij tegenwoordig Frans noemen is dus in werkelijkheid een versie van het middeleeuwse dialect van Parijs. Portugees is eigenlijk Lissabons. Spaans is in wezen Madrileens. Het waren kapitalistische overwinningen; uiteindelijk bepaalde de sterkste stad de taal van het hele land.

In Italië ging het er anders aan toe. Eén belangrijk verschil was dat Italië heel lang niet eens één land was. Er was pas laat (1861) enige sprake van eenwording; tot die tijd was het een schiereiland vol strijdende stadstaten die geregeerd werden door trotse plaatselijke vorsten of andere Europese machten. Sommige stukken van Italië behoorden toe aan Frankrijk, andere aan Spanje, weer andere aan de Kerk, en sommige stukken aan degene die erin slaagde het plaatselijke fort of paleis in handen te krijgen. Sommige inwoners van Italië vonden al die buitenlandse overheersing vernederend; anderen namen het wat luchthartiger op. De meesten vonden het niet leuk dat ze werden gekoloniseerd door hun mede-Europeanen, maar er was altijd een apathische menigte die zei: *'Franza o Spagna, purchè se magna'*, wat dialect is voor 'Frankrijk of Spanje, zolang ik maar te eten krijg'.

Door al die onderlinge verdeeldheid vormde Italië nooit helemaal één geheel, en datzelfde gold voor de taal. Het hoeft dus geen verbazing te wekken dat de Italianen eeuwenlang plaatselijke dialecten spraken en schreven, die voor buitenstaanders nauwelijks te begrijpen waren. Een wetenschapper in Florence kon amper communiceren met een dichter op Sicilië of een winkelier in Venetië (behalve natuurlijk in het Latijn, dat niet bepaald als de nationale taal werd beschouwd). In de zestiende eeuw kwam er een aantal Italiaanse intellectuelen bijeen die besloten dat dit absurd was. Het schiereiland Italië had een Italiáánse taal nodig waar iedereen het over eens kon zijn, in elk geval in geschreven vorm. Dus deden die verzamelde intellectuelen iets wat nog nooit eerder in de Europese geschiedenis was vertoond: ze kozen het mooiste van alle plaatselijke dialecten en kroonden dat tot 'Italiaans'.

Om het mooiste dialect te vinden dat ooit in Italië werd gesproken, moesten ze tweehonderd jaar terug in de tijd, naar het veertiende-eeuwse Florence. Het congres besloot dat de persoonlijke taal van de grote Florentijnse dichter Dante Alighieri voortaan als 'net' Italiaans beschouwd zou worden. Toen Dante in 1321 zijn *Goddelijke komedie* uitbracht, met daarin een visioenachtige tocht door de hel, het vagevuur en de hemel, was de literaire wereld geschokt omdat het niet in het Latijn was geschreven. Hij vond Latijn een ontaarde, elitaire taal; door het gebruik daarvan in serieus proza was de literatuur verworden was tot een 'snol', omdat universele verhalen er iets door waren geworden wat alleen met geld gekocht kon worden, dankzij de voorrechten van een aristocratische opvoeding. In plaats daarvan wendde Dante zich weer tot de straat, waar hij de echte taal van Florence oppikte zoals die werd gesproken door de inwoners van zijn stad (onder wie lumineuze tijdgenoten als Boccaccio en Petrarca). Vervolgens gebruikte hij die taal om zijn verhaal te vertellen.

Hij schreef zijn meesterwerk in wat hijzelf de *dolce stil nuovo* ('zoete nieuwe stijl') van de streektaal noemde, en terwijl hij die streektaal opschreef werd hij er de vormgever van; hij had er evenveel persoonlijke invloed op als Shakespeare later op het Elizabethaanse Engels zou hebben. Dat er jaren later een groep nationalistische intellectuelen met elkaar om de tafel ging zitten en besloot dat Dantes Italiaans vanaf nu de officiële taal van Italië zou worden, was ongeveer net zoiets als wanneer er vroeg in de negentiende eeuw op een dag een bijeenkomst van een groep Oxford-docenten zou zijn geweest waarbij men had besloten dat vanaf dat moment iedereen in Engeland puur Shakespeare-Engels moest spreken. En het werkte nog ook!

Het Italiaans dat we tegenwoordig spreken is dus geen Romeins of Venetiaans (hoewel dat de invloedrijke militaire en handelssteden waren), en zelfs niet helemaal Florentijns. In wezen is het Danteaans. Geen enkele andere Europese taal heeft zo'n artistieke afkomst. En misschien is er geen andere taal die zo volmaakt voorbestemd is om menselijke emoties te verwoorden als dit veertiende-eeuwse Florentijnse Italiaans, verfraaid door een van de grootste dichters uit de westerse beschaving. Dante schreef zijn *God-*

delijke komedie in *terza rima* (drievoudig rijm), een keten van rijmen waarin elk rijm elke vijf regels driemaal wordt herhaald, waardoor zijn bevallige Florentijnse spreektaal volgens geleerden 'het ritme van een waterval' heeft – een ritme dat je nog steeds terugvindt in de springerige, poëtische intonatie van hedendaagse Italiaanse taxichauffeurs, slagers en regeringsambtenaren. De laatste regel van de *Goddelijke komedie*, waarin Dante een visioen van God zelf heeft, is een beeld dat nog altijd gemakkelijk te begrijpen valt voor iedereen die iets van het zogenaamd moderne Italiaans af weet. Dante schrijft dat God niet alleen maar een verblindend visioen van schitterend licht is, maar bovenal *l'amor che move il sole e l'altre stelle* – 'de liefde die de zon en de andere sterren beweegt'.

Zo raar is het dus niet dat ik zo verschrikkelijk graag deze taal wil leren.

16

Na een dag of tien in Italië hebben Depressie en Eenzaamheid me gevonden. Op een avond loop ik na een heerlijke dag op school door de Villa Borghese, terwijl de zon in een waas van goud boven de Sint-Pietersbasiliek ondergaat. Ik voel me gelukkig bij deze romantische aanblik, ook al ben ik helemaal alleen, terwijl voor de rest iedereen in het park ofwel aan zijn geliefde zit te friemelen ofwel met een lachend kind speelt. Ik sta echter bij een balustrade stil om naar de zonsondergang te kijken en begin dan iets te veel na te denken, en dan verandert al dat denken in gepieker, en dan staan ze ineens voor mijn neus.

Stilletjes en dreigend komen ze op me af (net Pinkerton-detectives) en gaan aan weerszijden van me staan – Depressie links van me, Eenzaamheid rechts. Ze hoeven me niet hun insignes te laten zien. Ik ken ze al langer dan vandaag, deze mannen. We spelen al jaren kat en muis. Al geef ik toe dat het me verbaast hen hier in de schemering in deze prachtig aangelegde Italiaanse tuin tegen te komen. Dit is niet bepaald hun natuurlijke omgeving.

Ik zeg tegen hen: 'Hoe hebben jullie me hier gevonden? Van wie hebben jullie gehoord dat ik in Rome zat?'

Depressie, nogal een bijdehand type, zegt: 'Wat, ben je niet blij om ons te zien?'

'Ga weg,' zeg ik tegen hem.

Eenzaamheid, een agent van het iets gevoeliger type, zegt: 'Het spijt me, mevrouw, maar misschien moet ik u wel uw hele reis lang in de gaten blijven houden. Dat is nu eenmaal mijn opdracht.'

'Daar ben ik niet zo blij mee,' zeg ik. Hij haalt bijna verontschuldigend zijn schouders op, maar komt alleen maar dichter bij me staan.

Dan fouilleren ze me. Ze halen alle vreugde die ik bij me had uit mijn zakken. Depressie neemt zelfs mijn identiteit in beslag, maar goed, dat doet hij altijd. Vervolgens begint Eenzaamheid me te ondervragen, wat ik verschrikkelijk vind aangezien hij er uren mee door kan gaan. Hij is wel beleefd, maar ook meedogenloos, en uiteindelijk loop ik altijd tegen de lamp. Hij vraagt me of ik enige reden heb om me gelukkig te voelen. Hij vraagt waarom ik vanavond alwéér alleen ben. Hij vraagt (hoe vaak heeft hij me deze vraag al niet gesteld?) waarom mijn relaties altijd spaak lopen, waarom ik mijn huwelijk om zeep heb geholpen, waarom ik er zo'n zooitje van heb gemaakt met David, en waarom ik er zo'n zooitje van heb gemaakt met iedere man met wie ik ooit iets heb gehad. Hij vraagt me waar ik was op de avond dat ik dertig werd, en waarom het sindsdien allemaal zo beroerd is gegaan. Hij vraagt waarom ik mijn zaakjes niet op orde kan krijgen, en waarom ik niet thuis zit, in een mooi huis met lieve kinderen, zoals een fatsoenlijke vrouw van mijn leeftijd hoort te doen. Hij vraagt waarom ik eigenlijk denk dat ik een vakantie in Rome heb verdiend terwijl ik toch zo'n janboel van mijn leven heb gemaakt. Hij vraagt me waarom ik denk dat het me gelukkiger zal maken om als een tiener van huis weg te lopen. Hij vraagt waar ik denk dat ik later terecht zal komen als ik op deze manier doorga.

Ik loop terug naar huis, in de hoop hen van me af te schudden, maar ze blijven me achtervolgen, die twee bullebakken. Depressie houdt me stevig bij mijn schouder vast en Eenzaamheid gaat maar door met zijn donderpreek. Ik neem niet eens de moeite te eten; ik wil niet voortdurend hun ogen op me gericht hebben. Ik wil hen ook niet de trap naar mijn appartement op laten, maar ik ken Depressie en die heeft een gummiknuppel, dus als hij echt naar binnen wil, dan hou je hem niet tegen.

'Het is niet eerlijk dat jullie hierheen zijn gekomen,' zeg ik tegen Depressie. 'Ik heb jullie allang betaald om me met rust te laten. Ik heb mijn straf in New York al uitgezeten.'

Maar met die lugubere glimlach van hem gaat hij op mijn lievelingsstoel zitten, legt zijn voeten op mijn tafel en steekt een sigaar aan, waardoor de hele kamer zich vult met zijn vreselijke rook. Eenzaamheid kijkt zuchtend toe, gaat dan geheel gekleed, met schoenen en al, in mijn bed liggen en trekt de dekens over zich heen. Vannacht gaat hij zich weer aan me opdringen, dat weet ik gewoon.

17

Ik was pas een paar dagen eerder gestopt met mijn pillen. Het had me pure waanzin geleken om in Italië antidepressiva te slikken. Hoe kon ik hier nu depressief zijn?

Ik had die pillen überhaupt nooit gewild. Ik had ze lang afgewezen, hoofdzakelijk vanwege een hele waslijst persoonlijke bezwaren (zoals: Amerikanen slikken veel te veel medicijnen; we weten nog niet wat voor langetermijneffect dit spul op de hersenen van de mens heeft; het is gewoon misdadig dat zelfs Amerikaanse kinderen tegenwoordig antidepressiva slikken; we behandelen wel de symptomen maar niet de oorzaken van onze nationale geestelijke gezondheidscrisis...). Maar goed, de laatste paar jaar zat ik overduidelijk ernstig in de nesten, waar ik ook niet op korte termijn zou uitkomen. Terwijl mijn huwelijk in duigen viel en mijn drama met David zich verder ontvouwde, had ik alle symptomen gekregen van een ernstige depressie: gebrek aan slaap, eetlust en libido, onbedaarlijke huilbuien, chronische rugpijn en buikpijn, gevoelens van vervreemding en wanhoop, moeite me op mijn werk te concentreren, het feit dat ik me niet eens druk kon maken toen de Republikeinen de presidentsverkiezingen hadden gestolen... en zo ging het maar door.

Als je in zo'n woud verdwaald bent, duurt het soms even voordat je beseft dát je verdwaald bent. Een tijdlang kun je jezelf ervan overtuigen dat je maar een klein stukje van het pad afgedwaald bent, dat je elk moment de weg terug kunt vinden naar het begin van het pad. En dan valt de avond weer, en nog eens, en nog altijd heb je geen idee waar je je bevindt, en dan is het tijd om toe te geven dat je zo ver bent afgedwaald dat je niet eens meer weet waar de zon ook alweer opkomt.

Ik pakte mijn depressie aan alsof het een strijd om mijn leven was, wat het in feite natuurlijk ook was. Ik bestudeerde mijn eigen depressie-ervaring en probeerde te ontdekken wat eraan ten grondslag lag. Wat was de oorzaak van al deze wanhoop? Was het iets psychologisch? (Allemaal de schuld van mijn vader en moeder?) Was het iets tijdelijks, een 'slechte fase' in mijn leven? (Als de scheiding er eenmaal door is, is mijn depressie dan ook verleden tijd?) Was het genetisch bepaald? (Melancholie, of hoe je het ook wilt noemen, zit al generaties lang in onze familie, samen met haar trieste levensgezel, Alcoholisme.) Was het cultureel bepaald? (Is dit gewoon wat er gebeurt als een postfeministische Amerikaanse carrièrevrouw probeert een zekere balans te vinden in een steeds stressvollere, vervreemdende, verstedelijkte samenleving?) Was het astrologisch bepaald? (Ben ik zo verdrietig omdat ik een gevoelige Kreeft ben wier belangrijke huizen allemaal in het teken staan van de onstabiele Tweelingen?) Was het iets artistieks? (Lijden wij creatievelingen niet altijd aan depressies omdat we zo supergevoelig en *bijzonder* zijn?) Had het iets te maken met de biologische evolutie? (Draag ik de resten in me mee van de paniek van de duizenden jaren waarin mijn soort heeft geprobeerd te overleven in een keiharde wereld?) Had het iets met karma te maken? (Zijn al deze opwellingen van smart gewoon de consequenties van slecht gedrag in vorige levens, de laatste hindernissen voordat ik word verlost?) Had het iets met mijn hormonen te maken? Met mijn dieet? Met filosofische kwesties? Met het jaargetijde? Met het milieu? Was het een universeel verlangen naar God? Was ik chemisch uit balans? Of had ik gewoon een beurt nodig?

Wat bestaat één enkel mens uit vele factoren! Wat functioneren we op veel niveaus, en wat worden we ontzettend beïnvloed door onze geest, ons lichaam, onze achtergrond, onze familie, onze stad, onze ziel en onze lunch! Ik begon te geloven dat mijn depressie waarschijnlijk een soort immer fluctuerend assortiment van al die factoren was, en dat er waarschijnlijk ook dingen meespeelden die ik niet in woorden kon vatten en die niet eens van mijzelf waren. En dus ging ik het gevecht op alle niveaus aan. Ik kocht allemaal van die zelfhulpboeken met gênante titels (waar ik altijd het laatste nummer van de *Hustler* omheen sloeg, zodat onbekenden niet zouden zien wat ik echt zat te lezen). Ik zocht professionele hulp bij een therapeute die even vriendelijk als verstandig was. Ik bad zo veel dat ik wel een novice leek. Ik hield, toen iemand me had verteld dat ik eigenlijk 'de angst at die het dier op het moment van zijn overlijden voelde', op met vlees eten (eventjes althans). Een vage new-age-massagetherapeute zei tegen me dat ik oranje slipjes moest dragen om mijn seksuele chakra's weer in balans te brengen, en jezus, dat dééd ik nog ook. Ik dronk genoeg van die verdomde sint-janskruidthee om een hele Russische goelag op te vrolijken, zonder enig waarneembaar effect. Ik ging bewegen. Ik stelde mezelf bloot aan de verheffende kunsten en nam mezelf angstvallig in bescherming tegen deprimerende films, boeken en liedjes. Als iemand ook maar de woorden 'Leonard' en 'Cohen' in één zin liet vallen, moest ik de kamer uit.

Ik probeerde heel erg om dat eeuwige gehuil tegen te houden. Ik weet nog hoe ik op een avond, toen ik weer eens vanwege diezelfde oude herhaling van treurige gedachten ineengedoken en in tranen op hetzelfde oude hoekje van dezelfde oude bank lag, aan mezelf vroeg: 'Is er íets aan deze scène dat je kunt veranderen, Liz?' En het enige wat ik kon verzinnen was om nog steeds in tranen op te staan en midden in mijn woonkamer te proberen op één been te gaan staan, gewoon om te bewijzen dat ik – ook al kon ik misschien niet ophouden met huilen en geen andere draai geven aan mijn sombere *monologue intérieur* – nog wel een béétje controle over mezelf had: ik kon in elk geval hysterisch janken op één been. Tja, ik moest ergens beginnen.

Ik stak de straat over zodat ik in de zon kon lopen. Ik verliet me op mijn ondersteunende netwerk, koesterde mijn familie en deed mijn best om mijn meest verhelderende vriendschappen in stand te houden. En als die opdringerige vrouwenbladen me bleven vertellen dat mijn gebrek aan zelfvertrouwen de depressie er niet bepaald beter op maakte, ging ik naar de kapper voor een leuk nieuw kapsel en kocht ik dure make-up en een mooie jurk. (Als een vriendin me complimenteerde met mijn nieuwe look, zei ik alleen maar grimmig: 'Operatie-Zelfvertrouwen, klotedag nummer 1.')

Het laatste wat ik probeerde, na een twee jaar durende strijd tegen al deze kommer en kwel, waren medicijnen. Als ik hier even mijn persoonlijke mening mag opdringen, denk ik dat medicijnen altijd het laatste moeten zijn wat je probeert. Zelf nam ik de beslissing om de weg van de 'vitamine P' in te slaan na een nacht waarin ik urenlang op de vloer van mijn slaapkamer had gezeten en mezelf er wanhopig van had geprobeerd te weerhouden met een keukenmes in mijn arm te snijden. Die nacht won ik mijn conflict met het mes, maar het was kantje boord. Ik had destijds wel meer goede ideeën – bijvoorbeeld dat van een gebouw afspringen of mezelf met een pistool voor mijn kop schieten een einde zou maken aan mijn leed. Maar het was de nacht die ik met een mes in mijn hand doorbracht, die de doorslag gaf.

De volgende ochtend belde ik zodra de zon opkwam mijn vriendin Susan en smeekte haar me te helpen. Volgens mij was er in de hele geschiedenis van mijn familie niet één vrouw geweest die dat had gedaan, die op die manier midden op de weg was gaan zitten en midden in haar leven had gezegd: 'Ik kan geen stap meer verzetten – iemand moet me helpen.' Die vrouwen zouden er niet bij gebaat zijn geweest om niet verder te lopen. Niemand zou hen geholpen hebben, of hen hebben kúnnen helpen. Het enige wat er gebeurd zou zijn was dat zijzelf en hun gezinnen van de honger omgekomen zouden zijn. Die vrouwen bleven maar door mijn hoofd schieten.

Ik zal nooit het gezicht van Susan vergeten toen ze ongeveer een uur na mijn wanhopige telefoontje mijn appartement in rende en me ineengedoken op de bank zag zitten. Ik zag mijn pijn weerspiegeld in haar zichtbare vrees voor mijn leven, wat voor mij nog altijd een van de engste herinneringen is aan die sowieso enge jaren. Ik bleef als een balletje ineengekrompen liggen terwijl Susan mensen belde en een psychiater voor me vond bij wie ik nog diezelfde dag terecht kon, om te kijken of er misschien antidepressiva voorgeschreven moesten worden. Ik luisterde naar Susans eenzijdige gesprek met de dokter en hoorde hoe ze zei: 'Ik ben bang dat mijn vriendin zichzelf iets ergs gaat aandoen.' Zelf was ik ook bang.

Toen ik die middag bij de psychiater langsging, vroeg hij me waarom ik zo lang had gewacht met hulp zoeken – alsof ik niet al die tijd had geprobeerd mezelf te helpen. Ik vertelde hem wat voor bezwaren en bedenkingen ik had tegen antidepressiva. Ik legde exemplaren van de drie boeken die er al van mijn hand waren verschenen op zijn bureau en zei: 'Ik ben schrijfster. Doet u alstublieft niets dat mijn hersenen kan beschadigen.' Hij zei: 'Als je een nierziekte had, zou je daar zonder enige aarzeling medicijnen tegen innemen, dus waarom heb je hier zo'n moeite mee?' Maar goed, dat geeft alleen maar aan hoe weinig hij van mijn familie wist. Een echte Gilbert zou waarschijnlijk juist géén medicijnen slikken tegen een nierziekte, aangezien ziekten in onze familie beschouwd worden als een teken dat je in persoonlijk, ethisch en moreel opzicht tekort bent geschoten.

Hij gaf me verscheidene medicijnen – Xanax, Zoloft, Wellbutrin, Busperin – totdat we de combinatie vonden waarvan ik niet misselijk werd en waardoor mijn libido geen vage herinnering aan lang geleden werd. Al snel, nog geen week later, voelde ik een paar centimeter meer daglicht in mijn hoofd. Daarnaast kon ik eindelijk slapen. En dat was het echte geschenk, want als je niet kunt slapen, kun je jezelf niet uit de goot trekken – geen schijn van kans. De pillen gaven me de versterkende uurtjes nachtrust terug, en verder zorgden ze ervoor dat mijn handen ophielden met trillen, dat de bankschroef rondom mijn borstkas werd losgedraaid en de nood- en paniekknop vanuit mijn hart niet voortdurend werd ingedrukt.

Toch voelde ik me nooit lekker bij het slikken van die pillen, ook al hielpen ze onmiddellijk. Het maakte niet uit wie er tegen me zei dat die middelen een goed idee waren en dat ze volkomen veilig waren; ik bleef er moeite mee hebben. Die medicijnen maakten ongetwijfeld deel uit van de brug naar de overkant, maar toch wilde ik er zo snel mogelijk weer vanaf. In januari 2003 begon ik de pillen te slikken. Tegen mei nam ik al een aanzienlijk lagere dosis. De zwaarste maanden – de laatste maanden van de scheiding, de laatste uitputtende maanden met David – waren inmiddels achter de rug. Had ik die tijd kunnen doorstaan zonder de pillen, als ik het nog even had volgehouden? Had ik mezelf in mijn eentje kunnen overleven? Ik weet het niet. Dat is het nu net met een mensenleven: er is geen controlegroep, geen enkele manier om erachter te komen wat er van ons geworden zou zijn als er een paar variabelen waren veranderd.

Wat ik wel weet is dat mijn ellende door die medicijnen minder rampzalig aanvoelde. Daar ben ik dus dankbaar voor. Toch sta ik nog altijd zeer ambivalent tegenover stemmingsverbeterende middelen. Ik ben onder de indruk van het effect dat ze hebben, maar maak me zorgen over de mate waarin ze worden gebruikt. Ik denk dat ze in dit land veel terughoudender voorgeschreven en gebruikt moeten worden, en nooit zonder gelijktijdige behandeling door een psycholoog. Medicijnen voorschrijven tegen de symptomen van een ziekte zonder de achterliggende oorzaak te onderzoeken is typisch zo'n klassieke onbezonnen westerse opvatting over hoe je een mens werkelijk beter krijgt. Misschien hebben die pillen mijn leven gered, maar dan alleen in combinatie met de ongeveer twintig andere inspanningen die ik op hetzelfde moment leverde om mezelf te redden, en ik hoop dat ik nooit meer zulke medicijnen zal hoeven te slikken. Al zei één dokter dat ik gezien mijn 'neiging tot melancholie' misschien wel vaker antidepressiva zal moeten slikken. Ik hoop met heel mijn hart dat hij ernaast zit. Ik ben van plan om alles uit de kast te halen om te bewijzen dat hij het bij het verkeerde eind heeft, of in elk geval om die neiging tot melancholie te bestrijden met alle middelen die ik tot mijn beschikking heb. Of die koppigheid me uiteindelijk in de weg zal zitten of juist tot zelfbehoud zal leiden, kan ik niet zeggen.

Maar goed, zo zat het dus.

18

Of liever gezegd, zo zít het dus. Ik zit in Rome en ik zit in de nesten. Die twee bullebakken, Depressie en Eenzaamheid, zijn mijn leven weer binnen gestruind, en ik heb drie dagen geleden mijn laatste Wellbutrin ingenomen. Er liggen nog meer pillen in mijn onderste laatje, maar die wil ik niet. Daar wil ik voor altijd vanaf zijn. Maar in Depressie en Eenzaamheid heb ik ook geen zin, dus ik weet niet wat ik nu moet, en ik voel een paniekaanval opkomen, zoals altijd wanneer ik niet weet wat ik met mezelf aan moet. Dus wat ik vanavond doe is dit. Ik pak mijn geheime schrift erbij, dat ik naast mijn bed bewaar voor het geval zich ooit nog eens een noodsituatie voordoet. Ik sla het open. Ik ga op zoek naar de eerste blanco pagina. Ik schrijf op: 'Ik heb uw hulp nodig.'

Dan wacht ik. Na een tijdje komt er antwoord, in mijn eigen handschrift: *Hier ben ik. Wat kan ik voor je doen?*

En hier begint nogmaals mijn vreemdste en geheimste conversatie. Hier in dit geheime schrift praat ik met mezelf. Ik praat met dezelfde stem die ik die nacht op de badkamervloer hoorde toen ik voor het eerst in tranen tot God bad om hulp, toen iets (of iemand) zei: 'Ga terug naar bed, Liz.' Sinds die tijd, nu een paar jaar geleden, heb ik die stem weer gevonden op momenten van ernstig leed, en heb ik geleerd dat een schriftelijke conversatie de beste methode is om hem te bereiken. Tot mijn verrassing ben ik er ook achter gekomen dat ik bijna altijd toegang heb tot die stem, hoe inktzwart mijn zielenleed ook is. Zelfs tijdens mijn ergste verdriet is die kalme, meelevende, liefdevolle en verschrikkelijk wijze stem (die ik misschien zelf ben, of misschien ook niet helemaal) altijd beschikbaar voor een praatje op papier, dag en nacht.

Ik heb besloten me geen zorgen meer te maken over de vraag of deze schriftelijke conversaties met mezelf inhouden dat ik schizofreen ben. Misschien is de stem die ik hoop te bereiken God, misschien is het mijn goeroe die in mijzelf spreekt, misschien is het de beschermengel die op mijn zaak is gezet, misschien is het mijn Hoogste Ik, of misschien is het inderdaad gewoon een verzinsel van mijn onderbewuste, verzonnen om me tegen mijn eigen kwellingen in bescherming te nemen. De heilige Theresia van Avila noemde zulke goddelijke innerlijke stemmen 'locuties' – woorden uit het bovennatuurlijke die spontaan in je bewustzijn binnenkomen, kant en klaar vertaald in je eigen taal, en je hemelse troost bieden. Natuurlijk weet ik best wat Freud over zulke vormen van spirituele troost gezegd zou hebben – dat ze irrationeel zijn en 'geen vertrouwen verdienen. De ervaring leert ons dat de wereld geen peuterklas is.' Daar ben ik het mee eens – de wereld is geen peuterklas. Maar juist omdat deze wereld zo'n uitdaging is, moet je soms buiten de jurisdictie van onze wereld hulp zoeken, een hogere autoriteit aanspreken om soelaas te vinden.

Aan het begin van mijn spirituele experiment had ik niet altijd zo'n fiducie in deze innerlijke wijze stem. Ik weet nog dat ik ooit eens in een aanval van verschrikkelijke woede en verdriet mijn geheime schrift erbij pakte en er heel slordig in hoofdletters een boodschap voor mijn innerlijke stem – voor mijn goddelijke innerlijke soelaas – in schreef, die een hele bladzijde in beslag nam: 'IK GELOOF VERDOMME NIET EENS IN U!!!!!!!!!!'

Even later voelde ik, terwijl ik nog na zat te hijgen, hoe er een piepklein lichtje in me aanging, en toen noteerde ik ineens dit geamuseerde en o zo beheerste antwoord: *Tegen wie heb je het dan?*

Sinds die tijd twijfel ik niet meer aan het bestaan van de stem. En dus probeer ik hem ook vanavond te bereiken, voor het eerst sinds ik in Italië ben. Wat ik vanavond in mijn dagboek schrijf is dat ik zwak ben en vol angst zit. Ik leg uit dat Depressie en Eenzaamheid zijn komen opdagen, en dat ik bang ben dat ze me niet meer met rust zullen laten. Ik zeg dat ik geen medicijnen meer wil innemen, maar dat ik vrees dat ik geen keus heb. Dat ik als de dood ben dat ik mijn leven nooit meer echt op orde zal krijgen.

Bij wijze van antwoord doet zich ergens binnen in mij een inmiddels vertrouwd bovennatuurlijk iets gelden dat me alle zekerheden biedt waarvan ik altijd heb gehoopt dat iemand ze tegen me zou zeggen als ik weer eens met mezelf overhoop lag. Ik noteer de volgende aan mezelf gerichte woorden:

Hier ben ik. Ik hou van je. Het maakt me niet uit als je de hele nacht moet opblijven om te huilen; ik zal bij je blijven. Als je de pillen weer nodig hebt, slik ze dan gewoon – ook dan zal ik van je blijven houden. Als je de pillen niet nodig hebt, zal ik ook van je houden. Wat je ook doet, mijn liefde zul je nooit verspelen. Ik zal je beschermen tot je dood, en zelfs ná je dood zal ik je nog beschermen. Ik ben sterker dan Depressie en dapperder dan Eenzaamheid en niets zal me ooit uitputten.

Vanavond doet dit vreemde innerlijke gebaar van vriendschap – de helpende hand die me vanuit mezelf wordt toegestoken als er verder niemand in de buurt is om me enig soelaas te bieden – me denken aan iets wat me ooit in New York is overkomen. Op een middag liep ik haastig een groot kantoorgebouw binnen en rende naar de gereedstaande lift. Terwijl ik naar binnen vloog, ving ik onverwachts een glimp van mezelf op in een beveiligingsspiegel. Op dat moment deden mijn hersens iets vreemds. Ze stuurden een razendsnelle boodschap: 'Hé! Die ken je! Dat is een vriendin van je!' En ik rende zowaar naar mijn eigen spiegelbeeld toe, met een glimlach op mijn gezicht, helemaal gereed om dat meisje te verwelkomen wier naam me even ontschoten was maar wier gezicht me zo bekend voorkwam. Natuurlijk realiseerde ik me binnen een fractie van een seconde wat er was gebeurd, en ik lachte gegeneerd om mijn bijna hondachtige verwarring over de werking van een spiegel. Maar om de een of andere reden moet ik vanavond tijdens mijn treurnis in Rome weer aan dat incident denken, en zo komt het dat ik even later de volgende geruststellende herinnering onder aan de pagina noteer: *Vergeet nooit dat je jezelf eens op een onbewaakt moment als vriendin hebt herkend.*

Ik val in slaap met het schrift tegen mijn borst geklemd, nog opengeslagen bij deze laatste geruststellende opmerking. Als ik de volgende morgen wakker word, ruik ik nog steeds vaag de rook van Depressies sigaar, maar zelf is hij nergens te bekennen. Op een gegeven moment is hij er midden in de nacht vandoor gegaan. Ook zijn maat Eenzaamheid is verdwenen.

19

Wat wel vreemd is, is dat ik sinds mijn aankomst in Rome nog niet in staat ben geweest om iets aan yoga te doen. Jarenlang heb ik regelmatig en serieus geoefend, en ik heb zelfs met de allerbeste intenties mijn yogamatje meegenomen. Maar op de een of andere manier komt het er hier niet van. Ik bedoel, wanneer moet ik hier mijn yogaoefeningen doen? Vóór mijn Italiaanse ontbijt, die speedball van chocoladebroodjes en een dubbele cappuccino? Erna? De eerste paar dagen van mijn verblijf hier rolde ik braaf elke ochtend mijn yogamatje uit, om vervolgens te merken dat ik er alleen maar lachend naar kon staan kijken. Eén keer zei ik zelfs hardop tegen mezelf, zogenaamd namens de yogamat: 'Oké dan, juffrouw *penne ai quattro formaggi*... laat maar zien wat u vandaag kunt.' Beschaamd stopte ik de yogamat onder in mijn koffer (waar ik hem, bleek later, tot India niet meer uithaalde). Toen maakte ik een wandeling en at wat pistache-ijs. Wat de Italianen de normaalste zaak van de wereld vinden om halftien 's ochtends, en eerlijk gezegd ben ik het volkomen met ze eens.

Voorzover ik het kan overzien komt de cultuur van Rome gewoon niet overeen met de yogacultuur. Ik ben zelfs tot de conclusie gekomen dat Rome en yoga helemaal niets gemeen hebben, behalve dat ze allebei een beetje aan het woord 'toga' doen denken.

20

Ik moest op zoek naar vrienden. Dat deed ik dus, en inmiddels is het oktober en heb ik een aardig assortiment vrienden. Behalve mezelf ken ik nu nog twee andere Elizabeths in Rome, beiden Amerikaans, beiden schrijfster. De eerste Elizabeth schrijft romans en de tweede Elizabeth schrijft over eten. Gezien haar appartement in Rome, huis in Umbrië, Italiaanse man en baan waarvoor ze heel Italië moet afreizen om te eten en er voor *Gourmet* over te schrijven, heeft de tweede Elizabeth in een van haar vorige levens blijkbaar een groot aantal weeskindjes van de verdrinkingsdood gered. Uiteraard weet ze precies waar je in Rome uit eten moet, zoals bijvoorbeeld een *gelateria* die bevroren rijstpudding op het menu heeft (en als die in de hemel niet op het menu staat, dan wil ik er echt niet naartoe). Een tijdje geleden nam ze me mee uit lunchen, en onder de gerechten die we toen aten bevonden zich niet alleen lam, truffels en opgerolde carpaccio met hazelnootmousse erin, maar ook een exotisch bordje ingelegde *lampascione*, oftewel – zoals iedereen weet – de bol van een wilde hyacint.

En natuurlijk ben ik inmiddels ook bevriend met Giovanni en Dario, de talenuitwisselingstweeling over wie ik zulke levendige fantasieën heb. Giovanni is zo lief dat hij wat mij betreft een van de nationale schatten van Italië is. Hij nam me al voor zich in op de eerste avond dat we elkaar ontmoetten, toen ik gefrustreerd raakte omdat ik de Italiaanse woorden niet kon vinden die ik nodig had, en hij zijn hand op mijn arm legde en zei: 'Liz, als je iets nieuws aan het leren bent, moet je heel erg aardig tegen jezelf zijn.' Soms heb ik het gevoel dat hij ouder is dan ik, met dat ernstige gezicht van hem, zijn studie filosofie en zijn serieuze politieke opvattingen. Ik vind het leuk om hem aan het lachen te maken, maar Giovanni begrijpt mijn grappen niet altijd.

Humor is moeilijk te vatten in een vreemde taal. Vooral als je zo'n ernstige jongeman bent als Giovanni. Een paar avonden geleden zei hij tegen me: 'Als jij ironisch doet, kan ik je nooit helemaal op de voet volgen. Ik doe er langer over. Het is alsof jij de bliksem bent en ik de donder.'

Waarop ik dacht: *Inderdaad, lekker ding van me! En jij bent de magneet en ik het staal! Give to me your leather, take from me my lace!*

Maar intussen heeft hij me nog altijd niet gekust.

Dario, de tweelingbroer van Giovanni, zie ik niet zo vaak, al brengt hij wel een hoop tijd door met Sofie. Sofie is mijn beste vriendin bij mijn talencursus, en ze is zonder meer iemand met wie jij ook je tijd zou willen doorbrengen, als je Dario was. Sofie is Zweeds, achter in de twintig en zo ontzettend leuk dat je haar aan een haakje zou kunnen slaan en als aas zou kunnen gebruiken om mannen van allerlei verschillende nationaliteiten en leeftijden mee aan de haak te slaan. Ze heeft net vier maanden vrij genomen van haar goede baan bij een Zweedse bank, tot afschuw van haar familie en tot verbijstering van haar collega's, gewoon omdat ze naar Rome wilde en mooi Italiaans wilde leren spreken. Elke dag gaan Sofie en ik na de les aan de Tiber zitten, waar we ons *gelato* (ijs) opeten en samen studeren. Eigenlijk kun je het nauwelijks 'studeren' noemen, wat wij doen. Het is eerder alsof we samen van de Italiaanse taal genieten, een bijna devoot ritueel, en elkaar voortdurend prachtige nieuwe woorden aanbieden. Zo hebben we onlangs bijvoorbeeld geleerd dat *un'amica stretta* 'een goede vriendin' betekent. Letterlijk betekent *stretta* echter 'strak', zoals bij kleren – een strak zittende rok. Een goede vriendin is in het Italiaans dus een vriendin die je strak om jezelf heen draagt, vlak op je huid, en dat begint mijn Zweedse vriendinnetje Sofie inderdaad wel te worden.

In het begin mocht ik graag denken dat Sofie en ik eruitzagen als zusjes. Maar toen we een keer een taxi door Rome namen, vroeg de chauffeur of Sofie mijn dochter was. En ze is maar zeven jaar jonger dan ik! Mijn hersenen probeerden panisch weg te reduceren wat hij net had gezegd. Zo dacht ik bijvoorbeeld: *Misschien spreekt deze taxichauffeur, een geboren en getogen Romein, wel niet zo goed Italiaans, en wilde hij eigenlijk vragen of we zusjes waren.* Maar nee. Hij zei 'dochter' en hij bedoelde ook 'dochter'. Tja, wat zal ik er eens van zeggen? Ik heb een hoop meegemaakt de afgelopen jaren. Waarschijnlijk zie ik er sinds de scheiding uitgewoond en oud uit. Maar zoals ze in dat oude countryliedje uit Texas zingen: *'I've been screwed and sued and tattooed, and I'm still standin' here in front of you...'*

Verder ben ik bevriend geraakt met een cool stel genaamd Maria en Giulio. Die ken ik dankzij mijn vriendin Anne, een Amerikaanse schilderes die een paar jaar geleden in Rome heeft gewoond. Maria komt uit Amerika, Giulio uit het zuiden van Italië. Hij maakt films, zij werkt voor een internationale organisatie voor landbouwbeleid. Hij spreekt niet zulk goed Engels, maar zij spreekt vloeiend Italiaans (en verder ook vloeiend Frans en Chinees, dus daar is niks intimiderends aan). Giulio wil graag Engels leren, en dus vroeg hij of ik ook met hem een talenuitwisseling wilde aangaan, zodat hij met mij zijn conversatie kan oefenen. En mocht je je nu afvragen waarom hij niet gewoon zijn Engels oefent met zijn in Amerika geboren echtgenote: dat komt doordat ze getrouwd zijn en te veel ruzie krijgen als de een de ander iets probeert te leren. Dus gaan Giulio en ik nu twee keer per week samen lunchen om ons Italiaans en Engels te oefenen – een goede klus voor twee mensen die nog geen tijd hebben gehad om elkaar te irriteren.

Giulio en Maria hebben een heel mooi appartement, waarvan het indrukwekkendste onderdeel volgens mij de muur is die Maria ooit met een dikke zwarte marker heeft volgekalkt met boze verwensingen aan het adres van Giulio, omdat ze ruzie hadden, 'hij harder schreeuwt dan ik' en zijzelf ook graag haar zegje wilde doen.

Volgens mij is Maria enorm sexy, en die explosie van hartstochtelijke graffiti toont dat ook duidelijk aan. Interessant genoeg ziet Giulio de volgekladde muur echter als een duidelijk teken dat Maria een binnenvetter is, omdat ze hem in het Italiaans uitschold terwijl Italiaans haar tweede taal is – een taal waarin ze even moet nadenken voordat ze het juiste woord te pakken heeft. Hij zei dat als Maria zichzelf echt had toegestaan eens goed kwaad te worden – wat ze nóóit doet omdat ze een goede protestant is – ze dan die hele muur zou hebben volgeklad in het Engels, haar moedertaal. Volgens hem zitten alle Amerikanen zo in elkaar: een en al verdringing. En dus zijn ze gevaarlijk en potentieel dodelijk als ze eens een keertje ontploffen.

'Een woest volk' is zijn diagnose.

Wat ik zo leuk vind is dat we dit gesprek hadden tijdens een gezellig, ontspannen etentje, terwijl we met zijn allen naar de bewuste muur zaten te kijken.

'Nog wat wijn, lieverd?' vroeg Maria.

Maar mijn allernieuwste beste vriend in Italië is natuurlijk Luca Spaghetti. Ook in Italië vinden ze het trouwens heel grappig als iemand Spaghetti heet. Ik ben heel blij met Luca, want dankzij hem sta ik eindelijk gelijk met mijn vriend Brian, die de mazzel had dat hij als kind een indiaanse buurjongen had die Dennis Ha-Ha heette en zich er dus altijd op kon laten voorstaan dat hij de vriend met de beste naam had. Nu heb ik eindelijk een concurrent voor die titel.

Verder spreekt Luca perfect Engels en is hij een goede eter (*una buona forchetta* – een goede vork – in het Italiaans), dus is hij geweldig gezelschap voor hongerige vrouwen zoals ik. Hij belt vaak midden op de dag op om te zeggen: 'Hé, ik ben

bij je in de buurt – zullen we samen even ergens een kop koffie gaan drinken? Of een bord ossenstaartsoep gaan eten?'
We brengen veel tijd door in van die kleine, viezige tentjes in de achterafstraatjes van Rome. We houden van die restaurantjes met neonlicht en zonder naam buiten op de gevel. Rood-geruite plastic tafelkleedjes. Zelfgemaakte *limoncello*-likeur. Zelfgeproduceerde wijn. Ongelofelijke hoeveelheden pasta opgediend door wat Luca 'kleine Julius Caesars' noemt – trotse, vrijpostige kerels uit de buurt met haar op de rug van hun hand en hartstochtelijk omhooggekamd haar. Ooit zei ik tegen Luca: 'Ik krijg de indruk dat die kerels zichzelf op de eerste plaats als Romein zien, op de tweede plaats als Italiaan en op de derde plaats als Europeaan.' Hij verbeterde me. 'Nee, ze zijn op de eerste plaats Romein, op de tweede plaats Romein en op de derde plaats Romein. En ze zijn stuk voor stuk keizer.'

Luca is belastingconsulent. Een Italiaanse belastingconsulent, wat inhoudt dat hij, in zijn eigen woorden, 'kunstenaar' is, want Italië kent ettelijke honderden belastingwetten die elkaar allemaal tegenspreken. Om hier een belastingaangifteformulier in te vullen heb je dus de improvisatietechniek van een jazzmuzikant nodig. Ik vind het grappig dat hij uitgerekend belastingconsulent is, want het lijkt me nogal duf werk voor zo'n opgewekte man. Aan de andere kant vindt Luca het grappig dat ik ook een kant heb – die yogakant – die hij nog nooit heeft gezien. Hij kan zich niet voorstellen waarom ik zo nodig naar India wil – en dan ook nog naar een ashram! – terwijl ik gewoon het hele jaar in Italië kan blijven, waar ik duidelijk thuishoor. Telkens als hij ziet hoe ik met een homp brood de restjes jus van mijn bord veeg en vervolgens mijn vingers aflik, zegt hij: 'Wat ga je éten als je straks in India zit?' Soms noemt hij me Gandhi, op heel ironische toon, meestal als ik net onze tweede fles wijn opentrek.

Luca heeft aardig wat gereisd, maar toch beweert hij dat hij nergens anders dan in Rome zou kunnen wonen, vlak bij zijn moeder. Per slot van rekening is hij een Italiaanse man – wat moet hij er verder nog van zeggen? Maar zijn *mamma* is niet de enige reden waarom hij hier blijft. Hij is voor in de dertig en heeft al sinds zijn middelbareschooltijd dezelfde vriendin (de lieftallige Giuliana, die zo heerlijk onschuldig is dat Luca haar liefdevol en treffend omschrijft als *acqua e sapone* – 'zeep en water'). Al zijn vrienden zijn vrienden die hij als kind al had, allemaal afkomstig uit dezelfde buurt. Elke zondag kijken ze samen naar de voetbalwedstrijden – soms in het stadion, soms (als de Romeinse teams uit spelen) in een café, en daarna gaan ze ieder voor zich terug naar hun ouderlijk huis, voor de grote zondagse maaltijden die hun moeders en grootmoeders hun voorzetten.

Ik zou ook niet uit Rome weggaan als ik Luca Spaghetti was.

Luca is echter wel een paar keer in Amerika geweest, en hij vindt het een leuk land. Hij vindt New York een fascinerende stad maar is wel van mening dat de mensen er te hard werken, al geeft hij toe dat ze dat leuk lijken te vinden. Terwijl Romeinen juist hard werken en dat absoluut afschuwelijk vinden. Wat Luca Spaghetti niet leuk vindt is het Amerikaanse eten, dat volgens hem in twee woorden samengevat kan worden: 'goedkope pizza'.

Het was met Luca dat ik voor het eerst probeerde de ingewanden van een pasgeboren lam te eten. Dat is een Romeinse specialiteit. Wat eten betreft is Rome eerlijk gezegd nogal een onbehouwen stad, die bekendstaat om haar weinig verfijnde traditionele gerechten, zoals pens en tong – alle delen van het dier die ze in het rijke noorden weggooien. Mijn lamsdarmen smaakten oké, zolang ik er maar niet te veel bij stilstond wat het precies waren. Ze werden opgediend in een dikke, boterachtige, kruidige jus die op zich uitstekend was, maar de darmen voelden nogal... tja... darmachtig aan. Een beetje zoals lever, maar dan papperiger. Ik kwam er best aardig doorheen, totdat ik me begon af te vragen hoe ik het gerecht zou omschrijven en dacht: *Het ziet er niet uit als darmen. Het ziet eruit als lintwormen.* Toen schoof ik het bord opzij en vroeg om een salade.

'Vind je het niet lekker?' vroeg Luca, die gek is op het spul.

'Ik durf te wedden dat Gandhi nooit van zijn leven lamsdarmen heeft gegeten,' zei ik.

'Misschien ook wel.'

'Nee, misschien ook niet, Luca. Gandhi was vegetariër.'

'Maar vegetariërs kunnen dit eten!' zei Luca volhardend.

'Darmen zijn namelijk geen vlees, Liz. Eerder gewoon poep.'

21

Soms vraag ik me weleens af wat ik hier eigenlijk doe, dat geef ik toe.

Ik mag dan naar Italië zijn gekomen om te genieten, maar tijdens mijn eerste paar weken hier vroeg ik me nogal paniekerig af hoe dat eigenlijk moest. Eerlijk gezegd is puur genot niet mijn culturele paradigma. Ik stam af van een lange lijn supergewetensvolle mensen. De familie van mijn moeder bestond uit Zweedse boerenimmigranten, die er op de foto's uitzien alsof ze, áls ze al eens iets aangenaams gezien zouden hebben, dat met hun spijkerschoenen vertrapt zouden hebben. (Mijn oom noemt het hele stel 'ossen'.) Van vaderskant stam ik af van Engelse puriteinen, die al even dol op een lolletje waren. Als ik op de stamboom van mijn vader terugga tot de zeventiende eeuw, kom ik daar puriteinse familieleden met namen als Diligence (ijver) en Meekness (deemoedigheid) tegen.

Mijn eigen ouders hebben een kleine boerderij, en mijn zusje en ik moesten als kinderen al werken. We leerden betrouwbaar en verantwoordelijk te zijn, de besten van de klas op school, de ordelijkste en efficiëntste babysitters van het dorp, twee sprekend gelijkende miniatuurversies van onze ijverige moeder, de boerin-annex-verpleegster, twee jongere Zwitserse zakmessen, geboren om in vele situaties van pas te komen. We hadden veel plezier in ons gezin en lachten vaak, maar de muren hingen vol lijstjes met dingen die nog gedaan moesten worden en ik heb nooit van mijn leven geluierd, en ook geen familieleden zien luieren.

Nu zijn Amerikanen echter in het algemeen niet in staat zich zo te ontspannen dat ze echt volop genieten. Ons land is wel op zoek naar entertainment, maar niet noodzakelijkerwijs naar genot. Amerikanen geven miljarden uit om zichzelf aangenaam bezig te houden met allerlei zaken, variërend van porno tot pretparken en oorlog, maar dat is niet bepaald hetzelfde als in volle ernst genieten. Amerikanen maken tegenwoordig langere, actievere en stressvollere werkdagen dan wie ook ter wereld. Maar zoals Luca Spaghetti al zei: we lijken het leuk te vinden. Die waarneming wordt bevestigd door alarmerende statistieken die uitwijzen dat veel Amerikanen zich op hun werk gelukkiger en tevredener voelen dan thuis. En natuurlijk werken we allemaal veel te hard, waarvan we dus onvermijdelijk doodmoe worden en vervolgens het hele weekend in onze pyjama moeten doorbrengen, waarbij we de müsli en cornflakes rechtstreeks uit de verpakking eten en in een licht coma naar de tv staren (wat inderdaad het tegenovergestelde van werken is, maar niet helemaal hetzelfde als genieten). Amerikanen weten niet echt hoe ze moeten niksen. Dat is de oorzaak van dat enorm trieste Amerikaanse stereotype van de overspannen topmanager die wel op vakantie gaat, maar die zich vervolgens niet kan ontspannen.

Ooit vroeg ik aan Luca Spaghetti of Italianen op vakantie datzelfde probleem hebben. Hij moest zo hard lachen dat hij bijna met zijn motor tegen een fontein reed.

'Welnee!' zei hij. 'Wij zijn de meesters van het *bel far niente*.'

Een schitterende uitdrukking is dat. *Bel far niente* betekent 'lekker nietsdoen'. Ja, natuurlijk – Italianen zijn altijd harde werkers geweest, vooral de lankmoedige arbeiders die bekendstaan als *braccianti* (vanwege het feit dat ze alleen de brute kracht van hun armen – *braccia* – hadden om in deze wereld in leven te blijven). Maar zelfs tegen die achtergrond van noeste arbeid heeft men in Italië altijd het ideaal van *bel far niente* gekoesterd. Lekker nietsdoen is het doel van al je werk, de ultieme prestatie waarmee de mensen je het hardst zullen feliciteren. Hoe verfijnder en heerlijker je kunt niksen, des te meer heb je bereikt in je leven. Je hoeft ook niet per se rijk te zijn om dat te kunnen ervaren. Er is nog zo'n prachtige Italiaanse uitdrukking: *l'arte d'arrangiarsi* – de kunst van het iets-van-niets-maken. De kunst waarmee je van een paar eenvoudige ingrediënten een waar feestmaal maakt, of van een paar vrienden bijeen een groot feest. Iedereen met aanleg voor geluk kan dat; daar hoef je niet per se rijk voor te zijn.

Ik kwam echter een groot struikelblok tegen bij mijn zoektocht naar genot: mijn diepgewortelde puriteinse schuldgevoel. Heb ik dit plezier wel verdiend? Ook dat is erg Amerikaans – die onzekerheid over de vraag of we ons geluk wel echt verdiend hebben. In Amerika draait de planeet Adverteren helemaal om de noodzaak de onzekere consument ervan te overtuigen dat hij best een bijzondere traktatie verdiend heeft. Dit biertje is voor jou! Vandaag heb je wel een verzetje verdiend! Omdat je het waard bent!

Je hebt er echt je best voor gedaan, lieverd! En de onzekere consument denkt: *Nou, inderdaad! Best wel! Laat ik mezelf inderdaad maar eens trakteren op een sixpack. Of misschien zelfs wel op twee sixpacks!* En dan komt bij wijze van reactie het zuipen. Gevolgd door wroeging. Zulke advertentiecampagnes zouden waarschijnlijk een stuk minder effectief zijn in de Italiaanse cultuur, waar mensen allang weten dat ze recht hebben op wat vreugde in het leven. Het antwoord dat men in Italië waarschijnlijk zou geven op 'Vandaag heb je wel een verzetje verdiend!' zou zijn: *Ja, natuurlijk heb ik een verzetje verdiend! En dus ben ik van plan vanmiddag om twaalf uur lekker naar jouw huis te gaan om het met je vrouw te doen.*

Dat is waarschijnlijk ook de reden dat mijn Italiaanse vrienden helemaal niet moeilijk deden toen ik hun vertelde dat ik naar hun land was gekomen om vier maanden lang te genieten. *Complimenti! Vai avanti!* Gefeliciteerd, zeiden ze. Ga je gang. Toe maar. Neem het ervan. Niemand zei ook maar één keer: 'Wat een verschrikkelijk onverantwoordelijk gedrag' of 'Wat een genotzuchtige aanstellerij.' Maar goed, de Italianen mogen me dan toestemming hebben gegeven om me eens goed te vermaken, toch heb ik nog een beetje moeite om me te laten gaan. Tijdens mijn eerste weken in Italië sisten al mijn protestantse hersencellen van nood, wanhopig op zoek naar iets om te doen. Ik wilde het genieten aanpakken als een huiswerkopdracht, of als een enorm wiskundeproject. Ik dacht na over vragen zoals: 'Hoe kan men zo veel mogelijk op de efficiëntste manier genieten?' Ik vroeg me af of ik misschien al mijn tijd in Italië in de bibliotheek moest doorbrengen om onderzoek te doen naar de geschiedenis van het genieten. Of misschien moest ik Italianen interviewen die erg hebben genoten van hun leven, om hun te vragen hoe ze zich voelen als ze genieten, en daar dan een werkstuk over schrijven. (Met dubbele regelafstand en een kantlijn van 2,5 centimeter misschien? Dat maandagochtend vroeg ingeleverd dient te worden?)

Toen ik besefte dat de enige vraag die ertoe deed was: 'Hoe definieer ikzelf genoegen?' en dat ik me werkelijk in een land bevond waar de mensen me zouden toestaan om naar hartelust op zoek te gaan naar antwoorden op die vraag, veranderde alles. Alles werd... heerlijk. Ik hoefde maar één ding te doen, en dat was mezelf voor het eerst van mijn leven elke dag de vraag stellen: 'Waar zou *jij* vandaag eens zin in hebben, Liz? Wat zou jou op dit moment plezier doen?' Aangezien ik met niemand anders' wensen rekening hoefde te houden en geen andere verplichtingen had om me druk over te maken, werd deze vraag eindelijk tot zijn essentie gedistilleerd en was hij absoluut alleen op mezelf van toepassing.

Ik vond het interessant om te ontdekken wat ik allemaal níet wilde doen in Italië, toen ik mezelf eenmaal toestemming van hogerhand had gegeven om van alles te genieten. Genot is in Italië in zo veel verschillende vormen te vinden, en ik had geen tijd om ze allemaal uit te proberen. Je moet hier min of meer kiezen in welk genoegen je je gaat specialiseren, anders raak je de kluts kwijt. Zodoende liet ik de mode, opera, film, dure auto's en skiën in de Alpen allemaal aan me voorbijgaan. Ik had zelfs geen zin om naar al die kunst te kijken. Ik schaam me een beetje om het toe te geven, maar gedurende mijn vier maanden in Italië heb ik niet één museum bezocht. (Jezus, nee, het is zelfs nog erger. Ik moet bekennen dat ik naar één museum ben geweest: het Nationaal Pastamuseum in Rome.) Ik kwam erachter dat ik eigenlijk maar twee dingen wilde: heerlijk eten en zo veel mogelijk heerlijk Italiaans spreken. Daar hield het mee op. In feite deed ik dus twee studies: spreken en eten (met als specialisatie *gelato*).

De hoeveelheid genot die al dat eten en spreken met

zich meebracht was onschatbaar en toch zo eenvoudig. Zo bracht ik halverwege oktober een paar uur door op een manier die een buitenstaander waarschijnlijk niets bijzonders zou vinden, maar die voor mij altijd tot de gelukkigste uren van mijn leven zullen behoren. Ik trof in de buurt van mijn appartement een markt aan, maar een paar straten verderop, die ik op de een of andere manier nog nooit eerder had opgemerkt. Daar kwam ik een piepklein groentekraampje tegen waar een Italiaanse en haar zoon een uitgelezen assortiment eigen producten verkochten, zoals volle, bijna algengroene spinaziebladeren, tomaten zo rood en sappig dat ze eruitzagen als de organen van een koe, en champagnekleurige druiven met velletjes die even strak zaten als het balletpakje van een revuemeisje.

Ik koos een bosje dunne, felgroene asperges uit. Ik was in staat om de vrouw in niet al te moeizaam Italiaans te vragen of het goed was als ik maar een halve portie asperges mee naar huis nam. Ik was alleen, legde ik uit – zoveel had ik niet nodig. Ze trok meteen de asperges uit mijn hand en halveerde de portie. Ik vroeg of het op deze plek elke dag markt was, en zij zei dat ze er inderdaad elke dag vanaf zeven uur 's ochtends stond. Waarop haar zoon, die er erg leuk uitzag, me een ironische blik toewierp en zei: 'Nou, ze probéért hier om zeven uur 's ochtends te zijn...' Daar moesten we allemaal om lachen. Dit hele gesprek werd in het Italiaans gevoerd – een taal waarin ik maar een paar maanden eerder geen woord had kunnen uitbrengen.

Ik liep terug naar mijn appartement en kookte voorzichtig twee verse bruine eieren voor mijn lunch. Ik pelde de eieren en legde ze op een bord naast de zeven asperges, die zo dun en knapperig waren dat ze helemaal niet hoefden te worden gekookt. Ook legde ik wat olijven op het bord, en de vier stukjes geitenkaas die ik gisteren in de *formaggeria* verderop had gekocht, en twee plakken roze, vettige zalm. En bij wijze van toetje: een heerlijke perzik die de vrouw op de markt me er gratis bij had gegeven en die nog steeds warm was van de Romeinse zon. Een tijdlang kon ik dat eten niet eens aanraken, zo'n meesterlijke lunch was het, een ware uiting van de kunst van het iets-van-niets-maken. Uiteindelijk, toen ik de schoonheid van mijn maaltijd helemaal in me opgenomen had, ging ik op een zonnig stukje van mijn schone houten vloer zitten en at ik met mijn vingers alles op, terwijl ik ondertussen mijn dagelijkse krantenartikel in het Italiaans las. Elke molecuul van mijn lichaam bestond uit geluk.

Totdat mijn schuldgevoelalarm afging, zoals wel vaker gebeurde tijdens die eerste paar maanden op reis, telkens wanneer ik me zo gelukkig voelde. Ik hoorde de stem van mijn ex-man vol minachting zeggen: *Dus hiervoor heb je alles opgegeven? Hiervoor heb je ons hele leven samen om zeep geholpen? Voor een paar asperges en een Italiaanse krant?*

Ik gaf hem hardop antwoord. 'Ten eerste,' zei ik, 'het spijt me zeer, maar dat gaat jou allemaal niks meer aan. En ten tweede, om antwoord te geven op je vraag... ja.'

22

Eén voor de hand liggend onderwerp met betrekking tot mijn zoektocht naar genot in Italië moet nog aangesneden worden: hoe zit het met de seks?

Om een eenvoudig antwoord te geven op die vraag: tijdens mijn verblijf hier wil ik geen seks.

Om een uitgebreider en eerlijker antwoord te geven: natuurlijk verlang ik af en toe wanhopig naar seks, maar ik heb besloten bij deze wedstrijd even aan de kant te blijven zitten. Ik heb geen zin in een relatie. Natuurlijk mis ik wel de zoenen, want ik ben gek op zoenen. (Daarover doe ik zo vaak mijn beklag bij Sofie dat ze een paar dagen geleden eindelijk geïrriteerd tegen me zei: 'Jezus christus, Liz, als je echt zo verschrikkelijk omhoog zit, dan zoen ík je wel.') Maar voorlopig ga ik er niets aan doen. Tegenwoordig denk ik als ik me eenzaam voel: *Wéés dan maar gewoon eenzaam, Liz. Leer de weg kennen in het alleen-zijn. Maak er een plattegrond van. Ga er voor één keer helemaal in op. Welkom in het leven van de mens. Maar gebruik nooit meer het lichaam of de gevoelens van een ander als krabpaal voor je eigen onvervulde verlangens.*

Eigenlijk is het vooral een soort noodbeleid uit zelfbehoud. Ik ging al vroeg in mijn leven op zoek naar seksuele en romantische geneugten. Ik was nauwelijks puber of ik kreeg al mijn eerste vriendje, en sinds mijn vijftiende is er altijd een jongen of een man (of soms beide) in mijn leven geweest. Dat was – even kijken – nu negentien jaar geleden. Ik ben dus al bijna twee decennia lang verwikkeld in dramatische toestanden met mannen. En al die mannen overlappen hun voorgangers, met nooit ook maar een weekje adempauze tussendoor. Ik krijg zo langzamerhand het gevoel dat dat een soort handicap is geweest op mijn weg naar volwassenheid.

Verder ben ik niet in staat grenzen te stellen met mannen. Of misschien is dat niet helemaal eerlijk. Om grenzen te stellen moet je eerst grenzen hébben, hè? Ik ga echter helemaal op in degene van wie ik hou. Ik ben een permeabel membraan. Als ik van je hou, mag je alles van me hebben. Ik gun je mijn tijd, mijn toewijding, mijn kont, mijn geld, mijn familie, mijn hond, het geld van mijn hond, de tijd van mijn hond – *alles*. Als ik van je hou, draag ik al je pijn voor je, neem ik al je schulden van je over (in elke zin van het woord), neem ik je in bescherming tegen je eigen onzekerheid, zie ik allemaal goede eigenschappen in je die je eigenlijk helemaal niet hebt en koop ik kerstcadeautjes voor je hele familie. Ik geef je de zon en de regen, en als die even niet voorhanden zijn, dan hou je ze van me te goed. Dit alles geef ik je en nog veel meer, totdat ik zo uitgeput en uitgehold raak dat ik maar op één manier mijn energie terug kan krijgen, namelijk door smoorverliefd te worden op iemand anders.

Ik ben er niet trots op dat ik al deze feiten over mezelf met je mag delen, maar zo heb ik nu eenmaal altijd in elkaar gezeten.

Een tijdje nadat ik bij mijn man was weggegaan, was ik op een feestje waar een man die ik nauwelijks kende tegen me zei: 'Weet je, je lijkt een heel nieuw mens nu je die nieuwe vriend hebt. Vroeger zag je eruit als je man, maar nu zie je er net zo uit als David. Je draagt zelfs dezelfde kleren als hij en je praat net als hij. Ze zeggen toch dat sommige mensen op hun hond lijken, hè? Nou, volgens mij lijk jij altijd op je man.'

Goeie genade, ik kan wel een verzetje gebruiken – even die cyclus doorbreken, even mezelf wat ruimte gunnen om te ontdekken hoe ik eruitzie en praat als ik niet probeer helemaal op te gaan in iemand anders. En laten we wel zijn, misschien bewijs ik de mensheid wel een gulle dienst door even geen intieme relaties aan te gaan. Als ik terugkijk op de geschiedenis van mijn romances, dan ziet die er niet zo best uit. De ene ramp na de andere. Van hoeveel verschillende soorten mannen kan ik nog proberen te houden, zonder enig succes? Probeer het maar zo te zien: als je tien ernstige auto-ongelukken achter elkaar had gehad, zouden ze dan ten slotte niet je rijbewijs innemen? En zou je eigenlijk ook niet wíllen dat ze dat deden?

Dan is er nog een laatste reden waarom ik liever even geen relatie aanga met iemand anders. Ik ben toevallig nog steeds verliefd op David, en ik denk niet dat dat eerlijk is ten opzichte van de volgende man. Ik weet niet eens zeker of David en ik definitief uit elkaar zijn. We gingen nog steeds veel met elkaar om voordat ik naar Italië ging, al waren we al een tijdje niet meer met elkaar naar bed geweest. Maar we gaven allebei nog steeds toe dat we hoopten dat we ooit misschien...

Ik weet het niet.

Wat ik wel weet is dit: ik ben doodmoe van de cumulatieve gevolgen van jarenlange haastige beslissingen en chaotische passies. Tegen de tijd dat ik naar Italië vertrok, waren mijn lichaam en geest uitgewoond. Ik voelde me als de grond op het land van een wanhopige deelpachter, volledig uitgeput en hard toe aan een tijdje braak liggen. Vandaar dat ik er dus mee ben opgehouden.

Geloof me, ik ben me ervan bewust dat het ironisch is dat ik uitgerekend tijdens een periode van aan mezelf opgelegd celibaat naar Italië ga, op zoek naar plezier. Maar ik denk wel dat onthouding op dit moment voor mij de juiste beslissing is. Dat wist ik vooral zeker op de avond dat het meisje boven me (een beeldschone Italiaanse met een fantastische collectie laarzen met hoge hakken) bezig was met de langste, luidruchtigste, vlees-kletserigste, bed-krakendste, rug-brekendste vrijpartij die ik ooit had gehoord, in het gezelschap van de zoveelste gelukkige bezoeker van haar appartement. Die woeste dans duurde ruim een uur, compleet met hyperventilerende geluidseffecten en wildebeestenkreten. Ik lag alleen en moe in mijn bed, maar één verdieping onder hen, en de enige gedachte die bij me opkwam was: *Jemig, wat een hoop werk...*

Natuurlijk heb ik soms echt wel mijn lustgevoelens. Gemiddeld kom ik per dag een stuk of tien, twaalf Italiaanse mannen tegen die ik me gemakkelijk in mijn bed kan voorstellen. Of in het hunne. Of waar dan ook. Wat mij betreft zijn de mannen in Rome belachelijk, pijnlijk, stompzinnig mooi. Nog mooier dan Romeinse vrouwen, eerlijk gezegd. Italiaanse mannen zijn op dezelfde manier mooi als Franse vrouwen. Dat wil zeggen: geen detail wordt overgeslagen in het streven naar volmaaktheid. Het lijken wel poedels in een hondenshow. Soms zien ze er zo goed uit dat ik gewoon wil applaudisseren. De mannen hier zijn zo mooi dat ze me dwingen tot lovende goedkope-romannetjestaal om hen te beschrijven. Ze zijn 'duivels aantrekkelijk', 'onbarmhartig knap' of 'verrassend gespierd'.

Maar als ik even iets mag toegeven wat niet helemaal vleiend is voor mezelf, dan gunnen die Romeinen op straat mij geen tweede blik. Meestal gunnen ze me zelfs niet eens een eerste blik. Aanvankelijk vond ik dat nogal verontrustend. Ik was al eens eerder in Italië geweest, toen ik negentien was, en wat me daarvan bijstaat is dat ik voortdurend door mannen werd lastiggevallen op straat. En in de pizzeria. En in de bioscoop. En in het Vaticaan. Het was vreselijk en het ging maar door. Het was een heel vervelend aspect van het reizen in Italië, iets wat je zelfs bijna je eetlust benam. Inmiddels ben ik vierendertig en klaarblijkelijk onzichtbaar. Natuurlijk, soms zegt er wel een man iets vriendelijks tegen me ('U ziet er vandaag mooi uit, *signorina*'), maar echt vaak gebeurt dat niet en het wordt nooit agressief. En natuurlijk is het heel aangenaam dat er geen walgelijke volslagen onbekenden in de bus aan je zitten, maar je hebt als vrouw wel zo je trots, en dus vraag je je af: *Wie is hier veranderd? Ik? Of zij?*

Ik doe dus wat navraag, en iedereen is het erover eens dat er inderdaad veel veranderd is in Italië in de afgelopen tien à vijftien jaar. Misschien is het een overwinning van het feminisme, of een evolutie van de cultuur, of het onvermijdelijke moderniserende effect van het lidmaatschap van de Europese Unie. Of misschien schamen de jongemannen van nu zich gewoon voor de beruchte wellustigheid van hun vaders en grootvaders. Wat er echter ook aan ten grondslag ligt, het lijkt wel alsof de Italiaanse maatschappij besloten heeft dat dit soort stalking, dit soort lastigvallen van vrouwen niet meer acceptabel is. Zelfs mijn mooie jonge vriendin Sofie wordt niet lastiggevallen op straat, en die melkmeisjesachtige Zweedse meisjes hadden het vroeger zwaar te verduren.

De conclusie? De Italiaanse mannen hebben de Meest-Verbeterd-Prijs gewonnen.

Wat wel een opluchting is, want eventjes was ik bang dat het aan mij lag. Ik bedoel, eventjes was ik bang dat ik misschien geen aandacht meer kreeg omdat ik geen negentien meer was, en ook niet mooi meer. Ik was bang dat mijn vriend Scott misschien gelijk had toen hij afgelopen zomer zei: 'O, maak je geen zorgen, Liz – die Italianen zullen je niet meer lastigvallen. Het is niet zoals in Frankrijk, waar ze dol zijn op oudere *babes*.'

23

Gistermiddag ben ik met Luca Spaghetti en zijn vrienden naar een voetbalwedstrijd geweest. Het was een wedstrijd van Lazio. Er zijn twee voetbalteams in Rome: Lazio en AS Roma. De rivaliteit tussen de teams en hun supporters is immens, en kan overigens gelukkige families en vredige stadsbuurten in burgeroorlogszones verdelen. Het is van belang dat je zo vroeg mogelijk in je bestaan kiest of je voor Lazio dan wel Roma bent, aangezien dit grotendeels bepaalt met wie je de rest van je leven je zondagmiddagen doorbrengt.

Luca heeft een stuk of tien goede vrienden die allemaal als broers van elkaar houden, behalve dan dat de ene helft van hen voor Lazio is en de andere helft voor Roma. Eigenlijk kunnen ze er niets aan doen; ze zijn allemaal afkomstig uit gezinnen waar de clubtrouw al bij voorbaat vaststond. Luca kreeg als kleine dreumes al zijn eerste hemelsblauwe Lazioshirt van zijn opa (van wie ik hoop dat hij Nonno Spaghetti wordt genoemd). Ook Luca zal tot aan zijn dood Lazio-fan blijven.

'We kunnen van vrouw veranderen,' zei hij. 'We kunnen van baan veranderen, van nationaliteit en zelfs van religie, maar van team kunnen we nooit veranderen.'

Het Italiaanse woord voor 'fan' is trouwens *tifoso*. Afgeleid van het woord voor 'tyfus'. Met andere woorden: iemand die flinke koorts heeft.

Mijn eerste voetbalwedstrijd met Luca Spaghetti was voor mij een uitzinnig banket van de Italiaanse taal. In het stadion leerde ik allerlei nieuwe, interessante woorden die je op school nooit zult leren. Achter me zat een oude man die op dusdanige wijze tegen de spelers op het veld schreeuwde dat hij een prachtige bloemenkrans van verwensingen aaneenreeg. Ik weet niet veel van voetbal, maar ik verspilde geen tijd door Luca stomme vragen te stellen over wat er op het veld gebeurde. Het enige wat ik bleef vragen was: 'Luca, wat zei die man achter me net? Wat betekent *cafone*?' Waarop Luca zonder op te kijken van het veld antwoordde: 'Klootzak. Het betekent "klootzak".'

Dat schreef ik dan op. Vervolgens deed ik mijn ogen dicht en luisterde verder naar het geschreeuw van de oude man, dat ongeveer als volgt klonk:

Dai, dai, dai, Albertini, dai... va bene, va bene, ragazzo mio, perfetto, bravo, bravo... Dai! Dai! Via! Via! Nella porta! Eccola, eccola, eccola, mio bravo ragazzo, caro mio, eccola, eccola, ecco – AAAHHHHHHHHHH!!! VAFFANCULO!!! FIGLIO DI MIGNOTTA!! STRONZO! CAFONE! TRADITORE! Madonna... Ah, Dio mio, perché, perché, perché, questo è stupido, è una vergogna, la vergogna... Che casino, che bordello... NON HAI UN CUORE, ALBERTINI! FAI FINTA! Guarda, non è successo niente... Dai, dai, ah... Molto migliore, Albertini, molto migliore, sì sì sì, eccola, bello, bravo, anima mia, ah, ottimo, eccola adesso... nella porta, nella porta, nell – VAFFANCULO!!!!!!!

Wat ik ongeveer zou vertalen als:

Kom op, kom op, kom op, Albertini, kom op... Oké, oké, mijn jongen, perfect, goed gedaan, goed gedaan... Kom op! Kom op! Gaan! Gaan! Naar het doel! Naar het doel! Daar komt ie, daar komt ie, daar komt ie, fantastische jongen van me, jongen toch, daar komt ie, daar komt ie, daar komt – AAAHHHHHHHHH! TERINGLUL! HOERENJONG! TYFUSLIJER! KLOOTZAK! VERRADER! Heilige maagd Maria... O mijn god, waarom, waarom, waarom, dit is stom, dit is een schande, wat een schande... Wat een bende... Wat een teringbende... [Noot van de schrijfster: helaas is er geen mooie vertaling voor de schitterende Italiaanse uitdrukkingen *'che casino'* en *'che bordello'*, die letterlijk 'wat een casino' en 'wat een bordeel' betekenen, maar waarmee eerder 'wat een zooitje' wordt bedoeld.] *JE HEBT GEEN HART, ALBERTINI! JE DOET MAAR ALSOF! Kijk maar, geen schijn van kans... Kom op, kom op, ja... Veel beter, Albertini, veel beter, ja ja ja, daar komt ie, mooi, goed gedaan, jongen toch, o, geweldig, daar komt ie... naar het doel, naar het doel, naar – TERINGLUL!!!!!!!*

O, ik voelde me de koning te rijk, daar vlak voor die man. Ik genoot van elk woord dat uit zijn mond kwam. Ik wilde mijn hoofd wel in zijn oude schoot leggen om hem voor altijd zijn welsprekende verwensingen in mijn oren te laten gieten. En hij was niet de enige! Het hele stadion barstte van dat soort monologen. En zo enorm fanatiek! Telkens wanneer er iets verschrikkelijk oneerlijks gebeurde op het veld, kwam het hele stadion overeind; al die mannen stonden woest met hun armen te zwaaien en te tieren, alsof ze alle twintigduizend bij een verkeersruzie betrokken waren. De spelers van Lazio gedroegen zich al even dramatisch als hun supporters: ze rolden gepijnigd over de grond alsof ze de sterfscène in *Julius Caesar* aan het spelen waren en zelfs de mensen achter in de zaal het allemaal goed moesten kunnen zien, om twee tellen later weer overeind te springen en de volgende aanval op het doel in te zetten.

Desalniettemin verloor Lazio.

Na de wedstrijd vroeg Luca Spaghetti, die duidelijk opgevrolijkt moest worden, aan zijn vrienden: 'Gaan we nog iets doen?'

Ik nam aan dat hij bedoelde: 'Zullen we naar de kroeg gaan?' Dat zouden Amerikaanse sportfans doen als hun team net had verloren. Ze zouden de kroeg ingaan en zich daar flink bezatten. En niet alleen Amerikanen – Engelsen, Australiërs, Duitsers en een heleboel anderen zouden hetzelfde doen. Iedereen toch? Luca en zijn vrienden gingen echter niet naar een kroeg om zichzelf op te vrolijken. Ze gingen naar een bakkerij. Een kleine, onschuldige bakkerij ergens in een kelder zomaar ergens in Rome. Die bakkerij zat die zondagavond behoorlijk vol, maar dat zit hij altijd na een wedstrijd. Lazio-supporters gaan er altijd langs op weg van het stadion naar huis. Dan staan ze urenlang tegen hun motoren geleund op straat te praten over de wedstrijd, zien er ongelofelijk macho uit en eten intussen *slagroomsoesjes*.

Ik ben gek op Italië.

24

Ik leer ongeveer twintig nieuwe Italiaanse woorden per dag. Ik ben altijd aan het studeren; wanneer ik door de stad loop, kijk ik aan één stuk door mijn kaartjes door, en doe intussen mijn best om niet tegen de plaatselijke voetgangers op te botsen. Waar haal ik de ruimte in mijn hoofd vandaan om al deze woorden op te slaan? Ik hoop dat mijn verstand misschien heeft besloten een paar oude negatieve gedachten en treurige herinneringen weg te doen en te vervangen door deze mooie, glimmende nieuwe woorden.

Ik werk hard aan mijn Italiaans, maar ik blijf hopen dat de taal zich ooit nog eens in één keer in zijn geheel en volmaakt aan me zal openbaren. Dat ik ooit mijn mond zal opendoen en dan op miraculeuze wijze vloeiend Italiaans zal spreken. Dan zal ik een echt Italiaans meisje zijn, in plaats van een typische Amerikaanse die nog altijd niemand naar zijn vriend Marco aan de overkant van de straat kan horen roepen zonder instinctief 'Polo!' terug te willen roepen. Ik wou dat het Italiaans gewoon zijn intrek in me nam, maar er zitten zo veel haken en ogen aan de taal. Zoals: waarom lijken de Italiaanse woorden voor 'boom' en 'hotel' (respectievelijk *albero* en *albergo*) zo op elkaar? Daardoor blijf ik maar per ongeluk tegen mensen zeggen dat ik ben opgegroeid op een 'kersthotelkwekerij' in plaats van de nauwkeurigere en iets minder surreële beschrijving 'kerstbomenkwekerij'. En dan zijn er nog woorden met twee of zelfs drie betekenissen, zoals *tasso*, wat 'rentevoet', 'das' of 'taxusboom' kan betekenen. Hangt van de context af, neem ik aan. Maar wat ik het ergste vind is dat ik soms Italiaanse woorden tegenkom die – ik vind het verschrikkelijk om het te zeggen, maar ze bestaan echt – lelijk zijn. Dat vat ik bijna als een persoonlijke belediging op. Het spijt me, maar ik ben niet helemaal naar Italië gekomen om woorden als *schermo* (scherm) uit te leren spreken.

Toch is het in het algemeen zeer de moeite waard. Het is overwegend puur genot. Giovanni en ik vermaken ons prima als we elkaar Engelse en Italiaanse uitdrukkingen leren. Een paar avonden geleden hadden we het over uitdrukkingen die we gebruiken als we iemand proberen te troosten die van streek is. Ik zei tegen hem dat we in het Engels soms zeggen: '*I've been there.*' Dat vond hij aanvankelijk wat vaag – *waár ben ik geweest?* Ik legde uit dat intens verdriet soms net een specifieke locatie is, een coördinaat op een plattegrond van de tijd. Als je in dat woud vol droefheid staat, kun je je niet voorstellen dat je ooit de weg naar een beter oord zult vinden. Maar als iemand je kan verzekeren dat hijzelf ook op die plaats heeft gestaan, en dat hij er inmiddels vandaan is, dan kun je daar soms hoop aan ontlenen.

'Verdriet is dus een plaats?' vroeg Giovanni.

'Waar mensen soms jarenlang vertoeven,' zei ik.

In ruil daarvoor vertelde Giovanni me dat Italianen die met je meevoelen zeggen: '*L'ho provato sulla mia pelle*,' oftewel 'Ik heb het op mijn eigen huid ervaren.' Wat zoveel wil zeggen als: ik heb dezelfde brand- en schaafwonden opgelopen, dus ik weet precies hoe het voelt.

Tot nu toe is mijn lievelingsuitdrukking in het Italiaans echter een eenvoudig, doodnormaal woord: '*Attraversiamo*'.

Het betekent: 'Laten we oversteken.' Vrienden zeggen het voortdurend tegen elkaar als ze samen op de stoep lopen en ineens besluiten dat het tijd is om aan de overkant te gaan lopen. Het is dus echt een alledaags woord. Helemaal niks bijzonders. Toch raakt het me om de een of andere reden diep. De eerste keer dat Giovanni het tegen me zei, liepen we vlak bij het Colosseum. Opeens hoorde ik hem dat mooie woord zeggen, en ik stond doodstil en vroeg: 'Wat betekent dat? Wat zei je daar?'

'*Attraversiamo.*'
Hij begreep niet waarom ik het zo'n mooi woord vond. *Laten we oversteken?* Voor mij klinkt het echter als een volmaakte combinatie van Italiaanse klanken. De weemoedige *a* aan het begin, die rollende *tr*-klank, de verzachtende *s*, die langgerekte *i-a-mo*-combinatie aan het eind. Ik ben gek op dat woord. Ik gebruik het tegenwoordig te pas en te onpas. Ik verzin allerlei redenen om het te kunnen zeggen. Sofie wordt er horendol van. *Laten we oversteken! Laten we oversteken!* Ik sleep haar voortdurend heen en weer door het waanzinnige Romeinse verkeer. Dat woord wordt nog onze dood.

Giovanni's lievelingswoord in het Engels is *half-assed* (slap, halfslachtig, lullig).

Luca Spaghetti's lievelingswoord is *surrender* (overgave).

25

Er is tegenwoordig een soort machtstrijd gaande in Europa. Een aantal steden neemt het tegen elkaar op om te zien wie er als de belangrijkste eenentwintigste-eeuwse metropool van Europa uit de bus komt. Wordt het Londen? Parijs? Berlijn? Zürich? Of toch Brussel, het centrum van de jonge unie? Ze doen allemaal hun best om elkaar in cultureel, architecturaal, politiek en fiscaal opzicht de loef af te steken. Rome – het moet gezegd worden – doet echter geen moeite om mee te doen aan deze prestigestrijd. Rome kijkt van een afstandje toe hoe de anderen hun best doen en zich druk maken, totaal onaangedaan, met een houding van: *Jongens, jullie gaan je gang maar, maar ik ben en blijf Rome.* Ik laat me inspireren door de koninklijke zelfverzekerdheid van deze stad die, zo stabiel en compleet, zo geamuseerd en monumentaal, weet dat ze haar plek in de geschiedenis heeft veroverd. Ik hoop net als Rome te worden als ik straks een dame op leeftijd ben.

Vandaag neem ik mezelf mee op een zes uur durende stadswandeling. Dat is een eitje, vooral als je regelmatig stopt om bij te tanken met espresso en gebak. Ik begin bij de deur van mijn appartement en loop dan door mijn buurt, die in feite een soort kosmopolitisch winkelcentrum is. (Het is zeker geen 'buurt' in de traditionele zin van het woord, met echte buren. Ik bedoel, als het een buurt is, dan luisteren mijn buren (doodnormale burgers allemaal) naar namen als Valentino, Gucci en Armani.) Dit is altijd al een dure wijk geweest. Rubens, Tennyson, Stendhal, Balzac, Liszt, Wagner, Thackeray, Byron, Keats – allemaal hebben ze hier gewoond. Ik woon in wat vroeger het 'Engelse getto' werd genoemd, waar alle chique aristocraten uitrustten van hun Europese grand tours. Eén Londens reisgezelschap noemde zichzelf zowaar 'Het gezelschap der *dilettanti*'. Stel je voor dat je je erop laat voorstaan dat je een dilettant bent! Wat een prachtige onbeschaamdheid...

Ik loop naar het Piazza del Popolo met zijn grote triomfboog, uitgehouwen door Bernini, ter ere van het historische bezoek van koningin Christina van Zweden (die echt een van de neutronenbommen van de geschiedenis was. Mijn Zweedse vriendin Sofie omschrijft de geweldige koningin als volgt: 'Ze kon paardrijden, ze kon jagen, ze was geleerd, ze werd katholiek en dat was een enorm schandaal. Sommige mensen zeggen dat ze een man was, maar ze was waarschijnlijk ten minste lesbisch. Ze droeg broeken, ze ging op archeologische expedities, ze verzamelde kunst en ze weigerde voor een troonopvolger te zorgen.'). Naast de triomfboog staat een kerk waar je gratis naar binnen kunt en twee schilderijen van Caravaggio kunt bekijken met de lijdensweg van Petrus en de bekering van Paulus (zo overmand door genade dat hij in heilige vervoering op de grond is gevallen; zelfs zijn paard kan het niet geloven). Van de Caravaggio's ga ik me altijd huilerig en nietig voelen, maar dan vrolijk ik mezelf op door naar de andere kant van de kerk te lopen om te genieten van een fresco waarop het blijste, malste en meest giechelige kindeke Jezus in heel Rome staat.

Ik loop weer verder naar het zuiden. Ik wandel langs het Palazzo Borghese, een gebouw dat veel beroemde bewoners heeft gehad, onder wie Pauline, de schandalige zus van Napoleon, die er een onnoemelijk aantal minnaars onderdak bood en het ook leuk vond om haar dienstmeisjes als voetenbankje te gebruiken. (Ik hoop telkens weer dat ik die zin in mijn *Companion Guide to Rome* verkeerd heb gelezen, maar nee – het staat er echt. Het boek zegt ook dat Pauline het leuk vond om naar haar bad gedragen te worden door 'een enorme neger'.) Dan wandel ik langs de oever van de grote, zompige, landelijk ogende Tiber, helemaal tot aan het Tibereiland, een van mijn favoriete rustige plekjes in Rome. Dit eiland heeft altijd associaties met de geneeskunde gehad. Na een epidemie in 291 v. Chr. zette men hier een tempel voor Aesculapius op; in de Middeleeuwen werd er een ziekenhuis opgericht door een groep monniken, de Fatebenefratelli (wat heel funky vertaald kan worden als de 'Doe-Goed-Broeders'), en zelfs tot op de dag van vandaag staat er een ziekenhuis op het eiland.

Ik steek de rivier over naar Trastevere, de wijk die er prat op gaat dat hij bewoond wordt door de echtste Romeinen, de arbeiders, de mannen die door de eeuwen heen alle monumenten aan de andere kant van de Tiber hebben aangelegd. Hier lunch ik in een rustige *trattoria*, waar ik uren over mijn eten en wijn doe omdat niemand in Trastevere je ooit tegen zal houden als je uren over je maaltijd wilt doen als je daar zin in hebt. Ik bestel een assortiment *bruschette*, een portie *spaghetti cacio e pepe* (een eenvoudige Romeinse specialiteit: pasta met kaas en peper) en dan een gegrild kippetje, dat ik uiteindelijk deel met de zwerfhond die me mijn hele lunch lang heeft zitten aankijken zoals alleen een zwerfhond je kan aankijken.

Dan loop ik terug over de brug, door het oude joodse getto, een vreselijk treurige wijk die eeuwenlang bleef bestaan, tot hij door de nazi's werd leeggehaald. Ik loop weer in noordelijke richting, langs het Piazza Navona met zijn gigantische fontein ter ere van de vier grote rivieren van onze planeet (waaronder ook, heel trots zij het niet helemaal correct, de futloze Tiber). Daarna werp ik een blik op het Pantheon. Ik probeer zo vaak mogelijk een blik op het Pantheon te werpen, want ik ben nu eenmaal in Rome, en een oud spreekwoord zegt dat eenieder die naar Rome gaat zonder het Pantheon te zien 'gaat en terugkomt als een ezel'.

Op weg terug naar huis maak ik een kleine omweg en stop ik op de plek in Rome die ik op een vreemde manier het meest aangrijpend vind: het Augusteum. Deze grote, ronde, ingestorte stapel bakstenen begon zijn leven als groots mausoleum, aangelegd door Octavianus Augustus als laatste eeuwige rustplaats voor zijn eigen stoffelijke resten en die van zijn familie. De keizer kan zich destijds onmogelijk hebben kunnen voorstellen dat Rome ooit iets anders zou zijn dan een machtig Augustus-aanbiddend keizerrijk. Hoe had hij de ineenstorting van het rijk ooit kunnen voorzien? Of kunnen weten dat toen de barbaren alle aquaducten hadden vernietigd en de grote wegen in erbarmelijke staat hadden achtergelaten, veel burgers de stad zouden verlaten, en dat het bijna twintig eeuwen zou duren voordat Rome weer hetzelfde inwonertal had als op het hoogtepunt van haar macht?

Tijdens de duistere Middeleeuwen viel het mausoleum van Augustus ten prooi aan verval en dieven. De as van de keizer werd gestolen – niemand weet door wie. Tegen de twaalfde eeuw was het monument echter omgebouwd tot fort voor de machtige familie Colonna, ter bescherming tegen aanvallen van diverse rivaliserende vorsten. Daarna werd het Augusteum op de een of andere manier getransformeerd tot wijngaard, daarna werd het een renaissancetuin, toen een arena voor stierengevechten (inmiddels zitten we in de achttiende eeuw), vervolgens een opslagruimte voor vuurwerk, en vervolgens een concertzaal. In de jaren dertig van de twintigste eeuw nam Mussolini het gebouw in beslag en liet het tot op zijn klassieke grondvesten restaureren, zodat het ooit de laatste rustplaats voor zíjn resten kon worden. (Ook toen moet het onmogelijk zijn geweest je voor te stellen dat Rome ooit iets anders zou zijn dan een Mussolini-aanbiddend rijk.) Natuurlijk spatte de fascistische droom van Mussolini uiteen, en de keizerlijke begrafenis die hij verwachtte kreeg hij ook niet.

Tegenwoordig is het Augusteum een van de stilste en eenzaamste plekken in Rome, diep onder de grond begraven. Door de eeuwen heen is de stad erboven flink gegroeid. (In het algemeen houdt men 2,5 centimeter per jaar aan voor de aanwas van het puin.) Boven het monument draait het verkeer zijn hectische rondjes, en voorzover ik weet gaat niemand ooit nog naar beneden, behalve om de plek te gebruiken als openbaar toilet. Maar het gebouw bestaat nog steeds; het houdt – heel Romeins – waardig stand, wachtend op zijn volgende incarnatie.

Ik vind het feit dat het Augusteum nog steeds bestaat erg geruststellend. Het gebouw heeft zo'n grillige carrière achter de rug, maar toch heeft het zich altijd aangepast aan de woeste grillen des tijds. Wat mij betreft is het Augusteum net iemand die een compleet bizar leven heeft geleid – misschien iemand die begon als huisvrouw, daarna onverwachts weduwe werd, toen ging waaierdansen om brood op de plank te krijgen, op de een of andere manier de eerste vrouwelijke tandarts in de ruimte werd en zich vervolgens ook maar aan de binnenlandse politiek waagde – maar die ondanks al die omwentelingen nog steeds heel goed weet wie ze is.

Als ik naar het Augusteum kijk, krijg ik de indruk dat mijn leven bij nader inzien nog niet zo chaotisch is. De wereld, die is chaotisch; hij brengt veranderingen teweeg voor ons allen waar niemand zich op kan instellen. Het Augusteum maant me niet al te zeer gehecht te raken aan achterhaalde denkbeelden over wie ik ben, waar ik voor sta of welk doel ik ooit hoopte te hebben. Inderdaad, gisteren was ik misschien wel een magnifiek monument voor iemand – maar misschien ben ik morgen wel een vuurwerkdepot. Zelfs in de Eeuwige Stad, zegt het Augusteum, moet je altijd voorbereid zijn op onstuimige en eindeloze golven van transformatie.

26

Van tevoren had ik een doos boeken naar mezelf gestuurd, net voordat ik New York verliet om naar Italië te verhuizen. Ik kreeg de garantie dat mijn pakket binnen vier tot zes dagen bij mijn appartement in Rome zou arriveren, maar ik denk dat de Italiaanse post die instructie heeft gelezen als '46 dagen', want inmiddels zijn we twee maanden verder en heb ik nog altijd geen spoor van mijn pakket gezien. Mijn Italiaanse vrienden zeggen dat ik het helemaal uit mijn hoofd moet zetten. Ze zeggen dat het ooit misschien nog weleens aankomt, en misschien ook niet, maar dat we zoiets niet zelf in de hand hebben.

'Zou iemand het misschien gestolen hebben?' vraag ik aan Luca Spaghetti. 'Is het kwijtgeraakt op het postkantoor?'

Hij slaat zijn handen voor zijn ogen. 'Dat soort vragen moet je niet stellen,' zegt hij. 'Daar ga je alleen maar van treuren.'

Op een avond leidt het raadsel van mijn vermiste doos boeken tot een lange discussie tussen mijzelf, mijn Amerikaanse vriendin Maria en haar man, Giulio. Maria vindt dat men er in een beschaafd land van uit moet kunnen gaan dat de PTT je post snel bezorgt, maar Giulio is het daar niet mee eens. Hij stelt dat de PTT niet aan de mens toebehoort, maar aan de schikgodinnen, en dat de bezorging van je post dus niet iets is wat iemand kan garanderen. Maria zegt geïrriteerd dat dit het zoveelste bewijs is van de kloof tussen protestanten en katholieken. Het duidelijkste bewijs voor die kloof, zegt ze, is dat Italianen – inclusief haar eigen man – nooit plannen kunnen maken voor de toekomst, zelfs niet voor een week later. Als je aan een protestantse vrouw uit het Midwesten van Amerika vraagt om een eetafspraak te maken voor de volgende week, zegt die protestantse vrouw, die gelooft dat ze haar lot in eigen hand heeft: 'Donderdagavond? Prima.' Maar als je aan een katholieke man uit Calabrië vraagt zo'n zelfde afspraak met je te maken, haalt hij zijn schouders op, slaat hij zijn blik omhoog naar God en vraagt hij: 'Hoe kan iemand van ons nou weten of hij aanstaande donderdagavond beschikbaar is voor een etentje, aangezien alles in Gods hand ligt en geen van ons precies weet wat het lot voor hem in petto heeft?'

Toch ga ik een paar keer naar het postkantoor om te proberen mijn pakket te achterhalen, maar tevergeefs. De Romeinse medewerkster van het postkantoor vindt het helemaal niet leuk dat ik haar telefoongesprek met haar vriendje onderbreek met mijn aanwezigheid. En mijn Italiaans – dat toch echt beter wordt, dat zweer ik – laat me onder zulke stressvolle omstandigheden in de steek. Terwijl ik probeer er iets samenhangends uit te krijgen over mijn vermiste pakket boeken, kijkt de vrouw me aan alsof ik sta te kwijlen.

'Zou het er volgende week misschien zijn?' vraag ik.

Ze haalt haar schouders op. '*Magari.*'

Nog zo'n onvertaalbaar stukje Italiaans slang, waarvan de betekenis ongeveer het midden houdt tussen 'hopelijk wel' en 'zou je wel willen, sukkel'.

Nou ja, misschien is het ook maar beter zo. Inmiddels kan ik me niet eens meer herinneren welke boeken ik überhaupt in die doos had gestopt. Het waren vast dingen waarvan ik vond dat ik ze echt moest bestuderen, als ik Italië echt wilde leren begrijpen. Ik had de doos volgestopt met allerlei te bestuderen materiaal over Rome dat er eigenlijk niet meer zo toe lijkt te doen nu ik eenmaal hier ben. Ik denk dat ik zelfs de complete, niet-ingekorte versie van Gibbons *History of the Decline and Fall of the Roman Empire* in die doos had gestopt. Misschien ben ik bij nader inzien wel gelukkiger zonder dat boek. Het leven is al zo kort; wil ik echt één negentigste van het leven dat me nog rest doorbrengen met het lezen van Edward Gibbon?

27

Vorige week kwam ik een jonge Australische rugzaktoeriste tegen die voor het eerst op reis was in Europa. Ik legde haar uit hoe ze bij het treinstation moest komen. Ze was op weg naar Slovenië, gewoon om te kijken hoe het daar was. Toen ik haar plannen hoorde, werd ik getroffen door een sterke, stomme vlaag van jaloezie. Ik dacht: *Ik wil ook naar Slovenië! Waarom mag ik nooit eens op reis?*

Nu denkt een onschuldige waarnemer misschien dat ik al op reis bén. En ik geef toe: op reis willen terwijl je al op reis bent is een soort gulzige waanzin. Het heeft iets van fantaseren over naar bed gaan met je favoriete filmster terwijl je in bed ligt met je ándere favoriete filmster. Maar het feit dat dit meisje de weg vroeg aan mij (in haar ogen duidelijk een inwoonster van de stad) geeft wel aan dat ik technisch gezien niet op reis ben in Rome, maar er woon. Hoe tijdelijk het ook is, ik ben een inwoonster van de stad. Toen ik dat meisje tegenkwam, was ik net op weg om mijn elektriciteitsrekening te betalen – niet iets waar reizigers zich druk over maken. Naar-een-plaats-reizenenergie en in-een-plaats-wonenenergie zijn twee heel verschillende vormen van energie, en op de een of andere manier wilde ik na mijn ontmoeting met dat Australische meisje dat onderweg was naar Slovenië verschrikkelijk graag op pad.

En dus belde ik mijn vriendin Sofie en zei: 'Laten we een dagje naar Napels gaan en pizza eten!'

Ogenblikkelijk, maar een paar uur later, zitten we in de trein, en dan – het lijkt wel magie! – zijn we er al. Ik ben meteen dol op Napels, het woeste, ruige, lawaaiige, vieze, hardwerkende Napels. Een mierenhoop in een konijnenhol, even exotisch als een Midden-Oosterse bazaar, met een vleugje New Orleans-voodoo toe. Een compleet stoned, gevaarlijk en vrolijk gekkenhuis. Toen mijn vriend Wade in de jaren zeventig in Napels was, werd hij beroofd... in een *museum*. De stad wordt aan alle kanten opgefleurd door het wasgoed dat uit alle ramen hangt en alle straten overspant: allemaal frisgewassen hemden en beha's die als Tibetaanse gebedsvlaggen in de wind heen en weer fladderen. Er is geen straat in Napels waar niet een of ander klein straatschoffie in een korte broek en niet bij elkaar passende sokken vanaf de stoep loopt te schreeuwen naar een ander klein straatschoffie ergens op een dak. Evenmin is er een gebouw in deze stad waar niet ten minste één gebogen oud vrouwtje achter haar raam zit en argwanend naar buiten kijkt, naar alle activiteiten die zich daar beneden afspelen.

De mensen hier vinden het echt krankzinnig fantastisch dat ze uit Napels komen, en waarom ook niet? Aan deze stad heeft de wereld én pizza én schepijs te danken. Vooral de Napolitaanse vrouwen zijn een *gang* van luidruchtige, vrijgevige, nieuwsgierige wijven met ruwe stemmen, heel bazig, geïrriteerd, akelig recht voor zijn raap en jezus christus, we proberen je alleen maar te hélpen, dom kind – *waarom moeten zij hier zo nodig alles doen?* Het accent in Napels is als een vriendelijke oorveeg. Het is net alsof je door een stad vol hamburgerbakkers loopt; iedereen loopt aan één stuk door te tetteren. Ze hebben hier nog altijd hun eigen dialect, plus een verschrikkelijk veranderlijk vocabulaire van plaatselijk slang, maar op de een of andere manier vind ik Napolitanen van alle Italianen het gemakkelijkst te verstaan. Waarom? Omdat ze verdomme wíllen dat je hen begrijpt. Ze spreken hard en met nadruk, en als je niet begrijpt wat ze precies met hun mond zeggen, dan valt de grote lijn meestal wel op te maken uit hun gebaren. Zoals bij dat stoere kleine schoolmeisje dat bij haar oudere neef achter op de motor zat en haar middelvinger naar me opstak maar daarbij ook heel lieftallig naar me glimlachte, opdat ik het vooral niet verkeerd opvatte: 'Het is niet lullig bedoeld, mevrouw, maar ik ben pas zeven en ik zie nu al dat u een stomme trut bent, maar dat geeft niks – volgens mij bent u ondanks alles toch wel een beetje oké en eigenlijk mag ik dat domme gezicht van u wel. We weten allebei dat u graag mij zou willen zijn, maar sorry, dat gaat niet. Maar goed, hier hebt u mijn middelvinger, geniet van uw dagje Napels, en *ciao*!'

Zoals in elke openbare ruimte in Italië zijn er altijd jongetjes, oudere jongens en volwassen mannen aan het voetballen, maar hier in Napels tref je ook nog iets anders aan. Vandaag zag ik bijvoorbeeld kinderen – en dan heb ik het over een groep jongens van een jaar of acht – die een paar oude kratten bij elkaar hadden gesprokkeld en daar tijdelijke stoelen en een tafel van hadden gemaakt, en nu zaten ze op het *piazza* te pokeren, zo verschrikkelijk intens dat ik bang was dat er doden zouden vallen.

Giovanni en Dario, mijn talenuitwisselingstweeling, komen oorspronkelijk uit Napels. Dat kan ik me dus niet voorstellen. Ik kan me die verlegen, ijverige, sympathieke Giovanni niet voorstellen als klein jochie te midden van dit – het woord is hier op zijn plaats – gespuis. Maar hij is een Napolitaan, dat lijdt geen twijfel, want voordat ik uit Rome vertrok gaf hij me de naam van een pizzeria in Napels die ik per se moest proberen omdat daar volgens Giovanni de beste pizza van heel Napels werd verkocht. Dat vond ik een enorm opwindend vooruitzicht, want de beste pizza van heel Italië komt uit Napels, en Italië heeft de beste pizza ter wereld, wat inhoudt dat deze pizzeria... ik ben bijna te bijgelovig om het te zeggen... waarschijnlijk *de beste pizza ter wereld verkoopt?* De manier waarop Giovanni me de naam van het restaurant toevertrouwde was zo ernstig en intens dat ik bijna het gevoel had alsof ik werd toegelaten tot een geheim genootschap. Hij drukte me het adres in de hand en zei op zijn ernstigste, meest vertrouwelijke toon: 'Ga alsjeblieft naar deze pizzeria. Bestel de pizza margherita met extra mozzarella. Als je die pizza niet eet terwijl je in Napels bent, lieg dan alsjeblieft na afloop tegen me en zeg dat je het wel hebt gedaan.'

En dus zijn Sofie en ik naar de Pizzeria da Michele gekomen, waar we helemaal uit ons dak gaan vanwege de pizza's die we hebben besteld. Ik ben zo dolverliefd op mijn pizza dat ik in mijn extase denk dat de pizza die gevoelens misschien wel beantwoordt. Ik heb een verhouding met deze pizza, bijna een soort buitenechtelijke relatie. Intussen is Sofie bijna in tranen vanwege háár pizza. Dankzij die pizza gaat ze door een soort existentiële crisis en vraagt ze me op smekende toon: 'Waarom proberen ze überhaupt nog pizza te maken in Stockholm? Waarom doen we überhaupt nog moeite om íets te eten in Stockholm?'

Pizzeria da Michele is een klein restaurant met slechts twee kleine ruimtes en één oven die non-stop aanstaat. Het is ongeveer vijftien minuten lopen vanaf het station, in de regen, maar maak je daar niet druk om, ga gewoon. Wel moet je er tamelijk vroeg op de dag naartoe, want soms hebben ze 's middags geen deeg meer, en dan breekt je hart. Tegen één uur 's middags staan de straten rond de pizzeria bomvol Napolitanen die proberen naar binnen te komen en daarbij duwen en trekken alsof ze aan boord van een reddingsboot proberen te komen. Een menu is er niet. Ze hebben hier maar twee soorten pizza: normaal en met extra kaas. Niks van die new-age-Zuid-Californische-olijven-met-zongedroogde-tomaatjes-neppizza-onzin. Het deeg, realiseer ik me eindelijk tegen de tijd dat ik mijn halve maaltijd op heb, smaakt meer naar Indiaas *naan*-brood dan enig ander pizzadeeg dat ik ooit heb gegeten. Het is zacht, stevig en buigzaam, maar ongelofelijk dun. Ik dacht altijd dat we maar twee keuzes in het leven hadden als het op pizzabodems aankomt: dun en knapperig of dik en zacht. Hoe kon ik nu weten dat er bodems bestaan die én dun én zacht zijn? Absoluut goddelijk! Een dunne, zachte, pittige, elastische, heerlijke, stevige, zoutige, paradijspizza. Bovenop ligt een zoete tomatensaus die helemaal bubbelend en romig omhoog komt schuimen als hij de verse buffelmozzarella doet smelten, en het ene takje basilicum in het midden van het hele geval geeft op de een of andere manier de hele pizza de glans van kruiden, net zoals één stralende filmster het hele gezelschap om haar heen door het contact met haar een zekere allure verleent. Technisch gezien is het natuurlijk onmogelijk om het ding te eten. Telkens wanneer je probeert een hap van je stuk te nemen, buigt de elastische bodem door en stroomt de hete kaas weg als de bovenste laag aarde bij een aardverschuiving, waardoor zowel jijzelf als je omgeving een zooitje wordt, maar dat moet je maar gewoon voor lief nemen.

De mannen die dit wonder bewerkstelligen, schuiven de pizza's in en uit de met hout gestookte oven; ze zien eruit als de stokers die in het ruim van een groot schip kolen in de gloeiend hete ovens scheppen. Ze hebben hun mouwen opgerold boven hun bezwete onderarmen, hun gezichten zijn rood van de inspanning, ze knijpen één oog dicht tegen de hitte van het vuur en hebben een sigaret in hun mondhoek hangen. Sofie en ik bestellen allebei nog een pizza – nog een hele pizza per persoon – en Sofie probeert zichzelf weer onder controle te krijgen, maar echt, de pizza's zijn zo goed dat we ons amper kunnen beheersen.

Even iets over mijn lichaam. Natuurlijk kom ik elke dag aan. Ik doe mijn lichaam onbeschofte dingen aan hier in Italië, waar ik zulke gruwelijke hoeveelheden kaas, pasta, brood, wijn, chocola en pizzadeeg naar binnen werk. (Elders in Napels, heb ik me laten vertellen, kun je zowaar een soort chocoladepizza krijgen. Wat is dát voor onzin? Ik bedoel, later ben ik er inderdaad naar op zoek gegaan, en hij is verrukkelijk, maar toch – chocoládepizza?) Ik doe niets aan lichaamsbeweging, ik eet niet genoeg vezels, ik slik geen vitaminetabletten. In mijn echte leven eet ik bij wijze van ontbijt weleens yoghurt van organische geitenmelk met tarwekiemen erin. Maar mijn echte leven ligt ver achter me. Thuis in Amerika vertelt mijn vriendin Susan aan wie het maar horen wil dat ik op een Laat-Geen-Koolhydraat-Onverorberd-tour ben. Maar mijn lichaam vat het allemaal uiterst sportief op. Mijn lichaam doet net alsof het mijn slechte daden en uitspattingen niet ziet, alsof het wil zeggen: 'Oké meid, geniet ervan, ik zie ook wel dat dit maar tijdelijk is. Laat me weten wanneer je kleine experiment met puur genot achter de rug is, dan zal ik eens kijken of ik de schade binnen de perken kan houden.'

Maar toch, als ik in de beste pizzeria van Napels in de spiegel kijk, zie ik een gelukkig en gezond gezicht met heldere ogen en een gave huid. Zo'n gezicht heb ik lang niet meer boven mijn eigen lijf gezien.

'Dank u wel,' fluister ik. En vervolgens rennen Sofie en ik in de regen naar buiten, op zoek naar taartjes.

28

Vermoedelijk komt het door deze staat van geluk (die intussen alweer een paar maanden oud is) dat ik na mijn terugkeer naar Rome weer begin te denken dat ik iets aan David moet doen. Dat het misschien tijd wordt dat we voor altijd een punt achter ons verhaal zetten. We waren al uit elkaar, dat was officieel, maar we hadden nog een beetje hoop dat we het misschien ooit (misschien na mijn reizen, misschien na een jaartje uit elkaar) nog eens zouden kunnen proberen. We hielden van elkaar. Dat was het probleem niet. We kwamen er alleen maar niet achter hoe we konden ophouden elkaar wanhopig, krijsend, zieltergend ongelukkig te maken.

Afgelopen lente had David de volgende bizarre oplossing voor onze problemen geopperd, en maar half voor de grap: 'Als we nu eens gewoon toegeven dat we een slechte relatie hebben en het toch gewoon volhouden? Als we nu eens toegeven dat we helemaal gek van elkaar worden, dat we constant ruzie hebben en bijna nooit met elkaar naar bed gaan, maar dat we niet zonder elkaar kunnen, en dat gewoon accepteren? Dan kunnen we samen verder leven – doodongelukkig, maar wel blij dat we niet uit elkaar zijn.'

Het geeft wel aan hoe wanhopig veel ik van die man hou

dat ik die suggestie al tien maanden serieus overweeg.

Het andere alternatief in ons achterhoofd was natuurlijk dat een van ons tweeën misschien wel zou veranderen. Misschien werd hij wel opener en warmer, en zou hij zichzelf niet meer onthouden aan degene die van hem hield omdat hij bang was dat ze zijn ziel met huid en haar zou opeten. Of misschien kon ik wel leren... op te houden met proberen zijn ziel met huid en haar op te eten.

Ik had zo vaak met David gehoopt dat ik me meer kon opstellen zoals mijn moeder dat in haar huwelijk doet – onafhankelijk, sterk, op zichzelf. Iemand die haar eigen boontjes dopt. In staat verder te gaan met haar leven zonder regelmatige doses romantiek of vleierij van mijn vader, de eenzelvige boer. In staat vrolijk tuinen vol madeliefjes aan te leggen tussen de onverklaarbare stenen muren van stilte die mijn vader soms rond zichzelf optrekt. Mijn vader is zonder meer mijn favoriete mens op aarde, maar een beetje raar is hij wel. Een ex-vriendje van me omschreef hem ooit als volgt: 'Jouw vader heeft maar één been op de grond. En verschrikkelijk lange benen...'

Wat ik als kind thuis zag, was een moeder die de liefde en affectie van haar man in ontvangst nam als hij eraan dacht haar die te geven, maar die vervolgens een stapje opzij deed en voor zichzelf zorgde als hij weer eens in zijn eigen bijzondere universum van lichte, onbewuste verwaarlozing opging. Zo kwam het in elk geval op mij over, en dan hou ik rekening met het feit dat niemand (en zeker niet de kinderen) ooit de geheimen van een huwelijk kent. Wat ik dacht te zien toen ik klein was, was een moeder die nooit van iemand iets vroeg. We hadden het per slot van rekening over mijn moeder – een vrouw die zichzelf als tiener in haar eentje had leren zwemmen in een koud meer in Minnesota, met een boek dat ze uit de plaatselijke bibliotheek had geleend, getiteld *Leren zwemmen*. Voorzover ik kon zien was er niets dat die vrouw niet in haar eentje kon.

Maar toen had ik een onthullend gesprek met mijn moeder, niet lang voordat ik naar Rome vertrok. Ze was naar New York gekomen om nog een laatste keer met me te lunchen en vroeg me openhartig – en alle communicatieregels in de geschiedenis van onze familie in de wind slaand – wat er tussen David en mij was gebeurd. Ook ik legde het Algemene Communicatiereglement van de familie Gilbert naast me neer, en gaf haar eerlijk antwoord. Ik vertelde haar het hele verhaal. Ik vertelde haar hoeveel ik van David hield, maar hoe eenzaam en ontmoedigend het was om een relatie te hebben met een man die telkens weer uit de kamer, uit het bed, van de planeet verdween.

'Klinkt wel een beetje zoals je vader,' zei ze. Een dappere, genereuze bekentenis.

'Het probleem is,' zei ik, 'dat ik niet zo in elkaar zit als mijn moeder. Ik ben niet zo sterk als jij, mam. Ik heb echt een constant niveau van intimiteit nodig bij degene van wie ik hou. Ik wou dat ik meer op jou leek, dan zou ik tenminste echt een romantische verhouding met David kunnen hebben. Maar als ik niet op liefde kan rekenen als ik die nodig heb, dan ga ik eraan onderdoor.'

Toen schokte mijn moeder me. Ze zei: 'Al die dingen die jij in je relatie wilt, Liz, die heb ik zelf ook altijd gewild.'

Op dat moment was het alsof mijn ijzersterke moeder haar hand over de tafel uitstak, haar gebalde vuist opendeed en me de zure appel liet zien waar ze tientallen jaren lang doorheen had moeten bijten om gelukkig getrouwd te blijven met mijn vader (want alles bij elkaar opgeteld ís ze gelukkig getrouwd). Die kant van haar had ik nog nooit, maar dan ook echt nog nooit, gezien. Ik had me nooit afgevraagd wat zij misschien wel had gewild, wat zij misschien wel had gemist, waarvoor ze uiteindelijk besloten had niet te strijden, met het oog op andere zaken. En zodra ik dat allemaal zag, voelde ik dat mijn wereldbeeld een radicale verandering onderging.

Als zelfs zij wil wat ik wil, dan...?

Mijn moeder ging verder met die ongekende reeks ontboezemingen. Ze zei: 'Kijk, ik ben niet opgevoed met het idee dat ik veel in het leven verdiende, schat. Je weet zelf ook wel, ik kom uit een andere tijd en plaats dan jij.'

Ik deed mijn ogen dicht en zag mijn moeder voor me, tien jaar oud op de familieboerderij in Minnesota, even hard aan het werk als een arbeider in loondienst. Ze voedde haar jongere broertjes op, droeg de kleren van haar oudere zus af en spaarde alle dubbeltjes bijeen om daar vandaan te kunnen...

'En verder moet je begrijpen hoeveel ik van je vader hou,' zei ze ten slotte.

Mijn moeder heeft keuzes gemaakt in haar leven, zoals wij allemaal, en daar heeft ze vrede mee. Ik kan zien dat ze er vrede mee heeft. Ze heeft zichzelf niet tekortgedaan. Het profijt dat ze van haar keuzes heeft is enorm: een lang, stabiel huwelijk met een man die ze nog altijd haar beste vriend noemt; een familie waartoe inmiddels ook kleinkinderen behoren die haar aanbidden; de zekerheid dat ze een sterke vrouw is. Misschien heeft ze zich opofferingen moeten getroosten, en mijn vader idem dito – maar wie leeft er nu zonder offers te brengen?

En de vraag voor mij is nu: welke keuzes moet ik zelf maken? Waar geloof ik dat ik in dit bestaan recht op heb? Op welk gebied kan ik opofferingen voor lief nemen, en op welk gebied niet? Ik heb grote moeite gehad me een leven zonder David voor te stellen. Ik kan me zelfs nauwelijks voorstellen dat ik nooit meer een uitstapje zal maken met mijn favoriete reispartner, dat ik nooit meer voor zijn huis zal parkeren met de raampjes van de auto naar beneden, Bruce

Springsteen op de radio, een enorme voorraad gespreksonderwerpen en snacks tussen ons in en een bestemming aan de oceaan ergens voor ons uit. Maar hoe kan ik die zaligheid accepteren als hij gepaard gaat met die duistere schaduwzijde – verpletterend isolement, verlammende onzekerheid, sluipende wrok en natuurlijk de totale ontmanteling van mijn eigen persoonlijkheid die onvermijdelijk volgt zodra David ophoudt met geven en begint met wegnemen. Dat kan ik niet meer aan. Op de een of andere manier heeft mijn recente vreugde in Napels me ervan overtuigd dat ik niet alleen geluk zonder David kán vinden, maar dat ik het ook móet vinden. Hoeveel ik ook van hem hou (want ja, ik hou van hem, zo buitensporig veel dat het gewoon idioot is), ik moet nu afscheid van hem nemen. En dat afscheid moet definitief zijn.

Dus schrijf ik hem een e-mail.

Het is november. Sinds juli hebben we geen contact meer gehad. Ik had hem gevraagd geen contact met me op te nemen zolang ik op reis was, in de wetenschap dat ik zo aan hem gehecht was dat ik me onmogelijk op mijn reis zou kunnen concentreren als ik ook mentaal bezig was met de zijne. Maar nu stap ik met deze e-mail zijn leven weer binnen.

Ik zeg tegen hem dat ik hoop dat alles goed met hem gaat, en meld dat met mij alles goed gaat. Ik maak een paar grappen. Grappen maken ging ons altijd goed af. Dan leg ik uit dat we volgens mij voorgoed een einde moeten maken aan onze relatie. Dat de tijd misschien gekomen is om toe te geven dat het er nooit van zal komen, en dat het er ook nooit van móet komen. Het is geen overdreven dramatische brief. Per slot van rekening hebben we al meer dan genoeg drama meegemaakt met zijn tweeën. Ik hou het kort en bondig. Maar er is één ding dat ik nog moet zeggen. Met ingehouden adem typ ik: 'Als je op zoek wilt naar een andere levenspartner, heb je natuurlijk helemaal mijn zegen.' Mijn handen trillen. Onder aan de brief zet ik 'veel liefs', in een poging de toon zo luchtig mogelijk te houden.

Ik voel me alsof iemand me zojuist met een stok in mijn borstkas heeft geraakt.

Die nacht slaap ik niet veel. Ik stel me voor hoe hij mijn woorden leest. De volgende dag ren ik een paar maal naar het internetcafé, op zoek naar een reactie. Ik probeer het deel van mezelf te negeren dat van ganser harte hoopt dat hij heeft teruggeschreven: 'KOM TERUG! LAAT ME NIET IN DE STEEK! IK ZAL VERANDEREN!' Ik probeer geen gehoor te geven aan het meisje in me dat maar al te graag dit hele geweldige idee van een wereldreis zou laten varen in ruil voor de sleutels van Davids appartement. Maar rond tien uur die avond krijg ik eindelijk mijn antwoord. Een prachtig geschreven e-mail, natuurlijk. David was altijd al een prachtige schrijver. Hij is het met me eens dat het inderdaad tijd is om echt uit elkaar te gaan. Daar heeft hij zelf ook aan lopen denken, zegt hij. Het is een ongelofelijk hoffelijke reactie, en hij maakt me deelgenoot van zijn eigen gevoelens van spijt en verlies, met die geweldige tederheid die hij soms ineens, heel pijnlijk, aan de dag kan leggen. Hij hoopt dat ik weet hoezeer hij me aanbidt, zozeer dat zelfs hij het niet in woorden kan vatten. 'Maar wij zijn niet wat de ander nodig heeft,' zegt hij. Toch is hij er zeker van dat ik ooit nog eens grote liefde in mijn leven zal vinden. Hij weet het zeker. Per slot van rekening, zegt hij, 'trekt schoonheid schoonheid aan'.

Wat echt iets heel liefs is om te zeggen. Wat zo'n beetje het liefste is wat je grote liefde ooit tegen je kan zeggen, als hij niet zegt: 'KOM TERUG! LAAT ME NIET IN DE STEEK! IK ZAL VERANDEREN!'

Lange tijd zit ik daar bedroefd in stilte naar de monitor van de computer te staren. Het is beter zo, dat weet ik. Ik kies voor geluk in plaats van pijn, dat weet ik. Ik maak ruimte voor de onbekende toekomst, zodat die mijn leven kan vullen met de verrassingen die me nog te wachten staan. Dat weet ik allemaal. Maar toch...

Het is wel *David*. Die ik nu voor altijd kwijt ben.

Nog langer zit ik doodongelukkig met mijn gezicht in mijn handen. Als ik uiteindelijk opkijk, zie ik dat een van de Albanese vrouwen die 's avonds in het internetcafé werken is opgehouden met dweilen en tegen de muur geleund naar me staat te kijken. We kijken elkaar even vermoeid aan. Dan schud ik bars mijn hoofd en zeg hardop tegen haar: 'Dit is zwaar klote.' Ze knikt vol medeleven. Natuurlijk begrijpt ze er geen woord van, maar op haar eigen manier begrijpt ze het volkomen.

Mijn mobiele telefoon gaat.

Het is Giovanni. Hij klinkt verward. Hij zegt dat hij al ruim een uur op me zit te wachten op het Piazza Fiume, waar we elkaar op donderdagavond altijd treffen voor onze talenuitwisseling. Hij snapt er niets van, want normaal gesproken is híj degene die te laat komt bij onze afspraken, of gewoon helemaal niet komt opdagen, maar voor deze ene keer was hij op tijd en hij wist het tamelijk zeker – hadden we niet een afspraak?

Helemaal vergeten. Ik vertel hem waar ik zit. Hij zegt dat hij me met de auto op komt halen. Ik ben niet in de stemming om iemand te zien, maar het is te moeilijk om dat aan de *telefonino* uit te leggen, gezien onze beperkte taalvaardigheden. Ik ga naar buiten om daar in de kou op hem te wachten. Een paar minuten later stopt zijn rode autootje voor mijn neus en stap ik in. Hij vraagt me in Italiaans slang hoe het ermee gaat. Ik doe mijn mond open om antwoord te geven en barst in tranen uit. Ik bedoel, ik jammer het uit. Ik bedoel, met van die verschrikkelijke, gierende uithalen die mijn vriendin Sally 'tweemaal pompen' noemt, waarbij je tweemaal wanhopig naar adem snakt om één keer te kunnen snikken. En ik zag hem totaal niet aankomen, deze hartbeving; ik word er totaal door overrompeld.

Arme Giovanni! In haperend Engels vraagt hij of hij iets verkeerd heeft gedaan. Ben ik kwaad op hem, misschien? Heeft hij me gekwetst? Ik kan geen antwoord geven; ik schud alleen mijn hoofd en blijf jammeren. Ik schaam me dood en heb medelijden met die schat van een Giovanni, die hier in zijn auto vastzit met een jankende, verwarde oude vrouw die totaal *a pezzi* (in duigen) is.

Uiteindelijk slaag ik erin te piepen dat mijn verdriet niets met hem te maken heeft. Met gesmoorde stem verontschuldig ik me voor het feit dat ik er zo verschrikkelijk aan toe ben. Voor iemand van zijn leeftijd gaat Giovanni opmerkelijk goed met de situatie om. Hij zegt: 'Je hoeft je niet te verontschuldigen voor je tranen. Zonder deze emotie zijn we maar robots.' Hij geeft me een paar tissues uit een doos achter in de auto. Hij zegt: 'Laten we een eindje gaan rijden.'

Hij heeft gelijk – hier vóór het internetcafé is het te druk en hel verlicht om in te storten. Hij rijdt een stukje verder en stopt dan midden op het Piazza della Repubblica, een van Romes grootsere open ruimtes. Hij parkeert voor die schitterende fontein met de uitdagend naakte nimfen die daar zo pornografisch ronddartelen met die groep enorme, fallische zwanen met stijve halzen. Naar Romeinse maatstaven is dit een redelijk recente fontein. Volgens mijn reisgids waren de twee vrouwen die model stonden voor de nimfen twee zusjes die destijds populaire revuedanseressen waren. Toen de fontein eenmaal klaar was, werden ze tamelijk berucht; maandenlang probeerde de kerk de onthulling van het ding tegen te houden omdat het te sexy was. De zusjes werden behoorlijk oud, en tot in de jaren twintig van de twintigste eeuw kon men deze twee waardige dames op leeftijd nog elke dag samen naar het *piazza* zien lopen om een blik te werpen op 'hun' fontein. En elk jaar kwam, zolang hij nog leefde, de Franse beeldhouwer die hen in de bloei van hun leven in marmer had vereeuwigd eenmaal naar Rome om met de zusjes te lunchen, waarbij ze herinneringen ophaalden aan de tijd waarin ze allemaal zo jong, mooi en wild waren geweest.

Goed, daar parkeert Giovanni dus, en hij wacht tot ik mezelf weer in de hand heb. Het enige wat ik kan doen is de muis van mijn handpalmen tegen mijn ogen drukken om te proberen de tranen weer naar binnen te duwen. We hebben nog nooit een persoonlijk gesprek gevoerd, Giovanni en ik. Het enige waar we het al die maanden, al die etentjes samen over gehad hebben is filosofie, kunst, cultuur, politiek en eten. We weten niets van elkaars privéleven. Hij weet niet eens dat ik gescheiden ben of dat ik een geliefde in Amerika heb achtergelaten. En ik weet niks over hem, behalve dat hij schrijver wil worden en dat hij in Napels is geboren. Door mijn tranen staat de conversatie tussen deze twee mensen echter op het punt om op een heel ander niveau te komen. Ik had liever gehad dat het niet zo was. Niet onder deze afschuwelijke omstandigheden.

Hij zegt: 'Sorry, maar ik begrijp het niet. Ben je vandaag iets kwijtgeraakt?'

Ik heb echter nog steeds moeite met praten. Giovanni glimlacht en zegt bemoedigend: '*Parla come mangi.*' Hij weet dat dit een van mijn lievelingsuitdrukkingen in het dialect van Rome is. Het betekent 'spreek op dezelfde manier als je eet', oftewel, in mijn persoonlijke vertaling: 'zeg het alsof je het eet'. Het helpt je eraan herinneren – als je iets heel hard probeert uit te leggen, of als je even niet helemaal op de juiste woorden kunt komen – dat je je taalgebruik even eenvoudig en recht voor zijn raap moet houden als het Romeinse eten. Maak er geen groot shownummer van. Leg het gewoon op tafel.

Ik haal diep adem en geef hem in het Italiaans een zwaar ingekorte (maar op de een of andere manier toch volkomen complete) versie van mijn situatie: 'Het heeft te maken met een relatie, Giovanni. Ik heb vandaag afscheid moeten nemen van iemand.'

Dan sla ik mijn handen weer voor mijn ogen, en de tranen sproeien tussen mijn ineengehaakte vingers door. Giovanni, de schat, doet geen poging om geruststellend zijn arm om me heen te slaan, en laat ook niet merken dat hij ook maar enigszins van zijn stuk is gebracht door mijn explosie van verdriet. In plaats daarvan zit hij in stilte naast me terwijl ik uithuil, totdat ik weer een beetje gekalmeerd ben. Dan zegt hij langzaam, duidelijk en vriendelijk, vol inlevingsvermogen en heel overdacht (als zijn lerares Engels was ik die avond zo tróts op hem!): 'Ik snap het, Liz. *I have been there.*'

29

Dankzij de aankomst van mijn zusje in Rome kon ik een paar dagen later het laatste verdriet om David van me afzetten en me weer op andere dingen richten. Mijn zusje doet alles snel en energiek; om haar heen stijgen miniwervelwinden van energie op. Ze is drie jaar ouder dan ik en acht centimeter langer. Ze is atlete, geleerde, moeder en schrijfster. Tijdens haar bezoek aan Rome was ze aan het trainen voor een marathon, wat inhield dat ze bij het ochtendgloren opstond en 29 kilometer rende in de tijd die het mij meestal kostte om één krantenartikel te lezen en twee cappuccino's te drinken. Toen ze in verwachting was van haar eerste kind, is ze ooit eens 's nachts in het donker zwemmend een heel meer overgestoken. Ik wilde niet meezwemmen, en ik was niet eens zwanger. Ik was te bang. Maar mijn zusje is niet bang uitgevallen. Toen ze in verwachting was van haar tweede kind, vroeg een verloskundige aan Catherine of ze ook bang was dat er iets mis zou kunnen gaan met de baby – iets in de trant van genetische afwijkingen of complicaties bij de bevalling. Mijn zus zei: 'Het enige waar ik bang voor ben is dat hij later misschien Republikein wordt.'

Zo heet mijn zusje – Catherine. Ze is mijn enige zus, en broers hebben we niet. Toen we klein waren in het landelijke Connecticut, woonden we met zijn tweeën en onze ouders op een boerderij. Andere kinderen waren er niet in de buurt. Zij was machtig en dominant, degene die het voor het zeggen had in mijn hele leven. Ik had ontzag voor haar en was bang voor haar; haar mening was de enige die ertoe deed. Als ik kaartspelletjes met haar deed, speelde ik vals om vooral maar te verliezen, zodat ze niet boos op me zou worden. We zijn niet altijd vriendinnen geweest. Zij ergerde zich aan mij, en ik was bang voor haar, geloof ik, totdat ik 28 was en er genoeg van kreeg. Dat was het jaar dat ik eindelijk eens tegen haar inging, en haar reactie was iets in de trant van: 'Hèhè, eindelijk.'

We waren net begonnen gestalte te geven aan onze nieuwe relatie toen mijn huwelijk ontspoorde. Catherine had die nederlaag gemakkelijk als overwinning voor zichzelf kunnen opvatten. Ik was altijd degene geweest met alle liefde en geluk; ik was de lieveling van zowel het gezin als het lot. Voor mij was de wereld altijd een comfortabeler en hartelijker plek geweest dan voor mijn zusje, dat zich hard tegen het leven afzette en in ruil daarvoor soms op de blaren moest zitten. Catherine had gemakkelijk op mijn scheiding en depressie kunnen reageren met een 'Ha! Nu straal je niet meer zo, hè, juffrouw Zonneschijn?' In plaats daarvan droeg ze me als een kampioen op haar schouders. Ze nam altijd midden in de nacht de telefoon op als ik in nood zat en maakte dan troostende geluidjes. En ze deed mee toen ik op zoek ging naar antwoorden op de vraag waarom ik zo'n verdriet had. Een hele tijd deed ze bijna met me mee met mijn therapie. Ik belde haar na elke sessie en vertelde haar dan alles wat ik me in het kantoor van mijn therapeute had gerealiseerd, en dan legde zij het werk waar ze mee bezig was neer en zei: 'Goh... dat verklaart een hoop.' Over ons beiden, welteverstaan.

Nu bellen we elkaar bijna elke dag – tenminste, totdat ik naar Rome verhuisde. Voordat een van ons aan boord van een vliegtuig gaat, belt de een de ander altijd op en zegt: 'Ik weet dat het morbide klinkt, maar ik wou je gewoon vertellen dat ik van je hou. Je weet wel... voor het geval dat...' Waarop de ander altijd zegt: 'Weet ik... gewoon voor het geval dat.'

Zoals altijd is ze goed voorbereid als ze in Rome aankomt. Ze heeft vijf reisgidsen bij zich, die ze allemaal al gelezen heeft, en verder heeft ze de hele plattegrond van de stad in haar hoofd. Zelfs voordat ze wegging uit Philadelphia kende ze de weg in Rome al. En dat is een klassiek voorbeeld van de verschillen tussen ons. Ik ben degene die tijdens mijn eerste weken in Rome bleef ronddolen, 90 procent verdwaald en 100 procent gelukkig, waarbij ik alles om me heen zag als een onverklaarbaar mooi mysterie. Maar goed, zo ziet de wereld er voor mij eigenlijk altijd uit. Voor mijn zusje daarentegen is er niets dat niet verklaard kan worden, zolang je maar toegang hebt tot de juiste naslagwerken. We hebben het over een vrouw die naast de kookboeken in haar keuken een encyclopedie heeft staan – en die met plezier leest.

Soms speel ik een spelletje met mijn vrienden dat 'Let op!' heet. Telkens als iemand zich iets vaags afvraagt (zoals: 'Wie was eigenlijk de Sint-Lodewijk naar wie St. Louis vernoemd is?') zeg ik 'Let op!', pak de dichtstbijzijnde telefoon en draai het nummer van mijn zusje. Soms krijg ik haar te pakken terwijl ze in de auto zit en haar kinderen van huis naar school brengt, en dan mijmert ze in de Volvo: 'Sint-Lodewijk... nou, dat was dus een Franse koning die een haren boetekleed droeg, wat eigenlijk wel interessant is, want...'

En nu komt mijn zusje mij dus in Rome opzoeken – in mijn nieuwe stad, die ze vervolgens aan mij gaat laten zien. Dit is Rome op zijn Catherines. Vol feiten, data en architectuur die ik nooit opmerk omdat mijn hoofd nu eenmaal heel anders werkt. Het enige wat ik ooit over plaatsen of personen wil weten is het verháál. Dat is het enige waarvoor ik belangstelling heb – niet de esthetische details. (Toen ik een maand in mijn appartement woonde, kwam Sofie op visite en zei: 'Mooie roze badkamer,' en dat was de eerste keer dat ik merkte dat hij inderdaad roze was. Felroze, van de vloer tot aan het plafond, een en al felroze tegeltjes – die ik echt nog nooit had opgemerkt.) Het geoefende oog van mijn zusje ziet echter de gotische, romaanse of byzantijnse elementen van gebouwen, het patroon op de vloer van een kerk, of de vage contouren van het onafgemaakte fresco dat achter het altaar verborgen zit. Met haar lange stelten beent ze met grote stappen door Rome (vroeger noemden we haar 'Catherine met de één meter lange dijbenen') en ik loop haastig achter haar aan, zoals ik al sinds mijn tweede doe: voor elke stap die zij zet, zet ik er twee.

'Zie je dat, Liz?' zegt ze. 'Zie je hoe ze die negentiende-eeuwse gevel gewoon boven op de bakstenen aangebracht hebben? Ik durf te wedden dat als we de hoek om slaan... ja!... kijk, ze hebben inderdaad de originele Romeinse monolieten als steunbalken gebruikt, waarschijnlijk omdat ze niet genoeg mankracht hadden om die te verplaatsen... ja, deze basiliek is een leuk allegaartje...'

Catherine draagt de plattegrond en haar groene Michelin-gids, ik draag onze picknicklunch (twee broodjes (formaatje softbal), pittige worstjes, zure sardines gevuld met vlezige groene olijven, een champignonpaté die naar het bos smaakt, balletjes gerookte mozzarella, gepeperde en gegrilde *arugula*, cherrytomaten, pecorinokaas, mineraalwater en een half flesje gekoelde witte wijn), en terwijl ik me afvraag waar we gaan eten, vraagt zij zich hardop af: 'Waarom hebben mensen het eigenlijk niet vaker over het concilie van Trente?'

Ze neemt me mee naar tientallen kerken in Rome, die ik allemaal niet uit elkaar kan houden – Sint-Dit en Sint-Dat, en Sint-Iemand van de Boetvaardigen van de Rechtvaardige Beproeving, die geen schoenen dragen... maar dat ik de namen of details van al die steunpilaren en kroonlijsten niet kan onthouden wil niet zeggen dat ik het niet leuk vind om in die kerken te zijn met mijn zusje, wier kobaltblauwe ogen niets over het hoofd zien. Ik weet niet meer hoe de kerk heette die van die fresco's had die zo leken op de heroïsche muurschilderingen van de Amerikaanse New Deal, maar ik herinner me nog wel dat Catherine ze aanwees en zei: 'Schitterend, zeg, die Franklin Roosevelt-pausen daar...' Ook herinner ik me de ochtend dat we vroeg opstonden om naar de mis in de kerk van de heilige Susanna te gaan, en dat we elkaars hand vasthielden terwijl we luisterden naar de nonnen die daar bij het ochtendgloren hun gregoriaanse hymnen zongen, allebei in tranen omdat hun prachtige gebeden zo lang bleven hangen. Mijn zusje is geen godsdienstig mens. Eigenlijk is niemand in mijn familie dat. (Ik noem mezelf tegenwoordig het 'witte schaap' van de familie.) Mijn spirituele neigingen interesseren mijn zusje vooral vanuit het oogpunt van de intellectuele nieuwsgierigheid. 'Dat soort geloof vind ik zo mooi,' fluistert ze in de kerk tegen me, 'maar ik kan het niet, ik kan het gewoon niet...'

Hier is nog een ander voorbeeld van de verschillende manieren waarop we tegen de wereld aankijken. In de buurt waar mijn zusje woont werd een tijdje geleden een gezin getroffen door een dubbele tragedie, toen zowel bij de jonge moeder als bij haar driejarig zoontje kanker werd geconstateerd. Toen Catherine me daarover vertelde, kon ik alleen maar geschokt uitbrengen: 'Godallemachtig, dat gezin heeft genade nodig.' Waarop zij vastberaden antwoordde: 'Wat dat gezin nodig heeft is *ovenschotels*,' om er vervolgens voor te zorgen dat de hele buurt het gezin een jaar lang elke avond om de beurt avondeten bracht. Ik weet niet of mijn zus helemaal doorheeft dat dat soort goedheid genade ís.

Als we de Santa-Susannakerk uitlopen zegt ze: 'Weet je waarom de pausen stadsplanning nodig hadden in de Middeleeuwen? Omdat er jaarlijks zo'n twee miljoen katholieke pelgrims uit de hele westerse wereld hierheen kwamen voor de tocht van het Vaticaan naar San Giovanni in Laterano – soms op hun knieën – en je moest natuurlijk wel voorzieningen hebben voor die mensen.'

Mijn zusje gelooft in boekenwijsheid. Haar heilige boek is een woordenboek: het *Oxford English Dictionary*. Als zij geconcentreerd haar hoofd buigt en met haar vingers langs de bladzijden snelt, is ze bij haar god. Later die dag zie ik mijn zusje nogmaals bidden, en wel als ze midden in het Forum Romanum op haar knieën valt, wat afval op de grond opzij schuift (net alsof ze op het schoolbord iets uitveegt), er een steentje bij pakt en in de aarde een blauwdruk van een klassieke Romeinse basiliek voor me schetst. Ze wijst van haar tekening naar de ruïne vóór zich, net zo lang tot ik begrijp (ja, zelfs ik met mijn visuele handicap kan dit begrijpen!) hoe het gebouw er ooit, achttien eeuwen eerder, uitgezien moet hebben. In de lege lucht schetst ze met haar vinger de ontbrekende gewelven, het schip, de ramen die allang verdwenen zijn. Als een soort Harold met zijn magische paarse kleurkrijtje vult ze de hele afwezige kosmos met haar verbeelding op en maakt ze dat wat ingestort is weer heel.

Het Italiaans kent een zelden gebruikte tijdsvorm die de *passato remoto* heet, het verre verleden. Die tijd gebruik je als je iets bespreekt wat in een heel ver verleden heeft plaatsgevonden, zo lang geleden dat het absoluut geen persoonlijke invloed meer op je heeft – zoals bijvoorbeeld de klassieke geschiedenis. Als mijn zus echter Italiaans sprak, zou ze die tijdsvorm niet gebruiken om over de oude geschiedenis te praten. In haar wereld is het Forum Romanum noch ver, noch verleden tijd. Het is even tegenwoordig en nabij als ikzelf.

De volgende dag vertrekt ze.

'Moet je horen,' zeg ik, 'zorg dat je me belt zodra je vliegtuig veilig geland is, oké? Want ik wil niet morbide doen, maar...'

'Weet ik, lieverd,' zegt ze. 'Ik ook van jou.'

30

Soms verbaast het me dat mijn zus getrouwd en moeder is en ik niet. Om de een of andere reden dacht ik altijd dat het andersom zou zijn. Ik dacht dat ik degene zou zijn die een huis vol modderlaarzen en krijsende kinderen zou hebben, terwijl Catherine (een echte solovoorstelling) alleen zou wonen en 's avonds in haar eentje in bed zou liggen lezen. We zijn andere volwassenen geworden dan iemand ooit had kunnen voorspellen toen we nog klein waren. Toch denk ik dat het zo beter is. Tegen alle voorspellingen in hebben we beiden een leven gecreëerd dat bij ons past. Dat zij een eenling is, houdt in dat ze een gezin nodig heeft om niet te vereenzamen; dat ik zo van gezelschap hou betekent dat ik me nooit zorgen hoef te maken dat ik nog eens eenzaam word, zelfs niet wanneer ik single ben. Ik ben blij dat zij teruggaat naar huis, naar haar gezin, en ook blij dat ikzelf nog negen maanden reizen voor de boeg heb – negen maanden waarin ik alleen maar hoef te eten, lezen, bidden en schrijven.

Ik ben er nog steeds niet uit of ik ooit kinderen wil. Ik was verbijsterd toen ik er op mijn dertigste achter kwam dat dat niet het geval was; de herinnering aan die verbazing is een goede waarschuwing dat ik nu niet met zekerheid kan zeggen hoe ik er straks op mijn veertigste over zal denken. Ik kan alleen maar zeggen hoe ik me nu voel: dankbaar dat ik alleen ben. Ik weet ook dat ik niet heen zal gaan en me zal vermenigvuldigen, alleen maar voor het geval ik anders later spijt krijg dat ik het niet heb gedaan; ik denk niet dat dat een goede reden is om meer kinderen op de wereld te zetten. Al denk ik dat mensen zich soms wel om die reden voortplanten: als verzekering tegen latere spijt. Volgens mij zijn er allerlei redenen waarom mensen kinderen krijgen – soms puur uit verlangen om het leven groot te brengen en te aanschouwen, soms omdat ze geen keus hebben, soms om hun partner vast te houden of een stamhouder te krijgen, soms zonder er eigenlijk goed en wel bij stil te staan. Niet alle redenen om kinderen te krijgen zijn gelijk, en helemaal onzelfzuchtig zijn ze ook niet per definitie. De redenen om géén kinderen te krijgen zijn echter ook niet allemaal hetzelfde, en hoeven ook niet per definitie te getuigen van egoisme.

Dat zeg ik omdat ik nog steeds worstel met de beschuldiging die me regelmatig door mijn man voor de voeten werd geworpen toen ons huwelijk op instorten stond – dat ik *egoistisch* was. Telkens wanneer hij dat zei, was ik het helemaal met hem eens, bekende ik schuld en voelde ik me vreselijk schuldig. Goeie genade, ik had die baby's nog niet eens gekregen of ik verwaarloosde ze al; ik koos nu al voor mezelf in plaats van voor hen! Ik was nu al een slechte moeder. Die baby's – die denkbeeldige baby's – kwamen vaak ter sprake in onze ruzies. Wie zou er voor de baby's zorgen? Wie zou er thuis blijven bij de baby's? Wie zou de baby's financieel onderhouden? Wie zou de baby's midden in de nacht te eten geven? Ik weet nog dat ik ooit, toen mijn huwelijk ondraaglijk begon te worden, eens tegen mijn vriendin Susan zei: 'Ik wil niet dat mijn kinderen opgroeien in zo'n huishouden.' Waarop Susan zei: 'Waarom laat je die zogenaamde kinderen niet gewoon buiten beschouwing? Ze bestaan nog niet eens, Liz. Waarom kun je niet gewoon toegeven dat je zélf niet meer zo'n ongelukkig leven wilt leiden? Dat jullie dat geen van tweeën willen? En trouwens, het is beter om je dat nu te realiseren dan in de verloskamer als je vijf centimeter ontsluiting hebt.'

Ik weet nog hoe ik rond diezelfde tijd naar een feestje in New York ging. Een echtpaar (beiden succesvol kunstenaar) had net een baby gekregen, en de moeder vierde dat haar nieuwe schilderijen werden tentoongesteld in een galerie. Ik weet nog hoe ik stond te kijken naar die vrouw, de kersverse moeder, mijn vriendin, de kunstenares, terwijl zij een goede gastvrouw probeerde te zijn (het feestje vond plaats op haar etage) en tegelijkertijd trachtte voor haar baby te zorgen en professioneel over haar werk te praten. Ik heb nog nooit iemand gezien die er zo afgepeigerd uitzag. Ik zal nooit vergeten hoe ze na middernacht in de keuken stond en met haar onderarmen in het sop de hele feestafwas probeerde te doen. Haar man (ik vind het heel erg om dit te melden, en ik besef echt wel dat niet álle mannen zo zijn) zat in de andere kamer tv te kijken, letterlijk met zijn voeten op de koffietafel. Toen ze hem eindelijk vroeg of hij haar wilde helpen de keuken schoon te maken, zei hij: 'Laat maar, schatje – schoonmaken doen we morgenochtend wel.' De baby begon weer te huilen. Door het cocktailjurkje van mijn vriendin heen lekte de moedermelk.

Hoogstwaarschijnlijk hebben andere mensen die dit feestje bijwoonden er een heel ander beeld aan overgehouden. Een heleboel andere gasten zouden best eens jaloers geweest kunnen zijn op die mooie vrouw met haar gezonde nieuwe baby, haar succesvolle carrière in de kunst, haar huwelijk met een aardige man, haar prachtige appartement, haar cocktailjurk. Waarschijnlijk waren er mensen op dat feestje die zo van plaats met haar waren gewisseld, als ze daartoe de kans hadden gekregen. Waarschijnlijk ziet die vrouw zelf als ze terugkijkt op de avond – als ze er überhaupt al aan terugdenkt – een vermoeiende maar toch uitstekende ervaring in haar sowieso wel bevredigende bestaan als moeder, echtgenote en carrièrevrouw. Het enige wat ik echter voor mezelf kan zeggen is dat ik het hele feestje lang beefde van paniek, en dat ik dacht: *Als je niet erkent dat dit je voorland is, Liz, dan ben je gestoord. Laat het niet zover komen.*

Maar was het wel mijn verantwoordelijkheid om een gezin te creëren? O, jezus – *verantwoordelijkheid.* Dat woord werkte me op de zenuwen totdat ik er eens goed naar ging kijken en het tot op de wortel ontleedde: *antwoorden.* En waar ik uiteindelijk aan moest beantwoorden was het feit dat mijn hele wezen me vertelde dat ik een einde moest maken aan dat huwelijk. Ergens in mij voorspelde een alarm dat ik, als ik bleef proberen me met alle macht door deze storm heen te slaan, ten slotte kanker zou krijgen. En dat als ik toch kinderen op de wereld zette, alleen omdat ik geen zin had in de heisa of schaamte als ik een paar onpraktische feiten over mezelf toegaf, juist dát verschrikkelijk onverantwoord zou zijn.

Uiteindelijk werd ik echter het meest geleid door iets wat mijn vriendin Sheryl diezelfde avond op datzelfde feestje tegen me zei toen ze me in de badkamer van de chique etage van onze vriendin aantrof, waar ik mijn toevlucht had gezocht en bevend van angst water over mijn gezicht stond te plenzen. Op dat moment wist Sheryl niet wat er gaande was in mijn huwelijk. Dat wist niemand. Ik vertelde het haar die avond ook niet. Het enige wat ik zei was: 'Ik weet niet wat

ik moet doen.' Ik weet nog hoe ze me bij mijn schouders vastpakte, me aankeek en alleen maar kalm glimlachend zei: 'Zeg de waarheid, zeg de waarheid, zeg de waarheid.'
Dat probeerde ik dus te doen.
Maar een einde maken aan je huwelijk is zwaar, en niet alleen vanwege de juridische/financiële complicaties of de gigantische veranderingen in je manier van leven. (Mijn vriendin Deborah sprak ooit de wijze woorden: 'Van het meubilair verdelen is niemand ooit doodgegaan.') Het zwaarst is de emotionele terugslag, de schok die je krijgt als je van het traditionele pad afstapt en al het bijbehorende soelaas verliest dat zo veel mensen voor altijd op dat pad houdt. Met je partner een gezin stichten is een van de meest fundamentele manieren waarop je in de Amerikaanse samenleving (of welke andere samenleving dan ook) continuïteit en de zin van het leven kunt vinden. Dat zie ik elke keer weer als ik naar een grote reünie van mijn moeders familie in Minnesota ga en zie hoe iedereen door de jaren heen op geruststellende wijze op zijn plek wordt gehouden. Eerst ben je kind, dan tiener, dan ben je een pas getrouwde man of vrouw, dan vader of moeder, dan ga je met pensioen, en dan word je opa of oma – in al die fases weet je wie je bent, wat je plicht is en waar je op de reünie moet zitten. Je gaat bij de andere kinderen zitten, of bij de andere tieners, of bij de andere jonge ouders, of bij de andere gepensioneerden, net zo lang tot je ten slotte met de negentigers in de schaduw zit en met voldoening naar je kroost kijkt. Wie jij bent? Eitje – jij bent degene die dit alles tot stand heeft gebracht. Die wetenschap brengt onmiddellijke voldoening, die bovendien ook nog universeel erkend wordt. Hoeveel mensen heb ik niet horen beweren dat hun kinderen de grootste prestatie en troost van hun leven zijn? Op hen kunnen ze altijd bouwen als ze door een existentiële crisis gaan of als ze zich eens afvragen of ze er eigenlijk wel toe doen – *Mis-*

schien heb ik verder niks bijzonders gedaan in mijn leven, maar mijn kinderen heb ik toch maar goed opgevoed.

Maar wat gebeurt er als je, hetzij uit eigen keuze, hetzij met tegenzin en uit noodzaak, niet deelneemt aan deze geruststellende cyclus van gezin en continuïteit? Als je besluit eruit te stappen? Waar ga je dan zitten op de reünie? Hoe markeer je dan het verstrijken der jaren zonder de angst dat je je tijd op aarde hebt verdaan zonder er daadwerkelijk toe te doen? Je moet een ander doel zien te vinden, een andere maatstaf aan de hand waarvan je moet beoordelen of je een succesvol leven hebt geleid. Ik hou veel van kinderen, maar stel dat ik er zelf nu eens geen krijg? Wat zegt dat dan over mij als mens?

Virginia Woolf heeft ergens geschreven: 'Over het brede continent van een vrouwenleven valt de schaduw van een zwaard.' Aan de ene kant van dat zwaard, zei ze, liggen gewoonte, traditie en orde, waar 'alles is zoals het hoort'. Maar aan de andere kant van dat zwaard, als je gek genoeg bent om over te steken en een leven te kiezen dat zich niet aan conventies houdt, 'is het een en al verwarring. Niets volgt een normale koers.' Haar redenering was dat het oversteken van de schaduw van dat zwaard het bestaan van een vrouw veel interessanter kan maken, maar dat het ook gegarandeerd een stuk gevaarlijker zal zijn.

Ik heb de mazzel dat ik in elk geval nog mijn schrijfwerk heb. Dat begrijpen mensen tenminste. *O, ze heeft haar man verlaten om zich aan haar kunst te kunnen wijden.* Dat is wel enigszins waar, maar niet helemaal. Veel schrijvers hebben gezinnen. Toni Morrison, om maar een voorbeeld te noemen, liet zich er door de opvoeding van haar zoon niet van weerhouden een klein prulletje genaamd de Nobelprijs te winnen. Maar Toni Morrison stippelde haar eigen pad uit, en dat moet ik ook doen. De *Bhagavad Gita* – die eeuwenoude Indiase yogatekst – zegt dat het beter is om op onvolmaakte wijze invulling te geven aan je eigen bestemming dan op volmaakte wijze het leven van iemand anders te imiteren. Dus nu ben ik begonnen mijn eigen leven te leiden. Het mag er dan wat onvolmaakt en onbeholpen uitzien, maar het lijkt wel helemaal op mij.

Hoe dan ook, de enige reden dat ik dit allemaal ter sprake breng is dat ik wil toegeven dat ik er tegenwoordig in vergelijking met mijn zusje met haar huis, goede huwelijk en kinderen tamelijk onstabiel uitzie. Ik heb zelfs niet eens een adres, wat zo'n beetje een misdaad tegen de normaliteit is op de gevorderde leeftijd van 34 jaar. Op dit moment zijn al mijn spullen opgeslagen in het huis van Catherine, die me een tijdelijke slaapkamer heeft gegeven op de bovenste verdieping van haar huis (die we 'het vertrek van de ongetrouwde tante' noemen, aangezien het een dakraampje heeft waardoor ik gekleed in mijn oude trouwjurk naar de heide kan staren en mijn verloren jeugd kan betreuren). Catherine schijnt dat een prima regeling te vinden, en voor mij is hij zeker handig, maar ik ben me wel bewust van het risico dat ik, als ik te lang zonder doel voor ogen over deze wereld blijf zwerven, op een dag De Maffe Meid van de Familie word. Of misschien ben ik dat nu al. Afgelopen zomer kwam er een vriendinnetje spelen bij mijn vijfjarige nichtje. Ik vroeg het meisje wanneer ze jarig was. Ze zei dat ze op 25 januari jarig was.

'O jee!' zei ik. 'Dan ben je een Waterman! Ik heb genoeg Watermannenvriendjes gehad om te weten dat die een hoop narigheid met zich meebrengen.'

De twee vijfjarigen keken me verbijsterd en een tikje angstig en onzeker aan. Plotseling zag ik het angstaanjagende beeld voor me van de vrouw die ik misschien wel word als ik niet uitkijk: Gekke Tante Liz. Een gescheiden vrouw in een wijde soepjurk en met oranje geverfd haar, die geen zuivelproducten eet maar wel mentholsigaretten rookt, die altijd net terug is van een astrologiecruise of net een relatie achter de rug heeft met een aromatherapeut, die kleuters hun tarotkaarten voorleest en dingen zegt als: 'Breng tante Liz nog een glaasje sangria, kindje, dan mag je daarna haar stemmingsring om...'

Uiteindelijk moet ik misschien weer een iets stabielere burger worden, daar ben ik me van bewust. Maar nu nog niet, alsjeblieft. Nu nog eventjes niet.

31

In de zes weken die volgen reis ik naar Bologna, Florence, Venetië, Sicilië, Sardinië, nog een keer naar Napels, en dan naar Calabrië. Voor het merendeel zijn het korte reisjes – een weekje hier, een weekendje daar – net genoeg om gevoel voor een plaats te krijgen, rond te kijken en mensen op straat te vragen waar je goed kunt eten, en daar vervolgens heen te gaan. Ik ben opgehouden met mijn cursus Italiaans, want ik kreeg het gevoel dat die mijn poging om Italiaans te leren alleen maar in de weg stond, aangezien ik alleen maar in het klaslokaal zat in plaats van door Italië te zwerven, waar ik in levenden lijve met mensen kan oefenen.

Deze spontane-reisweken zijn een fantastische, wervelende tijd; zulke relaxte dagen heb ik nog maar zelden meegemaakt, dagen waarop ik naar treinstations ren, lukraak kaartjes koop en eindelijk echt gebruik begin te maken van mijn vrijheid, omdat het eindelijk tot me is doorgedrongen dat ik kan gaan en staan waar ik wil. Een tijdlang zie ik mijn vrienden in Rome niet. Giovanni zegt aan de telefoon: *'Sei una trottola'* ('Je bent een draaitol'). Op een nacht word ik in een stadje aan de Middellandse-Zeekust, in een hotelkamer aan de oceaan, uit een diepe slaap wakker van het geluid van mijn eigen lach. Ik schrik ervan. *Wie lacht daar in mijn bed?* Van het besef dat ik het gewoon zelf ben moet ik weer lachen. Inmiddels kan ik me niet meer herinneren waar ik die nacht van droomde. Ik geloof dat het iets te maken had met boten.

32

Florence is maar een weekendje, een korte treinrit op een vrijdagochtend om oom Terry en tante Deb te zien, die voor het eerst van hun leven van Connecticut naar Italië zijn gevlogen, om het land te zien, en natuurlijk ook om hun nichtje op te zoeken. Het is avond tegen de tijd dat ze arriveren, en ik wandel met hen naar de Duomo, die er altijd indrukwekkend uitziet, zoals ook blijkt uit de reactie van mijn oom. 'Oy vey!' zegt hij op zijn Jiddisch. Dan zwijgt hij even en voegt eraan toe: 'Of misschien is dat niet het juiste woord om te gebruiken voor zo'n prachtige katholieke kerk...'

We kijken toe hoe de Sabijnse maagden midden in de beeldentuin verkracht worden zonder dat iemand een vinger uitsteekt om hen te helpen, en brengen een kort bezoek aan Michelangelo, het wetenschapsmuseum en de heuvels rondom de stad. Dan verlaat ik mijn oom en tante zodat ze zonder mij van de rest van hun vakantie kunnen genieten. Zelf reis ik in mijn eentje verder naar het rijke, overvloedige Lucca, het kleine Toscaanse stadje met zijn vele beroemde slagerijen waar de mooiste stukken vlees die ik in heel Italië heb gezien worden tentoongesteld met grote 'Je-weet-dat-je-het-wilt'-sensualiteit. Worsten van elke denkbare afmeting, kleur en afkomst worden als damesbenen in uitdagende kousen gehuld en zwieren aan de plafonds van de slagerijen. In de etalages hangen wellustige hambillen, die even hard lonken als de duurdere hoeren van Amsterdam. De kippen zien er zelfs dood nog zo goedgevuld en tevreden uit dat je je kunt voorstellen dat ze zich maar al te trots hebben opgeworpen als offer, nadat ze tijdens hun leven een wedstrijdje hadden gedaan om te kijken wie er de sappigste en de dikste kon worden. Maar niet alleen het vlees is geweldig in Lucca; ook de kastanjes, perziken en wankele stapels vijgen zijn heerlijk. Jezus ja, de vijgen...

Natuurlijk is de stad ook beroemd omdat Puccini er is geboren. Ik weet dat ik dat waarschijnlijk interessant hoor te vinden, maar wat ik veel interessanter vind is het geheim dat een plaatselijke groenteboer me heeft ingefluisterd – namelijk dat de beste paddenstoelen van de hele stad worden opgediend in een restaurant tegenóver het huis waar Puccini geboren is. Zo zwerf ik dus door Lucca en vraag in het Italiaans: 'Kunt u me vertellen waar het huis van Puccini is?' totdat een vriendelijke burger me er helemaal naartoe brengt. Waarschijnlijk is hij stomverbaasd als ik *'Grazie'* zeg en me vervolgens bij de ingang van het museum omdraai, naar de overkant marcheer en daar naar binnen ga bij het restaurant, waar ik onder het genot van een portie *risotto ai funghi* wacht tot het ophoudt met regenen.

Inmiddels kan ik me niet meer herinneren of ik vóór of ná Lucca naar Bologna ging, zo'n mooie stad dat ik de hele tijd dat ik er was bleef zingen: 'My Bologna has a first name! It's P-R-E-T-T-Y.' Traditioneel noemt men Bologna met zijn fraaie bakstenenarchitectuur en fabelachtige rijkdom 'De rode, de dikke en de mooie'. (En ja, dat heb ik overwogen als alternatieve titel voor dit boek.) Het eten is hier absoluut beter dan in Rome, of misschien gebruiken ze gewoon meer boter. Zelfs de *gelato* in Bologna is beter. (Ik voel me bijna een afvallige als ik dat zeg, maar het is waar.) De paddenstoelen zijn hier net grote, dikke sexy tongen, en de prosciuttogordijnen over de pizza's hebben iets van de ragfijne kanten voile op een chique dameshoed. En dan is er natuurlijk nog de bolognesesaus, die lachend zijn neus ophaalt voor elk ander idee van een *ragù*.

In Bologna schiet me te binnen dat het Engels geen equivalent heeft voor de uitdrukking *'Buon appetito'*. Dat is jammer, en tevens erg veelzeggend. Ook komt het bij me op dat de Italiaanse treinstations een tour langs de namen van 's werelds beroemdste gerechten en wijnen vormen: Volgende halte: Parma... Volgende halte: Bologna... Volgende halte: Montepulciano... Aan boord van de treinen hebben ze natuurlijk ook eten: kleine sandwiches en goede warme chocolademelk. Als het buiten regent, is het nog leuker om al vooruitsnellend lekkere hapjes tot je te nemen. Op één zo'n lange treinreis deel ik een coupé met een knappe jonge Italiaan die urenlang slaapt terwijl het buiten regent en ik mijn octopussalade opeet. Vlak voordat we in Venetië aankomen wordt hij wakker, wrijft hij zich in zijn ogen, neemt hij me zorgvuldig van top tot teen op en geeft hij dan mompelend zijn oordeel: *'Carina.'* Oftewel: leuk.

'Grazie mille,' zeg ik overdreven beleefd tegen hem. Duizendmaal dank.

Hij is verbaasd. Hij had zich niet gerealiseerd dat ik Italiaans sprak. Ik eerlijk gezegd ook niet, maar we praten zo'n twintig minuten en dan besef ik voor het eerst dat ik wel degelijk Italiaans spreek. Ik ben over de streep; ik spreek nu zowaar echt Italiaans. En ik zit niet te vertalen; nee, ik spreek. Natuurlijk, ik maak in elke zin wel een fout en ik ken maar drie tijden, maar toch, ik kan zonder veel moeite met deze jongen communiceren. *Me la cavo*, zouden ze in het Italiaans zeggen, wat zoveel wil zeggen als 'Ik kan me redden', maar van hetzelfde werkwoord komt dat je gebruikt voor het ontkurken van een fles wijn. Zoiets als 'Ik kan deze taal gebruiken om mezelf uit een moeilijke situatie te trekken' dus.

Hij probeert me te versieren, dat joch! Dat vind ik niet echt onvleiend. Hij is niet echt onaantrekkelijk. Maar onverwaand is hij ook niet bepaald. Op een gegeven moment zegt hij in het Italiaans tegen me, en hij bedoelt het als een compliment: 'Voor een Amerikaanse ben je niet al te dik.'

Ik antwoord in het Engels: 'En voor een Italiaan ben je niet al te slijmerig.'

'Come?'

Ik herhaal nogmaals, in ietwat aangepast Italiaans: 'En jij bent heel hoffelijk, net als alle Italiaanse mannen.'

Hoor mij die taal eens spreken! Dat joch denkt dat ik hem leuk vind, maar ik zit alleen met de woorden te flirten. Mijn god – ik heb mezelf afgeschonken! Ik heb mijn tong ontkurkt, en nu vloeit er Italiaans uit! Hij wil dat we in Venetië afspreken, maar ik ben absoluut niet geïnteresseerd in hem. Ik zwijmel alleen over de taal, dus laat ik hem ervandoor gaan. Ik heb namelijk al een afspraak in Venetië, en wel met mijn vriendin Linda.

Gekke Linda, zoals ik haar graag mag noemen (ook al is ze dat helemaal niet), komt uit Seattle, een even klamme, grauwe stad als Venetië. Ze wilde me graag in Italië komen opzoeken, dus heb ik haar uitgenodigd voor dit stukje van mijn reis, aangezien ik weiger – en categorisch ook – om in mijn eentje naar de meest romantische stad ter wereld te gaan. Nee, niet nu, niet dit jaar. Ik zie mezelf al in mijn eentje achter in een gondel zitten, door de mist gesleept door een zingende gondelier terwijl ik... een tijdschrift zit te lezen? Het is een triest beeld, net zoiets als met hangen en wurgen in je eentje op een tandem tegen een heuvel op fietsen. Dus gaat Linda me gezelschap houden, en nog goed gezelschap ook.

Ik heb Linda (en haar dreadlocks en haar piercings) bijna twee jaar geleden op Bali leren kennen, toen ik daar voor die yogaretraite was. Sindsdien zijn we ook nog samen op reis naar Costa Rica geweest. Ze is een van mijn favoriete reisgenoten, een onverstoorbaar, vermakelijk en verrassend efficiënt klein elfje in een strakke roodfluwelen broek. Linda is in het bezit van een van 's werelds meest intacte psyches; ze begrijpt niets van depressie en heeft een achting voor zichzelf die nooit ook maar overwogen heeft iets anders dan hoog te zijn. Ooit zei ze, terwijl ze in de spiegel naar zichzelf stond te kijken, tegen me: 'Ik geef het toe, ik ben niet degene die er overal fantastisch in uitziet, maar toch hou ik op de een of andere manier van mezelf.' Ze heeft de bijzondere gave om mij mijn mond te laten houden als ik over existentiële vraagstukken begin te piekeren, zoals: 'Wat is de aard van het universum?' (Linda's antwoord: 'Mijn enige vraag is: waarom zou je dat willen weten?') Ooit hoopt Linda zulke lange dreadlocks te hebben dat ze ze ondersteund door wat ijzerdraad kan ombouwen tot een constructie op haar hoofd 'in de trant van een vormboom' waarin ze misschien een vogel kan herbergen. De Balinezen waren gek op Linda. De Costa Ricanen eveneens. Als ze niet voor haar tamme hagedissen en fretten aan het zorgen is, geeft ze leiding aan een software-ontwikkelingsbedrijf in Seattle en verdient ze meer geld dan jij of ik.

Als we elkaar dus daar in Venetië treffen, kijkt Linda met gefronste wenkbrauwen naar onze plattegrond van de stad, houdt hem op zijn kop, vindt ons hotel, oriënteert zich en kondigt vervolgens met typerende bescheidenheid aan: 'Wij zijn de burgemeesters van het achterwerk van deze stad.'

Haar vrolijkheid en optimisme, die passen absoluut niet bij deze stinkende, trage, zinkende, geheimzinnige, stille, vreemde stad. Venetië lijkt me een uitstekende stad om een langzame, alcoholische dood te sterven, een geliefde te verliezen, of het moordwapen te verliezen waarmee je eerder je geliefde hebt verloren. Als ik Venetië zo zie, ben ik blij dat ik ervoor heb gekozen om in Rome te wonen. Ik denk niet dat ik hier zo snel met de antidepressiva gestopt zou zijn. Venetië is mooi, maar op dezelfde manier als een Bergman-film: je kunt er wel bewonderend naar kijken, maar je wilt er niet echt wonen.

De hele stad is aan het afbladderen en het verbleken, net als de rijen kamers die ooit-rijke families aan de achterkant van hun grote huizen potdicht houden als het onderhoud te duur wordt en het gemakkelijker is om de deuren gewoon dicht te spijkeren en de stervende schatten daarachter te vergeten. Dat is Venetië. Vettige Adriatische boeggolven stoten zachtjes tegen de al eeuwenlang gekwelde grondvesten van deze gebouwen en testen het uithoudingsvermogen van dit veertiende-eeuwse wetenschappelijke experiment – *Hé, laten we eens een stad aanleggen die <u>de hele tijd</u> in het water ligt!*

Onder de korrelige novemberlucht ziet Venetië er spookachtig uit. De stad kraakt en deint als een vissteiger. Ondanks Linda's aanvankelijke overtuiging dat wij deze stad kunnen besturen, raken we elke dag verdwaald, vooral 's avonds, wanneer we verkeerde afslagen nemen naar donkere hoekjes en doodlopende straatjes die rechtstreeks en tamelijk link uitkomen op grachten. Op een bepaalde mistige avond lopen we langs een oud gebouw dat het werkelijk lijkt uit te kreunen van de pijn. 'Maak je geen zorgen,' kweelt Linda. 'Dat is gewoon de hongerige muil van Satan.' Ik leer haar mijn lievelingswoord in het Italiaans – *attraversiamo* ('laten we oversteken') – en we lopen zenuwachtig terug, weg van die plek.

De mooie jonge Venetiaanse eigenares van het restaurant in de buurt van ons hotel gaat diep gebukt onder haar lot. Ze haat Venetië. Ze zweert dat Venetië door alle inwoners wordt beschouwd als een graf. Ooit was ze verliefd op een kunstenaar uit Sardinië, die haar een andere wereld vol zon en licht beloofde, maar haar in plaats daarvan met drie kinderen liet zitten, zodat ze geen andere keus had dan terugkeren naar Venetië om daar het familierestaurant te gaan runnen. Ze is van mijn leeftijd maar ziet er nog ouder uit dan ik, en ik kan me niet voorstellen dat er mannen zijn die zulke beeldschone vrouwen zoiets aandoen. ('Hij was een machtig man,' zegt ze, 'en in zijn schaduw ging ik dood van de liefde.') Venetië is conservatief. Ze heeft er een paar verhoudingen gehad, misschien zelfs wel met getrouwde mannen, maar het loopt altijd slecht af. De buren praten over haar. Mensen houden op met praten als zij ergens binnenkomt. Haar moeder smeekt haar om een trouwring om te doen, gewoon om de schijn op te houden – *Kindje, dit is niet Rome, waar je er net zo hard op los kunt leven als je wilt.* Telkens wanneer Linda en ik 's ochtends binnenkomen voor ons ontbijt en onze treurige jonge/oude Venetiaanse restauranteigenares vragen hoe het weerbericht er voor die dag uitziet, houdt ze de vingers van haar rechterhand als een pistool tegen haar slaap en zegt ze: 'Meer regen.'

Toch raak ik hier niet gedeprimeerd. De melancholie van het zinkende Venetië kan ik wel een paar dagen aan; ik kan er zelfs op de een of andere manier van genieten. Ergens vanbinnen heb ik door dat dit niet míjn melancholie is; het is de inheemse melancholie van de stad zélf, en ik ben tegenwoordig gezond genoeg om het verschil te kunnen voelen tussen de stad en mezelf. Dat is een teken van genezing, denk ik onwillekeurig – van het feit dat mijn eigen persoonlijkheid vaste vorm begint aan te nemen. Er liggen een paar jaren achter me die verloren zijn gegaan in grenzeloze wanhoop, jaren waarin ik het verdriet van de hele wereld ervoer als mijn eigen verdriet. Alles wat triest was lekte door mij heen en liet vochtige sporen achter.

Hoe dan ook, het is moeilijk om gedeprimeerd te zijn als je een babbelende Linda naast je hebt lopen die je over probeert te halen een gigantische paarse bontmuts te kopen en die als we op een avond verschrikkelijk eten voorgeschoteld krijgen vraagt: 'Heet dit gerecht soms "Kalfssticks van Iglo"?' Ze is een glimwormpje, deze Linda. In het middeleeuwse Venetië konden mannen *codega* van beroep worden – een kerel die je in dienst nam om 's avonds met een aangestoken lantaarn vóór je te lopen, om je de weg te laten zien, dieven en demonen af te schrikken en je in de donkere straten zelfvertrouwen en bescherming te geven. Dat is Linda – mijn tijdelijke Venetiaanse *codega* op reisformaat, helemaal voor mij alleen.

33

Een paar dagen later stap ik uit de trein en tref ik een Rome vol hete, zonnige, eeuwige chaos aan, waar ik meteen zodra ik de straat inloop de voetbalstadionachtige kreten hoor van een nabije *manifestazione* (de zoveelste arbeidersdemonstratie). Waar ze deze keer voor staken kan mijn taxichauffeur me niet vertellen, hoofdzakelijk omdat het hem zo te zien niet veel kan schelen. ''*Sti cazzi*,' zegt hij over de stakers. (Letterlijke vertaling: 'Deze ballen,' of zoals wij het zouden uitdrukken: 'Kan me geen reet schelen.') Het is fijn om terug te zijn. Na de bezadigde ingetogenheid van Venetië is het fijn om weer terug te zijn op een plek waar ik een man in een jas met luipaardprint langs twee tieners kan zien lopen die elkaar midden op straat staan af te lebberen. De stad is zo wakker en levendig, zo opgetut en sexy in het zonlicht.

Ik herinner me iets wat de man van mijn vriendin Maria, Giulio, eens tegen me zei. We zaten op een terrasje onze spreekvaardigheid te oefenen, en hij vroeg me wat ik van Rome vond. Ik zei dat ik uiteraard echt van de stad hield, maar dat ik op de een of andere manier wist dat het niet mijn stad was, niet de plek waar ik de rest van mijn leven zou doorbrengen. Er was iets aan Rome wat niet bij mij hoorde, en ik kon er niet helemaal mijn vinger op leggen wat dat was. Terwijl we zo zaten te praten liep er een nuttig visueel hulpmiddel langs. Het was een typisch Romeinse vrouw, een fantastisch goed onderhouden mens van in de veertig dat bijna verzoop in haar juwelen. Ze droeg schoenen met hakken van tien centimeter, een strakke rok met een ellenlange split, en zo'n zonnebril die eruitziet als een raceauto (en waarschijnlijk evenveel kost). Het dure hondje dat ze aan het uitlaten was zat aan een lijn die met edelstenen bezet was, en de bontkraag van haar strakke jasje zag eruit alsof hij was gemaakt van de vacht van haar vorige dure hondje. Ze straalde een ongelofelijke allure uit, iets van: 'Je mag best naar mij kijken, maar verwacht niet van me dat ik terugkijk.' Ik kon me nauwelijks voorstellen dat ze ooit, al was het maar tien minuten van haar leven, géén mascara op had gehad. Deze vrouw was in alle opzichten het tegenovergestelde van mijzelf, die zich kleedt op een manier die mijn zusje omschrijft als 'Stevie Nicks gaat in haar pyjama naar haar yogales'.

Ik wees Giulio de vrouw aan en zei: 'Kijk, Giulio, dát is een Romeinse vrouw. Rome kan niet háár stad zijn en tegelijkertijd ook de mijne. Maar één van ons hoort hier echt thuis. En ik denk dat we allebei weten wie dat is.'

Giulio zei: 'Misschien hebben Rome en jij gewoon verschillende woorden.'

'Hoe bedoel je?'

Hij zei: 'Weet je niet dat de sleutel tot het begrijpen van een stad en haar inwoners is dat je erachter moet komen wat het woord van de straat is?'

Toen legde hij in een mengelmoes van Engels, Italiaans en gebarentaal uit dat elke stad wordt gedefinieerd door één enkel woord dat de meeste mensen die er wonen kenmerkt.

Als je in welke stad dan ook de gedachten zou kunnen lezen van de mensen die je op straat voorbijlopen, zou je erachter komen dat de meesten van hen er dezelfde gedachten op na houden. Waar de meerderheid aan denkt – dat is het woord van de stad. En als jouw persoonlijke woord niet overeenkomt met het woord van de stad, dan hoor je er niet echt thuis.

'Wat is het woord van Rome?' vroeg ik.

'SEKS,' meldde hij.

'Is dat niet gewoon een cliché over Rome?'

'Nee.'

'Maar er zijn toch wel een páár mensen in Rome die aan iets anders dan seks denken?'

Giulio bleef voet bij stuk houden. 'Nee. Al die mensen, de hele dag door... Het enige waar ze aan denken is SEKS.'

'Zelfs in het Vaticaan?'

'Dat is wat anders. Het Vaticaan maakt geen deel uit van Rome. Zij hebben een ander woord. Hun woord is MACHT.'

'Je zou denken dat het GELOOF was.'

'Het is MACHT,' herhaalde hij. 'Geloof me. Maar het woord van Rome – dat is SEKS.'

Als je Giulio moet geloven, is de straat onder je voeten in Rome geplaveid met dat ene kleine woordje (SEKS), spuit het uit de fonteinen hier en hangt het als verkeersherrie in de lucht. Het leven van de mensen hier draait om dat woord: ze denken eraan, kleden zich erop, gaan ernaar op zoek, nemen het in overweging, slaan het af en maken er een sport en een spelletje van – en dat is het enige waar ze zich mee bezighouden. Wat wel een beetje zou verklaren waarom Rome ondanks zijn immense schoonheid niet helemaal aanvoelt als mijn stad. Want SEKS is op dit moment niet mijn woord. Dat is het echt wel geweest, maar nu even niet. En dus valt het woord van Rome, als het op zijn wervelende tocht door de stad tegen me aan botst, gewoon weer van me af, zonder enig effect. Ik doe niet mee aan het woord, dus leef ik hier niet helemaal. Het is een maffe theorie, onmogelijk te bewijzen, maar ik vind hem wel aardig.

Giulio vroeg: 'Wat is het woord van New York?'

Daar moest ik even over nadenken, en toen kwam ik tot een besluit. 'Het is een werkwoord, natuurlijk. Volgens mij is het PRESTEREN.' (Wat volgens mij een klein beetje maar toch aanzienlijk verschilt van het woord van Los Angeles, dat ook een werkwoord is: SLAGEN. Als ik later deze hele theorie aan mijn Zweedse vriendin Sofie vertel, zegt ze dat het woord op de straten van Stockholm naar haar mening CONFORMEREN is, wat ons beiden deprimeert.)

Ik vroeg Giulio: 'Wat is het woord van Napels?' Hij is goed bekend met het zuiden van Italië.

'VECHTEN,' besluit hij. 'Wat was het woord in jouw familie toen je klein was?'

Dat was een moeilijke. Ik probeerde een woord te vinden dat op de een of andere manier een combinatie was van SPAARZAAM en ONEERBIEDIG. Maar Giulio was al bij de volgende, meest voor de hand liggende vraag: 'Wat is jouw woord?'

En die vraag kon ik al helemaal niet beantwoorden.

Inmiddels heb ik een paar weken de tijd gehad om erover na te denken, maar ik kan de vraag nog steeds niet beantwoorden. Ik weet wel een paar woorden die het zeker níet zijn. Het is niet HUWELIJK, dat moge duidelijk zijn. Het is niet GEZIN (hoewel dat wel het woord was van het stadje waar ik een paar jaar met mijn man heb gewoond, en aangezien dat woord en ik niet bij elkaar pasten, droeg het in belangrijke mate bij aan mijn leed). Godzijdank is het ook niet meer DEPRESSIE. Ik maak me geen zorgen dat ik het woord van Stockholm deel: CONFORMEREN. Maar ik heb ook niet echt het gevoel dat het New Yorkse PRESTEREN nog op mij van toepassing is, hoewel het dat zeker wel was toen ik nog in de twintig was. Misschien is mijn woord wel ZOEKTOCHT. (Maar ja, laten we wel zijn – het zou net zo goed VERSTOPPERTJE kunnen zijn.) De afgelopen maanden is mijn woord grotendeels GENOT geweest, maar dat woord komt niet helemaal overeen met alle aspecten van mijzelf, anders zou ik er nu niet zo naar uitkijken om naar India te gaan. Misschien is mijn woord wel TOEWIJDING, al klink ik daardoor meer als een heilig boontje dan ik eigenlijk ben en houdt het ook geen rekening met de hoeveelheid wijn die ik tegenwoordig tot me neem.

Ik weet niet wat het antwoord is, en ik denk dat mijn jaar op reis daarom draait. Mijn woord vinden. Maar één ding kan ik met grote stelligheid zeggen: SEKS is het in elk geval niet.

Althans, dat zeg ik. Maar vertel me dan maar eens waarom mijn voeten me vandaag bijna geheel uit eigen beweging naar een discrete boetiek in een zijstraatje van de Via Condotti leidden, waar ik – met grote kennis van zaken bijgestaan door een zoetvleiende jonge Italiaanse verkoopster – een paar heerlijke uren doorbracht (en zo veel geld uitgaf dat ik er een ticket voor een transcontinentale vlucht voor had kunnen kopen) met het aanschaffen van genoeg lingerie om de gemalin van een sultan 1001 nachten lang te kleden. Ik kocht beha's van elke vorm en textuur. Ik kocht doorzichtige, flinterdunne topjes en uitdagende petieterige slipjes in alle kleuren van een paasmandje, onderjurken van zacht satijn en niet-praten-maar-zoenenzijde, met de hand gemaakte strings en dingetjes en... nou ja, gewoon het ene fluweelzachte, kanten, frivole dingetje na het andere.

Ik had nog nooit zulke dingen in mijn kast gehad. Dus waarom nu wel? Terwijl ik de winkel uit liep en mijn voorraad in zacht papier gewikkelde stoutigheidjes onder mijn arm met me meezeulde, moest ik ineens denken aan de gekwelde vraag die ik een Romeinse voetbalfan de avond van de Lazio-wedstrijd had horen schreeuwen toen de sterspeler van Lazio, Albertini, op een kritiek moment zonder enige aanwijsbare reden de bal rechtstreeks de leegte in had gespeeld, waardoor alle kansen van het team in rook waren opgegaan.

'Per chi???' had de fan bijna uitzinnig geschreeuwd. 'Per chi???'

Voor wie? Naar wie speel je die bal, Albertini? Daar stáát niemand!

Toen ik na mijn koortsachtige urenlange lingeriewinkelsessie weer buiten stond, herinnerde ik me ineens die zin en herhaalde die fluisterend voor mezelf: 'Per chi?'

Voor wie, Liz? Voor wie al die decadente sexy toestanden? Daar stáát niemand. Over een paar weken zat mijn tijd in Italië erop, en ik was absoluut niet van plan om met iemand het bed in te duiken. Of toch? Begon het woord van de straat in Rome eindelijk effect op me te krijgen? Was dit een laatste poging om Italiaans te worden? Was het een cadeautje voor mezelf of voor een op dit moment zelfs nog niet eens denkbeeldige minnaar? Was het een poging om mijn libido weer op peil te brengen na mijn laatste relatie, die zo desastreus was geweest voor mijn seksuele zelfvertrouwen?

Ik vroeg mezelf: 'Ga je dit spul allemaal meenemen naar *India*?'

34

Luca Spaghetti's verjaardag valt dit jaar op de Amerikaanse Thanksgiving Day, en dus wil hij voor zijn feestje een kalkoen braden. Hij heeft nog nooit een grote, dikke, geroosterde Amerikaanse Thanksgiving-kalkoen gegeten (al heeft hij er wel foto's van gezien), maar hij denkt dat het een fluitje van een cent moet zijn om zelf zo'n feestmaal in elkaar te flansen (vooral met wat hulp van mijzelf, een echte Amerikaanse). Hij zegt dat we de keuken mogen gebruiken van zijn vrienden Mario en Simona, die een mooi groot huis in de bergen buiten Rome hebben waar Luca altijd zijn verjaardag viert.

Dit was wat Luca in gedachten had voor de feestelijkheden: na zijn werk, rond een uur of zeven 's avonds, zou hij mij komen ophalen, en dan zouden we in een uur of zo naar het huis van zijn vrienden ten noorden van Rome rijden, waar we de andere gasten van het feestje zouden treffen, wat wijn zouden drinken en elkaar allemaal zouden leren kennen. En dan, rond een uur of negen, zouden we beginnen met het braden van een kalkoen van tien kilo...

Ik moest Luca dus wel het een en ander uitleggen over hoeveel tijd het kost om een kalkoen van tien kilo te braden. Ik zei dat zijn feestmaal op die manier waarschijnlijk pas tegen het ochtendgloren op tafel zou staan. Hij was er kapot van. 'Maar als we nu eens een heel kleine kalkoen kopen? Eentje die net geboren is?'

Ik zei: 'Luca, laten we het onszelf gemakkelijk maken en gewoon pizza eten, net als alle niet helemaal sporende Amerikaanse gezinnen op Thanksgiving.'

Hij vindt het nog steeds jammer. Maar goed, heel Rome straalt op dit moment iets jammerlijks uit. Het is kouder geworden. De schoonmakers, het treinpersoneel en de nationale luchtvaartmaatschappij hebben allemaal op dezelfde dag gestaakt. Er is net een onderzoek gepubliceerd waaruit blijkt dat 36 procent van alle Italiaanse kinderen allergisch is voor de gluten die nodig zijn om pasta, pizza en brood te maken, dus daar gaat de Italiaanse cultuur. En wat nog erger is: onlangs zag ik een artikel met de schokkende kop: *'Insoddisfatte 6 donne su 10!'* Wat inhoudt dat zes van de tien

Italiaanse vrouwen een onbevredigend seksleven hebben. Verder meldt 35 procent van de Italiaanse mannen moeite te hebben met het vasthouden van *un'erezione*, waardoor de onderzoekers helemaal *perplessi* staan, en ik me zo langzamerhand afvraag of SEKS eigenlijk nog wel het specifieke woord van Rome mag zijn.

Er is nog ernstiger slecht nieuws: onlangs zijn er in de Oorlog van de Amerikanen (zoals hij hier genoemd wordt) in Irak negentien Italiaanse soldaten om het leven gekomen – het grootste aantal militaire doden in Italië sinds de Tweede Wereldoorlog. De Romeinen waren zo geschokt door de dood van die soldaten dat er in de hele stad niets open was op de dag dat de jongens werden begraven. De overgrote meerderheid van de Italianen wil niets te maken hebben met de oorlog van George Bush. Dat ze er wel bij betrokken zijn, hebben ze te danken aan Silvio Berlusconi, de premier van Italië, die hier meestal *l'idiota* wordt genoemd. Dankzij deze intellectloze, voetbalclub-bezittende zakenman met zijn glibberige laagje corruptie en verlopenheid, die zijn landgenoten regelmatig in verlegenheid brengt door in het Europese Parlement obscene gebaren te maken, die een meester is in het verkopen van *l'aria fritta* ('gebakken lucht'), die heel handig de media manipuleert (een peulenschil als je er zelf eigenaar van bent) en die zich in het algemeen niet als een echte wereldleider gedraagt maar eerder als een burgemeester van Waterbury (dat is een inside joke voor inwoners van Connecticut – sorry) zijn de Italianen nu betrokken bij een oorlog die volgens hen helemaal niet hun zaak is.

'Ze zijn gestorven voor de vrijheid,' zei Berlusconi op de begrafenis van de negentien Italiaanse soldaten, maar de meeste Romeinen zijn een andere mening toegedaan: *Ze zijn gestorven voor de persoonlijke vendetta van George Bush.* In dat politieke klimaat zou je misschien denken dat het

lastig zou kunnen zijn om als Amerikaanse op bezoek te komen, en inderdaad, toen ik naar Italië ging verwachtte ik met een zekere mate van wrok bejegend te worden. In plaats daarvan heb ik echter van de meeste Italianen begrip gekregen. Als er iemand iets over George Bush zegt, knikken de mensen alleen maar naar Berlusconi en zeggen: 'Wij snappen hoe het is; wij hebben er zelf ook een.'
We've been there.
Het is dus vreemd dat Luca onder deze omstandigheden zijn verjaardag wil aangrijpen om een echte Amerikaanse Thanksgiving te vieren, maar ik vind het wel een leuk idee. Thanksgiving is een mooi feest, iets waar Amerikanen met recht trots op kunnen zijn, onze enige nationale feestdag die relatief onvercommercialiseerd is gebleven. Het is een dag van dankgebeden, vriendelijke bedankjes, saamhorigheidsgevoel en – ja – plezier. Misschien is dat wel precies wat we nu allemaal nodig hebben.

Mijn vriendin Deborah is voor het weekend van Philadelphia naar Rome gekomen om het feest samen met me te vieren. Deborah is een psychologe, schrijfster en feministische theoretica van internationaal aanzien, maar zelf zie ik haar nog steeds als mijn favoriete vaste klant, nog uit de tijd dat ik serveerster was in een goedkoop restaurant in Philadelphia en zij bij ons kwam lunchen, cola light zonder ijs dronk en over de toonbank intelligente dingen tegen me zei. Dankzij haar kreeg het restaurant zowaar een beetje allure. Inmiddels zijn we al ruim vijftien jaar bevriend. Ook Sofie komt mee naar Luca's feest. Sofie en ik zijn inmiddels zo'n vijftien weken bevriend. Iedereen is altijd welkom op Thanksgiving. Vooral als het toevallig ook nog eens Luca Spaghetti's verjaardag is.

Laat op de avond rijden we het vermoeide, gestresste Rome uit, de bergen in. Luca houdt van Amerikaanse muziek, dus draaien we heel hard de Eagles en zingen we *'Take it... to the limit... one more time!!!!!*' – een rare, verschrikkelijk Californische soundtrack voor onze rit langs de olijfbomen en de eeuwenoude aquaducten. We komen aan bij het huis van Luca's oude vrienden Mario en Simona, die een twaalfjarige tweeling hebben, Giulia en Sara. Ook Paolo – een vriend van Luca die ik eerder bij een voetbalwedstrijd heb ontmoet – is van de partij, samen met zijn vriendin. Natuurlijk is Luca's eigen vriendin, Giuliana, er ook; zij is al eerder op de avond aangekomen. Het is een prachtig huis te midden van olijf-, clementine- en citroenbomen. Er brandt een haardvuur. De olijfolie is zelfgemaakt.

Geen tijd om een kalkoen van tien kilo te braden, natuurlijk, maar Luca roerbakt een aantal mooie kalkoenfilets en zelf leid ik een bliksemsnelle groepspoging om een Thanksgiving-vulsel te maken, zo goed en kwaad als ik me het recept kan herinneren, met kruimels van een goed Italiaans brood en met de nodige cultureel bepaalde andere ingrediënten (dadels in plaats van abrikozen; venkel in plaats van selderie). Op de een of andere manier smaakt het resultaat voortreffelijk. Luca had zich van tevoren zorgen gemaakt over het gesprek aan tafel, aangezien de ene helft van de gasten geen Engels spreekt en de andere helft geen Italiaans (en alleen Sofie Zweeds spreekt), maar het lijkt erop dat het zo'n wonderbaarlijke avond is waarop iedereen elkaar helemaal begrijpt, of waarop je buurman of buurvrouw je in elk geval kan helpen vertalen, mocht er eens een woord verloren gaan.

Ik hou niet bij hoeveel flessen Sardinische wijn we drinken voordat Deborah voorstelt dat we nu naar een mooie Amerikaanse gewoonte de handen van onze buren pakken en één voor één zeggen waar we het dankbaarst voor zijn. Een drietalige collage van dankbetuigingen volgt, één getuigenis tegelijk.

Allereerst zegt Deborah dat ze dankbaar is dat Amerika

binnenkort de gelegenheid krijgt om een nieuwe president te kiezen. Sofie zegt (eerst in het Zweeds, dan in het Engels, vervolgens in het Italiaans) dat ze dankbaar is voor de goede harten van het Italiaanse volk en voor de vier maanden waarin ze zich zo heeft mogen vermaken in dit land. De eerste tranen worden geplengd wanneer Mario – onze gastheer – met tranen van dankbaarheid God bedankt voor het werk in zijn leven, waardoor hij zich dit mooie huis kan veroorloven waar zijn gezin en vrienden van kunnen genieten. Paolo krijgt de lachers op zijn hand door te zeggen dat ook hij dankbaar is dat Amerika binnenkort een nieuwe president mag kiezen. Er valt een collectieve, respectvolle stilte als de kleine Sara, een van de twaalfjarige tweelingzusjes, dapper zegt dat ze dankbaar is dat ze hier vanavond met zulke aardige mensen mag zijn, aangezien het de laatste tijd op school niet zo leuk is – sommigen van haar medeleerlingen doen gemeen tegen haar – 'dus dank jullie wel dat jullie vanavond zo lief tegen me zijn en niet gemeen, zoals zij'. Luca's vriendin zegt dat ze dankbaar is voor alle jaren die Luca haar nu al trouw is, en voor de genegenheid waarmee hij haar familie door moeilijke tijden heen heeft geholpen. Simona – onze gastvrouw – huilt nog openlijker dan haar echtgenoot als ze haar dankbaarheid betuigt voor de nieuwe gewoonte van lofprijzingen en dankbaarheid die haar huis is binnengebracht door deze vreemdelingen uit Amerika, die eigenlijk helemaal geen vreemdelingen zijn, maar vrienden van Luca en dus vrienden van de vrede.

Als ik aan de beurt ben om iets te zeggen, begin ik met *'Sono grata...'* om er vervolgens achter te komen dat ik mijn ware gedachten niet kan uiten. Wat ik echt denk, is dat ik dankbaar ben dat ik vanavond niet meer gekweld word door de depressie die al jaren als een rat aan me knaagde, een depressie die zulke gaten in mijn ziel had geknauwd dat ik ooit zelfs niet had kunnen genieten van zo'n prachtige avond. Daar zeg ik allemaal niets over omdat ik de kinderen geen schrik wil aanjagen. In plaats daarvan zeg ik iets eenvoudigers maar waars – dat ik dankbaar ben voor oude en nieuwe vrienden en vriendinnen. Dat ik zeker vanavond dankbaar ben voor Luca Spaghetti. Dat ik hoop dat hij geniet van zijn drieëndertigste verjaardag en dat ik hoop dat hij nog lang zal leven, zodat hij een lichtend voorbeeld voor andere mannen kan zijn en hun kan laten zien hoe ze een gul, trouw en liefdevol mens moeten zijn. En dat ik hoop dat ze het niet erg vinden dat ik dit alles huilend zeg, al geloof ik niet dat iemand zich eraan stoort, aangezien voor de rest ook iedereen zit te huilen.

Luca is zo aangegrepen dat hij geen woorden heeft, behalve een paar voor ons allemaal: 'Jullie tranen zijn mijn gebeden.'

De Sardinische wijn blijft vloeien. En terwijl Paolo de afwas doet, Mario zijn vermoeide dochters naar bed brengt, Luca gitaar speelt en iedereen dronken en in zijn eigen accent Neil Young-liedjes zingt, zegt Deborah de Amerikaanse feministische psychologe zachtjes tegen me: 'Moet je kijken naar al die goede Italiaanse mannen. Moet je kijken hoe open ze staan voor hun emoties en hoe liefdevol ze deelnemen aan het gezinsleven. Moet je kijken hoe serieus ze de vrouwen en kinderen in hun leven nemen, en hoe ze die respecteren. Geloof niet wat je in de kranten leest, Liz. Het gaat prima met dit land.'

Ons feest eindigt pas tegen het ochtendgloren. Bij nader inzien hadden we die kalkoen van tien kilo toch kunnen braden en hem bij het ontbijt kunnen opeten. Luca Spaghetti brengt Deborah, Sophie en mezelf met de auto helemaal terug naar huis. Terwijl de zon opkomt proberen we hem wakker te houden door kerstliedjes te zingen. *Stille nacht, heilige nacht*, zingen we meerdere malen in alle talen die we spreken, terwijl we allemaal samen terugrijden naar Rome.

35

Het kon natuurlijk niet goed gaan. Na bijna vier maanden in Italië passen mijn broeken me niet meer. Zelfs de nieuwe kleren die ik vorige maand heb gekocht (toen ik al uit mijn 'Tweede-Maand-in-Italië'-broeken was gegroeid) passen me niet meer. Ik kan me niet veroorloven om om de paar weken een nieuwe garderobe aan te schaffen, en ik ben me ervan bewust dat ik binnenkort in India zal zijn, waar de kilo's gewoon weg zullen *smelten*, maar toch – deze broeken kan ik niet meer aan. Het gaat gewoon niet meer.

Wat allemaal heel erg logisch is, gezien het feit dat ik een tijdje geleden in een duur Italiaans hotel op een weegschaal ben gaan staan om er vervolgens achter te komen dat ik in vier maanden Italië ruim elf kilo was aangekomen – waarlijk een bewonderenswaardige prestatie. Zo'n zeven kilo daarvan moest ik eigenlijk aankomen omdat ik tijdens de laatste zware jaren met de scheiding en de depressie graatmager was geworden. De drie kilo daarna kwam ik gewoon voor de lol aan. En de laatste anderhalve kilo? Opdat er maar geen onduidelijkheid over kan bestaan, neem ik aan.

Maar zo komt het dus dat ik op zoek ga naar een kledingstuk dat ik de rest van mijn leven als dierbaar souvenir zal bewaren: mijn 'Laatste-Maand-in-Italië'-spijkerbroek. De jongedame in de winkel is zo vriendelijk om me steeds weer grotere maten te komen brengen, die ze me één voor één door het gordijn overhandigt, zonder enig commentaar; ze vraagt alleen zorgzaam of deze dan iets dichter in de buurt komt bij de juiste maat. Een paar keer moet ik mijn hoofd om de hoek van het pashokje steken en vragen: 'Pardon, hebt u ook één maatje groter?' Totdat de vriendelijke jongedame me eindelijk een spijkerbroek geeft met een taillemaat die gewoon pijn doet aan mijn ogen. Ik stap uit de kleedkamer en presenteer mezelf aan de verkoopster.

Ze knippert niet met haar ogen. Ze kijkt me aan als een museumcurator die probeert de waarde van een vaas te schatten. Een nogal groot uitgevallen vaas.

'*Carina*,' komt ze uiteindelijk tot de slotsom. Leuk.

Ik vraag haar in het Italiaans of ze me alsjeblieft eerlijk wil vertellen of ik er in deze spijkerbroek uitzie als een rund.

Nee, *signorina*, krijg ik te horen. U ziet er niet uit als een rund.

'Als een varken, dan?'

Nee, verzekert ze me heel ernstig. Ik zie er ook helemaal niet uit als een varken.

'Als een buffel dan misschien?'

Dit wordt nog een goede vocabulaireoefening. Ook probeer ik de verkoopster een glimlachje te ontfutselen, maar ze is vastberaden om professioneel te blijven.

Ik probeer het nog één keer. 'Misschien zie ik eruit als buffelmozzarella?'

Oké, *misschien*, geeft ze toe, met een minuscuul glimlachje. Misschien ziet u er een kléin beetje uit als buffelmozzarella...

36

Ik heb hier nog maar een week te gaan. Ik ben van plan voor de kerst terug te gaan naar Amerika en vandaar naar India te vliegen, niet alleen omdat ik de gedachte aan Kerstmis zonder mijn familie niet aankan, maar ook omdat de volgende acht maanden van mijn reis – India en Indonesië – een heel andere kofferinhoud vergen. Als je door India zwerft heb je heel andere dingen nodig dan wanneer je in Rome woont.

En misschien besluit ik wel ter voorbereiding op India

om mijn laatste week in Italië op Sicilië door te brengen – het meest derdewereldachtige stuk van Italië, en dus geen slechte plaats om naartoe te gaan als je je moet voorbereiden op het ervaren van extreme armoede. Of misschien wil ik alleen maar naar Sicilië vanwege die uitspraak van Goethe: 'Italië zonder Sicilië laat helemaal geen beeld achter in de ziel; pas hier vindt men de sleutel tot het geheel.'

Maar het valt niet mee om op Sicilië te komen of om er rond te reizen. Ik moet al mijn uitvindvaardigheid aanwenden om een trein te vinden die op zondag helemaal langs de kust naar beneden rijdt en om de juiste veerboot naar Messina (een enge, wantrouwige Siciliaanse havenstad die vanachter dichtgespijkerde deuren lijkt te schreeuwen: 'Ik kan het ook niet helpen dat ik zo lelijk ben! Ik ben geaardbevingd en gebombardeerd en ook nog eens verkracht door de maffia!') te vinden. Als ik eenmaal in Messina ben, moet ik op zoek naar een busstation (even zwart als een rokerslong) en de man wiens baan het is om daar weeklagend achter het loket te zitten, en kijken of hij me alsjeblieft een kaartje naar de kuststad Taormina wil verkopen. Dan rijd ik in een rammelende bus langs de kliffen en stranden van Sicilië's ontzagwekkende, rotsachtige oostkust totdat ik in Taormina aankom, waar ik op zoek moet naar een taxi en een hotel. Vervolgens moet ik de juiste persoon zien te vinden om mijn lievelingsvraag in het Italiaans aan te stellen: 'Waar vind ik hier in deze stad het beste eten?' In Taormina blijkt die persoon een slaperige politieagent te zijn. Hij geeft me een van de geweldigste dingen die een mens me kan geven: een papiertje met daarop de naam van een obscuur restaurantje en een zelfgetekende plattegrond van hoe ik er moet komen.

Het blijkt een kleine *trattoria* te zijn waar de vriendelijke oude eigenares zich op de klanten van die avond voorbereidt door op kousenvoeten op een tafel te gaan staan in een poging zonder de kerststal om te stoten de ramen schoon te vegen. Ik zeg tegen haar dat ik het menu niet hoef te zien. Kan ze me gewoon haar allerbeste eten geven, aangezien dit mijn eerste avond op Sicilië is? Ze wrijft in haar handen van plezier en gilt in het Siciliaanse dialect iets naar haar nog oudere moeder in de keuken, en nog geen twintig minuten later zit ik aan verreweg de geweldigste maaltijd die ik tot op dat moment in heel Italië heb gegeten. Het is pasta, maar in een vorm die ik nog nooit eerder heb gezien: grote, verse vellen pasta die, een beetje zoals ravioli, zijn opgerold tot de vorm (maar niet helemaal de maat) van de mijter van de paus, gevuld met een hete, geurige brij van schaaldieren, octopus en inktvis, met erdoorheen, als ware het een warme gemengde salade, verse kokkels en kleine stukjes groente, die zwemmen in een olijfachtige, oceaanachtige bouillon. Gevolgd door konijn, gestoofd in tijm.

Maar Syracuse, de volgende dag, is nog beter. Daar hoest de bus me op een straathoek op, in de kille regen, laat op de dag. Ik ben onmiddellijk weg van de stad. Er ligt drieduizend jaar geschiedenis onder mijn voeten in Syracuse. Het is een stad met zo'n eeuwenoude beschaving dat Rome er geheel bij verbleekt. Volgens oude mythen vloog Daedalus van Kreta naar Syracuse en overnachtte Hercules er ooit. Syracuse was een Griekse kolonie die door Thucydides 'een stad die absoluut niet voor Athene zelf onderdoet' werd genoemd. Syracuse is de schakel tussen het oude Griekenland en het oude Rome. Veel belangrijke toneelschrijvers en wetenschappers van de Oudheid woonden hier. Plato dacht dat het de ideale locatie zou zijn voor een utopisch experiment waarbij misschien 'door een goddelijk lot' vorsten filosofen zouden worden en filosofen vorsten. Geschiedkundigen zeggen dat de retoriek in Syracuse uitgevonden is, en ook (maar dat is maar een klein detail) het literaire fenomeen plot.

Ik loop door de markten van deze afbrokkelende stad, en mijn hart bonst met een liefde die ik noch kan beantwoorden, noch kan verklaren terwijl ik toekijk hoe een oude man met een zwarte wollen muts op voor een klant een vis leeghaalt (zijn sigaret heeft hij tussen zijn lippen geklemd om hem niet kwijt te raken, zoals een naaister tijdens haar werk haar spelden tussen haar lippen klemt; zijn mes klieft met gewijde perfectie de filets doormidden). Verlegen vraag ik deze visser waar ik vanavond moet gaan eten, en na ons gesprek loop ik weg met in mijn hand weer zo'n papiertje dat me bij een restaurantje zonder naam brengt, waar de ober me – zodra ik die avond ga zitten – luchtige wolkjes ricotta met stukjes pistachenoten eroverheen voorzet, plus hompen brood die in geurige olie drijven, kleine bordjes vleeswaren en olijven, en een salade van gekoelde sinaasappels met een dressing van rauwe ui en peterselie. En dat is allemaal nog voordat ik van de specialiteit van het huis hoor: pijlinktvis.

'Geen enkele stad kan vredig leven, wat voor wetten hij ook heeft,' schreef Plato, 'als de burgers [...] niets anders doen dan eten en drinken en zichzelf uitputten in de armen der liefde.'

Maar is het echt zo slecht om eventjes op die manier te leven? Is het echt zo vreselijk om gedurende een paar maanden van je leven door de tijd te reizen met als voornaamste ambitie het vinden van je volgende zalige maaltijd? Of om een taal te leren, puur en alleen omdat hij een genot voor het oor is? Of om midden op de dag in de zon in een tuin een dutje te doen, vlak naast je lievelingsfontein? En om het de volgende dag nog eens dunnetjes over te doen?

Natuurlijk kan men niet eeuwig zo doorleven. Uiteindelijk komen het ware leven, oorlogen, trauma's en sterfelijkheid altijd tussenbeide. Hier op Sicilië met zijn afschuwelijke armoede is het ware leven nooit helemaal uit iemands gedachten. De maffia is al eeuwenlang het enige succesvolle bedrijf op Sicilië (met als bedrijfstak de burgers tegen zichzelf in bescherming nemen), en ze houdt nog altijd iedereen in een houdgreep. Palermo – een stad waarvan Goethe ooit beweerde dat hij een onbeschrijflijke schoonheid bezat – is nu misschien wel de enige stad in West-Europa waar je soms nog steeds voorzichtig tussen het puin van de Tweede Wereldoorlog door moet lopen, om je maar een idee te geven van hoe de stad zich ontwikkeld heeft. De stad is systematisch te lelijk voor woorden gemaakt door de afzichtelijke en onveilige flatgebouwen die de maffia in de jaren tachtig liet neerzetten om haar geld wit te wassen. Toen ik aan een Siciliaan vroeg of die gebouwen van goedkoop beton waren gemaakt, zei hij: 'O, nee – dit is heel duur beton. In elke partij zitten wel een paar lichamen van mensen die door de maffia om het leven zijn gebracht, en dat kost geld. Maar het maakt het beton wel sterker, al die botten en tanden.'

Getuigt het in zo'n omgeving misschien van een beetje oppervlakkigheid om alleen maar aan je volgende zalige maaltijd te denken? Of is het misschien juist het beste wat je kunt doen, gezien de keiharde realiteit? In zijn meesterwerk *De Italianen* (geschreven in 1964, toen hij eindelijk alle buitenlanders zat was die over Italië schreven en ofwel te veel van het land hielden, of er juist een bovenmatige hekel aan hadden) probeerde Luigi Barzini alle feiten over zijn eigen cultuur op een rijtje te zetten. Hij probeerde de vraag te beantwoorden waarom de Italianen de grootste kunstenaars, politici en wetenschappers aller tijden hebben voortgebracht, maar toch nooit echt een wereldmacht zijn geworden. Waarom zijn ze 's werelds best gebekte diplomaten, maar bakken ze er in de binnenlandse politiek niets van? Waarom zijn ze op het individuele vlak zo dapper, maar hebben ze toch zo'n onsuccesvol leger? Hoe kunnen ze op het persoonlijke vlak zulke geslepen handelaren zijn en toch als land als kapitalisten tekortschieten?

Barzini's antwoorden op deze vragen zijn ingewikkelder dan ik hier echt kan samenvatten, maar ze hebben veel te maken met de trieste Italiaanse geschiedenis van corruptie van plaatselijke leiders en uitbuiting door buitenlandse overheersers, waaruit de meeste Italianen de schijnbaar juiste conclusie hebben getrokken dat je niets en niemand in deze wereld kunt vertrouwen. En omdat de wereld zo corrupt, fout, onstabiel, overdreven en oneerlijk is, moet men alleen dat vertrouwen wat men met de eigen zintuigen kan waarnemen, en dáárom zijn de zintuigen van Italianen sterker ontwikkeld dan die van welke andere Europeanen ook. Daarom, zegt Barzini, tolereren Italianen wel vreselijk incompetente generaals, presidenten, tirannen, professoren, bureaucraten, journalisten en topmannen, maar nooit incompetente 'operazangeressen, dirigenten, ballerina's, courtisanes, acteurs, filmregisseurs, koks, kleermakers...' In een wereld van wanorde, rampen en bedrog is schoonheid soms het enige wat je kunt vertrouwen. Alleen artistieke uitmuntendheid valt niet aan te tasten. Over genot valt niet te twisten. En soms is een maaltijd de enige ware valuta.

Je wijden aan het scheppen en genieten van kunst kan dus een ernstige zaak zijn – niet altijd noodzakelijkerwijs een middel om aan de realiteit te ontsnappen, maar soms eerder een middel om vast te houden aan dat wat echt is als al het andere is verworden tot... holle frasen en plot. Nog niet zo heel lang geleden hebben de autoriteiten op Sicilië een broederschap van katholieke monniken gearresteerd die nauw betrokken waren bij de maffia, dus wie kun je nog vertrouwen? Waar kun je nog in geloven? De wereld is onvriendelijk en oneerlijk. Maar durf iets van die oneerlijkheid te zeggen, en hier op Sicilië eindig je als fundering voor een lelijk nieuw gebouw. Wat kun je in zo'n omgeving nog doen om een gevoel van eigenwaarde te behouden? Misschien wel niets. Of misschien wel niets behalve trots zijn op het feit dat je je vis altijd perfect fileert, of dat je de luchtigste ricotta van de hele stad maakt...

Ik ben niet van plan iemand te beledigen door een al te ver gaande vergelijking te trekken tussen mezelf en de inwoners van Sicilië, die het al zo lang zo zwaar te verduren hebben. De tragedies in mijn leven zijn van een persoonlijke aard en grotendeels door mijzelf gecreëerd, en getuigen niet van grootschalige onderdrukking. Ik heb een scheiding en een depressie achter de rug, niet een paar eeuwen moorddadige tirannie. Ik heb een identiteitscrisis gehad, maar had ook de middelen (financieel, artistiek en emotioneel) om weer uit dat dal te klimmen. Wat ik echter wel wil zeggen, is dat hetzelfde idee waardoor de Sicilianen al generaties lang hun waardigheid behouden mij nu helpt bij het terugkrijgen van de mijne – namelijk het idee dat het waarderen van genot een anker in het menselijk bestaan kan zijn. Ik denk dat Goethe dat bedoelde toen hij zei dat je naar Sicilië moet om Italië te leren begrijpen. En ik neem aan dat ik dat instinctief aanvoelde toen ik besloot dat ik hierheen moest om mezelf te leren begrijpen.

Daar in mijn bad in New York, waar ik mezelf hardop Italiaanse woordjes uit een woordenboek zat voor te lezen, begon het herstel van mijn ziel. Mijn leven was in duigen gevallen en ik was zo onherkenbaar voor mezelf geworden dat ik mezelf waarschijnlijk niet had kunnen aanwijzen als de politie me in een rijtje verdachten had laten plaatsnemen. Maar ik voelde een sprankje geluk toen ik Italiaans begon te leren, en als je na zulke duistere tijden ook maar de miniemste kans op geluk denkt te hebben, moet je dat geluk bij de enkels grijpen en het niet loslaten totdat het je met huid en haar uit de narigheid sleept. Dat is geen egoïsme, maar een verplichting. Je hebt het leven in de schoot geworpen gekregen; het is je plicht (en tevens je recht als mens) om iets moois in dat leven te vinden, hoe klein en onaanzienlijk het misschien ook is.

Ik kwam afgeknepen en dun in Italië aan. Ik wist nog niet wat ik verdiende. Misschien weet ik nog steeds niet helemaal wat ik verdien. Maar wat ik wel weet, is dat ik mezelf de laatste tijd – door het genieten van onschuldige geneugten – weer dusdanig onder controle heb dat ik nu een veel completer mens ben. De gemakkelijkste, menselijkste manier om het uit te drukken is dat ik *aangekomen ben*. Er is nu meer Liz dan vier maanden geleden. Ik ga Italië duidelijk breder verlaten dan toen ik hier aankwam. En ik ga weg met de hoop dat de uitbreiding van één mens – de uitvergroting van één leven – inderdaad een goede daad is in deze wereld. Zelfs al is dat leven voor deze ene keer toevallig van niemand anders dan mijzelf.

BOEK TWEE

INDIA

oftewel

'Gefeliciteerd u te ontmoeten'

oftewel

Zesendertig verhaaltjes over de zoektocht naar spiritualiteit

37

Toen ik klein was, hadden we thuis kippen. We hadden er altijd wel een stuk of tien, twaalf, en als er eens een doodging – ten prooi viel aan een havik, vos of zo'n rare kippenziekte – verving mijn vader altijd de hen die er niet meer was. Dan reed hij naar een kippenboerderij in de buurt en kwam terug met een nieuwe kip in een zak. Je moet echter wel heel voorzichtig zijn als je een nieuwe hen bij een al bestaande groep zet. Je kunt haar niet gewoon bij de oude kippen naar binnen gooien, want dan zien ze haar als indringster. In plaats daarvan moet je de nieuwe kip stiekem midden in de nacht in het hok zetten, wanneer de andere kippen in slaap zijn. Zet haar op stok naast de rest van de groep en loop dan op je tenen weg. Wanneer de kippen 's ochtends wakker worden, merken ze niet dat er een nieuwkomer is. Ze denken alleen maar: Die is er blijkbaar al een hele tijd, want ik heb haar niet zien binnenkomen. Wat de doorslag geeft is dat de nieuwkomer zelf bij het wakker worden in de nieuwe ren ook denkt: Blijkbaar ben ik hier al een hele tijd...

Op precies dezelfde manier kom ik in India aan.

Om halftwee 's nachts landt mijn vliegtuig in Mumbai (Bombay). Het is 30 december. Ik haal mijn bagage op en ga dan op zoek naar de taxi die me naar de ashram zal brengen. Die bevindt zich in een afgelegen landelijk dorpje, uren rijden van de stad. Tijdens de rit door het nachtelijke India doezel ik weg. Soms word ik wakker, en dan kijk ik uit het raam, waar ik de vreemde, spookachtige gestalten zie van dunne, in sari's gehulde vrouwen die met bundels brandhout op hun hoofd langs de weg lopen. *Zo laat nog?* Wij worden ingehaald door bussen zonder koplampen, en zelf halen we op onze beurt ossenkarren in. De banyanbomen spreiden hun elegante wortels uit over de greppels.

Om halfvier 's nachts staan we stil voor de vooringang van de ashram, vlak voor de tempel. Wanneer ik uit de taxi stap, komt er een westers geklede jongeman met een wollen muts op uit de schaduwen te voorschijn die zichzelf voorstelt. Het is Arturo, een 24-jarige journalist uit Mexico en volgeling van mijn goeroe, en hij is hier om me te verwelkomen. Terwijl we ons fluisterend aan elkaar voorstellen, hoor ik binnen de eerste vertrouwde maten van mijn lievelingshymne in het Sanskriet. Het is het ochtend-*arati*, het eerste ochtendgebed, dat elke dag om halfvier wordt gezongen terwijl de ashram wakker wordt. Ik wijs naar de tempel en vraag aan Arturo: 'Mag ik...?' en hij maakt een ga-vooralje-ganggebaar. Dus ik betaal mijn taxichauffeur, leg mijn rugzak achter een boom, trek mijn schoenen uit, kniel, raak met mijn voorhoofd de drempel van de tempel aan, ga dan voorzichtig naar binnen en voeg me bij een klein gezelschap van overwegend Indiase vrouwen die deze mooie hymne zitten te zingen.

Dit is de hymne die ik 'de "Amazing Grace" van het Sanskriet' noem, vol spiritueel verlangen. Het is het enige religieuze lied dat ik uit mijn hoofd ken, niet zozeer omdat ik daar mijn best voor heb gedaan als wel omdat ik het heel mooi vind. Ik hef de vertrouwde woorden in het Sanskriet aan, van de eenvoudige introductie over de heilige leer der yoga tot de aanzwellende klanken van verering ('Ik aanbid de oorzaak van het universum... Ik aanbid degene wiens ogen de zon, de maan en het vuur zijn... U bent alles voor mij, o god der goden') en de laatste schitterende samenvatting van elk geloof ('Dit is volmaakt, dat is volmaakt, zelfs als u het volmaakte van het volmaakte afhaalt, blijft er iets volmaakts over').

De vrouwen zijn uitgezongen. Ze maken in stilte een

buiging en lopen dan via een zijdeur en een donker binnenhof naar een kleinere tempel, ternauwernood verlicht door één olielampje en heerlijk geurend naar wierook. Ik loop achter hen aan. De zaal zit vol volgelingen – Indiaas en westers – gehuld in wollen omslagdoeken ter bescherming tegen de vroege-ochtendkou. Iedereen zit te mediteren (bijna alsof ze op stok zitten), en ik ga voorzichtig en geheel onopgemerkt naast hen zitten, de nieuwe kip in het hok. Ik ga in de lotushouding zitten, leg mijn handen op mijn knieën en doe mijn ogen dicht.

Ik heb al vier maanden niet meer gemediteerd. Ik heb zelfs al vier maanden niet meer aan mediteren gedácht. Daar zit ik dan. Mijn ademhaling wordt rustiger. Ik zeg de mantra eenmaal heel kalm en langzaam voor mezelf op, lettergreep voor lettergreep.

Om.
Na.
Mah.
Shi.
Va.
Ya.
Om namah shivaya.
Ik eer de god die in mij huist.

Dan herhaal ik hem nog eens. En nog eens. En nog eens. Echt mediteren kun je het niet noemen; eerder pak ik voorzichtig de mantra uit, zoals je voorzichtig het beste servies van je oma uitpakt als dat lang ongebruikt in een doos heeft gezeten. Ik weet niet of ik in slaap val of dat ik op de een of andere manier in trance raak. Ik weet zelfs niet hoeveel tijd er voorbijgaat, maar wanneer de zon eindelijk opgaat, die ochtend in India, en iedereen zijn ogen opendoet en om zich heen kijkt, voelt het alsof Italië hier vijftienduizend kilometer vandaan is en alsof ik altijd al deel heb uitgemaakt van deze groep.

38

'Waarom doen we aan yoga?'

Die vraag stelde een leraar ons eens onder een bijzonder zware yogales, nog in New York. We stonden allemaal in zo'n vermoeiende zijwaartse-driehoekshouding, en de docent liet ons de positie langer aanhouden dan we echt aangenaam vonden.

'Waarom doen we aan yoga?' vroeg hij nog eens. 'Doen we het om een beetje leniger dan onze buren te worden? Of is er misschien een hoger doel?'

In het Sanskriet betekent *yoga* zoiets als 'eenwording'. Het is oorspronkelijk afkomstig van de stam *yuj*, wat 'onder het juk brengen' betekent, oftewel je met de discipline van een os van je taak kwijten. En in de yoga is je taak eenwording bereiken – eenwording van lichaam en geest, van het individu en haar God, van onze gedachten en de bron van onze gedachten, van leraar en leerling, en zelfs van onszelf en onze soms minder buigzame buren. In het Westen kennen we de yoga vooral vanwege de inmiddels befaamde krakelingachtige oefeningen voor het lichaam, maar dan hebben we het alleen over de Hatha-yoga, één tak van de filosofie. De oude wijzen ontwikkelden deze lichamelijke rek- en strekoefeningen niet om er fit van te worden, maar om hun spieren en geest los te maken ter voorbereiding op de meditatie. Per slot van rekening is het moeilijk om urenlang stil te zitten als je heup zo'n pijn doet dat hij je ervan weerhoudt bij je eigen goddelijkheid stil te staan omdat het enige wat je kunt denken is: Jemig... wat doet mijn heup zeer.

Yoga kan echter ook inhouden dat je probeert God te vinden door te mediteren, geleerde boeken te bestuderen, te zwijgen, spirituele diensten te verlenen of mantra's (voortdurend herhaalde reeksen heilige woorden in het Sanskriet) op te zeggen. Hoewel sommige van die praktijken nogal hindoeïstisch aandoen, is yoga zeker niet synoniem aan het hindoeïsme, en zijn ook zeker niet alle hindoes yogi's. De ware yoga bindt de strijd niet aan met andere geloofsvormen, en sluit die ook niet uit. Je kunt je yoga – je gedisciplineerde rituelen voor gewijde eenwording – gebruiken om dichter bij Krishna, Jezus, Mohammed, Boeddha of Jahweh te komen. Tijdens mijn verblijf in de ashram leerde ik volgelingen kennen die zichzelf omschreven als praktiserende christenen, joden, boeddhisten, hindoes en zelfs moslims. Ik ben anderen tegengekomen die liever helemaal niet over hun godsdienstige achtergrond wilden praten; en geef ze eens ongelijk, in deze twistzieke wereld.

Bij yoga draait het allemaal om het ongedaan maken van de ingebouwde haperingen van de *condition humaine*, die ik hier grofweg zal definiëren als het hartverscheurende onvermogen om tevreden in het leven te staan. Door de eeuwen heen hebben verschillende stromingen verschillende verklaringen gevonden voor de klaarblijkelijk van nature onvolmaakte staat van de mens. Taoïsten noemen het onbalans, het boeddhisme noemt het onwetendheid, de islam zegt dat onze ellende voorkomt uit rebellie tegen God, en de joods-christelijke traditie schrijft al ons leed toe aan de erfzonde. Volgelingen van Freud zeggen dat ongelukkig zijn het onvermijdelijke resultaat is van de botsing tussen onze natuurlijke driften en de behoeften van de beschaving. (Zoals mijn vriendin Deborah de psychologe het uitlegt: 'Begeerte is een ontwerpfout.') Yogi's zeggen echter dat de misnoegdheid van de mens gewoon een kwestie is van verkeerde ideeën omtrent onze identiteit. We zijn ongelukkig omdat we denken dat we niet méér zijn dan op zich staande mensen, alleen met onze angsten en gebreken, onze wrok en sterfelijkheid. We geloven ten onrechte dat onze beperkte egootjes onze hele aard uitmaken, zonder door te hebben dat we een goddelijke aard in ons meedragen. We beseffen niet dat we allemaal een Hogere Zelf met ons meedragen die altijd vol harmonie is. Die Hogere Zelf is onze ware identiteit, universeel en goddelijk. Totdat je dit feit erkent, zeggen de yogi's, zul je altijd wanhopig zijn – een idee dat mooi wordt weergegeven in het volgende getergde zinnetje van de Griekse stoïcijnse filosoof Epictetus: 'Arme stumper, je draagt God in je en je weet het niet eens.'

Yoga is de inspanning om je eigen goddelijkheid persoonlijk te ervaren en die ervaring vervolgens voor altijd vast te houden. Bij yoga draait het erom dat je jezelf onder controle krijgt en dat je een welgemeende poging waagt om je aandacht los te weken van je eindeloze gepieker over het verleden en je voortdurende zorgen om de toekomst, zodat je in plaats daarvan een plek van eeuwige *tegenwoordigheid* kunt vinden vanwaar je vol kalmte jezelf en je omgeving kunt bezien. Alleen vanuit dat punt van evenwichtigheid zal de ware aard van de wereld (en van jezelf) zich aan je openbaren. Ware yogi's, die volledig in balans zijn, zien deze hele wereld als een gelijkwaardige uiting van de scheppende energie van God. Mannen, vrouwen, kinderen, rapen, bedwantsen, koraal: allemaal God in vermomming. Al geloven de yogi's wel dat het mensenleven een heel bijzondere gelegenheid is, want alleen in een menselijke gedaante en alleen met een menselijk verstand kunnen we ons realiseren dat er een God is en die herkennen. Rapen, bedwantsen en koraal krijgen geen enkele kans om erachter te komen wie ze werkelijk zijn. Wij wel.

'Onze enige taak in dit leven,' schreef Sint-Augustinus op nogal yoga-achtige wijze, 'is dus het oog van het hart genezen waarmee we God kunnen zien.'

Net als alle belangrijke filosofische denkbeelden is dit gemakkelijk te begrijpen maar vrijwel onmogelijk om je helemaal eigen te maken. Oké, we zijn dus allemaal één, en we dragen allemaal een gelijke hoeveelheid goddelijkheid in ons. Geen probleem. Tot zover begrijpen we het nog. Maar probeer maar eens vanuit dit idee te leven. Probeer dat begrip maar eens 24 uur per dag in de praktijk te brengen. Dat valt nog niet mee. Daarom beschouwt men het in India als vanzelfsprekend dat je een leraar nodig hebt voor je yoga. Tenzij je ter wereld bent gekomen als zo'n unieke, stralende heilige die bij zijn geboorte al helemaal verwezenlijkt is, zul je begeleiding nodig hebben op je reis naar de verlichting. Als je mazzel hebt, vind je een levende goeroe. Om die reden komen er al eeuwenlang pelgrims naar India. Alexander de Grote stuurde in de vierde eeuw voor Christus al een ambassadeur naar India met het verzoek zo'n beroemde yogi te zoeken en hem mee terug te nemen naar het hof. (De ambassadeur meldde wel dat hij een yogi had gevonden, maar slaagde er niet in de man over te halen met hem mee terug te reizen.) In de eerste eeuw na Christus schreef Apollonius van Tyana, een andere Griekse ambassadeur, over zijn reis door India: 'Ik zag Indiase brahmanen die op aarde woonden maar toch ook niet, die werden versterkt zonder versterkingen, en die weliswaar geen bezittingen hadden, maar toch de rijksten onder de mensen waren.' Gandhi zelf wilde altijd bij een goeroe in de leer, maar had tot zijn spijt nooit tijd of gelegenheid om er een te vinden. 'Ik denk dat er veel waarheid schuilt in de doctrine dat ware kennis onmogelijk is zonder een goeroe,' schreef hij.

Een zeer goede yogi is iemand die de permanente staat van verlichte gelukzaligheid heeft bereikt. Een goeroe is een zeer goede yogi die deze toestand daadwerkelijk op anderen kan overbrengen. Het woord 'goeroe' bestaat uit twee Sanskritische lettergrepen. De eerste betekent 'duisternis', de tweede 'licht'. Van het duister naar het licht. Dat wat de leermeester op zijn leerling overbrengt wordt wel *mantra-virya* genoemd: 'de kracht van het verlichte bewustzijn'. Je gaat dus niet alleen naar je goeroe om les te krijgen, zoals van de meeste leraren, maar om daadwerkelijk de goeroes staat van genade te ontvangen.

Zo'n overdracht van genade kan zelfs plaatsvinden tijdens een zeer kortstondige ontmoeting met een zeer bijzonder mens. Ik heb eens in New York een toespraak bijgewoond van de bekende Vietnamese monnik, dichter en vredestichter Thich Nhat Hanh. Het was een typische, hectische doordeweekse avond in New York, en terwijl de menigte bij de zaal zich al duwend en trekkend een weg naar binnen baande, ontstond er in de zaal een zenuwslopende, doordringende sfeer van collectieve stress. Toen kwam de monnik het podium op. Hij bleef een hele tijd stilzitten voordat hij begon te praten, en het publiek – je kon het gewoon voelen, de ene rij nerveuze New Yorkers na de andere – werd *gekoloniseerd* door zijn stilte. Algauw hoorde je geen kik meer in de zaal. Binnen een minuut of tien had dat kleine Vietnamese mannetje alle aanwezigen in zijn stilte betrokken. Of misschien is het juister om te zeggen dat hij ons allemaal in onze *eigen* stilte had betrokken, in de innerlijke rust die we allemaal bezaten, maar die we nog niet hadden ontdekt of opgeëist. Zijn vermogen om die staat in ons allen op te roepen, gewoon door in de zaal aanwezig te zijn – dat is een goddelijke gave. En daarom ga je naar een goeroe toe: in de hoop dat de verdiensten van je leermeester zullen onthullen welke verborgen grootheid je zelf bezit.

De klassieke Indiase wijzen hebben geschreven dat er drie factoren zijn die aangeven of een ziel gezegend is met het hoogste en gunstigste geluk in het universum:

1. Als je als mens geboren wordt, in staat tot bewuste, kritische vragen.
2. Als je geboren wordt met een verlangen om de aard van het universum te begrijpen, of dat later ontwikkelt.

3. Als je een levende spirituele leermeester hebt gevonden.

Er is een theorie die zegt dat als je maar genoeg naar een goeroe verlangt, je er een zult vinden. Het universum zal bewegen, de moleculen van je lot zullen op hun plaats vallen en jouw pad zal spoedig het pad kruisen van de leermeester die je nodig hebt. Ik vond de mijne maar een maand na de eerste nacht waarop ik wanhopig op de vloer van mijn badkamer had liggen bidden – een nacht waarop ik God in tranen om antwoorden had gesmeekt – toen ik Davids appartement was binnengelopen en daar een foto van een beeldschone Indiase vrouw tegenkwam. Natuurlijk stond ik behoorlijk ambivalent tegenover het idee van het volgen van een goeroe. In het algemeen voelen westerlingen zich niet lekker bij dat woord. Het heeft de afgelopen decennia dan ook in een twijfelachtig daglicht gestaan. In de jaren zeventig kwam een aantal rijke, enthousiaste, vatbare, jonge westerlingen die op zoek waren naar zichzelf in conflict met een handvol charismatische maar dubieuze Indiase goeroes. De ergste chaos is inmiddels hersteld, maar de echo's van wantrouwen vinden nog altijd weerklank. Zelfs bij mij. Zelfs na al die tijd heb ik af en toe nog moeite met het woord 'goeroe'. Dat probleem hebben mijn vrienden in India niet; die zijn opgegroeid met het idee van een goeroe, en vinden het doodnormaal. Zoals een jong Indiaas meisje tegen me zei: 'Iedereen in India heeft bijna een goeroe!' Ik weet wat ze bedoelde (namelijk dat *bijna iedereen* in India een goeroe heeft), maar ik kon me meer vinden in wat ze daadwerkelijk (onbedoeld) zei, want zo voel ik me zelf soms ook – dat ik *bijna* een goeroe heb. Alleen kan ik dat soms niet toegeven, want als goede New Englander zijn scepsis en pragmatisme mijn intellectuele erfgoed. Maar goed, ik was dus niet bewust op zoek naar een goeroe. Ze was er gewoon ineens.

En toen ik haar voor het eerst zag, was het alsof ze me door haar foto heen aankeek – met donkere ogen die smeulden van intelligentie en begaanheid – en zei: 'Je riep om me en hier ben ik dan. Dus gaan we aan de slag of niet?'

Alle zenuwachtige grapjes en interculturele ongemakken daargelaten, moet ik altijd onthouden wat ik die avond antwoordde: een welgemeend, onuitputtelijk JA.

39

Een van mijn eerste kamergenoten in de ashram was een zeer gelovige Afro-Amerikaanse baptiste en meditatie-instructrice van middelbare leeftijd uit South Carolina. Daarna had ik als kamergenoten onder anderen een danseres uit Argentinië, een Zwitserse homeopate, een Mexicaanse secretaresse, een Australische moeder van vijf kinderen, een jonge computerprogrammeur uit Bangladesh, een kinderarts uit Maine en een Filippijnse accountant. Het was een komen en gaan; de volgelingen kwamen binnen en verdwenen dan weer.

Deze ashram is geen plek waar je even kunt aanwaaien. Ten eerste is hij niet al te toegankelijk. Hij ligt ver van Mumbai, aan een onverharde weg in een landelijke riviervallei in de buurt van een mooi dorpje dat niet al te veel voorstelt. (Het bestaat uit één straat, één tempel, een handvol winkeltjes en een heleboel koeien die vrij mogen rondlopen. Soms lopen ze de zaak van de kleermaker binnen en gaan daar liggen.) Op een avond zag ik midden in het dorp een kaal zestigwattpeertje aan een draad in een boom hangen; dat is de enige lantaarnpaal van het dorp. In wezen schept de ashram de plaatselijke economie, of wat daarvoor door moet gaan; hij is ook de trots van het dorp. Buiten de muren van de ashram is het een en al stof en armoede. Binnenin is het een en al besproeide tuinen, bloembedden, verborgen orchideeën, vogelzang, mangobomen, broodvruchtbomen, cashewnotenbomen, palmbomen, magnolia's en banyanbomen. De gebouwen zijn mooi, maar niet extravagant. Er is een eenvoudige, kantineachtige eetzaal. Er is een uitgebreide bibliotheek met spirituele geschriften uit 's werelds godsdienstige overleveringen. Er zijn een paar tempels voor verschillende soorten bijeenkomsten. Er zijn twee 'meditatiegrotten' – donkere, stille kelders met lekkere kussens, dag en nacht toegankelijk, alleen te gebruiken voor meditatie. Buiten is er een overdekt paviljoen waar 's ochtends yogalessen worden gegeven, en verder is er een soort park met een ovaal wandelpad eromheen, waar de studenten bij wijze van lichaamsbeweging kunnen joggen. Ik slaap in een betonnen slaapruimte.

Tijdens mijn verblijf in de ashram waren er nooit meer dan een paar honderd bewoners tegelijk. Als de goeroe er zelf was geweest, zou dat aantal aanzienlijk hoger zijn geweest, maar ze was niet in India toen ik er was. Daar had ik me wel zo'n beetje op ingesteld; ze bracht op dat moment veel tijd door in Amerika, maar je wist maar nooit waar ze ineens zou neerstrijken. Men beschouwt het niet als van essentieel belang dat je letterlijk in haar aanwezigheid verkeert als je bij haar in de leer wilt. Natuurlijk geeft het een onvervangbare kick om echt in de buurt van een levende meesteryogi te zijn; dat heb ik aan den lijve meegemaakt. Veel oudgedienden zijn het er echter over eens dat je er soms ook door afgeleid kunt worden; als je niet uitkijkt, kun je zo opgaan in de opwinding die de beroemde goeroe met zich meebrengt dat je vergeet je op je ware intenties te concentreren. Terwijl je als je gewoon naar een van haar ashrams gaat en jezelf dwingt je aan het zware, ascetische dagprogramma te houden soms merkt dat het gemakkelijker is om vanuit die privémeditatie met je mentor te communiceren dan om je met je ellebogen een weg door de drommen enthousiaste studenten te banen en persoonlijk iets tegen haar te kunnen zeggen.

Er is wel wat betaald personeel voor langere tijd in de ashram, maar het meeste werk wordt door de leerlingen zelf gedaan. Ook hebben een paar dorpelingen er een betaalde baan. Andere leden van de plaatselijke bevolking zijn volgelingen van de goeroe en wonen hier als leerlingen. Er was één Indiase tiener in de ashram die me op de een of andere manier echt fascineerde. Er was iets aan zijn (sorry voor het woord) *aura* wat me verschrikkelijk boeide. Zo was hij bijvoorbeeld ongelofelijk mager (al is dat tamelijk normaal hier; als er dingen op aarde zijn die dunner zijn dan Indiase puberjongens, dan hoop ik ze nooit tegen te komen). Hij kleedde zich zoals de computernerds op mijn middelbare school zich voor de concerten van de band kleedden: een donkere broek met een gestreken wit overhemd dat veel te groot voor hem was, en waar zijn iele hals als de stengel van een enkele margriet in een enorme vaas boven uitstak. Zijn haar was altijd netjes met water gekamd. Hij droeg een ouderemannenriem die bijna twee keer om zijn middel (met een taille van ternauwernood veertig centimeter, schat ik) gewikkeld zat. Hij droeg elke dag dezelfde kleren. Dat waren zijn enige kleren, besefte ik. Waarschijnlijk waste hij elke avond zijn overhemd met de hand om het vervolgens 's ochtends weer te strijken. (Die aandacht voor nette kleding zie je hier echter ook vaker; doordat de Indiase tieners er altijd zo keurig gekleed bij liepen, trok ik uit schaamte snel mijn gekreukelde boerinnenjurken uit en begon ik nettere, ingetogener kleren te dragen.) Dus wat maakte die jongen zo bijzonder? Waarom werd ik altijd zo geroerd als ik zijn gezicht zag – een gezicht dat zo veel glans en licht uitstraalde dat hij eruitzag alsof hij net terugkwam van een lange vakantie aan de Melkweg? Uiteindelijk vroeg ik aan een andere Indiase tiener wie hij was. Ze antwoordde zakelijk: 'Dat is de zoon van een van de plaatselijke winkeliers. Zijn familie is erg arm. De goeroe heeft hem hier uitgenodigd. Als hij gaat trommelen, hoor je de stem van God.'

Er is één tempel in de ashram die openstaat voor het publiek. Overdag komen daar veel Indiërs om eer te betuigen aan een beeld van de Siddha Yogi ('volmaakte leermeester') die deze vorm van onderricht in de jaren twintig van de twintigste eeuw heeft opgezet en nog altijd in heel India als een grote heilige wordt vereerd. De rest van de ashram is echter alleen voor leerlingen. Het is geen hotel of toeristische attractie. Het is eerder een soort universiteit. Je moet je aanmelden om hier te komen, en om in aanmerking te komen voor een verblijf moet je aantonen dat je deze vorm van yoga al een flinke tijd beoefent. Een minimumverblijf van een maand is verplicht. (Ik heb besloten hier zes weken te blijven en dan in mijn eentje op reis te gaan in India, om andere tempels, ashrams en religieuze plaatsen te verkennen.)

Onder de studenten bevinden zich ongeveer evenveel Indiërs als westerlingen (en onder de westerlingen bevinden zich ongeveer evenveel Amerikanen als Europeanen). De lessen worden zowel in het Hindi als in het Engels gegeven. Wanneer je je aanmeldt, moet je een essay schrijven, referenties verzamelen en vragen beantwoorden over je geestelijke en lichamelijke gezondheid, over eventueel vroeger drugsgebruik of alcoholisme en ook over je financiële situatie. De goeroe wil niet dat mensen haar ashram gebruiken om te ontsnappen aan de chaos die ze misschien in hun dagelijks leven hebben opgebouwd; daar schiet niemand iets mee op. Verder hanteert ze het algemene beleid dat als je familie en dierbaren om de een of andere reden ernstige bezwaren hebben tegen het idee dat je een goeroe hebt en in een ashram zit, je niet moet komen; die problemen is het gewoon niet waard. Blijf in dat geval gewoon thuis in je dagelijks leven en wees een goed mens. Het is nergens voor nodig om een groot drama te maken van je komst naar de ashram.

Die vrouw is zo praktisch en verstandig dat ik er altijd troost uit put.

Om hier te komen moet je dus aantonen dat je zelf ook een praktisch en verstandig mens bent. Je moet laten zien dat je kunt werken, want er wordt wel van je verwacht dat je met zo'n vijf uur *seva* ('onbaatzuchtige dienstverlening') per dag bijdraagt aan het algehele reilen en zeilen van de school. Het management van de ashram vraagt je ook vriendelijk om, mocht je het afgelopen halfjaar iets erg emotioneels en traumatisch hebben meegemaakt (een scheiding; de dood van een familielid), je komst uit te stellen tot een andere keer, omdat de kans groot is dat je je anders niet zult kunnen concentreren op je studie, en omdat je je medestudenten alleen maar zult afleiden als je op de een of andere manier instort. Zelf haal ik de post-scheidingdeadline maar net. En als ik denk aan de mentale pijn waar ik doorheen ging vlak nadat ik uit mijn huwelijk was gestapt, weet ik zeker dat ik veel van iedereen in deze ashram zou hebben gevergd als ik op dat moment hierheen was gekomen. Ik heb er goed aan gedaan om eerst in Italië uit te rusten, weer op krachten te komen en pas daarna hierheen te komen. Ik zal mijn kracht hier namelijk nodig hebben.

Ze willen dat je sterk bent als je hiernaartoe komt, want het leven in de ashram is zwaar. Niet alleen lichamelijk, met dagen die om drie uur 's ochtends beginnen en om negen uur 's avonds ophouden, maar ook psychologisch. Je brengt vele uren per dag door met stille meditatie en bezinning, met weinig afleiding of respijt van je eigen gedachten. Je zit de hele dag praktisch op de lip van vreemdelingen, en dat allemaal op het Indiase platteland. Er zijn insecten, slangen en knaagdieren. Het weer kan extreem zijn – soms weken achtereen stortbuien, dan weer 38 graden in de schaduw vóór het ontbijt. Het kan allemaal heel erg 'echt' worden hier, en snel ook.

Mijn goeroe zegt altijd dat er maar één ding zal gebeuren als je naar de ashram komt: je zult erachter komen wie je werkelijk bent. Dus als je al op het punt staat gek te worden, wil ze je liever niet in de ashram hebben. Niemand heeft namelijk zin om je hiervandaan te moeten dragen met een pollepel tussen je tanden.

40

Mijn aankomst valt keurig samen met de komst van het nieuwe jaar. Ik heb nauwelijks een dag de tijd om de weg te leren kennen in de ashram of het is alweer oudejaarsavond. Na het eten begint het binnenhofje vol te lopen met mensen. We zitten allemaal op de grond – sommigen van ons op de koele marmeren vloer en anderen op dunne matjes. De Indiase vrouwen zijn allemaal gekleed alsof ze een bruiloft moeten bijwonen. Hun haar is geolied en donker en valt in een vlecht op hun rug. Ze dragen hun mooiste zijden sari's en gouden armbanden, en ze hebben allemaal een stralende, fel gekleurde *bindi* midden op hun voorhoofd, als een vage echo van de sterren boven ons. Het is de bedoeling dat we buiten op het binnenhof chanten tot middernacht, totdat de jaarwisseling een feit is.

'Chanten' is een woord waar ik niet van hou voor een ritueel waar ik wel degelijk veel van hou. Het woord 'chanten' roept bij mij associaties op met een soort dreunend, eng monotoon gezang, ongeveer zoals de liederen die mannelijke druïden vroeger rondom het offervuur zongen. Maar als wij hier in de ashram chanten, is het een soort hemels gezang. In het algemeen doen we het op de roep-en-geef-antwoordmanier. Een handjevol jongemannen en vrouwen met prachtige stemmen zingt één harmonieuze zin voor, en de rest van de groep herhaalt die. Het is een meditatief ritueel; het draait erom dat je je aandacht bij de voortschrijdende muziek houdt en je stem zozeer één harmonieus geheel laat vormen met die van je buurman dat uiteindelijk iedereen als één zingt. Ik heb zo'n jetlag dat ik vrees dat ik onmogelijk tot middernacht wakker zal kunnen blijven, en dat ik al helemaal niet de energie zal hebben om zo lang te blijven zingen. Maar dan begint deze avond vol muziek, met één enkele viool die in de schaduwen één lange noot van verlangen speelt. Dan volgt het harmonium, dan de langzame trommels, dan de stemmen...

Ik zit achter in het binnenhof met alle moeders, de Indiase vrouwen die heel ontspannen in kleermakerszit op de grond zitten, met hun kinderen slapend over hun knieën gedrapeerd alsof het kleine menselijke schootkleedjes zijn. De chant van vanavond is een slaapliedje, een klaagzang, een poging tot dankbaarheid, geschreven op een *raga* (een wijs) waaruit medeleven en toewijding moeten spreken. Zoals altijd zingen we in het Sanskriet (een oude, dode Indiase taal die alleen nog in gebeden en godsdienstige geschriften wordt gebezigd), en ik probeer de stemmen van de hoofdzangers vocaal te weerspiegelen en hun stembuigingen als kleine strengetjes blauw licht op te pakken. Ze geven de heilige woorden aan me door, ik draag ze een tijdje en geef ze dan weer terug, en zo kunnen we zonder moe te worden mijlenver doorzingen. Als kelp deinen we allemaal in de donkere zeestroom van de nacht heen en weer. De kinderen om me heen zijn in zijde gewikkeld, net als cadeautjes.

Ik ben doodop, maar laat mijn blauwe streng van het lied

niet vallen, en ik drijf zo ver af dat ik denk dat ik God misschien wel in mijn slaap aanroep, of misschien ben ik alleen maar naar beneden aan het vallen in de putschacht van het universum. Tegen halftwaalf heeft het orkest echter het ritme van de chant versneld en het opgevoerd tot pure vreugde. Prachtig geklede vrouwen met rinkelende armbanden klappen, dansen en proberen met hun hele lichaam tamboerijn te spelen. Er wordt hard op de trommels geroffeld, ritmisch en opzwepend. Terwijl de minuten verstrijken, heb ik het gevoel dat we met zijn allen bezig zijn het jaar 2004 naar ons toe te trekken. Alsof we het met onze muziek hebben omwikkeld en het nu over de nachtelijke hemel trekken alsof het een zwaar visnet is, boordevol onbekende lotsbeschikkingen. En inderdaad, het is een zwaar net, want er zit veel in: alle geboortes, sterfgevallen, tragedies, oorlogen, liefdesverhalen, uitvindingen, transformaties en rampspoed die ons allen het komende jaar te wachten staan. We blijven zingen, we blijven trekken, stukje bij beetje, minuut na minuut, stem na stem, dichter en dichterbij. Nog maar een paar tellen tot middernacht, en we zingen nu op ons allerhardst, en met die laatste dappere krachtsinspanning trekken we het net van het nieuwe jaar eindelijk over ons heen, zodat het zowel de hemel als onszelf bedekt. Alleen God weet wat het jaar ons zal brengen, maar hoe dan ook, het is er nu, en wij zitten er allemaal onder.

Voorzover ik het me kan herinneren is dit de eerste oudejaarsavond van mijn leven dat ik niemand kende van de mensen met wie ik het feest vierde. Te midden van al dat gedans en gezang heb ik niemand om om middernacht te omhelzen. Toch zou ik niet zeggen dat er ook maar iets eenzaams aan deze avond is.

Nee, dat zou ik zeker niet zeggen.

41

Iedereen krijgt werk hier, en het blijkt dat mijn taak het schrobben van de tempelvloeren is. Daar kun je me nu dus meerdere uren per dag vinden – op mijn knieën op het koude marmer met een borstel en een emmer, even hard aan het werk als het arme stiefzusje in een sprookje. (Ja, ik ben me bewust van de metafoor – het schrobben van de tempel is als het schoonschrobben van mijn hart, het oppoetsen van mijn ziel, de alledaagse, aardse inspanning die je bij je spirituele rituelen moet leveren om jezelf te reinigen, enzovoort, enzovoort.)

Mijn collega-vloerschrobbers zijn overwegend Indiase tieners. Ze geven deze klus altijd aan tieners omdat je er wel veel lichamelijke energie voor nodig hebt, maar geen enorm verantwoordelijkheidsgevoel; je kunt maar beperkte schade aanrichten als je eens iets fout doet. Ik mag mijn collega's wel. De meisjes zijn fladderende vlindertjes die veel jonger lijken dan Amerikaanse meisjes van achttien, en de jongens zijn ernstige autocraatjes die veel ouder lijken dan Amerikaanse jongens van achttien. Eigenlijk mag er in de tempels niet worden gesproken, maar dit zijn tieners, dus wordt er tijdens het werk heel wat afgekletst. Het is niet allemaal loze kletspraat. Een van de jongens die de hele dag naast mij zit te schrobben legt me ernstig uit hoe ik mijn werk hier het beste kan aanpakken: 'Neem serieus. Zorg jij bent op tijd. Wees cool en op je gemak. Onthoud – alles wat je doet, doet jij voor God. En alles wat God doet, doet hij voor jou.'

Het is vermoeiende lichamelijke arbeid, maar toch is mijn dagelijkse portie werk aanzienlijk gemakkelijker dan mijn dagelijkse portie meditatie. Eerlijk gezegd geloof ik niet dat ik goed ben in mediteren. Ik weet dat ik er al een tijdje uit ben, maar echt, ik heb het nooit echt gekund. Ik schijn mijn gedachten maar niet tot stilte te kunnen manen. Toen ik dat eens tegen een Indiase monnik zei, zei hij: 'Wat jammer dat jij de enige persoon in de geschiedenis van de wereld bent die daar ooit last van heeft gehad.' Toen citeerde de monnik iets voor me uit de *Bhagavad Gita*, de heiligste oude yogatekst: 'O Krishna, de geest is rusteloos, woelig, sterk en onbuigzaam. Volgens mij is hij even moeilijk te beteugelen als de wind.'

Meditatie is zowel het anker als de vleugels van de yoga. Meditatie is de *weg*. Mediteren is niet hetzelfde als bidden, al ga je in beide gevallen op zoek naar verbondenheid met God. Ik heb weleens gehoord dat bidden praten met God is, terwijl mediteren luisteren is. En raad maar welk van die twee voor mij het gemakkelijkst is. Ik kan de hele godganse dag tegen God ouwehoeren over mijn gevoelens en mijn problemen, maar in de stilte afdalen en *luisteren*... nou, dat is een heel ander verhaal. Als ik mijn gedachten vraag zich koest te houden, beginnen ze verbijsterend gauw last te krijgen van (1) verveling, (2) woede, (3) gedeprimeerdheid, (4) bezorgdheid, of (5) alle vier de bovenstaande punten.

Zoals de meeste mensachtigen zit ik opgezadeld met wat boeddhisten de 'apengeest' noemen: gedachten die van tak naar tak zwieren en alleen ophouden om zich te krabben, te spugen en te brullen. Van het verre verleden tot aan de onkenbare toekomst zwiert mijn verstand woest door de tijd; het snijdt tientallen ideeën per minuut aan, ongedisciplineerd en niet te beteugelen. Op zich hoeft dat geen probleem te zijn; het probleem is de emotionele hechting waarmee dat denken gepaard gaat. Blije gedachten maken me blij, maar – *zoef!* – ik zwier zo weer terug naar obsessieve bezorgdheid, waardoor mijn stemming weer omslaat; vervolgens komt de herinnering boven aan een boos moment en begin ik weer helemaal oververhit te raken en nijdig te worden; en dan besluit mijn verstand dat dit weleens een goed moment zou kunnen zijn om medelijden met mezelf te krijgen, waarop ik me meteen eenzaam ga voelen. Per slot van rekening ben je wat je denkt. Je emoties zijn de slaven van je gedachten, en jij bent de slaaf van je emoties.

Het andere probleem met al dit door de takken van je gedachten zwieren is dat je nooit eens bent waar je bént. Je zit altijd in het verleden of in de toekomst te graven, maar je blijft zelden in het moment zelf. Het heeft iets van de gewoonte van mijn goede vriendin Susan, die telkens wanneer ze een mooie plek ziet bijna in paniek uitroept: 'Wat is het hier mooi! Hier wil ik ooit nog eens terugkomen!' waarop ik mijn uiterste best moet doen om haar ervan te overtuigen dat ze er nú al is. Als je op zoek bent naar eenwording met God, is dat voortdurende geheen-en-weer een probleem. Er is een reden dat ze God een *tegenwoordigheid* noemen: hij is nu hier, in deze tegenwoordige tijd. Het heden is de enige plek waar je Hem kunt vinden, en nu is het enige moment.

Om in het heden te blijven heb je echter een standvastige éénpuntsgerichte concentratie nodig. Verschillende meditatietechnieken brengen je op verschillende manieren éénpuntsgerichte concentratie bij – bijvoorbeeld door je ogen op één enkel lichtpuntje te richten, of door je op je eigen in- en uitademen te concentreren. Mijn goeroe leert mensen mediteren met behulp van een mantra, heilige woorden of lettergrepen die je heel geconcentreerd moet herhalen. Mantra's hebben een tweeledige functie. Aan de ene kant geven ze je geest iets te doen. Het is alsof je de aap een stuk of tienduizend knopen geeft en zegt: 'Verplaats deze knopen één voor één en maak er een nieuwe stapel van.' Dat is een aanzienlijk eenvoudigere opdracht voor de aap dan hem gewoon plompverloren in een hoek neer te zetten en hem te vragen rustig te blijven zitten. Het andere doel van een mantra is om je als een roeiboot naar een andere staat te vervoeren, over de ruwe golven van je geest. Telkens wanneer je aandacht door een tegenstroom van gedachten wordt meegetrokken, keer je terug naar de mantra, klim je terug in de boot en ga je weer verder. De grote Sanskritische mantra's hebben naar verluidt onvoorstelbare kracht – het vermogen om je, als je er eentje kunt volhouden, helemaal naar de kust van de goddelijkheid te leiden.

Een van de vele, vele problemen die ik met mediteren heb is dat de mantra die ik heb gekregen – *Om namah shivaya* – niet lekker aanvoelt. Het klinkt prachtig en heeft ook nog eens een prachtige betekenis, maar ik kom er niet mee in een meditatieve staat. Dat is me in de twee jaar dat ik nu al aan deze vorm van yoga doe nog nooit gelukt. Wanneer ik probeer '*Om namah shivaya*' in mijn hoofd te herhalen, blijft het zelfs in mijn keel stokken, waardoor ik het benauwd krijg, waardoor ik zenuwachtig word. Het lukt me niet de lettergrepen op mijn ademhaling af te stemmen.

Op een avond vraag ik het aan mijn kamergenote Corella. Ik vind het eng om aan haar toe te geven hoeveel moeite ik heb om me op het herhalen van de mantra te concentreren, maar zij is meditatielerares. Misschien kan ze me helpen. Ze zegt dat haar gedachten vroeger ook afdwaalden bij het mediteren, maar dat de meditatie tegenwoordig de grote, ontspannen, transformerende vreugde van haar leven is.

'Het lijkt wel alsof ik gewoon ga zitten en mijn ogen dichtdoe,' zegt ze. 'Het enige wat ik hoef te doen is aan de mantra dénken, dan ben ik direct in de hemel.'

Als ik dat hoor word ik gewoon misselijk van jaloezie. Maar goed, Corella doet dan ook al bijna even lang aan yoga als ik leef. Ik vraag haar of ze me kan laten zien hoe ze *Om namah shivaya* precies bij het mediteren gebruikt. Ademt ze bij elke lettergreep in? (Als ik dat doe, voelt het echt oneindig lang en vervelend aan.) Of zegt ze telkens dat ze ademhaalt één woord? (Maar de woorden zijn niet alle drie even lang! Dus hoe pak je dat aan?) Of zegt ze de hele mantra eenmaal bij het inademen, en dan nogmaals bij het uitademen? (Want als ik dat probeer, gaat het allemaal zo snel dat ik het er benauwd van krijg.)

'Ik weet het niet,' zegt Corella. 'Ik eh... zeg het gewoon.'

'Maar zing je het dan?' dring ik aan, wanhopig nu. 'Denk je er een ritme bij?'

'Ik zeg het gewoon.'

'Kun je het misschien hardop voor me zeggen zoals je het in je hoofd zegt wanneer je aan het mediteren bent?'

Mijn kamergenote doet toegeeflijk haar ogen dicht en begint hardop de mantra op te zeggen, zoals ze hem in haar hoofd hoort. En inderdaad, ze zégt het gewoon. Ze zegt het zachtjes, heel normaal, met een glimlachje. En dan zegt ze het nog een paar maal, totdat ik rusteloos word en haar onderbreek.

'Maar ga je je dan niet vervelen?' vraag ik.

'Ah,' zegt Corella. Ze doet haar ogen open en glimlacht. Ze kijkt op haar horloge. 'Er zijn tien tellen voorbij, Liz. Verveel je je nu al?'

42

De volgende ochtend ben ik precies op tijd voor de meditatiesessie van vier uur 's ochtends waarmee we hier altijd de dag beginnen. Het is de bedoeling dat we een uur in stilte blijven zitten, maar ik hou de minuten bij alsof het kilometers zijn – zestig gruwelijke kilometers die ik vol moet maken. Tegen kilometer/minuut veertien laten mijn zenuwen het afweten, gaan mijn knieën eraan onderdoor en word ik door ergernis overmand. Wat begrijpelijk is, gezien het feit dat de gesprekken tussen mijzelf en mijn verstand tijdens het mediteren ongeveer als volgt verlopen:

IK: Oké, nu gaan we mediteren. Laten we onze aandacht richten op onze ademhaling en ons concentreren op de mantra. *Om namah shivaya. Om namah shiv...*

VERSTAND: Weet je, ik kan je hierbij helpen!

IK: Oké, heel graag, want ik kan wel wat hulp gebruiken. Kom op. *Om namah shivaya. Om namah shi...*

VERSTAND: Ik kan je helpen leuke, meditatieve beelden te bedenken. Zoals bijvoorbeeld... ja, dit is een goeie. Stel je voor dat je een tempel bent. Een tempel op een eiland! En het eiland ligt in zee!

IK: O, dat is inderdaad een mooi beeld.

VERSTAND: Dank je. Helemaal zelf verzonnen.

IK: Maar welke zee moet ik me dan voor de geest halen?

VERSTAND: De Middellandse Zee. Stel je maar voor dat je een van die Griekse eilanden bent, met zo'n oude Griekse tempel erop. Nee, laat maar zitten eigenlijk – veel te toeristisch. Weet je wat? Vergeet die zee. Zeeën zijn te gevaarlijk. Ik heb een beter idee – stel je maar voor dat je een eiland in een *meer* bent.

IK: Kunnen we nu alsjeblieft mediteren? *Om namah shiv...*

VERSTAND: Ja! Zeker! Maar probeer je het meer zo voor te stellen dat er niet allemaal van die... hoe heten die dingen...

IK: Jetski's?

VERSTAND: Ja! Jetski's! Die dingen verbruiken een hoop brandstof! Echt heel slecht voor het milieu. Weet je wat ook een hoop brandstof verbruikt? Van die apparaten waarmee ze bladeren wegblazen. Dat zou je misschien niet verwachten, maar...

IK: Goed, maar laten we nu gaan *mediteren*, oké? *Om namah...*

VERSTAND: Tuurlijk! Echt hoor, ik wil je graag helpen bij het mediteren! En dus gaan we het beeld van een eiland in een meer of zee maar overslaan, want dat werkt duidelijk niet. Stel je dus maar voor dat je een eiland bent... in een rivier!

IK: O, net als Bannerman Island, bedoel je, in de Hudson?

VERSTAND: Ja! Precies! Dat is het helemaal. Goed, nu we eenmaal zover zijn, laten we ons op dat beeld richten... Stel je voor dat je een eiland in een rivier bent. De gedachten die allemaal voorbijdrijven terwijl je aan het mediteren bent, dat is gewoon de natuurlijke stroming van de rivier. Die kun je negeren, want zelf ben je een eiland.

IK: Wacht even, zei je net niet dat ik een tempel was?

VERSTAND: O ja, dat is waar ook. Sorry. Je bent een tempel óp een eiland. Nee, je bent zowel de tempel als het eiland.

IK: Ben ik ook de rivier?

VERSTAND: Nee, de rivier is gewoon de gedachten.

IK: Hou op! Hou alsjeblieft op! IK WORD HELEMAAL GESTOORD VAN JE!

VERSTAND (GEKWETST): Sorry, hoor. Ik probeerde je alleen maar te helpen.

IK: *Om namah shivaya... Om namah shivaya... Om namah shivaya...*

Hier vindt er een veelbelovende pauze van acht seconden in mijn gedachten plaats. Maar dan...

VERSTAND: Ben je nu boos op me?

... dan wint mijn verstand, en naar adem snakkend, alsof ik eindelijk boven water kom, sper ik mijn ogen open en hou ik ermee op. In tranen. Een ashram hoort een plek te zijn waar je komt om echt te leren mediteren, maar dit is een ramp. Ik kan de druk niet aan. Ik kan het niet. Maar wat moet ik nu? Elke dag na veertien minuten huilend de tempel uit rennen?

Vanochtend ben ik er echter niet tegenin gegaan; ik hield er gewoon mee op. Ik gaf het op. Ik liet me tegen de muur achter me aan zakken. Mijn rug deed pijn, ik had geen enkele kracht, mijn geest sidderde. Mijn rechte rug zakte door als een instortende brug. Ik haalde de mantra van mijn hoofd (waar hij als een onzichtbaar aambeeld op me had gedrukt) en legde hem naast me op de vloer. En toen zei ik tegen God: 'Het spijt me echt, maar dichter kon ik vandaag niet bij u komen.'

De Lakota-Sioux-indianen zeggen dat een kind dat niet stil kan zitten nog maar half ontwikkeld is. En een oude tekst in het Sanskriet zegt: 'Aan bepaalde tekenen kun je zien of je goed mediteert. Een daarvan is als er een vogel op je hoofd gaat zitten omdat hij denkt dat je een levenloos voorwerp bent.' Dat is mij bepaald nog niet overkomen. Maar de veertig minuten daarna probeerde ik zo stil mogelijk te blijven zitten, opgesloten in die meditatiezaal en verstrikt in mijn eigen schaamte en tekortkomingen. Ik keek naar de volgelingen om me heen, met volmaakt rechte ruggen, volmaakt gesloten ogen en zelfvoldane gezichten die pure kalmte uitstraalden terwijl ze zichzelf vast en zeker over zaten te hevelen naar een volmaakte hemel. Ik zat vol hartstochtelijk, enorm verdriet en zou graag in een vertroostende huilbui uitgebarsten zijn, maar deed mijn best om dat niet te doen, aangezien ik me herinnerde wat mijn goeroe ooit had gezegd: dat je jezelf nooit de kans moet geven om in te storten, want als je dat doet, wordt het een gewoonte en blijft het gebeuren. In plaats daarvan moet je oefenen op sterk blijven.

Maar ik voelde me niet sterk. Mijn lichaam, dat duidelijk geen knip voor de neus waard was, deed pijn. Ik vroeg me af wie de 'ik' was wanneer ik een gesprek met mijn verstand voerde, en wie het 'verstand' was. Ik dacht aan mijn hersenen, die niet-aflatende, gedachteverwerkende, zielsverslindende machine, en vroeg me af hoe ik die in godsnaam ooit de baas moest worden. Toen herinnerde ik me dat zinnetje uit *Jaws*, en daar moest ik onwillekeurig om glimlachen: 'We hebben een grotere boot nodig.'

43

Etenstijd. Ik zit alleen en probeer langzaam te eten. Mijn goeroe moedigt ons altijd aan om gedisciplineerd te werk te gaan als het op eten aankomt. Ze moedigt ons aan om met mate en zonder wanhopig geschrok te eten, en om het heilig vuur in ons lichaam niet te doven door te snel achter elkaar te veel eten in ons spijsverteringskanaal te dumpen. (Mijn goeroe is vast nog nooit in Napels geweest.) Als er leerlingen naar haar toe komen die klagen dat ze moeite hebben met mediteren, vraagt ze hun altijd hoe hun spijsvertering de laatste tijd is. Het is logisch dat je moeite hebt om zo licht als een veertje naar de transcendentie te zweven als je darmen zich met moeite door een calzoneworst, een pond pittig gekruide kippenvleugeltjes en een halve slagroomtaart met kokos heen werken. En dus hebben ze hier niet van dat soort gerechten. Het eten in de ashram is vegetarisch, licht en gezond, maar toch heerlijk. En dus heb ik moeite om het niet als een hongerig weeskind naar binnen te schrokken. Daarbij wordt het eten in buffetvorm opgediend, en ik heb het nooit gemakkelijk gevonden om een tweede of derde opschepbeurt af te slaan wanneer er heerlijk eten klaarligt dat zalig ruikt en niets kost.

En dus zit ik in mijn eentje aan de eettafel, en ik doe net een verwoede poging om mijn vork in bedwang te houden als ik een man op me af zie komen met een blad vol eten, op zoek naar een niet-bezette stoel. Ik knik naar hem dat hij bij me mag komen zitten. Ik heb hem nog nooit eerder gezien. Waarschijnlijk is hij net aangekomen. De vreemdeling heeft een relaxed, niks-geen-haastachtig loopje, en hij straalt de autoriteit uit van de sheriff van een grensstadje, of misschien een man die al zijn hele leven lang een succesvolle pokeraar is. Hij ziet eruit als een vijftiger, maar loopt erbij alsof hij al een paar eeuwen langer meeloopt. Hij heeft wit haar en een witte baard en draagt een flanellen ruitjesoverhemd. Brede schouders en gigantische handen die eruitzien alsof ze een zekere schade zouden kunnen aanrichten, maar een totaal ontspannen gezicht.

Hij gaat tegenover me zitten en zegt lijzig: 'Man, de muggen zijn hier zo groot dat ze een kip zouden kunnen verkrachten.'

Dames en heren, Richard uit Texas is gearriveerd.

44

Zomaar een paar van de vele beroepen die Richard uit Texas door de jaren heen heeft uitgeoefend (ik weet dat ik er een hoop weglaat): arbeider op een olieveld, diepladerchauffeur; eerste geautoriseerde Birkenstock-verkoper in North en South Dakota, zakkenschudder op een Midwesters afvalstortterrein (het spijt me, maar ik heb echt geen tijd om uit te leggen wat een 'zakkenschudder' is); snelwegenaanlegger; verkoper van tweedehands auto's; soldaat in Vietnam; 'goederenmakelaar' (waarbij de goederen in kwestie meestal Mexicaanse drugs waren); junkie en alcoholist (als je dat tenminste een beroep kunt noemen); later bekeerde junkie en alcoholist (een veel respectabeler beroep); hippieboer in een commune; aankondiger op de radio; en ten slotte succesvol handelaar in dure medische apparatuur (totdat zijn huwelijk op de klippen liep en hij de hele zaak aan zijn ex gaf en zelf weer 'aan mijn failliete blanke kont kon gaan zitten krabben'). Nu renoveert hij oude huizen in Austin.

'Ik heb nooit zo mijn carrière uitgestippeld,' zegt hij. 'Ik kon maar één ding: sjacheren.'

Richard uit Texas is niet het type dat zich over veel dingen zorgen maakt. Een neuroot zou ik hem zeker niet noemen – nee, absoluut niet. Zelf ben ik echter wel een beetje neurotisch aangelegd, en dus aanbid ik hem inmiddels zo'n beetje. Dankzij Richards aanwezigheid in deze ashram krijg ik een geweldig en amusant gevoel van zekerheid. Door zijn gigantische, op-zijn-dooie-gemakachtige zelfvertrouwen verstomt mijn eigen nervositeit en word ik eraan herinnerd dat alles echt wel op zijn pootjes terecht zal komen. (En als het niet op zijn pootjes terechtkomt, dan kunnen we er in elk geval om lachen.) Kun je je de tekenfilmhaan Foghorn Leghorn nog herinneren? Nou, daar heeft Richard wel iets van, en ik ben inmiddels zijn praatlustige maatje, de gestreepte sperwer. Zoals Richard het zelf uitdrukt: 'Voer en ik, wij lachen ons nog eens dood met z'n tweeën.'

Voer.

Dat is de bijnaam die Richard me heeft gegeven. Die verleende hij me op de avond dat we elkaar leerden kennen, toen hij merkte hoeveel ik op kon. Ik probeerde mezelf nog te verdedigen ('Ik zat doelbewust gedisciplineerd en geconcentreerd te eten!') maar de naam is blijven hangen.

Misschien klinkt Richard uit Texas niet als een typische yogabeoefenaar, al heb ik hier in India wel geleerd dat ik niet zomaar kan bepalen wat een typische yogabeoefenaar is. (Ik zou je hele verhalen kunnen vertellen over de melkveehouder van het Ierse platteland die ik hier pas heb leren kennen, of over de voormalige non uit Zuid-Afrika.) Richard begon aan deze vorm van yoga dankzij een ex-vriendin van hem, die helemaal van Texas naar de ashram in New York met hem reed om naar een toespraak van de goeroe te luisteren. Richard zegt: 'Ik vond de ashram het raarste wat ik ooit had gezien, en ik bleef me maar afvragen waar de kamer was waar je al je geld en de eigendomspapieren van je huis en je auto moest afgeven, maar dat gebeurde niet...'

Na die ervaring, inmiddels een jaar of tien geleden, merkte Richard dat hij maar bleef bidden. Zijn gebed was altijd hetzelfde. Hij bleef God maar smeken: 'Open alstublieft alstublieft alstublieft mijn hart.' Dat was het enige wat hij wilde – een open hart. En hij eindigde zijn gebed om het open hart altijd met een verzoek aan God: 'En geef me alstublieft een teken wanneer het is gebeurd.' Nu zegt hij wanneer hij herinneringen aan die tijd ophaalt: 'Wees voorzichtig met waar je om bidt, Voer, want misschien krijg je het wel.' Want wat denk je dat Richard na maandenlange gebeden om een open hart kreeg? Inderdaad, ja – een openhartoperatie. Een noodgeval. Ze braken letterlijk zijn borstkas open en kliefden zijn ribben uit elkaar om ervoor te zorgen dat er eindelijk een sprankje daglicht bij zijn hart kon, alsof God wilde zeggen: 'Jij wilde toch zo nodig een *teken*?' En dus is Richard, naar eigen zeggen, tegenwoordig altijd heel voorzichtig bij het bidden. 'Als ik tegenwoordig ergens om bid, eindig ik altijd met: "O, enne, God? Wees alstublieft voorzichtig met me, goed?"'

'Wat moet ik nu aan dat mediteren van mij doen?' vraag ik op een dag aan Richard terwijl hij staat te kijken hoe ik de tempelvloeren schrob. (Hij heeft geluk – hij werkt in de keuken, waar hij pas een uur vóór het avondeten aan hoeft te komen zetten. Maar hij kijkt graag naar mijn geschrob. Hij vindt het grappig.)

'Waarom denk je dat je er iets aan moet doen, Voer?'

'Omdat het zo echt waardeloos is.'

'Wie zegt dat?'

'Ik krijg mijn hoofd maar niet stil.'

'Onthoud wat de goeroe altijd zegt: als je gaat zitten met de zuivere intentie om te mediteren, dan heb je niets te zeggen over wat er vervolgens gebeurt. Dus waarom doe je zo laatdunkend over wat jou vervolgens overkomt?'

'Omdat wat mij bij het mediteren overkomt nooit de bedoeling van deze vorm van yoga kan zijn.'

'Voer, meid – je hebt geen idee wat zich binnen in je allemaal afspeelt.'

'Ik heb nooit visioenen, ik heb nooit transcendente ervaringen...'

'Wil je mooie kleurtjes zien? Of wil je de waarheid over jezelf te weten komen? Wat heb je eigenlijk voor doel voor ogen?'

'Het enige wat ik volgens mij doe als ik probeer te mediteren is met mezelf in debat gaan.'

'Dat is gewoon je ego, dat ervoor probeert te zorgen dat het de baas blijft. Daar ís je ego nu eenmaal voor. Het zorgt ervoor dat je je afgezonderd voelt, dat je een gevoel van dualiteit hebt, en probeert je ervan te overtuigen dat je onvolmaakt en gebroken en alleen bent, in plaats van helemaal intact.'

'Maar wat heb ik daaraan?'

'Niks, dat is het hem juist. Het is niet de taak van je ego om dingen te doen waar jij iets aan hebt. Het heeft maar één taak: zelf aan de macht blijven. En op dit moment is je ego doodsbang omdat het op het punt staat afgedankt te worden. Als je op dit spirituele pad blijft, meid, dan zijn de dagen van die smiecht geteld. Binnen de kortste keren zit je ego zonder werk en neemt je hart alle beslissingen. En dus vecht je ego voor zijn leven. Het speelt een spelletje met je verstand, probeert zich te doen gelden, probeert je afgezonderd te houden in een kooi, ver weg van de rest van het universum. Vooral niet naar luisteren.'

'Hoe doe je dat, er niet naar luisteren?'

'Heb je weleens geprobeerd een kleuter een speeltje af te pakken? Vindt hij niet leuk, hè? Hij begint meteen te schreeuwen en te schoppen. De beste manier om een kleuter een speeltje af te pakken is door hem af te leiden, hem iets anders te geven om mee te spelen. Zijn aandacht afleiden. In plaats van met alle macht te proberen gedachten van je af te zetten, moet je je verstand iets beters geven om mee te spelen. Iets gezonders.'

'Zoals?'

'Zoals liefde, Voer. Pure, goddelijke liefde.'

45

Elke dag de meditatiegrot ingaan zou zo'n tijd van verbondenheid met God moeten zijn, maar de laatste tijd ga ik daar met grote tegenzin naar binnen, net zoals mijn hond met tegenzin de dierenartsenpraktijk binnenliep, wetend dat hoe aardig iedereen nu ook deed, het allemaal zou eindigen met een gemene prik. Na mijn laatste gesprek met Richard uit Texas pak ik het vanochtend echter anders aan. Ik ga zitten om te mediteren en zeg tegen mijn verstand: 'Moet je horen, ik begrijp dat je een beetje bang bent, maar ik beloof je dat ik er niet op uit ben om je te vernietigen. Ik probeer je alleen een plek te geven om tot rust te komen. Ik hou van je.'

Laatst zei een monnik tegen me: 'De rustplaats van het verstand is het hart. Het enige wat het verstand de hele dag hoort is galmende klokken en herrie en geruzie, terwijl het alleen maar rust wil. De enige plaats waar het verstand ooit vrede zal vinden is binnen in de stilte van het hart. Daar moet je heen.'

Ook probeer ik een andere mantra – eentje waar ik in het verleden geluk mee heb gehad. Hij is heel eenvoudig, maar twee lettergrepen: *Ham-sa*.

In het Sanskriet betekent dat: 'Dat ben ik'.

Yogi's zeggen dat *Ham-sa* de allernatuurlijkste mantra is, de mantra die we allemaal vóór onze geboorte van God meekrijgen. Het is het geluid van onze eigen ademhaling. *Ham* bij het inademen, *sa* bij het uitademen. (*Ham* wordt overigens zachtjes uitgesproken, met een korte a, op zijn Europees. En *sa* rijmt op 'aaaaahh'...) Zolang we leven, herhalen we telkens wanneer we in- of uitademen deze mantra. Dat ben ik. Ik ben goddelijk, ik ben één met God, ik ben een uiting van God, ik sta niet op mezelf, ik ben niet alleen, ik ben niet deze beperkte illusie van een op zich staand wezen. Ik heb *Ham-sa* altijd gemakkelijk en ontspannend gevonden. Gemakkelijker om mee te mediteren dan *Om namah shivaya*, de – hoe zeg je dat? – 'officiële' mantra van deze vorm van yoga. Maar toen ik een paar dagen geleden dus met die monnik sprak, zei hij dat ik wat hem betreft gewoon *Ham-sa* mocht gebruiken als ik daar beter van ging

mediteren. Hij zei: 'Gebruik bij het mediteren dat wat een revolutie in je hoofd teweegbrengt.'
Dus vandaag ga ik hem hier echt doorvoelen.
Ham-sa.
Dat ben ik.
Er komen wel gedachten bij me op, maar daar besteed ik nauwelijks aandacht aan, behalve dat ik op bijna moederlijke toon tegen ze zeg: 'O nee, zijn jullie daar weer, stelletje bengels... Ga nu maar even lekker buiten spelen, jongens... Mama luistert nu even naar God.'
Ham-sa.
Dat ben ik.
Eventjes val ik in slaap. (Of zoiets. Bij het mediteren weet je nooit zeker of je echt slaapt wanneer je denkt dat je in slaap bent; soms is het gewoon een ander bewustzijnsniveau.) Als ik wakker word, of zoiets, voel ik golven lichtblauwe, elektrische energie door mijn lichaam stuwen. Het is een beetje een onrustbarend gevoel, maar wel wonderbaarlijk. Ik weet niet wat ik moet doen, dus spreek ik deze energie mentaal maar gewoon aan. Ik zeg tegen hem: 'Ik geloof in jou,' en daar wordt hij groter en harder van. Hij is angstaanjagend krachtig nu; het lijkt wel alsof mijn zintuigen gekidnapt worden. De energie komt van mijn heiligbeen over mijn wervelkolom omhooggonzen. Mijn nek voelt alsof hij rek- en strekoefeningen wil doen, dus laat ik dat maar toe, en vervolgens zit ik daar in een erg vreemde houding: met kaarsrechte rug, net een echte yogi, maar met mijn linkeroor hard tegen mijn linkerschouder gedrukt. Ik weet niet waarom mijn hoofd en nek dat willen, maar ik ga er geen halszaak van maken; ze dringen namelijk nogal aan. De bonzende blauwe energie blijft door mijn lichaam gieren, en ik hoor een soort gedreun in mijn oren, zo krachtig dat ik er nu echt niet meer tegen kan. Ik word er zo bang van dat ik ertegen zeg: 'Hier ben ik nog niet aan toe!' en

plotseling mijn ogen opensper. Meteen is het voorbij. Ik zit weer binnen, weer in mijn eigen omgeving. Ik kijk op mijn horloge. Ik zit hier – of in elk geval ergens – al bijna een uur.
Ik zit letterlijk te hijgen.

46

Om te begrijpen wat dat voor ervaring was, wat daar precies gebeurde (en met 'daar' bedoel ik zowel 'in de meditatiegrot' als 'binnen in mijzelf') moet ik een nogal esoterisch en bizar onderwerp aansnijden – namelijk de *kundalini shakti*.

Alle godsdiensten ter wereld hebben wel subgroeperingen gekend van volgelingen die op zoek zijn naar een rechtstreekse, transcendente ervaring met God; ze laten het fundamentalistische bestuderen van heilige boeken of dogmatiek voor wat het is om het goddelijke persoonlijk te ontmoeten. Het interessante aan deze mystici is dat ze, wanneer ze hun ervaringen omschrijven, uiteindelijk allemaal precies hetzelfde proces beschrijven. In het algemeen geschiedt hun eenwording met God tijdens een meditatieve toestand en wordt hij tot stand gebracht door een energiebron die het hele lichaam van euforisch, elektrisch licht vervult. De Japanners noemen deze energie *ki*, de Chinese boeddhisten noemen hem *qi* (in de oude spelling *chi*), de Balinezen *taksu*, de christenen de Heilige Geest, de Bosjesmannen van de Kalahari *n/um* (hun heilige mannen omschrijven de energiebron als een slangachtige kracht die langs de wervelkolom omhoogklimt en een gat in het hoofd schiet waardoor de goden vervolgens binnenkomen). De soefistische islamitische dichters noemden die God-energie 'de Geliefde' en hebben er religieuze gedichten aan gewijd. De Australische aboriginals beschrijven een slang aan de hemel die in de medicijnman afdaalt en hem intense, bovenaardse krachten geeft. In de joodse kabbalistische overlevering zegt men dat deze eenwording met God tot stand komt door verscheidene stadia van spirituele opgang, waarbij er langs een reeks onzichtbare meridianen energie langs de wervelkolom omhoogtrekt.

De heilige Theresia van Avila, de meest mystieke aller katholieke kopstukken, beschreef haar eenwording met God als een proces waarbij licht lichamelijk door de zeven innerlijke kastelen van haar wezen omhoogtrok, waarna ze ineens in de tegenwoordigheid van God verkeerde. Bij het mediteren was ze vaak zo diep in trance dat de andere nonnen haar hartslag niet meer konden voelen. Ze smeekte haar medenonnen aan niemand te vertellen wat ze aan haar hadden gezien, aangezien het 'iets buitengewoon vreemds' was wat 'zeker tot veel geroddel zal leiden' (om maar niet te spreken van een mogelijk gesprek met het hoofd van de inquisitie). De moeilijkste opgave, schreef de heilige in haar memoires, was om het intellect niet aan te wakkeren tijdens het mediteren, want alle verstandelijke gedachten – zelfs de vurigste gebeden – doven het vuur van God. Zodra het lastige verstand 'speeches begint op te stellen en argumenten begint te verzinnen, denkt het dat het belangrijk werk aan het verrichten is, vooral als de argumenten goed zijn'. Maar als je boven die gedachten uit stijgt, legde Theresia uit, en naar God kunt opstijgen, 'is dat een prachtige, verbijsterende ervaring, een hemelse waanzin, waarin ware wijsheid wordt verworven'. Zoals de Perzische soefistische mysticus Hafez, die Theresia niet kende, in zijn gedichten vroeg waarom wij met een God die zo onstuimig van ons houdt niet allemaal voortdurend stomdronken zijn, zo riep Theresia in haar autobiografie uit dat als deze goddelijke ervaringen niet meer dan een vorm van waanzin waren, 'dan smeek ik u, Vader, laat ons dan allen waanzinnig worden'.

In de volgende zinnen van haar boek lijkt het alsof ze haar adem inhoudt. Wie vandaag de dag Sint-Theresia leest, kan bijna voelen hoe ze na die extatische ervaring bijkomt, dan om zich heen kijkt naar het politieke klimaat van het middeleeuwse Spanje (waar ze onder een van de wreedste religieuze tirannieën aller tijden leefde) en nuchter, plichtsgetrouw haar excuses aanbiedt voor haar opwinding. Ze schrijft: 'Vergeef me als ik erg vrijpostig ben geweest,' en herhaalt nog eens dat al haar idiote gebrabbel gewoon genegeerd moet worden, aangezien ze per slot van rekening maar een vrouw is, een worm, verachtelijk ongedierte, enzovoort. Je ziet haar bijna haar nonnengewaad rechttrekken en die laatste losse plukjes haar netjes wegstoppen – haar goddelijke geheim een vlammend, verborgen vreugdevuur.

In de Indiase yogatraditie noemt men dit goddelijke geheim de kundalini shakti, die wordt afgebeeld als een slang die opgerold onder aan de wervelkolom ligt totdat hij door de aanraking van een meester of door een wonder op vrije voeten wordt gesteld, en dan eerst omhoogklimt door zeven chakra's oftewel wielen (die je ook de zeven kastelen van de ziel zou kunnen noemen), en vervolgens door het hoofd, waar hij een explosieve eenwording met God teweegbrengt. Die chakra's bestaan niet in het stoffelijke lichaam, zeggen de yogi's, dus ga daar niet naar ze op zoek; ze bestaan alleen in het etherische lichaam, in het lichaam waar boeddhistische leermeesters het over hebben als ze hun leerlingen aanmoedigen om een nieuwe ik uit het stoffelijke lichaam te trekken, op dezelfde wijze waarop je een zwaard uit zijn schede trekt. Mijn vriend Bob, die aan yoga doet en tevens neuroloog is, heeft me verteld dat hij altijd zenuwachtig werd van het idee van chakra's, dat hij ze daadwerkelijk in een ontleed mensenlichaam wilde zien om te kunnen geloven dat ze echt bestonden. Na een bijzonder transcendente meditatie-ervaring begreep hij echter hoe de vork in de steel zat. Hij zei: 'Zoals de literatuur een letterlijke waarheid en een poëtische waarheid kent, zo heeft het menselijk lichaam een letterlijke anatomie en een poëtische anatomie. De ene kun je zien, de andere niet. De ene bestaat uit botten, tanden en vlees, de andere uit energie, geheugen en geloof. Maar ze zijn beide even waar.'

Ik vind het altijd leuk als de wetenschap en religie raakvlakken blijken te hebben. Zo las ik een tijdje geleden in *The New York Times* een artikel over een team neurologen dat een Tibetaanse monnik op een monitor had aangesloten voor een experimentele hersenscan. Ze wilden zien wat er in wetenschappelijk opzicht met een transcendente geest gebeurt tijdens momenten van verlichting. In het hoofd van een gewoon denkend mens woedt voortdurend een onweer van gedachten en impulsen die zich op een hersenscan aftekenen als gele en rode flikkerlichtjes. Hoe bozer of hartstochtelijker de proefpersoon wordt, des te feller en intenser lichten die rode flikkerlichtjes op. Maar door de eeuwen heen hebben mystici van allerlei culturen beschreven hoe hun hersenen tijdens het mediteren stil werden; ze zeggen allemaal dat de ultieme eenwording met God een blauw licht is dat ze vanuit het centrum van hun schedel naar buiten kunnen voelen stralen. In de yoga wordt dit 'de blauwe parel' genoemd, en dit is het doel dat elke zoekende hoopt te bereiken. En inderdaad, de Tibetaanse monnik die werd aangesloten op een monitor was in staat zijn gedachten zozeer het zwijgen op te leggen dat er geen enkele rode of gele flikkering zichtbaar was. Alle neurologische energie van de man werd uiteindelijk midden in zijn hersenen – je kon het gewoon op het scherm zien gebeuren – samengebald tot een kleine, lichtblauwe lichtparel. Precies zoals yogi's het altijd hebben beschreven.

Dat is de eindbestemming van de kundalini shakti.

In het mystieke India wordt de kundalini shakti (net als in

veel sjamanistische tradities) beschouwd als een gevaarlijke energie om zonder toezicht mee te spelen; een onervaren yogabeoefenaar kan er compleet van doordraaien. Je hebt een leraar – een goeroe – nodig om je op dit pad te begeleiden, en het liefst ook een veilige plek – een ashram – om in te oefenen. Men zegt dat het de aanraking van de goeroe (hetzij letterlijk, in levenden lijve, hetzij figuurlijk, door een iets bovennatuurlijkere ontmoeting, zoals in een droom) is die de gebonden kundalini-energie, die opgerold onder aan de wervelkolom ligt, de vrijheid geeft om naar boven te reizen, naar God. Dit moment van vrijlating wordt *shaktipat* genoemd, oftewel 'goddelijke initiatie', en is het grootste geschenk dat een verlichte leermeester je kan geven. Na die aanraking moet de leerling misschien nog jaren zijn best doen om de verlichting te bereiken, maar de reis is in elk geval begonnen. De energie heeft de vrije loop gekregen.

  Ik ontving twee jaar geleden mijn shaktipat-initiatie, toen ik voor het eerst mijn goeroe ontmoette, nog in New York. Het gebeurde tijdens een weekendretraite in haar ashram in de Catskill Mountains. Eerlijk gezegd voelde ik na afloop niets bijzonders. Eigenlijk hoopte ik op een verbluffende ontmoeting met God, misschien wat blauw licht of een profetisch visioen, maar toen ik mijn lichaam naspeurde op bijzondere effecten merkte ik alleen dat ik eigenlijk wel trek had, zoals altijd. Ik weet nog dat ik dacht dat ik waarschijnlijk niet gelovig genoeg was om ooit zoiets ruigs als de ontketende kundalini shakti te ervaren. Ik weet nog dat ik dacht dat ik te veel nadacht, dat ik niet intuïtief genoeg was, en dat mijn godsdienstige pad waarschijnlijk eerder intellectueel dan esoterisch zou zijn. Ik zou bidden, boeken lezen en interessante gedachten hebben, maar ik zou waarschijnlijk nooit het soort goddelijke, meditatieve gelukzaligheid bereiken dat de heilige Theresia beschrijft. Daar had ik echter vrede mee. Ik hield nog steeds van het godsdienstige ritueel. Ik zou alleen nooit de kundalini shakti ervaren.

De volgende dag gebeurde er echter iets interessants. We zaten nogmaals met zijn allen om de goeroe heen. Ze ging ons voor in de meditatie, en midden in dat proces viel ik in slaap (of zoiets) en droomde ik. In die droom stond ik op een strand, aan de oceaan. De golven waren enorm en angstaanjagend en ze bleven maar aanzwellen. Opeens verscheen er een man naast me. Het was de leermeester van mijn goeroe – een geweldige, charismatische yogi die ik hier alleen zal aanduiden als 'Swamiji' (wat Sanskriet is voor 'geliefde monnik'). Swamiji was in 1982 overleden. Ik kende hem alleen van de foto's in de ashram. Zelfs op die foto's, moet ik toegeven, was hij altijd een beetje te angstaanjagend, te krachtig, te vurig voor mij. Ik ging hem al geruime tijd mentaal uit de weg en meed in het algemeen ook zijn blik als hij van de muren op me neerkeek. Hij leek me veel te overweldigend. Hij was niet mijn soort goeroe. Ik had altijd de voorkeur gegeven aan mijn charmante, meelevende, vrouwelijke leermeester boven die dode (maar nog altijd felle) figuur.

Maar nu verscheen Swamiji in mijn droom. Hij stond naast me op het strand, een en al kracht. Ik was als de dood. Hij wees naar de naderende golven en zei streng: 'Ik wil dat je een manier verzint om dát allemaal te voorkomen.' Helemaal in paniek haalde ik een notitieblokje te voorschijn en probeerde ik uitvindingen op papier te zetten waarmee ik de golven van de oceaan kon tegenhouden. Ik tekende enorme zeemuren, kanalen en dammen, maar al mijn ontwerpen waren stom en zinloos. Ik wist dat dit helemaal niet mijn terrein was (ik ben geen ingenieur!), maar ik voelde hoe Swamiji ongeduldig en kritisch naar me stond te kijken. Uiteindelijk gaf ik het op. Geen van mijn uitvindingen was slim of krachtig genoeg om te voorkomen dat die golven aan land kwamen.

Op dat moment hoorde ik Swamiji lachen. Ik keek op naar dat kleine Indiase mannetje in zijn oranje gewaad, en zag dat hij werkelijk dubbel lag van het lachen. Hij hield zijn buik vast van vermaak en veegde tranen van vrolijkheid uit zijn ogen.

'Zeg eens, lieve kind,' zei hij, en hij wees naar de kolossale, krachtige, eindeloos golvende oceaan. 'Zeg eens, als je zo goed wilt zijn – hoe was jíj precies van plan om dát allemaal tegen te houden?'

47

Ik droom nu al twee nachten achter elkaar dat er een slang mijn kamer binnenkomt. Ik heb gelezen dat dat in geestelijk opzicht een goed teken is (en niet alleen in oosterse godsdiensten; ook de heilige Ignatius had bij veel van zijn mystieke ervaringen visioenen van slangen), maar daar worden de slangen niet minder levensecht of eng van. Ik word badend in het zweet wakker. En wat nog erger is: als ik eenmaal wakker ben, is mijn verstand me weer eens ontrouw, op zo'n verraderlijke wijze dat ik paniek ervaar die ik sinds mijn ergste scheidingsjaren niet meer heb meegemaakt. Mijn gedachten vliegen maar terug naar mijn mislukte huwelijk en naar alle schaamte en boosheid die daarmee gepaard gingen. En het ergste is dat ik weer de hele tijd aan David moet denken. Mentaal ben ik met hem aan het ruziën. Ik ben kwaad en eenzaam en herinner me alle pijnlijke dingen die hij ooit tegen me heeft gezegd of me heeft aangedaan. En verder blijf ik maar denken aan al ons geluk samen, het delirium van opwinding als we het goed hadden met zijn tweeën. Ik moet echt mijn best doen om niet uit bed te springen en hem midden in de nacht uit India op te bellen en gewoon – tja, wat? – meteen weer op te hangen, waarschijnlijk. Of hem te smeken weer van me te houden. Of hem een verschrikkelijke preek te geven over al zijn tekortkomingen.

Waarom komt dit nu ineens allemaal weer boven?

Ik weet wel wat de oudgedienden in deze ashram daarover zouden zeggen. Ze zouden zeggen dat het de normaalste zaak van de wereld is, dat iedereen daardoorheen moet, dat intens mediteren nu eenmaal dit soort dingen naar boven brengt, dat je jezelf gewoon aan het bevrijden bent van de laatste spoken uit je verleden... maar ik ben nu zo verschrikkelijk emotioneel dat ik er gewoon niet tegen kan en ik wil niemands hippietheorieën hoeven aanhoren. Ja, ik zie zelf ook wel dat alles weer boven komt. Het lijkt verdomme wel *maagzuur*.

Op de een of andere manier slaag ik erin weer in slaap te vallen (wat een mazzel) en weer droom ik. Deze keer niet van slangen, maar van een magere, verschrikkelijk valse hond die me achtervolgt en zegt: 'Ik ga je doodmaken. Ik ga je doodmaken en opeten!'

Ik word huilend en bevend wakker. Ik wil mijn kamergenoten niet storen, dus verschuil ik me in de badkamer. Badkamers, altijd die eeuwige badkamers! De hemel sta me bij, daar zit ik weer in een badkamer, weer midden in de nacht, eenzaam jankend op de vloer. O, kille wereld – wat word ik moe van jou en al die gruwelijke badkamers van je!

Als het huilen niet ophoudt, pak ik een schrift en een pen (de laatste toevlucht van een ploert) en ga ik weer naast het toilet zitten. Ik sla het schrift open, zoek een blanco pagina en krabbel mijn inmiddels bekende wanhoopskreet: 'IK HEB UW HULP NODIG.'

Dan zucht ik van opluchting, want in mijn eigen handschrift schiet mijn eigen trouwe vriend (wie is dat toch?) me te hulp:

'Ik ben bij je. Maak je geen zorgen. Ik hou van je. Ik zal je nooit in de steek laten...'

48

De volgende ochtend is het mediteren een ramp. Wanhopig smeek ik mijn verstand om een stapje opzij te doen en me God te laten vinden, maar mijn verstand staart me met stalen wilskracht aan en zegt: 'Denk maar niet dat je óóit om mij heen zult kunnen.'

De hele volgende dag ben ik zo onaangenaam en boos dat ik vrees voor het leven van de mensen die bij me in de buurt komen. Ik val uit tegen een arme Duitse omdat haar Engels niet zo goed is en ze me niet begrijpt wanneer ik haar vertel waar de boekhandel is. Ik schaam me zo voor mijn uitbarsting dat ik me (alweer!) in een badkamer terugtrek om te huilen, en vervolgens word ik kwaad op mezelf omdat ik zit te huilen, want ik herinner me dat mijn goeroe ons heeft aangeraden niet de hele tijd in te storten, omdat het anders een gewoonte wordt... Maar wat weet zij er nu helemaal van af? Zij is *verlicht*. Zij kan me niet helpen. Ze begrijpt niet hoe ík in elkaar zit.

Ik wil niet dat iemand een woord tegen me zegt. Ik kan nu even geen gezichten om me heen verdragen. Ik slaag er zelfs in Richard uit Texas een tijdje te ontlopen, maar uiteindelijk vindt hij me bij het avondeten en gaat hij – heel dapper – in mijn wolk zwarte rook van zelfhaat zitten.

'Wat is er met jou aan de hand?' zegt hij lijzig, zoals gewoonlijk met een tandenstoker in zijn mond.

'Dat wil je niet weten,' zeg ik, maar dan begin ik te praten en vertel ik hem het hele verhaal, dat eindigt met: 'En wat nog het ergste is, ik blijf maar aan David denken. Ik dacht dat ik over hem heen was, maar het komt allemaal weer boven.'

Hij zegt: 'Over een halfjaartje voel je je vast stukken beter.'

'Het duurt nu al een jaar, Richard.'

'Dan kan een halfjaartje extra er ook nog wel bij. Doe er steeds een halfjaartje bij, totdat het over is. Dat kost nu eenmaal tijd.'

Ik adem vervaarlijk door mijn neus uit, alsof ik een stier ben.

'Voer,' zegt Richard, 'luister naar me. Op een dag zul je op deze fase van je leven terugkijken alsof het een mooie rouwperiode was. Dan zul je zien dat je in de rouw was en dat je een gebroken hart had, maar dat je leven aan het veranderen was en dat je je daarvoor op de beste plek ter wereld bevond – een prachtige, godsdienstige plek, omringd door goedheid. Gun jezelf de tijd en geniet ervan. Het komt allemaal wel goed hier in India.'

'Maar ik hield echt van hem.'

'Nou en? Oké, je was verliefd op iemand. Snap je dan niet wat er gebeurde? Die man heeft je tot in het diepst van je ziel geraakt; je had geen idee dat je zo diep geraakt kón worden. Je had geen schijn van kans, kind. Maar de liefde die je voelde, dat was nog maar het begin. Een voorproefje. Gewoon een beetje goedkope mensenliefde, da's alles. Wacht maar tot je ziet hoeveel intenser dan dat je kunt liefhebben. Jemig, Voer – je hebt het in je om ooit van de hele wereld te houden. Daar ben je voor voorbestemd. Zit niet zo te lachen.'

'Ik zit niet te lachen.' In werkelijkheid zat ik te huilen. 'Ga me alsjeblieft niet uitlachen nu, maar ik denk dat ik er zo'n moeite mee heb om over David heen te komen omdat ik echt dacht dat hij mijn soulmate was.'

'Dat was hij waarschijnlijk ook. Jouw probleem is dat je

niet begrijpt wat dat woord inhoudt. Mensen denken dat een soulmate iemand is die hun als gegoten zit, en dat is wat iedereen wil. Maar een ware soulmate is een spiegel, degene die je alles laat zien wat je ontwikkeling belemmert, degene die je op jezelf opmerkzaam maakt zodat je je leven kunt veranderen. Een ware soulmate is waarschijnlijk de belangrijkste persoon die je ooit zult ontmoeten, want hij of zij slecht je verdedigingslinies en helpt je met een ruk uit de droom. Maar voor altijd bij je soulmate blijven? Alsjeblieft niet, zeg. Veel te pijnlijk. Soulmates, die verschijnen alleen in je leven om een andere laag van jezelf te onthullen, en vervolgens verdwijnen ze weer. En maar goed ook. Jouw probleem is dat je hem niet los kunt laten. Het is voorbij, Voer. David was er om je wakker te schudden, je los te weken uit dat huwelijk waar je sowieso uit weg moest, je ego een kleine dreun te geven, jou je belemmeringen en verslavingen te laten zien, je hart open te breken zodat er wat nieuw licht bij kon, je zo wanhopig en stuurloos te maken dat je je leven wel móest veranderen, je aan je nieuwe leermeester voor te stellen en er vervolgens *vandoor te gaan*. Dat was zijn taak, en daar heeft hij zich goed van gekweten, maar nu is het voorbij. Alleen kun jij maar niet accepteren dat die relatie geen lang leven beschoren was. Je bent net een hond die bij het vuilnis zit, meid – je blijft maar likken aan dat lege blikje, om te kijken of je er nog meer uit kunt halen. En als je niet uitkijkt, blijft dat blikje straks aan je snoet vastzitten en gaat het je leven heel moeilijk maken. Dus blijf er gewoon van af.'

'Maar ik hou van hem.'

'Dan hou je maar van hem.'

'Maar ik mis hem.'

'Dan mis je hem maar. Stuur hem elke keer dat je aan hem denkt een beetje liefde en licht, en denk er verder niet over na. Je bent gewoon bang om de laatste restjes David los te laten omdat je dan echt alleen bent, en Liz Gilbert is doodsbang voor wat er gaat gebeuren als ze echt alleen is. Maar één ding moet je goed begrijpen, Voer. Als je al die ruimte in je hoofd die je nu besteedt aan gepieker over die vent leegruimt, dan krijg je daar een vacuüm, een lege plek – een deuropening. En raad eens wat het universum met die deuropening gaat doen? Het stort zich er meteen door naar binnen – God stort zich er meteen door naar binnen – om je met meer liefde te vullen dan je ooit voor mogelijk hebt gehouden. Dus zorg ervoor dat je David niet gebruikt om die deur te blokkeren. Laat hem los.'

'Maar ik wou dat David en ik...'

Hij valt me in de rede. 'Ja, en dat is nou net het probleem. Je wilt te veel, meid. Als we van al die wensen van jou wervels konden maken, zodat je eindelijk eens een beetje ruggengraat kreeg...'

Daar moet ik om lachen, voor het eerst die dag.

Dan vraag ik aan Richard: 'Wanneer zit dat rouwproces er eindelijk eens op?'

'Wil je een exacte datum?'

'Ja.'

'Eentje die je op je kalender kunt omcirkelen?'

'Ja.'

'Jemig, Voer – wat ben jij een control freak.'

Van die uitspraak word ik zo woest dat de vlammen me aan alle kanten uitslaan. *Ik, een control freak?* Ik overweeg echt Richard vanwege deze belediging een klap in zijn gezicht te geven. En dan volgt ineens, vanuit mijn intense, beledigde verontwaardiging, de waarheid. De onmiddellijke, overduidelijke, lachwekkende waarheid.

Hij heeft helemaal gelijk.

Mijn woede verdwijnt even snel als hij is komen opzetten.

'Je hebt helemaal gelijk,' zeg ik.

'Weet ik, meid. Moet je horen, je bent een sterke vrouw en je bent eraan gewend je zin te krijgen in het leven. In je laatste paar relaties heb je niet je zin gekregen, en daardoor zit je nu in de knoop. Je man gedroeg zich niet zoals je wilde en David ook niet. Voor één keer liep het leven eens niet zoals je wilde. En er is niks waarvan een control freak zo kwaad wordt als het leven dat niet loopt zoals ze wil.'

'Noem me alsjeblieft geen control freak.'

'Je bént een control freak, Voer. Kom op, zeg. Heeft niemand dat ooit tegen je gezegd?'

(Nou, eigenlijk wel, ja. Maar weet je wat het is met een scheiding? Na een tijdje luister je niet meer naar alle gemene dingen die hij tegen je zegt.)

Dus geef ik het eerlijk toe. 'Oké, waarschijnlijk heb je gelijk, denk ik. Misschien ben ik inderdaad een beetje een control freak. Ik vind het alleen raar dat jij dat gemerkt hebt. Want zo duidelijk is het volgens mij niet voor buitenstaanders. Ik bedoel, ik durf te wedden dat de meeste mensen geen control freak zien als ze mij voor het eerst zien.'

Richard uit Texas moet zo hard lachen dat hij bijna zijn tandenstoker verliest. 'O nee? Kind, zelfs Ray Charles kan zien wat een control freak jij bent!'

'Ja, zo heb ik wel weer genoeg gehoord, denk ik.'

'Je moet dingen leren loslaten, Voer. Anders ga je eraan onderdoor. Dan zul je nooit meer een nachtje lekker slapen. Blijf je de hele nacht woelen, woest op jezelf omdat je er zo'n potje van maakt in het leven. *Wat is er mis met mij? Hoe komt het dat ik al mijn relaties om zeep help? Waarom ben ik zo'n mislukkeling?* Laat me raden – daar was je vannacht zeker ook mee bezig?'

'Oké, Richard, zo kan-ie wel weer,' zeg ik. 'Geen ongevraagde bezoekjes aan mijn hoofd meer.'

'Doe de deur dan dicht,' zegt mijn grote yogi uit Texas.

49

Toen ik negen was, bijna tien, ging ik door een existentiële crisis. Misschien lijkt dat wat aan de jonge kant voor zoiets, maar ik was altijd al een vroegrijp kind. Het gebeurde allemaal in de zomer tussen groep 6 en 7. Ik zou in juli tien worden, en er was iets aan de overgang van negen naar tien – van een getal van één cijfer naar een getal van twee cijfers – wat ik zo eng vond dat ik er echt van in paniek raakte – het soort existentiële paniek dat meestal voorbehouden is aan mensen die vijftig worden. Ik weet nog dat ik dacht dat mijn leven wel héél snel voorbijging. Net zat ik nog op de kleuterschool, en nu stond ik op het punt tien te worden. Binnenkort zou ik tiener worden, daarna zou ik van middelbare leeftijd zijn, daarna oud, en daarna dòod. En om me heen werd ook iedereen razendsnel ouder. Binnenkort zou iedereen dood zijn. Mijn ouders zouden doodgaan. Mijn vriendinnen zouden doodgaan. Mijn kat zou doodgaan. Mijn oudere zusje zat al bijna op de *middelbare school*. Ik kon me de dag nog voor de geest halen dat ze voor het eerst naar de basisschool ging, met van die kleine kniekousjes aan, en nu ging ze ineens naar de *middelbare school*? Dan zou het duidelijk niet lang meer duren totdat ze doodging. Wat had het allemaal voor zin?

Het raarste aan die crisis was nog dat hij eigenlijk geen directe aanleiding had. Er was geen vriendin of familielid overleden, waardoor ik voor het eerst van de sterfelijkheid had mogen proeven, en ik had ook niets gezien of gelezen dat echt over de dood ging; ik had zelfs nog niet eens *Charlotte's Web* gelezen. De panische angst die ik op mijn tiende voelde was niets minder dan een spontaan, compleet besef van het onvermijdelijke voortmarcheren van de sterfelijkheid, en ik miste de geestelijke woordenschat om mezelf te helpen daarmee om te gaan. Thuis waren we protestants en zeker niet gelovig. We baden alleen voor het kerstdiner en het Thanksgivingdiner en gingen maar zelden naar de kerk. Mijn vader bleef op zondagochtend liever thuis; zijn spiritualiteit vond hij in het boerenbedrijf. Ik zong in het koor omdat ik van zingen hield; mijn mooie zusje was de engel in het kerstspel. Mijn moeder gebruikte de kerk als hoofdkwartier vanwaar ze goede werken op poten zette: vrijwilligersdiensten voor de gemeenschap. Maar zelfs in die kerk werd volgens mij niet veel over God gesproken. We hebben het tenslotte over New England, en van het woord 'God' worden de meeste mensen uit het noordoosten van de Verenigde Staten zenuwachtig.

Ik had een overweldigend gevoel van hulpeloosheid. Ik wilde aan een enorme noodrem voor het universum trekken, zoals de noodremmen die ik tijdens ons schoolreisje naar New York in de metro had gezien. Ik wilde om een time-out roepen, en eisen dat iedereen even ophield met waar hij mee bezig was tot ik alles begreep. Ik neem aan dat deze behoefte om het hele universum tot stilstand te dwingen totdat ik mezelf helemaal op orde had het begin was van mijn ontwikkeling tot 'control freak', zoals mijn dierbare vriend Richard uit Texas me noemt. Natuurlijk waren mijn inspanningen en zorgen vergeefs. Hoe meer ik op de tijd ging letten, des te sneller vloog die voorbij, en die zomer ging zo snel voorbij dat ik er gewoon hoofdpijn van kreeg. Ik weet nog dat ik aan het einde van elke dag dacht: *Weer eentje voorbij*, en dan in tranen uitbarstte.

Ik heb een vriend van de middelbare school die zich tegenwoordig met geestelijk gehandicapten bezighoudt, en die zegt dat vooral zijn autistische patiënten een hartverscheurend besef van het verstrijken der tijd hebben, alsof zij nooit het geestelijke filter hebben gekregen waardoor wij af en toe even kunnen vergeten dat we sterfelijk zijn en gewoon verder kunnen gaan met ons leven. Een van de patiënten van Rob vraagt hem aan het begin van de dag altijd welke datum het is, en aan het einde van de dag vraagt hij dan: 'Rob, wanneer is het weer 4 februari?' En voordat Rob antwoord kan geven, schudt die man verdrietig zijn hoofd en zegt: 'Laat maar, laat maar, ik weet het al... pas volgend jaar weer, hè?'

Ik ken dat gevoel maar al te goed. Ik ken dat trieste verlangen om het einde van wéér een 4 februari uit te stellen. Die treurigheid is een van de grote bezoekingen van het menselijke experiment. Voorzover we weten, zijn wij de enige biologische soort op aarde die is begiftigd – of misschien vervloekt – met het besef van onze eigen sterfelijkheid. Uiteindelijk sterft alles, maar wij hebben de mazzel dat we daar dagelijks bij mogen stilstaan. Hoe ga je met die informatie om? Toen ik negen was, kon ik er maar één ding mee: huilen. Later leidde mijn hypergevoelige besef van het snelle verstrijken der tijd ertoe dat ik mijn uiterste best ging doen om mijn leven op volle toeren te ervaren. Als mijn bezoek aan de aarde echt maar van zo'n korte duur zou zijn, moest ik proberen er alles uit te halen wat erin zat. Vandaar alle reizen, alle verhoudingen, alle ambitie, alle pasta. Mijn zusje had een vriendin die altijd dacht dat Catherine twee of drie jongere zusjes had, want ze bleef maar verhalen horen over het zusje dat in Afrika zat, het zusje dat op een ranch in Wyoming werkte, het zusje dat in New York achter de tap stond, het zusje dat een boek aan het schrijven was, het zusje dat ging trouwen – dat kon toch zeker niet allemaal dezelfde persoon zijn? En ja, als ik mezelf had kunnen opsplitsen in meerdere Liz Gilberts, dan zou ik dat maar wat graag hebben gedaan, gewoon om geen enkel moment van het leven te missen. Maar wat zeg ik? In feite héb ik mezelf opgesplitst in meerdere Liz Gilberts, die op een avond allemaal tegelijk van uitputting neerstortten op een badkamervloer ergens in een buitenwijk, toen ik een jaar of dertig was.

Hier moet ik zeggen dat ik me ervan bewust ben dat niet iedereen zulke existentiële crises meemaakt. Sommige mensen zijn zo geprogrammeerd dat ze zich zorgen maken over het verschijnsel sterfelijkheid, terwijl anderen er eigenlijk niet zo'n moeite mee hebben. Uiteraard kom je veel apathische mensen op deze aardbol tegen, maar zo nu en dan kom je ook mensen tegen die zonder morren de regels van het universum lijken te kunnen aanvaarden en zich echt geen zorgen maken over de paradoxen en onrechtvaardigheden daarvan. Ik heb een vriendin wier grootmoeder altijd tegen haar zei: 'Er is geen enkel probleem op deze wereld dat zo ernstig is dat het niet genezen kan worden met een warm bad, een glas whisky en het Gebedenboek.' Sommige mensen hebben daar werkelijk genoeg aan. Andere mensen hebben drastischere middelen nodig.

En nu ga ik je dan toch vertellen over mijn vriend de melkveehouder uit Ierland – op het eerste gezicht een onwaarschijnlijk iemand om in een Indiase ashram te leren kennen. Sean is echter zo iemand die (net als ik) geboren is met de zucht, de krankzinnige, niet-aflatende behoefte om te begrijpen hoe het universum in elkaar zit. Zijn kleine dorp in County Cork leek de antwoorden allemaal niet in huis te hebben, dus verliet hij in de jaren tachtig de boerderij om door India te gaan reizen, in de hoop door yoga innerlijke rust te vinden. Een paar jaar later keerde hij terug naar het melkveebedrijf in Ierland. Hij zat met zijn vader – een man van weinig woorden die al zijn hele leven boer was – in de keuken van het oude, stenen huis en vertelde hem alles over zijn spirituele ontdekkingen in het exotische Oosten. De vader van Sean luisterde, een beetje maar niet bovenmatig geïnteresseerd, keek naar het haardvuur en rookte zijn pijp. Hij sprak geen woord totdat Sean zei: 'Pap, al dat mediteren, dat is van levensbelang bij het aanleren van serene kalmte. Het kan echt je leven redden.

Je leert ervan hoe je het rustig in je hoofd kunt maken.'

Zijn vader wendde zich tot hem en zei vriendelijk: 'Het is al rustig in mijn hoofd, jongen,' en staarde toen weer verder naar het vuur.

In mijn hoofd echter niet, en in dat van Sean evenmin. Bij veel mensen is het onrustig in het hoofd. Veel mensen zien wanneer ze naar vuur kijken alleen een inferno. Ik moet bewust leren wat de vader van Sean blijkbaar van nature kan – zoals Walt Whitman ooit schreef: me 'afzijdig houden van al het geduw en getrek [...] geamuseerd, voldaan, meelevend, zonder iets omhanden, eenzelvig [...] zowel in het spel als erbuiten, ernaar kijkend en me over alles verwonderend.' Maar in plaats van geamuseerd ben ik eerder bezorgd. Ik kijk niet alleen naar dingen; ik probeer er altijd meer over te weten te komen en bemoei me ermee. Een paar dagen geleden zei ik in een gebed tegen God: 'Kijk, ik snap ook wel dat een leven dat je niet uitgebreid onderzoekt niet de moeite waard is, maar een keertje *lunchen* zonder alles onder de loep te leggen zou leuk zijn.'

In de boeddhistische overlevering komt een verhaal voor over de momenten net nadat de Boeddha de verlichting had bereikt. Toen de sluier der illusie na 39 dagen mediteren eindelijk optrok en de ware werking van het universum aan de grote leermeester was onthuld, deed hij naar verluidt zijn ogen open en zei meteen: 'Dat valt niet door te geven.' Toen veranderde hij echter van gedachten en besloot toch de wijde wereld in te trekken, om te proberen een klein handjevol leerlingen te leren mediteren. Hij wist dat maar een klein percentage van de mensheid iets aan zijn leer zou hebben, of daar geïnteresseerd in zou zijn. De meeste mensen, zei hij, hebben ogen die zo vol stof zitten dat ze nooit de waarheid zullen zien, wie hen ook helpt. Een paar anderen (zoals de vader van Sean misschien) hebben van nature zo'n heldere blik en zijn al zo kalm dat ze helemaal geen instructies of hulp nodig hebben. Maar er zijn ook mensen in wier ogen maar een klein beetje stof zit en die, bijgestaan door de juiste leermeester, de zaken misschien ooit duidelijker zullen zien. De Boeddha besloot dat hij ten gunste van die minderheid leraar zou worden – ten gunste 'van hen met weinig stof'.

Ik hoop echt dat ik een van die mensen met een gemiddelde hoeveelheid stof ben, maar ik weet het zo net nog niet. Ik weet alleen dat ik ertoe gebracht ben innerlijke rust te vinden met methoden die op de meeste mensen misschien wat drastisch overkomen. (Toen ik bijvoorbeeld aan een vriend in New York vertelde dat ik naar India ging om in een ashram op zoek te gaan naar God, zei hij met een zucht: 'O, ergens zou ik zo graag willen dat ik dat wilde... maar echt hoor, ik peins er niet over.') Ik geloof echter niet dat ik veel keus heb. Ik ben al jaren op allerlei manieren wanhopig op zoek naar voldoening, en al die aanwinsten en prestaties, die putten je uiteindelijk uit. Als je zo fanatiek achter het leven aan zit, wordt het uiteindelijk je dood. Als je de tijd opjaagt alsof hij een gangster is, gaat hij zich op den duur ook zo gedragen; hij ligt altijd één stadje of één kamer op je voor, verandert voortdurend zijn naam en haarkleur om aan je te ontkomen, glipt stiekem de achterdeur van het motel uit net op het moment dat jij met het zoveelste huiszoekingsbevel de lobby binnenloopt, en laat niet méér achter dan een brandende sigaret in de asbak, om jou te pesten. Op een gegeven moment moet je stoppen, aangezien de tijd níet stopt. Dan moet je toegeven dat je de voldoening niet te pakken kunt krijgen. Dat het niet de bedoeling is dat je hem te pakken krijgt. Op een gegeven moment moet je, zoals Richard maar tegen me blijft zeggen, loslaten, stilzitten en de voldoening naar jóu toe laten komen.

Natuurlijk is loslaten iets verschrikkelijk engs voor mensen zoals ik, die geloven dat de wereld alleen ronddraait omdat hij toevallig bovenaan een handvat heeft waar wij persoonlijk aan draaien, en dat als we dat handvat ook maar even loslaten, het universum ophoudt te bestaan. *Maar probeer hem toch maar los te laten, Voer.* Dat is de boodschap die ik krijg. Blijf gewoon even stilzitten en hou op met altijd maar overal aan meedoen. Kijk gewoon wat er gebeurt. Per slot van rekening vallen de vogels niet midden in hun vlucht dood uit de hemel. De bomen verdorren niet en gaan niet dood, de rivieren zijn niet ineens knalrood van het bloed. Het leven gaat door. Zelfs de Italiaanse PTT zal verder hinken en zonder jou op de oude voet verdergaan – waarom ben je er zo zeker van dat jij je per se met elk aspect van deze wereld bezig moet houden? Waarom laat je de wereld niet gewoon met rust?

Ik hoor dat argument en het spreekt me aan. Echt hoor, in intellectueel opzicht geloof ik erin. Maar dan vraag ik me met al mijn rusteloze verlangen, al mijn opgeklopte passie en die idioot gulzige aard van me af wat ik dán aan moet met al die energie van me?

Ook dat antwoord komt er. *Zoek naar God*, stelt mijn goeroe voor. *Zoek naar God zoals een man wiens hoofd in brand staat naar water zoekt.*

50

De volgende ochtend komen al mijn sarcastische, oude, verfoeilijke gedachten weer boven. Ik begin ze te zien als van die irritante telefonische verkopers die altijd op de meest ongelegen momenten bellen. Tot mijn grote schrik merk ik bij het mediteren dat mijn verstand eigenlijk helemaal niet zo'n interessante plek is. In feite denk ik eigenlijk maar aan een paar dingen, en daar denk ik dan aan één stuk door aan. Ik denk dat de officiële term 'piekeren' is. Ik pieker over mijn scheiding, alle pijn van mijn huwelijk, alle fouten die ik heb gemaakt, alle fouten die mijn man heeft gemaakt, en vervolgens (en bij dit zwartgallige onderwerp blijf ik hangen) begin ik over David te piekeren...

Wat eerlijk gezegd gênant begint te worden. Ik bedoel, hier zit ik dus in dit heilige onderwijsinstituut midden in India, en het enige waaraan ik kan denken is mijn *ex-vriendje*? Ik ben toch zeker geen brugklasser meer?

En dan herinner ik me een verhaal dat mijn vriendin Deborah de psychologe me ooit heeft verteld. In de jaren tachtig vroeg de stad Philadelphia haar of ze als vrijwilligster psychologische therapie wilde verzorgen voor een groep Cambodjaanse vluchtelingen – bootvluchtelingen – die onlangs in de stad waren aangekomen. Deborah is een fantastische psychologe, maar ze zag verschrikkelijk tegen de taak op. Die Cambodjanen hadden het ergste meegemaakt wat mensen elkaar kunnen aandoen (genocide, verkrachting, martelingen, hongersnood, familieleden die voor hun ogen waren vermoord, daarna vele jaren in vluchtelingenkampen en gevaarlijke boottochten naar het Westen waarbij mensen waren overleden en hun stoffelijke overschotten aan de haaien waren gevoerd); wat had Deborah die mensen bij wijze van hulp te bieden? Hoe kon ze zich in godsnaam inleven in hun leed?

'Maar weet je,' meldde Deborah later, 'waar al die mensen over wilden praten toen ze eindelijk een therapeut kregen?'

Het was één en al: *Toen ik in het vluchtelingenkamp zat heb ik een man leren kennen op wie ik verliefd werd. Ik dacht dat hij echt van me hield, maar toen kwamen we op verschillende boten terecht en begon hij iets met mijn nichtje. Nu is hij met haar getrouwd, maar hij zegt dat hij echt van mij houdt, en hij blijft me maar bellen, en ik weet dat ik eigenlijk tegen hem zou moeten zeggen dat hij me met rust moet laten, maar ik hou nog steeds van hem en ik blijf maar aan hem denken. En nu weet ik niet meer wat ik met de situatie aan moet...*

Zo zitten we nu eenmaal in elkaar. Collectief, als soort, is dat ons emotionele landschap. Ik ontmoette eens een oude dame, bijna honderd jaar oud, die tegen me zei: 'In de hele geschiedenis zijn er maar twee vragen geweest waar mensen ooit over gevochten hebben. *Hoeveel hou je van me?* En: *Wie is hier de baas?*' Voor de rest is alles eigenlijk wel te doen. Maar deze twee vragen over liefde en gezag storten ons allemaal in het verderf, laten ons in de val lopen en veroorzaken oorlog, verdriet en leed. En helaas (of misschien vanzelfsprekend) krijg ik hier in de ashram met beide te maken. Wanneer ik in stilte zit te mediteren en naar mijn gedachten zit te kijken, zijn het alleen maar vragen over verlangen en macht die boven komen en me verontrusten, en die onrust staat mijn verdere ontwikkeling in de weg.

Toen ik vanochtend na een uur vol ongelukkige gedachten weer echt probeerde verder te mediteren, nam ik een nieuw idee mee: mededogen. Ik vroeg mijn hart of het mijn ziel alsjeblieft kon vullen met een iets genereuzer perspectief op de werking van mijn verstand. Kon ik misschien, in plaats van te denken dat ik een mislukkeling was, aanvaarden dat ik ook maar een mens ben – en daarbij ook nog eens een normaal mens? De gedachten kwamen zoals gewoonlijk bij me op – oké, zo gaat dat – en toen kwamen ook de bijbehorende emoties los. Ik begon me gefrustreerd en kritisch ten opzichte van mezelf te voelen, eenzaam en boos. Maar toen kwam er ineens een felle reactie vanuit de diepste krochten van mijn hart, en ik zei tegen mezelf: 'Ik zal níet slecht over je denken vanwege die gedachten.'

Mijn verstand probeerde protest aan te tekenen. Het zei: 'Ja, maar je bent echt een mislukkeling, je bent echt een loser, met jou zal het nooit iets worden...'

Maar plotseling was het alsof er vanbinnen in mijn borstkas een leeuw brulde, zo hard dat al die nonsens niet meer te horen was. Er bulderde een stem in me; ik had nog nooit zoiets gehoord. Hij ging zo vreselijk binnen in me tekeer dat ik letterlijk mijn hand voor mijn mond sloeg omdat ik bang was dat als ik mijn mond opendeed en dit geluid naar buiten zou laten, gebouwen tot in Detroit op hun grondvesten zouden staan te trillen.

En dit is wat hij brulde:

JE HEBT GEEN <u>IDEE</u> HOE STERK MIJN LIEFDE IS!!!!!!!!!!!!

Na deze windhoos van een verklaring stoven de kletsgrage, negatieve gedachten in mijn hoofd als vogels, prairiehazen en antilopen uiteen; doodsbang gingen ze ervandoor. Er volgde een stilte. Een intense, huiveringwekkende stilte vol ontzag. De leeuw op de gigantische savanne van mijn hart overzag met voldoening zijn koninkrijk, waar nu rust heerste. Hij likte eenmaal zijn grote kaken, deed zijn gele ogen dicht en viel weer in slaap.

En toen, in die vorstelijke stilte, begon ik eindelijk te mediteren over (en met) God.

51

Richard uit Texas houdt er een paar schattige gewoonten op na. Telkens wanneer hij me in de ashram tegenkomt en aan mijn verwarde gezicht ziet dat ik met mijn gedachten mijlenver weg ben, zegt hij: 'En, hoe is het met David?'

'Bemoei je met je eigen zaken,' zeg ik dan. 'Je hebt geen idee waar ik aan denk, man.'

Natuurlijk heeft hij altijd gelijk.

Ook wacht hij me graag op als ik uit de meditatiegrot kom, omdat hij het leuk vindt om te zien hoe raar en high ik eruitzie als ik daar vandaan kruip. Alsof ik net met alligators en geesten heb geworsteld. Hij zegt dat hij nog nooit iemand zo hard tegen zichzelf heeft zien vechten. Ik weet niet of dát helemaal waar is, maar het is inderdaad waar dat wat er in die donkere meditatieruimte gebeurt voor mij heel intens kan zijn. De heftigste ervaringen heb ik wanneer ik mijn laatste bevreesde aarzeling loslaat en toesta dat er een ware turbine van energie op mijn wervelkolom wordt ontketend. Nu vind ik het grappig dat ik het idee van de *kundalini shakti* ooit heb afgedaan als een kletspraatje. Als deze energie door me heen raast, rammelt hij als een dieselmotor in een lage versnelling, en het enige wat hij van me vraagt is dit ene eenvoudige verzoek: *Wil je jezelf alsjeblieft binnenstebuiten keren, zodat je longen, hart en ingewanden aan de buitenkant komen te zitten en het hele universum aan de binnenkant? En wil je emotioneel hetzelfde doen?* In deze donderende ruimte raakt mijn tijdsbesef helemaal in de war, en ik word – verdoofd, verbijsterd en niet in staat tot spreken – meegevoerd naar allerlei soorten werelden, waar ik allerlei intense gewaarwordingen ervaar: vuur, kou, haat, begeerte, angst... Als het allemaal voorbij is, kom ik wankelend overeind en zwalk ik in een verschrikkelijke staat het daglicht in – half uitgehongerd, wanhopig van de dorst en geiler dan een matroos met drie dagen verlof om aan wal te gaan. Meestal staat Richard me dan op te wachten, klaar om te lachen. Telkens wanneer hij mijn verwarde, afgematte gezicht ziet zegt hij dezelfde plagerige woorden: 'Wat denk je, Voer, gaat het ooit nog eens iets met jou worden?'

Maar die ochtend kwam ik nadat ik de leeuw 'JE HEBT GEEN IDEE HOE STERK MIJN LIEFDE IS!' had horen brullen als een krijgskoningin uit die meditatiegrot. Richard had niet eens de tijd om te vragen of ik dacht dat het ooit nog eens iets met mij zou worden of ik keek hem al aan en zei: 'Ik ben al wat, man.'

'Nee maar, moet je nou kijken,' zei Richard. 'Dat moeten

we vieren. Kom mee, kind – ik neem je mee naar het dorp en trakteer je op een Thumbs-Up.'

Thumbs-Up is een Indiase frisdrank, een soort Coca-Cola maar dan met negen keer zoveel glucosestroop en 27 keer zoveel cafeïne. Het zou me niets verbazen als er ook speed in zit. Ik ga er dubbel van zien. Een paar keer per week wandelen Richard en ik naar het dorp en delen we samen één flesje Thumbs-Up – een radicale ervaring na de puurheid van het vegetarische eten in de ashram – waarbij we vooral zorgen dat we het flesje niet met onze lippen aanraken. Richard heeft een verstandige regel met betrekking tot reizen in India: 'Nergens aan zitten, behalve aan jezelf.' (En ja, ook dat was een mogelijke titel voor dit boek.)

We hebben zo onze favoriete plekken in het dorp. We gaan altijd langs bij de tempel en groeten altijd meneer Panicar, de kleermaker, die ons elke keer weer de hand schudt en zegt: 'Gefeliciteerd u te ontmoeten!' We kijken toe hoe de koeien rondlopen en van hun heilige status genieten (volgens mij maken ze gewoon misbruik van hun privilege; ze gaan altijd midden op de weg liggen, gewoon om ons eraan te herinneren dat ze heilig zijn), en we kijken toe hoe de honden zich krabben, alsof ze zich afvragen hoe ze hier toch in godsnaam terecht zijn gekomen. We kijken toe hoe de vrouwen wegwerkzaamheden verrichten; onder de brandende zon zwaaien ze met mokers en slaan zo rotsblokken stuk. Met hun felgekleurde sari's, kettingen en armbanden zien ze er vreemd maar schitterend uit. Ze werpen ons stralende blikken toe waar ik niets van begrijp – hoe kunnen ze gelukkig zijn terwijl ze onder zulke verschrikkelijke omstandigheden zulk zwaar werk verrichten? Waarom vallen ze niet al na een kwartier in deze verzengende hitte met die mokers flauw en gaan ze niet dood? Ik stel de vraag aan meneer Panicar, de kleermaker, die zegt dat dit nu eenmaal het leven van de dorpelingen is, dat mensen in dit deel van de wereld voor dit soort noeste arbeid geboren worden en dat werk het enige is waaraan ze gewend zijn.

'En verder,' voegt hij er nonchalant aan toe, 'worden we hier niet zo oud.'

Het is natuurlijk een arm dorp, maar naar Indiase begrippen niet verschrikkelijk arm; de aanwezigheid (en liefdadigheid) van de ashram en de kleine hoeveelheden westerse valuta die de ronde doen maken een wereld van verschil. Niet dat er hier zoveel te koop is, al vinden Richard en ik het wel leuk om rond te kijken in alle winkeltjes die kralenkettingen en kleine beeldjes verkopen. Er zijn een paar mannen uit Kashmir – verdomd slimme verkopers – die altijd proberen hun waren aan ons te slijten. Vandaag kwam er eentje echt achter me aan. Hij vroeg of madame misschien een mooi tapijt uit Kashmir wilde kopen voor haar huis?

Daar moest Richard om lachen. Een van zijn hobby's is grappen maken over het feit dat ik geen eigen dak boven mijn hoofd heb.

'Bespaar jezelf de moeite, vriend,' zei hij tegen de tapijtenverkoper. 'Deze dame heeft geen enkele vloer om een tapijt op te leggen.'

De verkoper uit Kashmir was niet van zijn stuk gebracht. Hij stelde voor: 'Misschien wil madame dan graag een tapijt aan haar muur hangen?'

'Tja,' zei Richard, 'dat is het hem juist – erg veel muren heeft ze tegenwoordig ook niet.'

'Maar wel een dapper hart!' zei ik ter verdediging van mezelf.

'En ook nog wel een paar andere uitstekende eigenschappen,' voegde Richard eraan toe. Voor één keer zei hij eens iets aardigs tegen me.

52

In feite is het grootste struikelblok in mijn ashrambestaan niet het mediteren. Natuurlijk, dat is zwaar, maar niet moordend. Ze hebben hier iets wat me nog meer moeite kost. Het echt moordende is wat we elke ochtend na de meditatie en voor het ontbijt doen (jemig, wat duren die ochtenden lang): een chant die de Gurugita heet. Richard noemt hem 'de Giet'. Ik heb grote moeite met de Giet. Ik vind hem verschrikkelijk, en ik heb hem altijd verschrikkelijk gevonden, al sinds ik hem voor het eerst hoorde in de ashram in de Catskill Mountains. Alle andere chants en hymnes van deze vorm van yoga vind ik heerlijk, maar de Gurugita voelt lang, saai, sonoor en ondraaglijk. Dat is erg persoonlijk, natuurlijk; andere mensen beweren dat ze hem prachtig vinden, al snap ik daar persoonlijk niets van.

De Gurugita is verdomme wel 182 verzen lang (en soms vervloek ik ze allemaal), en elk vers bestaat uit een alinea ondoorgrondelijk Sanskriet. Gecombineerd met de inleidende chant en het slotrefrein kost het ongeveer anderhalf uur om het hele ritueel uit te voeren. Let wel, dat is allemaal vóór het ontbijt, wanneer we er al een uur mediteren en twintig minuten lang de eerste ochtendhymne chanten op hebben zitten. In feite is de Gurugita de reden waarom we hier om drie uur 's ochtends moeten opstaan.

Ik heb niks met de melodie en ook niks met de woorden. Als ik dat tegen andere mensen in de ashram zeg, zeggen ze: 'Ja, maar hij is heilig!' Inderdaad, maar dat geldt ook voor het boek Job, en dat zing ik ook niet elke ochtend vóór het ontbijt hardop in zijn geheel.

De Gurugita is wel van indrukwekkende spirituele komaf; het is een stukje van een heilig oud yogageschrift, de *Skanda Purana*, waarvan het merendeel verloren is gegaan, en waarvan maar weinig uit het Sanskriet is vertaald. Zoals zo veel heilige yogateksten is hij geschreven in de vorm van een gesprek, een bijna socratische dialoog. Het is een conversatie tussen de godin Parvati en de almachtige, alomvattende god Shiva. Parvati en Shiva zijn de goddelijke belichaming van het scheppingsvermogen (het vrouwelijke) en het bewustzijn (het mannelijke). Zij is de voortbrengende energie van het universum; hij de vormloze wijsheid daarvan. Wat Shiva zich voorstelt, brengt Parvati tot leven. Hij droomt ervan; zij geeft er vorm aan. Hun dans, hun eenwording (hun *yoga*) is zowel de oorzaak van het universum als de uiting daarvan.

In de Gurugita vraagt de godin de god naar de geheimen van wereldse voldoening, en die vertelt hij haar. Hij werkt op mijn zenuwen, deze hymne. Ik had gehoopt dat ik tijdens mijn verblijf in de ashram anders over de Gurugita zou gaan denken. Ik had gehoopt dat ik het lied zou leren waarderen door het in een Indiase context te plaatsen. In plaats daarvan is het tegenovergestelde gebeurd. In de paar weken dat ik nu hier ben, zijn mijn gevoelens voor de Gurugita van eenvoudige afkeer omgeslagen in pure angst. Ik sla hem nu weleens over en doe dan andere dingen met mijn ochtend waarvan ik denk dat ze beter zijn voor mijn geestelijke groei, zoals in mijn dagboek schrijven, douchen of mijn zusje in Philadelphia opbellen om te horen hoe het met haar kinderen gaat.

Richard uit Texas vat me altijd in mijn kraag als ik spijbel. 'Ik zag dat je er vanochtend niet was bij de Giet,' zegt hij dan, waarop ik zeg: 'Ik communiceer op andere manieren met God,' waarop hij weer zegt: 'Door lekker uit te slapen, bedoel je?'

Maar als ik wel probeer naar de chant te gaan, word ik er alleen maar onrustig van. Lichamelijk, bedoel ik. Ik heb niet het gevoel dat ik hem zing; eerder dat ik erachteraan gesleurd word. Ik ga ervan zweten. Wat erg vreemd is, want ik ben zo'n type dat het altijd koud heeft, en in dit gedeelte van India is het in januari flink koud voordat de zon opgaat. Terwijl alle anderen in wollen dekens gewikkeld en met mutsen op bij de chant zitten om warm te blijven, pel ik naarmate de eentonige hymne doordreunt meer lagen kleding af, en staat het schuim me op de lippen alsof ik een afgejakkerd boerenpaard ben. Wanneer ik na de Gurugita uit de tempel kom, stijgt het zweet in de koude ochtendlucht van mijn huid op als mist – afschuwelijke, groene, stinkende mist. En de lichamelijke reactie is nog mild vergeleken bij de hete golven emotie die door me heen trekken als ik het ding probeer te zingen. Ik kán hem niet eens zingen. Ik kan hem alleen maar brommen. Met grote tegenzin.

Had ik al gezegd dat hij 182 verzen heeft?

Een paar dagen geleden besloot ik dus na een wel héél afgrijselijke chantsessie advies in te winnen bij mijn favoriete leraar hier: een monnik met een prachtige lange Sanskritische naam die 'Hij die vertoeft in het hart van de heer die in zijn eigen hart vertoeft' betekent. De bewuste monnik is een Amerikaan, in de zestig, intelligent en goed opgeleid. Vroeger was hij docent klassiek drama aan New York University, en hij heeft nog altijd een tamelijk ontzagwekkende waardigheid. Bijna dertig jaar geleden heeft hij zijn kloostergelofte afgelegd. Ik mag hem graag, want hij is recht voor zijn raap en grappig. Ooit vertelde ik deze monnik, op een duister moment van verwarring over David, over mijn gebroken hart. Hij luisterde beleefd, gaf me het meest meelevende advies dat hij kon verzinnen, en zei toen: 'En nu kus ik mijn monnikenkleed.' Hij tilde een hoekje van zijn saffraangele gewaad op en gaf er een luide smakkerd op. Ik dacht dat dat waarschijnlijk een of ander superesoterisch godsdienstig gebruik was, en vroeg hem wat hij precies aan het doen was. Hij zei: 'Hetzelfde wat ik altijd doe als er iemand naar me toe komt voor advies over zijn of haar relatie. Ik dank God dat ik monnik ben en me zelf niet meer druk hoef te maken over dit soort dingen.'

Ik wist dus dat ik met hem openhartig over mijn problemen met de Gurugita kon praten. Op een avond, toen we na het eten samen door de tuinen liepen, vertelde ik hem wat een afkeer ik had van de Gurugita en vroeg of hij me misschien vrijstelling van het zingen kon geven. Hij begon meteen te lachen. Hij zei: 'Je hoeft hem niet te zingen als je dat niet wilt. Niemand zal je hier ooit dwingen iets tegen je zin te doen.'

'Maar ze zeggen dat het een belangrijk spiritueel ritueel is.'

'Dat is het ook. Maar ik zal niet tegen je zeggen dat je naar de hel gaat als je het niet doet. Het enige wat ik tegen je ga zeggen is dat je goeroe er erg duidelijk over is geweest – de Gurugita is de belangrijkste tekst van deze vorm van yoga, en misschien wel het belangrijkste ritueel dat je kunt uitvoeren, afgezien van mediteren. Als je in de ashram verblijft, verwacht ze van je dat je elke ochtend vroeg opstaat voor de chant.'

'Ik vind het niet erg om 's ochtends vroeg op te staan...'

'Wat dan wel?'

Ik legde aan de monnik uit waarom ik de Gurugita tegenwoordig vreesde, wat een kwelling hij voor me was.

Hij zei: 'Goh, het is je aan te zien. Je hoeft er maar over te práten en je wordt al doodnerveus.'

Dat was waar. Ik voelde het koude, klamme zweet uitbreken onder mijn oksels. Ik vroeg: 'Kan ik die tijd niet benutten om andere dingen te doen? Soms merk ik dat als ik tijdens de Gurugita naar de meditatiegrot ga, het mediteren heel vlot gaat.'

'O, daar zou je van Swamiji voor op je kop hebben gekregen. Hij zou je een chantdief hebben genoemd, omdat je meelift op de energie die alle anderen door middel van hard werken hebben opgebouwd. Moet je horen, de Gurugita is nu eenmaal geen leuk lied om te zingen. Daar is het ook niet voor bedoeld. Het is een tekst met onvoorstelbare kracht. Het is een enorm louterend ritueel, dat al je rotzooi en al je negatieve gevoelens wegbrandt. En ik denk dat het waarschijnlijk een positieve invloed op je heeft, als jij zulke sterke emoties en lichamelijke reacties ervaart terwijl je hem zingt. Het kan allemaal heel pijnlijk zijn, maar het is wel verschrikkelijk goed voor je.'

'Hoe blijft u gemotiveerd genoeg om het vol te houden?'

'Wat is het alternatief? Het gewoon opgeven telkens wanneer je een beetje op de proef wordt gesteld? Je hele leven lang blijven aankloten, ongelukkig en onvoltooid?'

'Zei u nou echt "aankloten"?'

'Ja. Ja, dat zei ik.'

'Wat moet ik nu?'

'Dat moet je zelf bepalen. Maar mijn advies – aangezien je daar toch om vroeg – is dat je de Gurugita blijft chanten terwijl je hier bent, juist omdát je er zo extreem op reageert. Als iets zo hard aan je vreet, kun je er zeker van zijn dat het effect op je heeft. Zo werkt de Gurugita nu eenmaal. Hij brandt het ego weg, reduceert je tot pure as. Het hóórt pijn te doen, Liz. De Gurugita heeft een invloed die het rationele begrip te boven gaat. Je blijft toch nog maar één week in de ashram, hè? En daarna ben je vrij om te gaan en staan waar je wilt en plezier te hebben. Dus chant dat ding nog zeven keer, dan ben je er voor altijd vanaf. Onthoud wat onze goeroe zegt: ga als een wetenschapper met je eigen spirituele ervaring om. Je bent hier niet als toeriste of als journaliste; je bent hier om jezelf te vinden. Dus ga vooral op zoek.'

'Dus u geeft me geen vrijstelling van mijn misère?'

'Je mag jezelf vrijstelling geven van je misère wanneer je maar wilt, Liz. Dat is het goddelijke contract van een klein niemendalletje dat we "de vrije wil" noemen.'

53

Zodoende ging ik de volgende ochtend naar de chant, vastberaden het vol te houden, en de Gurugita schopte me van een betonnen trap met twintig treden naar beneden – althans, zo voelde het. De volgende dag was het nog erger. Ik werd woedend wakker, en ik zat nog niet in de tempel of ik was al aan het zweten, borrelen, *kolken*. Ik bleef maar denken: 'Het is maar anderhalf uur – alles valt anderhalf uur lang vol te houden. Jezus christus, je hebt vriendinnen die veertien uur over hun bevalling hebben gedaan...' Maar toch, ik had niet minder lekker op die stoel kunnen zitten als ze me eraan vastgeniet hadden. Er bleven maar vuurballen door me heen schieten – alsof ik in de *menopauze* zat en opvliegers had! – en ik was bang dat ik flauw zou vallen of in mijn boosheid iemand zou bijten.

Mijn woede was gigantisch. Hij omvatte alles en iedereen, maar was vooral gericht op Swamiji, de leermeester van mijn goeroe, die dit hele ritueel van het chanten van de Gurugita had ingevoerd. Dit was niet mijn eerste moeilijke confrontatie met de grote, inmiddels overleden yogi. Hij was degene die in mijn droom op het strand naar me toe was gekomen en me had gevraagd hoe ik van plan was het tij te keren, en ik had altijd het gevoel dat hij me zat te jennen.

Swamiji was zijn hele leven lang meedogenloos geweest, een spirituele onruststoker. Net als de heilige Franciscus van Assisi werd hij geboren in een rijke familie die van hem verwachtte dat hij later het familiebedrijf zou ingaan. Toen hij nog jong was, ontmoette hij echter een heilige man in een dorpje in de buurt van het zijne – een ervaring die hem diep raakte. Als tiener ging Swamiji in een lendendoek weg van huis. Jarenlang maakte hij pelgrimstochten naar alle heilige plekken in India, op zoek naar zijn ware geestelijke leermeester. Men zegt dat hij meer dan zestig heiligen en goeroes heeft ontmoet, zonder ooit de leraar te vinden die hij zocht. Hij leed honger, zwierf te voet rond, sliep in de Himalaya buiten in sneeuwstormen, leed aan malaria en dysenterie, en noemde dat de gelukkigste jaren van zijn leven, toen hij gewoon op zoek was naar iemand die hem God zou laten zien. Gedurende die jaren beoefende Swamiji de Hatha-yoga en werd hij een expert op het gebied van de ayurvedische geneeskunst en ayurvedisch koken, architect, tuinier, musicus en zwaardvechter (prachtig toch?). Toen hij tegen de middelbare leeftijd was, had hij nog steeds geen goeroe gevonden, totdat hij op een dag een naakte, dwaze wijsgeer tegenkwam die hem vertelde dat hij terug naar huis moest, naar het dorp waar hij als kind de heilige man had ontmoet, en dat hij bij die grote heilige in de leer moest.

Swamiji keerde gehoorzaam terug naar huis en werd de meest toegewijde leerling van de heilige man. Ten slotte bereikte hij onder leiding van zijn leermeester de verlichting. Uiteindelijk werd Swamiji zelf ook goeroe. Door de jaren heen groeide zijn ashram in India van drie kamers op een dor stuk landbouwgrond uit tot de welige tuin die hij nu is. Toen vatte hij het idee op om te gaan reizen en mensen aan te zetten tot een mondiale meditatierevolutie. In 1970 ging hij naar Amerika, waar hij een verpletterende indruk maakte. Hij gaf aan honderden, zo niet duizenden mensen per dag goddelijke initiatie (shaktipat). Hij had rechtstreekse, transformerende gaven. De Eerwaarde Vader Eugene Callender (een gerespecteerde leider van de burgerrechtenbeweging, een collega van Martin Luther King Jr. en nog altijd de predikant van een doopsgezinde gemeente in Harlem) weet nog dat hij Swamiji in de jaren zeventig ontmoette, vol verbijstering voor de Indiër op zijn knieën viel en bij zichzelf dacht: Dit is geen tijd voor kletspraatjes en geouwehoer, dit is het echte werk... Deze man weet alles wat er over jou te weten valt.

Swamiji eiste enthousiasme, overtuiging en zelfbeheersing. Hij gaf voortdurend mensen op hun kop omdat ze *jad* waren, het Hindi-woord voor 'inert'. Hij introduceerde eeuwenoude ideeën over discipline in het leven van zijn vaak rebelse jonge westerse volgelingen en beval hun op te houden met het verspillen van hun eigen tijd en energie (en die van anderen) met hun ongedisciplineerde hippieonzin. Het ene moment gooide hij zijn wandelstok naar je, het volgende omhelsde hij je. Hij was een moeilijk mens, vaak controversieel, maar hij heeft werkelijk de wereld veranderd. De reden dat wij in het Westen tegenwoordig toegang hebben tot zo veel eeuwenoude heilige yogageschriften is dat Swamiji toezicht hield op de vertaling en het nieuw leven inblazen van filosofische teksten die zelfs in een groot deel van India allang vergeten waren.

Mijn goeroe was Swamiji's meest toegewijde studente. Ze werd letterlijk geboren om leerlinge van hem te worden; haar Indiase ouders behoorden tot zijn eerste volgelingen. Als kind chantte ze al vaak achttien uur per dag, onvermoeibaar in haar toewijding. Swamiji zag haar potentieel en nam haar al toen ze nog een tiener was aan als zijn vertaalster. Ze reisde de hele wereld met hem rond en lette zo goed op haar goeroe, zei ze later, dat ze zelfs zijn knieën tegen haar kon voelen spreken. In 1982 werd ze zijn opvolgster, nog geen dertig jaar oud.

Alle ware goeroes hebben gemeen dat ze in een voortdurende staat van zelfverwezenlijking leven, maar hun uiterlijke kenmerken willen nog weleens verschillen. Mijn goeroe en haar leermeester zijn op het oog enorm verschillende mensen. Zij is een vrouwelijke, universitair geschoolde, schrandere carrièrevrouw die meerdere talen spreekt; hij was een soms grillige, soms majesteitelijke Zuid-Indiase oude leeuw. Voor een keurig meisje uit New England zoals ik is het geen grote opgave om volgelinge te worden van mijn levende mentor, die geruststellend netjes is – precies het soort goeroe dat je mee naar huis kunt nemen om aan je vader en moeder voor te stellen. Swamiji daarentegen... die was onvoorspelbaar. En al vanaf het eerste moment dat ik aan deze vorm van yoga begon, foto's van hem zag en verhalen over hem hoorde, dacht ik: Deze man ga ik uit de weg. Die is me een maatje te groot. Ik word zenuwachtig van hem.

Maar nu ik eenmaal hier in India ben, in de ashram die zijn huis was, kom ik tot de conclusie dat ik maar één ding wil: Swamiji. Het enige wat ik voel is Swamiji. De enige persoon met wie ik in mijn gebeden en meditaties praat is Swamiji. Het is Radio Swamiji, de hele dag door. Ik zit hier in de oven van Swamiji en voel hoe hij op me inwerkt. Zelfs dood heeft hij nog iets heel aards en aanwezigs. Hij is de leermeester die ik nodig heb wanneer ik het echt moeilijk heb, want ik kan hem uitschelden en hem al mijn mislukkingen en tekortkomingen laten zien, en het enige wat hij doet is lachen. Lachen en van me houden. Zijn gelach maakt me nog bozer en die boosheid zet me aan tot actie. En naar mijn gevoel is hij nooit dichter bij me dan wanneer ik me door de Gurugita met zijn ondoorgrondelijke verzen in het Sanskriet heen worstel. Mentaal zit ik de hele tijd met Swamiji te ruziën, waarbij ik allerlei strijdlustige dingen roep in de trant van: 'Dit kan maar beter ergens goed voor zijn, want ik doe dit allemaal voor u! Kom maar op met die resultaten! Kom maar op met die loutering!' Gisteren werd ik zo razend toen ik naar mijn chantboek keek en besefte dat we pas bij vers 25 waren terwijl ik al onaangenaam zat te branden en te zweten (en niet zoals een mens zweet, maar meer zoals een kaas zweet), dat ik heel hard uitriep: 'Nee zeg, dit is niet wáár!' Een paar vrouwen draaiden zich om en keken me bezorgd aan; ongetwijfeld verwachtten ze dat ze mijn bezeten hoofd op mijn nek zouden zien rondtollen.

Eens in de zoveel tijd herinner ik me dat ik ooit in Rome woonde en mijn ochtenden op mijn dooie gemak doorbracht met het eten van gebakjes, het drinken van cappuccino en het lezen van de krant.

Wat was dat allemaal heerlijk.

Maar wat lijkt het nu allemaal ver weg.

54

Vanochtend versliep ik me. Dat wil zeggen, als rechtgeaarde luilak bleef ik tot een onchristelijk tijdstip onder zeil: kwart over vier 's ochtends. Een paar minuten voordat de Gurugita zou beginnen werd ik pas wakker. Ik dwong mezelf ondanks mijn tegenzin op te staan, plensde wat water in mijn gezicht, kleedde me aan en maakte me gereed om – vies, chagrijnig en vol wrok – in de inktzwarte duisternis van vóór de zonsopgang mijn kamer uit te gaan... om er vervolgens achter te komen dat mijn kamergenote vóór mij de kamer was uitgegaan en me binnen had opgesloten.

Dat zal haar nog niet meegevallen zijn. Zo groot is de kamer namelijk niet; het is moeilijk om over het hoofd te zien dat je kamergenote in het bed naast je nog ligt te slapen. Bovendien is zij een enorm verantwoordelijk, praktisch type – een Australische met vijf kinderen. Dit is niks voor haar. Maar ondertussen heeft ze het wel gedaan. Ze heeft me letterlijk in de kamer opgesloten.

Mijn eerste gedachte was: *Als ik ooit een goed excuus heb gehad om niet naar de Gurugita te gaan, dan is dit het wel.* Mijn tweede gedachte daarentegen... Nou, het was niet eens zozeer een gedachte. Eerder een handeling.

Ik sprong uit het raam.

Om precies te zijn: ik klom naar buiten over de reling, hield hem vast met handen die klam waren van het zweet en bleef daar even vanaf de tweede verdieping boven het donker bungelen. Pas toen stelde ik mezelf de redelijke vraag: 'Waarom ben je uit dit gebouw aan het springen?' Het antwoord was fel, zakelijk en vastberaden: *Ik moet naar de Gurugita.* Toen liet ik los en viel misschien vier à vijf meter door het donker naar beneden, op de betonnen stoep. Op weg naar beneden raakte ik iets wat een lang stuk huid van mijn rechterscheen scheurde, maar dat kon me niets schelen. Ik kwam overeind en rende op blote voeten, met een hart dat in mijn oren bonsde, helemaal naar de tempel, waar ik een plaatsje bemachtigde, mijn gebedenboek net op het moment dat de chant begon opensloeg en – met een been dat de hele tijd bleef bloeden – de Gurugita begon te zingen.

Pas na een paar verzen kwam ik genoeg op adem om mijn normale, instinctieve ochtendgedachte te denken: *Ik wil hier helemaal niet zijn.* Waarop ik Swamiji in mijn hoofd in lachen hoorde uitbarsten en hoorde zeggen: *Dat is grappig – je gedraagt je anders wel als iemand die hier graag wil zijn.*

En ik antwoordde hem: *Oké. U wint.*

Daar zat ik dan, te zingen, te bloeden en te denken dat het misschien wel eens tijd werd om mijn relatie met dit specifieke spirituele rituaal te veranderen. De Gurugita hoort een hymne van pure liefde te zijn, maar iets had me er altijd van weerhouden er in volle ernst die liefde in te leggen. Dus terwijl ik alle verzen chantte, besefte ik dat ik iets of iemand moest zien te vinden om de hymne aan op te dragen, om pure liefde in mezelf te kunnen vinden. Tegen vers twintig had ik iemand gevonden: *Nick.*

Nick, mijn neefje, is een jongen van acht, dun voor zijn leeftijd, eng slim, angstaanjagend scherpzinnig, gevoelig en gecompliceerd. Zelfs een paar minuten na zijn geboorte was hij al de enige te midden van alle krijsende pasgeborenen op de babyzaal die niet huilde, maar met volwassen, wereldse en bezorgde ogen om zich heen keek en eruitzag alsof hij dat al zo vaak had gedaan en niet wist hoe blij hij was dat hij het nóg eens moest doen. Het is een kind voor wie het leven nooit eenvoudig is, een kind dat alles intens hoort, ziet en ervaart, een kind dat soms zo snel door emotie overmand raakt dat het ons allemaal van ons stuk brengt. Ik koester een enorme, beschermende liefde voor die jongen. Toen ik het tijdsverschil tussen India en Pennsylvania uitrekende, realiseerde ik me dat het thuis bijna zijn bedtijd was. Dus zong ik de Gurugita voor mijn neefje Nick, om hem te helpen in slaap te vallen. Soms heeft hij moeite om de slaap te vatten omdat hij zijn hoofd niet stil kan krijgen. Dus droeg ik elk gewijd woord van deze hymne op aan Nick. Ik vulde het lied met alles waarvan ik wilde dat ik het hem over het leven kon leren. Met elke regel probeerde ik hem te verzekeren dat de wereld soms hard en oneerlijk is, maar dat het allemaal oké is omdat er mensen zijn die heel veel van hem houden. Hij wordt omringd door mensen die er alles voor over hebben om hem te helpen. En dat niet alleen – zelf heeft hij ook wijsheid en geduld, diep in zijn wezen begraven, die zich pas op den duur zullen openbaren en hem altijd door alle beproevingen heen zullen slepen. Hij is een geschenk van God aan ons allen. Dat vertelde ik hem via deze oude, heilige Sanskritische tekst, en even later merkte ik dat ik zachtjes zat te huilen. Voordat ik de tranen echter weg kon vegen was de Gurugita voorbij. Het anderhalve uur zat erop. Het voelde alsof er ternauwernood tien minuten voorbij waren gegaan. Ik besefte wat er was gebeurd – dat Nick míj erdoorheen had gesleept. De kleine jongen die ik had willen helpen, had in feite mij geholpen.

Ik liep naar de voorkant van de tempel, knielde en boog diep tot mijn hele gezicht de grond raakte, uit dankbaarheid jegens mijn God, de revolutionaire invloed van de liefde, mezelf, mijn goeroe en mijn neefje. Heel even begreep ik op een moleculair niveau (niet op een intellectueel niveau) dat al die woorden, denkbeelden of mensen op hetzelfde neerkwamen. Toen glipte ik de meditatiegrot in, waar ik het ontbijt oversloeg en bijna twee uur lang bleef mediteren, gonzend van stilte.

Het hoeft geen betoog dat ik de Gurugita daarna nooit meer miste; het werd het heiligste van al mijn rituelen in de ashram. Natuurlijk deed Richard uit Texas zijn uiterste best om me te plagen met het feit dat ik uit mijn slaapkamer was gesprongen. Elke avond zei hij na het eten tegen me: 'Tot morgenochtend bij de Giet, Voer. Enne... probeer deze keer eens de trap, oké?' En natuurlijk belde ik de week daarop mijn zusje, dat zei dat Nick om redenen die niemand begreep ineens zonder problemen in slaap viel. En uiteraard kwam ik een paar dagen later in de bibliotheek in een boek over de Indiase heilige Sri Ramakrishna een verhaal tegen over een vrouw die ooit de grote leermeester bezocht en toegaf dat ze bang was dat ze geen goede volgelinge was, dat ze niet genoeg van God hield. En de heilige zei: 'Is er dan niets waarvan je houdt?' De vrouw gaf toe dat ze haar kleine neefje meer aanbad dan wie of wat ter wereld. Waarop de heilige zei: 'Goed dan. Hij is jouw Krishna, jouw geliefde. Telkens wanneer je je neefje een dienst bewijst, dien je God.'

Maar dit doet allemaal niet ter zake. Wat echt wonderbaarlijk is, is wat er verder gebeurde op de dag dat ik uit het raam sprong. Die middag kwam ik Delia tegen, mijn kamergenote. Ik vertelde haar dat ze me in onze kamer had opgesloten. Ze was ontzet. Ze zei: 'Ik kan me niet voorstellen waarom ik dat gedaan heb! Vooral omdat ik de hele ochtend aan je heb zitten denken. Ik heb vannacht heel levendig over je gedroomd. Ik blijf het maar voor me zien.'

'Wat heb je dan gedroomd?' vroeg ik.
'Ik droomde dat je in brand stond,' zei Delia, 'en dat je bed ook in brand stond. Ik sprong overeind om je te helpen, maar tegen de tijd dat ik bij je was, was je alleen nog maar een hoopje witte as.'

55

Dat was het moment waarop ik besloot dat ik hier in de ashram moest blijven. Wat helemaal niet mijn oorspronkelijke plan was. Mijn oorspronkelijke plan was om hier een week of zes te blijven, een beetje transcendente ervaring op te doen en dan verder te reizen door heel India, op zoek naar God (ahum). Ik was uitgerust met plattegronden, reisgidsen en wandelschoenen. Ik had een hele waslijst van tempels, moskeeën en heilige mannen die ik wilde bezoeken. Want ik zat toevallig wel in India, waar zoveel te zien en te beleven valt! Ik moest grote afstanden afleggen, tempels verkennen en olifanten- en kamelentrektochten maken. En ik zou het verschrikkelijk vinden om de Ganges te missen, en de fantastische woestijn van Rajasthan, de gekke filmhuizen van Mumbai, de Himalaya, de oude theeplantages, en de riksja's van Calcutta die wedstrijden met elkaar houden zoals in de strijdwagenscène in *Ben-Hur*. Ik was zelfs van plan de Dalai Lama in maart te ontmoeten, in Dharamsala in het verre noorden. Ik hoopte dat híj me iets over God zou kunnen leren.

Hier blijven en mezelf vrijwillig opsluiten in een kleine ashram in een piepklein, onvindbaar dorpje – nee, dat was niet mijn plan.

Aan de andere kant, zen-leermeesters zeggen altijd dat je je spiegelbeeld niet in stromend water kunt zien, alleen in stilstaand water. Dus iets zei me dat het van spirituele nalatigheid zou getuigen om er nu vandoor te gaan, net nu er zoveel gebeurde hier in deze kleine, afgezonderde plek waar elke minuut van de dag is ingericht om zelfverkenning en spiritualiteit te bevorderen. Moest ik echt nu in treinen zitten, maagparasieten oplopen en tussen de backpackers zitten? Kon ik dat niet een andere keer doen? Kon ik de Dalai Lama niet een andere keer ontmoeten? Zou de Dalai Lama er later ook niet zijn? (En mocht hij in de tussentijd onverhoopt overlijden, zouden ze dan niet gewoon een andere vinden?) Had ik niet al een paspoort dat eruitziet als een getatoeëerde circusartieste? Zou meer reizen me echt dichter bij een goddelijke openbaring brengen?

Ik wist niet wat ik moest doen. Ik bleef een hele dag lang wikken en wegen. Zoals gewoonlijk had Richard uit Texas het laatste woord.

'Blijf hier, Voer,' zei hij. 'Laat al die sightseeing maar zitten; daar heb je de rest van je leven nog de tijd voor. Je bent op een spirituele reis, meid. Laat het niet halverwege afweten; haal eruit wat erin zit. Je hebt een persoonlijke uitnodiging van God hier – ga je die echt afslaan?'

'Maar al die mooie dingen die er in India te zien zijn dan?' vroeg ik. 'Is het eigenlijk niet zonde om helemaal hierheen te komen om vervolgens alleen maar de hele tijd in een kleine ashram te blijven zitten?'

'Voer, meid, luister naar je vriend Richard. Als jij die lelieblanke kont van je de komende drie maanden elke dag in de meditatiegrot neerpoot, beloof ik je dat je dingen zult zien die zo godsgruwelijk mooi zijn dat de Taj Mahal er compleet bij in het niet valt.'

56

Vanochtend betrapte ik mezelf erop dat ik tijdens de meditatie over het volgende zat te denken.

Ik vroeg me af waar ik straks moet wonen als dit jaar reizen erop zit. Ik wil niet gewoon uit automatisme terugverhuizen naar New York. Misschien moet ik eens naar een andere stad. Austin schijnt leuk te zijn. En Chicago heeft van die prachtige architectuur. Maar ook verschrikkelijke winters. Of misschien ga ik wel naar het buitenland. Ik heb goede dingen gehoord over Sydney... Als ik naar een goedkopere stad dan New York verhuis, kan ik me misschien wel een extra slaapkamer veroorloven, en dus een speciale meditatiekamer! Dat zou leuk zijn. Misschien verf ik hem wel goud. Of misschien wel hemelsblauw. Nee, goud. Nee, blauw...

Toen ik me eindelijk bewust werd van deze gedachtegang, was ik ontzet. Ik dacht: *Hier zit je dan in India, in een ashram in een van de heiligste pelgrimsoorden ter wereld. En in plaats van te communiceren met God, probeer je te plannen waar je volgend jaar zult mediteren, in een huis dat nog niet eens bestaat in een plaats die nog nader bepaald moet worden. Wat denk je, stomme trut – kun je niet beter proberen om hier te mediteren, en wel nu, op de plek waar je je daadwerkelijk bevindt?*

Ik richtte mijn aandacht weer op het in stilte herhalen van de mantra.

Even later laste ik een pauze in om die nare 'stomme trut'-opmerking terug te nemen. Ik kwam tot de conclusie dat die misschien niet zo liefdevol was.

Maar toch, dacht ik het volgende moment, *een gouden meditatiekamer zou leuk zijn.*

Ik deed mijn ogen open en zuchtte. Zou het me ooit nog eens lukken om het goed te doen?

Die avond probeerde ik dus iets nieuws. Een tijdje daarvoor had ik in de ashram een vrouw leren kennen die aan

Vipassana-meditatie had gedaan. Vipassana is een ultra-orthodoxe, van alle franje ontdane, zeer intensieve boeddhistische meditatietechniek. In feite is het gewoon zítten. Een beginnerscursus Vipassana duurt tien dagen, en gedurende die tijd breng je tien uur per dag zittend door, waarbij je twee à drie uur achter elkaar stil moet zijn. Het is de *Extreme Sports*-versie van transcendentie. Je krijgt niet eens een mantra van je Vipassana-leermeester; dat wordt beschouwd als vals spelen. Vipassana-meditatie is een techniek waarbij je puur beschouwend bezig bent, kijkt naar je gedachten en met volle aandacht stilstaat bij je gedachtepatronen, maar waarbij je voor niets of niemand van je plaats af komt.

Ook lichamelijk is het slopend. Als je eenmaal zit, mag je absoluut niet meer bewegen, hoe ernstig je ongerief ook is. Je zit daar gewoon en zegt tegen jezelf: 'De komende twee uur heb ik geen enkele reden om te bewegen.' Als je ongemakkelijk zit, is het de bedoeling dat je stilstaat bij dat ongemak, dat je kijkt wat voor effect de lichamelijke pijn op je heeft. In ons echte leven doen we van alles om ons aan te passen aan lichamelijk, emotioneel en psychologisch ongerief, om onder de realiteit van pijn en ergernis uit te komen. Door de Vipassana-meditatie leer je dat pijn en ergernis in dit leven onvermijdelijk zijn, maar dat je, als je maar lang genoeg stil kunt zitten, op den duur zult ervaren dat alles (zowel ongemak als mooie dingen) uiteindelijk voorbijgaat.

'De wereld wordt nu eenmaal geteisterd door dood en verval, en dus treuren wijze mensen niet; zij kennen de voorwaarden van de wereld,' zegt een oude boeddhistische leerstelling. Met andere woorden: wen er maar aan.

Ik denk niet dat Vipassana voor mij helemaal de methode is. Het is veel te ascetisch voor mij; mijn opvattingen over spiritualiteit draaien in het algemeen om compassie, liefde, vlinders, gelukzaligheid en een vriendelijke God, oftewel iets wat mijn vriendin Darcey 'pyjamafeestjestheologie' noemt.

In de Vipassana-leer wordt zelfs niet over 'God' gerept, aangezien het concept God door sommige boeddhisten als het laatste voorwerp van afhankelijkheid wordt beschouwd, het ultieme zachte knuffelbeertje, het laatste waarvan je afstand doet op weg naar pure onthechting. Nu heb ik zo mijn eigen persoonlijke problemen met het woord 'onthechting', aangezien ik zoekers naar het spirituele heb ontmoet die nu al helemaal geen emotionele band met andere mensen meer lijken te hebben en die ik, als ze het over de heilige zoektocht naar onthechting hebben, wel door elkaar kan schudden, terwijl ik tegen hen schreeuw: 'Jongen, dat is wel het láátste waar jij je op zou moeten richten!'

Maar toch, ik zie ook wel dat het ontwikkelen van een beetje intelligente onthechting in je leven een waardevol instrument kan zijn om rust te vinden. En nadat ik op een middag in de bibliotheek over de Vipassana-meditatie had zitten lezen, dacht ik eens na over hoe vaak ik wel niet als een grote, naar adem snakkende vis in het wilde weg rondspring, hetzij om weg te vluchten uit een ongemakkelijke situatie, hetzij om juist gulzig naar nog meer genot toe te zwemmen. En ik vroeg me af of ik (en degenen die de lastige taak hebben om van me te houden) erbij gebaat zou zijn als ik kon leren om gewoon eens op dezelfde plaats te blijven en een beetje meer te leren verdragen, zonder me altijd verder te laten slepen op de hobbelweg der omstandigheden.

Al die vragen kwamen vanavond weer bij me op, toen ik een rustige bank in een van de ashramtuinen vond en besloot een uur stil te zitten om te mediteren op de Vipassana-manier. Geen beweging, geen onrust, zelfs geen mantra – gewoon pure beschouwing. Eens kijken wat er gebeurt. Helaas was ik vergeten wat er in India 'gebeurt' wanneer het begint te schemeren: muggen. Zodra ik in het prachtige avondlicht op die bank had plaatsgenomen, hoorde ik de muggen op me afkomen; ze vlogen tegen mijn gezicht en landden – bij wijze van groepsaanval – op mijn hoofd, enkels en armen. En vervolgens voelde ik de felle kleine steken. Dat vond ik maar niets. Ik dacht: *Dit is een slechte tijd van de dag om aan Vipassana-meditatie te doen.*

Aan de andere kant, wanneer is het wél een goed moment van de dag, of van het leven, om onthecht stil te zitten? Wanneer is er níet iets wat om je heen gonst en je probeert af te leiden en op de kast te jagen? Dus nam ik een besluit (nogmaals geïnspireerd door de instructie van mijn goeroe dat we als wetenschappers met onze eigen spirituele ervaring moeten omgaan). Ik legde mezelf een experiment voor: *Wat gebeurt er als ik me daar nu eens overheen zet?* Wat gebeurt er als ik niet om me heen mep en klaag, maar me in plaats daarvan één uur lang over het ongemak heen zet?

Dat deed ik dus. In stilte keek ik toe hoe ik opgegeten werd door de muggen. Ergens vroeg ik me eerlijk gezegd af wat ik nu eigenlijk met dit machoachtige experimentje hoopte te bewijzen, maar tegelijkertijd wist ik dat het een beginnerspoging tot zelfbeheersing was. Als ik me over dit niet-dodelijke lichamelijke ongerief heen kon zetten, over wat voor andere vormen van lichamelijk ongerief zou ik me dan ooit nog eens heen kunnen zetten? Of over wat voor soort emotioneel ongerief, wat voor mij nóg onverdraaglijker is? En hoe zat het met jaloezie, woede, angst, teleurstelling, eenzaamheid, schaamte en verveling?

Aanvankelijk jeukte het verschrikkelijk, maar uiteindelijk ging de jeuk op in een algemeen gevoel van in brand staan, en via die hitte kwam ik uit bij een lichte euforie. Ik stond toe dat de pijn zijn specifieke associaties verloor en een puur zintuiglijke gewaarwording werd – noch goed, noch slecht, alleen maar intens – en door die intensiteit werd ik uit mezelf getild, de meditatie in. Twee uur lang zat ik daar. Er had een vogel op mijn hoofd kunnen landen; ik zou er niets van hebben gemerkt.

Laat me over één ding duidelijk zijn. Ik erken dat dit experiment niet de meest stoïcijnse daad van zelfbeheersing in de geschiedenis van de mensheid was, en ik vraag hier ook niet om een koninklijke onderscheiding. Maar ik vond het best spannend om me te realiseren dat ik tijdens mijn 34 jaar op aarde nog nooit níet had uitgehaald naar een mug die me beet. Ik reageer al mijn hele leven als een marionet op dat soort dingen en op duizenden andere kleine en grote signalen van pijn en genot. Als er iets gebeurt, reageer ik altijd. En hier zat ik dan, en ik negeerde de reflex. Ik deed iets wat ik nog nooit eerder had gedaan. Iets kleins, dat geef ik toe, maar hoe vaak kan ik dat zeggen? En wat zal ik morgen kunnen dat ik vandaag nog niet kan?

Toen het allemaal voorbij was, stond ik op, liep naar mijn kamer en nam de schade op. Ik telde een stuk of twintig muggenbeten. Maar binnen een halfuur waren alle beten een stuk kleiner geworden. Het houdt allemaal op. Aan alles komt een einde.

57

De zoektocht naar God is een ommekeer van de normale, alledaagse gang van zaken. Bij het zoeken naar God keer je je af van datgene wat je aantrekt en zwem je naar datgene wat moeilijk is. Je dankt je geruststellende, vertrouwde gewoonten af in de hoop (en niet méér dan hoop!) dat je iets beters terugkrijgt voor dat wat je hebt opgegeven. Alle godsdiensten ter wereld werken volgens dezelfde gedeelde opvattingen over wat het inhoudt om een goede volgeling te zijn: vroeg opstaan en tot je god bidden, je deugden vervolmaken, een goede buur zijn, jezelf en anderen respecteren, je begeerten beteugelen. Iedereen is het erover eens dat het gemakkelijker zou zijn om uit te slapen, en velen van ons doen dat ook, maar toch zijn er ook al duizenden jaren anderen die ervoor kiezen vóór zonsopgang op te staan, hun gezicht te wassen en te gaan bidden. En die dan heel hard proberen om ondanks de gekte van weer zo'n dag hun godsdienstige overtuigingen te behouden.

De gelovigen van deze wereld voeren hun rituelen uit zonder de garantie dat ze er ooit iets goeds voor zullen terugkrijgen. Natuurlijk zijn er genoeg heilige boeken en priesters die meer dan genoeg beloften doen over de beloningen die je goede daden zullen opleveren (of dreigementen uiten over de straf die je te wachten staat mocht je van het ware geloof afvallen), maar alleen al in dat soort dingen geloven is een kwestie van vertrouwen, want geen van ons krijgt ooit het eindspel te zien. Devotie is ijver zonder zekerheid. Geloven is een manier om te zeggen: 'Ja, ik accepteer de voorwaarden van het universum en ik aanvaard bij voorbaat dat wat ik nu nog niet kan begrijpen.' Er is een reden dat we dit soort dingen 'een sprong in het duister' noemen; het besluit om in te stemmen met een bepaald idee van goddelijkheid is namelijk een geweldige sprong van het rationele naar het onkenbare. En het kan me niet schelen hoe ijverig kenners van allerlei religies proberen je voor hun stapels boeken plaats te laten nemen om vervolgens met hun heilige boeken te bewijzen dat hún religie wel degelijk rationeel is, want dat is gewoon niet zo. Als geloof rationeel was, zou het – per definitie – geen geloof zijn. Gelovig zijn is geloven in dingen die je niet kunt zien, bewijzen of aanraken. Gelovig zijn is keihard het donker in rennen. Als we werkelijk van tevoren alle antwoorden hadden over de zin van het leven, de aard van God en het lot van onze ziel, dan zou ons geloof geen sprong in het duister of dappere, menselijke daad zijn, maar gewoon... een verstandige verzekeringspolis.

Ik ben niet geïnteresseerd in het verzekeringswezen. Ik

ben het zat om sceptisch in het leven te staan, ik erger me aan spirituele omzichtigheid en empirische discussies vind ik saaie, droge kost. Daar heb ik allemaal geen boodschap meer aan. Bewijs en beloften kunnen me gestolen worden. Ik wil gewoon God. Ik wil God binnen in mij ervaren. Ik wil dat God in mijn aderen speelt zoals zonlicht zich vermaakt op het water.

58

Mijn gebeden worden steeds beter overdacht en specifieker. Het is bij me opgekomen dat het weinig zin heeft om gebeden het universum in te sturen die lui zijn. Elke ochtend voor de meditatie ga ik in de tempel op mijn knieën en praat ik een paar minuten met God. Aan het begin van mijn verblijf hier in de ashram merkte ik dat ik er tijdens die gesprekken met God vaak niet helemaal bij was met mijn hoofd. Ik was moe, verward en verveeld, en zo klonken mijn gebeden ook. Ik weet nog dat ik op een ochtend kniede, met mijn voorhoofd de vloer raakte en tegen mijn schepper mompelde: 'Goh, eigenlijk weet ik niet zo goed wat ik nodig heb... Maar u hebt vast wel zo'n idee... Dus doe er gewoon wat aan, oké?'

Zo'n beetje hetzelfde als wat ik vaak tegen mijn kapper zeg, dus.

En het spijt me, maar dat is wel een tikje armzalig. Je kunt je voorstellen hoe God zo'n gebed met een opgetrokken wenkbrauw aanhoort en het volgende bericht terugstuurt: 'Bel me maar terug tegen de tijd dat je weet waar je mee bezig bent.'

Natúúrlijk weet God allang wat ik nodig heb. De vraag is: weet ik het zelf ook? Jezelf hulpeloos en wanhopig aan de voeten van God werpen is allemaal wel leuk en aardig – geloof me, ik heb het zelf ook vaak genoeg gedaan – maar uiteindelijk hou je er waarschijnlijk meer aan over als je zelf ook een beetje actie onderneemt. Er is een fantastische oude Italiaanse mop over een arme man die elke dag naar de kerk gaat en voor het beeld van een grote heilige bidt: 'Lieve heilige, alstublieft, alstublieft, alstublieft... zorg dat ik een keer de loterij win.' Die smeekbede gaat maandenlang door. Ten slotte komt het geërgerde beeld tot leven, kijkt naar de smekende man en zegt vermoeid en vol afkeer: 'Beste kerel, alsjeblieft, alsjeblieft, alsjeblieft... *koop een lot*.'

Bidden is een relatie; ik moet zelf het halve werk doen. Als ik wil veranderen, maar niet eens de moeite neem om in woorden te vatten welk doel ik precies voor ogen heb, hoe moet die verandering dan ooit tot stand komen? Het nut van bidden is half gelegen in het vragen zelf, in het overleggen van een helder geformuleerde, goed overwogen intentie. Als je die niet hebt, zijn al je smeekbeden en verlangens graatloos, slap, inert; ze dwarrelen in een kille mist om je voeten heen en stijgen nooit op. En dus maak ik tegenwoordig elke ochtend tijd vrij om eens goed te bepalen waar ik nu eigenlijk precies om vraag. Ik blijf net zo lang in de tempel met mijn gezicht op dat koude marmer op mijn knieën zitten tot ik een authentiek gebed heb geformuleerd. Als ik me niet oprecht voel, blijf ik op de grond zitten totdat ik me wel oprecht voel. Wat gisteren werkte, hoeft vandaag niet per se effectief te zijn. Gebeden kunnen afgezaagd, eentonig, saai en familiair worden als je je aandacht laat verslappen. Door mijn best te doen om alert te blijven, neem ik de bevoogdende verantwoordelijkheid op me voor het onderhoud van mijn eigen ziel.

Het lot, vind ik, is ook een relatie – een samenspel tussen goddelijke genade en een welbewuste inspanning van jouw kant. Over de ene helft heb je niets te zeggen; de andere helft ligt absoluut in jouw handen. Jouw handelingen hebben meetbare gevolgen. De mens is noch helemaal een marionet van de goden, noch helemaal de baas over zijn eigen lot; hij is een beetje van allebei. We galopperen door ons leven als circusartiesten die hun evenwicht moeten zien te bewaren op twee naast elkaar rennende paarden. De ene voet staat op het paard dat 'het lot' heet, de andere op een paard genaamd 'vrije wil'. En de vraag die je elke dag weer moet stellen is: welk paard is wat? Over welk paard moet ik ophouden me zorgen te maken omdat ik het toch niet de baas kan, en welk paard moet ik uit alle macht bijsturen?

Er is een hoop aan mijn lot waar ik zelf geen invloed op kan uitoefenen, maar andere dingen vallen wel degelijk onder mijn jurisdictie. Ik kan staatsloten kopen om zo mijn kans op het vinden van voldoening te vergroten. Ik kan beslissen hoe ik mijn tijd doorbreng, met wie ik omga, en met wie ik mijn lichaam, leven, geld en energie deel. Ik kan uitkiezen wat ik eet, lees en bestudeer. Ik kan kiezen hoe ik tegen de minder gelukkige omstandigheden in mijn leven aankijk – of ik ze zie als bezoekingen of juist als kansen (en op de momenten dat het meest optimistische standpunt er niet in zit omdat ik zo'n verschrikkelijk medelijden met mezelf heb, kan ik ervoor kiezen om te blijven proberen om mijn houding te veranderen). Ik kan mijn woorden kiezen en ook de toon waarop ik ze tegen andere mensen zeg. En bovenal kan ik zelf mijn eigen gedachten kiezen.

Dat laatste begrip is helemaal nieuw voor me. Richard uit Texas bracht het onlangs onder mijn aandacht toen ik klaagde dat ik maar niet kon ophouden met piekeren. Hij zei: 'Voer, je moet leren hoe je je gedachten moet uitkiezen. Het is net zoiets als uitkiezen welke kleren je vandaag weer eens aantrekt. Het is een gave die je jezelf kunt aanleren. Als je echt zo nodig de baas wilt zijn over je eigen leven, doe dan iets aan je gedachten. Dat is het enige wat je de baas moet willen zijn. Laat voor de rest alles vallen en concentreer je daarop. Want als je niet kunt leren je gedachten in bedwang te houden, zit je voor altijd in de nesten.'

Op het eerste gezicht lijkt dat een praktisch onmogelijke taak. Je gedáchten de baas zijn? In plaats van andersom? Maar stel dat je het kon? Het heeft niets te maken met onderdrukking of ontkenning. Onderdrukking en ontkenning zijn opstapjes naar ingewikkelde spelletjes waarbij je net doet alsof je negatieve gedachten en gevoelens er niet zijn. Richard heeft het juist over iets heel anders: het bestaan van negatieve gedachten onderkennen, begrijpen waar ze vandaan komen en waarom ze komen opzetten, en ze vervolgens – met grote vergevingsgezindheid en vastberadenheid – van je afzetten. Dat is een techniek die naadloos aansluit bij het psychologische werk dat je doet als je in therapie gaat. Bij een psycholoog kun je leren begrijpen waar die destructieve gedachten überhaupt vandaan komen; met geestelijke oefeningen kun je ze afleren. Natuurlijk is het een hele opoffering om ze los te laten. Het is een verlies van oude gewoonten, geruststellende oude wrok en vertrouwde plaatjes. Natuurlijk vergt het allemaal oefening en inspanning. Het is geen les die je één keer aanhoort en dan meteen onder de knie hebt. Het is voortdurende waakzaamheid en ik ga ervoor. Ik moet ervoor gaan, om sterker te worden. *Devo farmi le ossa*, zeggen de Italianen. 'Ik moet mijn botten maken.'

Nu hou ik dus nauwlettend de hele dag een oogje op mijn gedachten, en ik blijf ze in de gaten houden. Een stuk of zevenhonderd keer per dag herhaal ik deze gelofte: *'I will not harbor unhealthy thoughts anymore'* (Ik zal geen ongezonde gedachten meer koesteren). Telkens wanneer er een kleinerende gedachte bij me opkomt, herhaal ik de gelofte. *I will not harbor unhealthy thoughts anymore.* De eerste keer dat ik mezelf die woorden hoorde uitspreken, spitste ik mentaal mijn oren bij het woord '*harbor*', dat niet alleen een werkwoord is (huisvesten, koesteren), maar ook een zelfstandig naamwoord (haven). Een haven is natuurlijk een toevluchtsoord, een toegang tot een land. Ik stelde me de haven van mijn denkraam voor – een beetje aftands, misschien, een beetje verweerd door al die wind, maar wel gunstig gelegen en mooi diep. De haven van mijn denkraam is een open baai, de enige toegang tot het eiland Ik (inderdaad, een jong en vulkanisch eiland, maar wel vruchtbaar en veelbelovend). Zeker, het eiland heeft een paar oorlogen meegemaakt, maar nu leeft het voor de vrede, onder een nieuwe leider (ikzelf) die een nieuw beleid heeft ingevoerd om het eiland te verdedigen. En nu – laat het nieuws uitgaan over alle zeeën – zijn er veel, veel strengere regels waaraan een schip moet voldoen om de haven binnen te mogen varen.

Jullie mogen hier niet meer binnenkomen, jullie met jullie harde, schampere gedachten, met jullie gedachten als builenpestschepen, met jullie gedachten als slavenschepen, met jullie gedachten als oorlogsschepen – jullie kunnen onverrichter zake terug naar huis. Hetzelfde geldt voor gedachten die gevuld zijn met boze of hongerige ballingen, met misnoegden en pamfletschrijvers, muiters en gewelddadige moordenaars, wanhopige prostituees, pooiers en oproerige verstekelingen – ook jullie zijn hier niet langer welkom. Kannibalistische gedachten worden niet langer geduld, om voor de hand liggende redenen. Zelfs zendelingen zullen zorgvuldig op oprechtheid worden gescreend. Dit is een vredige haven, de toegang tot een mooi, trots eiland dat nu pas de rust begint te cultiveren. Als jullie je aan deze nieuwe wetten kunnen houden, mijn dierbare gedachten, dan zijn jullie van harte welkom in mijn hoofd; zo niet, dan zal ik jullie allemaal terugsturen naar de zee waar jullie vandaan kwamen.

Dat is mijn missie, waaraan nooit een einde zal komen.

59

Ik ben goed bevriend geraakt met een Indiaas meisje van zeventien, Tulsi. Samen schrobben we elke dag de vloeren van de tempels. Elke avond maken we samen een wandeling door de tuinen van de ashram en praten we over God en hiphopmuziek, twee onderwerpen die Tulsi ongeveer even na aan het hart liggen. Tulsi is zo'n beetje de schattigste Indiase boekenwurm die je je kunt voorstellen, helemaal sinds een van de glazen van haar *'specs'* (zoals ze haar bril noemt) vorige week is gebroken. Nu zit er een cartoonachtig spinnenweb van barsten in, wat haar er niet van weerhoudt hem te dragen. Tulsi vertegenwoordigt voor mij een heleboel interessante, buitenlandse dingen: een tiener, een robbedoes, een Indiaas meisje, de rebel van haar familie, iemand die zo dol is op God dat het wel lijkt alsof ze als een schoolmeisje zo verliefd op hem is. Verder spreekt ze verrukkelijk, zangerig Engels – het soort Engels dat je alleen in India tegenkomt – waartoe koloniale woorden als *'splendid!'* en *'nonsense!'* behoren en dat soms tot prachtige volzinnen leidt in de trant van: 'Het is heilzaam om 's ochtends op het gras te lopen wanneer de dauw al is geaccumuleerd, want het verlaagt op natuurlijke en aangename wijze de temperatuur van het lichaam.' Toen ik haar eens vertelde dat ik een dagje naar Mumbai ging, zei Tulsi: 'Wees alsjeblieft zorgvuldig met waar je gaat staan, aangezien je zult bemerken dat zich overal veel te hard rijdende bussen bevinden.'

Ze is precies twee keer zo jong als ik, en ongeveer twee keer zo dun.

De laatste tijd hebben Tulsi en ik het tijdens onze wandelingen vaak over het huwelijk. Binnenkort wordt ze achttien, de leeftijd waarop ze beschouwd zal worden als legitieme huwelijkskandidate. Het zal als volgt in zijn werk gaan: na haar achttiende verjaardag zal ze gehuld in een sari (om aan te geven dat ze nu een vrouw is) familiebruiloften moeten bijwonen. Dan zal er een of andere vriendelijke *amma* ('tante') naast haar komen zitten die haar vragen zal stellen om te kijken wat voor vlees ze in de kuip heeft: 'Hoe oud ben je? Uit wat voor soort gezin kom je? Wat doet je vader? Voor welke universiteiten heb je je opgegeven? Wat zijn je hobby's? Wanneer ben je jarig?' Even later zal de post een grote envelop bij de vader van Tulsi bezorgen met een foto van de kleinzoon van die vrouw, die informatica studeert in Delhi, en verder de astrologische tabellen van de jongen, zijn cijfers op de universiteit en de onvermijdelijke vraag: 'Zou uw dochter met hem willen trouwen?'

Tulsi zegt: 'Het is klote.'

Maar het betekent zoveel voor de familie om de kinderen met succes uitgehuwelijkt te zien. Tulsi heeft een tante die net haar hoofd kaal heeft geschoren, zo dankbaar is ze God dat haar oudste dochter – 28 jaar oud, praktisch prehistorisch dus – eindelijk getrouwd is. Het was een hele toer geweest om haar uit te huwelijken, want er was nogal wat op haar aan te merken. Toen ik Tulsi vroeg waarom het soms zo'n toer was om een Indiaas meisje uit te huwelijken, zei ze dat er vele redenen konden zijn.

'Misschien heeft ze een slechte horoscoop. Misschien is ze te oud. Misschien is haar huid te donker. Misschien is ze te goed opgeleid en kunnen ze geen man vinden die een hogere positie bekleedt dan zij, wat tegenwoordig een groot probleem is aangezien een vrouw niet beter opgeleid mag zijn dan haar man. Of misschien heeft ze een verhouding met iemand gehad en weet het hele dorp ervan af – o ja, dan zul je moeite hebben om aan een man te komen...'

Ik liep snel de lijst door, om te zien hoe huwbaar ik in de Indiase maatschappij zou zijn. Ik weet niet of mijn horoscoop goed of slecht is, maar ik ben zonder meer te oud en veel te goed opgeleid, en het is publiekelijk aangetoond dat mijn zeden aan de losse kant zijn. Kortom, ik ben niet zo'n aantrekkelijke kandidate. Al heb ik wel een lichte huid. Dat is het enige wat in mijn voordeel spreekt.

Vorige week moest Tulsi naar de bruiloft van een ander nichtje, en toen vertelde ze me (op nogal on-Indiase wijze) wat een hekel ze aan bruiloften heeft. Al dat gedans en geroddel. Al die mooie kleren. Ze zit liever in de ashram om vloeren te schrobben en te mediteren. Haar familie begrijpt er niets van; wat hen betreft gaat haar toewijding aan God wel heel ver. Tulsi zei: 'Mijn familie heeft me opgegeven; ik ben te anders. Ik heb inmiddels de reputatie dat als je a tegen me zegt, ik vrijwel zeker b zal doen. Verder ben ik driftig. En ik wijd me niet volledig aan mijn studie, al zal ik dat vanaf nu wel doen, want nu ga ik naar de universiteit en kan ik zelf bepalen waarin ik geïnteresseerd ben. Ik wil psychologie studeren, net als onze goeroe toen ze op de universiteit zat. Ik word beschouwd als een moeilijk meisje. Ik heb de reputatie dat ik een goede reden nodig heb om iets te doen, anders doe ik het gewoon niet. Mijn moeder begrijpt dat wel en probeert altijd goede redenen aan te dragen, maar mijn vader begrijpt er niets van. Hij geeft me wel redenen, maar geen goede redenen, vind ik. Soms vraag ik me weleens af wat ik in dat gezin doe, want ik lijk helemaal niet op de rest.'

Het nichtje van Tulsi dat vorige week trouwde is pas 21, en Tulsi's oudere zusje van twintig is de volgende op de huwelijkslijst, wat inhoudt dat er daarna veel druk op Tulsi zelf uitgeoefend zal worden om een man te vinden. Ik vroeg haar of ze ooit wilde trouwen, waarop ze zei: 'Neeeeeeeeeeeeee...'

... en het woord bleef maar voortduren, nog langer dan de zonsondergang die we vanuit de tuinen zaten te bekijken.

'Ik wil reizen!' zei ze. 'Net als jij.'

'Weet je, Tulsi, ik heb ook niet altijd zo kunnen reizen. Ik ben getrouwd geweest.'

Ze keek me fronsend aan vanachter haar gebarsten *'specs'*

en wierp me toen een onderzoekende blik toe, alsof ik haar net had verteld dat ik ooit bruin haar had gehad en ze zich dat nu probeerde voor te stellen. Uiteindelijk zei ze: 'Jij, getrouwd? Dat kan ik me niet voorstellen.'

'Toch is het waar. Ik ben getrouwd geweest.'

'Ben jij degene die een einde heeft gemaakt aan het huwelijk?'

'Ja.'

Ze zei: 'Ik denk dat het hoogst prijzenswaardig is dat je een einde hebt gemaakt aan je huwelijk. Je maakt nu een ontzettend gelukkige indruk. Terwijl ik... hoe ben ik hier terechtgekomen? Waarom ben ik als Indiaas meisje geboren? Het is een schande! Waarom ben ik in deze familie geboren? Waarom moet ik zo veel bruiloften bijwonen?'

Toen rende Tulsi een rondje van frustratie, terwijl ze (tamelijk hard naar ashrammaatstaven) schreeuwde: 'Ik wil op Hawaï wonen!'

60

Richard uit Texas is ook ooit getrouwd geweest. Hij heeft twee zoons, allebei volwassen mannen nu, met wie hij een uitstekende band heeft. Soms laat Richard de naam van zijn ex-vrouw vallen in een anekdote of zoiets, en dan lijkt hij altijd met genegenheid over haar te spreken. Ik word altijd een beetje jaloers als ik dat hoor; ik stel me voor hoeveel mazzel Richard heeft dat hij nog steeds bevriend is met zijn voormalige echtgenote, zelfs na de scheiding. Dat is een vreemde bijwerking van mijn vreselijke scheiding; als ik iets hoor over paren die als vrienden uiteengaan, word ik jaloers. Nee, nog erger dan dat – ik geloof tegenwoordig zelfs dat het echt romantisch is als een huwelijk op beschaafde wijze wordt ontbonden. Zoiets van: 'Goh... wat lief... dan zullen ze wel echt van elkaar gehouden hebben...'

Dus op een dag vroeg ik Richard ernaar. Ik zei: 'Je lijkt veel genegenheid voor je ex-vrouw te koesteren. Hebben jullie nog steeds een hechte band?'

'Nah,' zei hij laconiek. 'Zij denkt dat ik mijn naam heb veranderd in Klerelijer.'

Richards onbekommerdheid maakte indruk op me. Mijn eigen voormalige echtgenoot gelooft toevallig ook dat ik mijn naam veranderd heb, en dat vind ik verschrikkelijk. Een van de ergste dingen aan mijn scheiding was het feit dat mijn ex me nooit heeft vergeven dat ik bij hem weggegaan ben, dat het niet uitmaakte hoeveel stapels verklaringen of excuses ik aan zijn voeten legde, welk percentage van de schuld ik op me nam, of hoeveel geld of akten van berouw ik bereid was hem te geven in ruil voor mijn vertrek – hij was zeker niet van plan me te feliciteren en te zeggen: 'Zeg, ik was erg onder de indruk van je gulheid en eerlijkheid en ik wil gewoon tegen je zeggen dat het een groot plezier was om van jou te scheiden.' Nee. Ik was niet te vergeven. En dat zwarte gat van niet-vergeven-zijn droeg ik nog altijd met me mee. Zelfs op momenten van geluk en opwinding (nee, vooral op momenten van geluk en opwinding) kon ik er niet omheen. *Ik word nog altijd door hem gehaat.* En dat voelde alsof het nooit zou veranderen, nooit meer goed zou komen.

Op een dag had ik het erover met mijn vrienden in de ashram, waartoe inmiddels ook een loodgieter uit Nieuw-Zeeland behoorde, een man die ik had leren kennen omdat hij had gehoord dat ik schrijfster was en die mij vervolgens had opgezocht om te zeggen dat hij zelf ook schrijft. Hij is dichter, en had op dat moment in Nieuw-Zeeland net een geweldige autobiografie uitgebracht over zijn eigen spirituele reis: *A Plumber's Progress*. De loodgieter/dichter uit Nieuw-Zeeland, Richard uit Texas, de Ierse melkveehouder, Tulsi de jonge Indiase wildebras en Vivian, een oudere vrouw (en voormalige non) uit Zuid-Afrika met piekerig wit haar en ogen die straalden van de humor – dat waren mijn beste vrienden hier, een zeer levendig groepje mensen van wie ik nooit verwacht had dat ik ze in een ashram in India zou ontmoeten.

Op een dag hadden we het tijdens de lunch met zijn allen over het huwelijk, en de loodgieter/dichter uit Nieuw-Zeeland zei: 'Ik zie het huwelijk als een operatie waarbij twee mensen aan elkaar worden genaaid, en een scheiding als een soort amputatie waarvan het genezingsproces lang kan duren. Hoe langer je getrouwd was, of hoe grover de amputatie was, des te zwaarder is het herstel.'

Wat wel zou verklaren waarom ik nu al een paar jaar post-scheidings-, post-amputatiegewaarwordingen heb – het gevoel dat ik nog steeds een fantoomarm aan me heb hangen waardoor er voortdurend dingen van de planken worden gestoten.

Richard uit Texas vroeg of ik van plan was mijn ex-man de rest van mijn leven te laten bepalen hoe ik over mezelf dacht, en ik zei dat ik dat eigenlijk niet zo goed wist; tot dusverre leek mijn ex nog een stevige vinger in de pap te hebben, en om eerlijk te zijn zat ik nog half te wachten tot hij me eens vergaf, losliet en in vrede weg liet gaan.

De melkveehouder uit Ierland zei: 'Wachten tot hij dat doet is niet bepaald rationeel gebruik maken van je tijd.'

'Tja, wat kan ik ervan zeggen, jongens? Schuldgevoel is mijn specialiteit. Andere vrouwen zijn goed in het combineren van kleuren; ik ben goed in schuldgevoel.'

De voormalige katholieke non (die per slot van rekening iets van schuldgevoel af hoort te weten) wilde daar niks van horen. 'Schuldgevoel is gewoon een truc van je ego om je te laten geloven dat je morele vooruitgang boekt. Trap er niet in, meiske.'

'Wat ik zo verschrikkelijk vind aan het einde van mijn huwelijk,' zei ik, 'is dat er geen écht einde aan gekomen is. Het is gewoon een open wond die nooit meer heelt.'

'Als je daarop staat,' zei Richard. 'Als je besloten hebt er op die manier tegenover te staan, laat mij dan vooral niet je feestje vergallen.'

'Ooit moet er een keer een einde aan komen,' zei ik. 'Ik wou dat ik wist hoe.'

Toen we uitgegeten waren, stopte de loodgieter/dichter uit Nieuw-Zeeland me een briefje toe. Er stond op dat ik na het avondeten bij hem moest komen; hij wilde me iets laten zien. Dus na het diner die avond trof ik hem bij de meditatiegrotten, waar hij zei dat ik met hem mee moest komen, dat hij een cadeautje voor me had. Hij nam me mee naar de andere kant van de ashram, leidde me naar een gebouw waar ik nog nooit binnen was geweest, haalde een deur van het slot en nam me achter in het gebouw mee een trap op. Ik nam aan dat hij die plek kende omdat hij degene was die de airconditioners van de ashram repareerde, waarvan sommige daar zaten. Boven aan de trap was een deur die hij met een cijfercombinatie van het slot moest halen. Dat deed hij snel, uit zijn hoofd. Toen stonden we op een schitterend dakterras, betegeld met stukjes keramiek die in de schemering glinsterden als de bodem van een zwembad. Hij nam me mee naar de andere kant van het dak, naar een torentje, een minaret in feite, en toonde me nog een smalle trap, die naar het topje van de toren leidde. Hij wees naar de toren en zei: 'Nu ga ik je alleen laten. Jij gaat daar naar boven. Daar blijf je tot het af is.'

'Tot wat af is?' vroeg ik.

De loodgieter glimlachte alleen maar, gaf me een zaklantaarn ('zodat je als het straks allemaal voorbij is veilig naar beneden kunt') en gaf me toen een opgevouwen papiertje. Toen ging hij weg.

Ik klom naar de top van de toren. Ik stond nu op de hoogste plek binnen de ashram, met uitzicht op die hele riviervallei hier in India. Bergen en akkers strekten zich uit zover het oog reikte. Ik had het gevoel dat dit geen plek was waar leerlingen normaliter mochten komen, maar het was er wel verschrikkelijk mooi. Misschien kijkt mijn goeroe wel vanaf deze plek naar het ondergaan van de zon wanneer ze hier is. En op dat moment ging de zon inderdaad onder. Er stond een warm briesje. Ik vouwde het papiertje dat de loodgieter/dichter me had gegeven open.

Hij had getypt:

INSTRUCTIES OM JE VRIJHEID TE HERWINNEN

1. De metaforen van het leven zijn instructies van God.
2. Je bent net naar het dak geklommen, en nog hoger. Er staat niets tussen jouzelf en het Oneindige. Laat nu los.
3. De dag is bijna voorbij. Het is tijd dat iets wat mooi was verandert in iets anders wat ook mooi is. Laat nu los.
4. Je verlangen naar een oplossing was een gebed. Het feit dat je nu hier staat is het antwoord van God. Laat los, en kijk hoe de sterren te voorschijn komen – buiten en binnen in jezelf.
5. Vraag met heel je hart om genade en laat los.
6. Vergeef hem met heel je hart, VERGEEF JEZELF en laat hem los.
7. Laat je intentie zijn: vrij zijn van zinloos lijden. Laat dan los.
8. Kijk hoe de hitte van de dag overgaat in de koele avond. Laat los.
9. Als het karma van een relatie is uitgewerkt, blijft er alleen liefde over. Het is veilig. Laat los.

10. Als het verleden je eindelijk heeft verlaten, laat dan los. Ga naar beneden en begin aan de rest van je leven. Met grote vreugde.

De eerste paar minuten moest ik onbedaarlijk lachen. Ik had uitzicht over de hele vallei, over de mangobomen die samen een paraplu vormden, en de wind blies mijn haar als een vlag heen en weer. Ik keek hoe de zon onderging, en toen ging ik op mijn rug liggen en keek hoe de sterren te voorschijn kwamen. Ik zong een klein gebedje in het Sanskriet dat ik telkens herhaalde als ik aan de steeds donkerder wordende hemel een nieuwe ster te voorschijn zag komen, maar op een gegeven moment begonnen er zo snel zoveel bij te komen dat ik het tempo niet meer kon bijbenen. Algauw was de hemel één groot sterrenfestijn. Het enige wat tussen mijzelf en God stond was... niets.

Toen deed ik mijn ogen dicht en zei: 'Lieve Heer, laat me alstublieft alles zien wat ik moet begrijpen over vergiffenis en overgave.'

Wat ik al die tijd had gewild was een echt gesprek met mijn ex-man, maar dat zat er duidelijk niet in. Waar ik naar verlangd had, was een resolutie, een vredestop waar we vandaan zouden kunnen komen met een eensgezinde interpretatie van wat er in ons huwelijk was gebeurd, en wederzijdse vergiffenis voor onze nare scheiding. Maandenlange therapie en bemiddeling hadden ons echter alleen maar erger verdeeld en ervoor gezorgd dat we met onze hakken in het zand onze positie ten opzichte van elkaar hadden ingegraven, waardoor we waren verworden tot twee mensen die absoluut niet in staat waren elkaar enige vorm van verlossing te geven. Terwijl dat toch was wat we beiden nodig hadden, daar was ik van overtuigd. En hier was ik ook van overtuigd: dat transcendentie zo in elkaar zit dat je geen stap dichter tot God komt zolang je je ook maar aan één laatste, verleidelijk draadje van verwijt vasthoudt. Wat roken is voor de longen, is rancune voor de ziel; zelfs één trekje is al slecht voor je. Ik bedoel maar, wat zou dít voor een gebed zijn: 'Geef ons heden onze dagelijkse wrok'? Als je echt zo nodig iemand anders de schuld moet blijven geven van de beperkingen van je eigen leven, kun je net zo goed meteen ophouden en God gedag zeggen met je handje. Dus wat ik God die avond op het dak van de ashram vroeg was – gezien het feit dat ik waarschijnlijk nooit meer met mijn ex-man zou spreken – of er misschien een bepaald niveau was waarop we nog wél konden communiceren? Een niveau waarop we elkaar konden vergeven?

Daar lag ik dus, hoog boven de wereld, en ik was helemaal alleen. Ik raakte in een meditatieve toestand en wachtte tot ik te horen kreeg wat ik moest doen. Ik weet niet hoeveel minuten of uren er verstreken voordat ik wist wat ik moest doen. Ik besefte dat ik het allemaal veel te letterlijk had opgevat. Ik wilde zo nodig met mijn ex-man praten? Nou, dan práátte ik toch met hem! En wel nu. Ik zat te wachten tot hij me vergiffenis schonk? Nou, dan schonk ik hem toch gewoon zélf vergiffenis, en wel nu? Ik bedacht hoeveel mensen er niet-vergeven en niet-vergevingsgezind hun graf ingaan. Ik bedacht hoeveel mensen er broers, zussen, vrienden, kinderen of geliefden uit hun leven zien verdwijnen voordat er kostbare woorden van clementie of vergiffenis uitgesproken kunnen worden. Hoe verdragen de overlevenden van afgebroken relaties ooit de pijn van niet-afgeronde zaken? Via mijn meditatie vond ik het antwoord: je kunt de zaken zelf afronden, vanuit je innerlijk. En dat is niet alleen mogelijk, maar zelfs van essentieel belang.

En toen deed ik, nog altijd in meditatieve staat, tot mijn eigen verbazing iets vreemds. Ik nodigde mijn ex uit om op dat dak in India bij me te komen. Ik vroeg hem of hij alsjeblieft zo vriendelijk wilde zijn me hierboven voor dit afscheidsgebeuren te treffen. Toen wachtte ik tot ik voelde dat hij er was. En ineens was hij er. Ineens was hij absoluut en voelbaar aanwezig. Ik kon hem praktisch ruiken.

Ik zei: 'Dag liefje.'

Op dat moment begon ik bijna te huilen, maar ik besefte algauw dat dat niet hoefde. Tranen maken deel uit van het lichamelijke leven, en de plek waar deze twee zielen elkaar die avond in India ontmoetten had niets te maken met het lichaam. De twee mensen die daar op het dak met elkaar moesten praten waren niet eens mensen meer. Ze zouden niet eens met elkaar praten. Het waren geen voormalige levenspartners, geen koppige Midwesterling en een overgevoelige New Englander, geen man van in de veertig en een vrouw van in de dertig, geen beperkte mensen die jarenlang over seks, geld en meubels hadden geruzied – dat deed allemaal niet ter zake. Met het oog op deze ontmoeting, op het niveau van deze reünie, waren het gewoon twee lichtblauwe zielen die alles allang doorhadden. Niet gebonden door hun lichaam, niet gebonden door de bewogen geschiedenis van hun vroegere relatie, kwamen ze in oneindige wijsheid boven dit dak (boven mij zelfs) bijeen. Nog altijd mediterend keek ik toe hoe deze twee lichtblauwe zielen om elkaar heen draaiden, in elkaar opgingen, zich weer van elkaar scheidden en elkaars volmaaktheid en gelijkenis in ogenschouw namen. Ze wisten alles. Ze wisten alles al lang geleden en zullen ook altijd alles weten. Ze hoefden elkaar niet te vergeven; ze hadden elkaar al bij hun *geboorte* vergeven.

De les die ze me met hun mooie om-elkaar-heengedraai leerden was: 'Houd je hier buiten, Liz. Jouw aandeel in deze relatie is voorbij. Laat óns van nu af aan de dingen oplossen. Ga jij maar verder met je eigen leven.'

Een flinke tijd later deed ik mijn ogen open, en ik wist dat het *voorbij* was. Niet alleen mijn huwelijk, niet alleen mijn scheiding, maar die hele onvoltooide, sombere, holle droefheid eromheen... die was weg. Ik voelde dat ik vrij was. Begrijp me niet verkeerd – het was niet zo dat ik nooit meer aan mijn ex zou denken, of dat de herinnering aan hem nooit meer gepaard zou gaan met emoties. Alleen had het ritueel op het dakterras me eindelijk een plaats geschonken waar ik die gedachten en gevoelens kon onderbrengen, de eerstvolgende keer dat ze bovenkwamen – want bovenkomen zullen ze altijd blijven doen. Maar de volgende keer dat ze hun gezicht laten zien, kan ik ze gewoon hierheen sturen, terug naar dat dak vol herinneringen, en ze nogmaals toevertrouwen aan de zorg van die twee lichtblauwe zielen die alles al begrijpen en altijd alles zúllen begrijpen.

Daarom hebben we rituelen. Als mensen voeren we spirituele ceremoniën uit om een veilige rustplaats te creëren voor onze meest gecompliceerde gevoelens van vreugde of trauma, zodat we die zware gevoelens niet eeuwig met ons mee hoeven te torsen. Iedereen heeft zo'n rituele, veilige bewaarplek nodig. En ik ben absoluut van mening dat als jouw cultuur of traditie niet dat ene ritueel heeft waar jij dringende behoefte aan hebt, je zelf je eigen ceremonie mag verzinnen en je eigen kapotte emotionele systeem met alle doe-het-zelfvindingrijkheid van een genereuze loodgieter/dichter mag repareren. Als jij maar de juiste ernst meeneemt naar je zelfgemaakte ceremonie, zorgt God wel voor de genade. En daarom hebben we God nodig.

Ik stond op en deed een handstand op het dak van mijn goeroe, om het idee van bevrijding te vieren. Ik voelde de stoffige tegels onder mijn handen. Ik voelde mijn eigen kracht en evenwicht. Ik voelde het lichte avondbriesje op mijn blote voetzolen. Tot zulke dingen – spontane handstanden – zijn lichaamloze lichtblauwe zielen niet in staat, maar wij mensen wel. Wij hebben handen; daar kunnen we op gaan staan als we daar zin in hebben. Dat voorrecht hebben we. Dat is het fijne aan een sterfelijk lichaam. En daarom heeft God ons nodig. Omdat God het heerlijk vindt om dingen door onze handen te voelen.

61

Richard uit Texas is vandaag weggegaan. Teruggevlogen naar Austin. Ik reed met hem mee naar het vliegveld, en we waren beiden verdrietig. We bleven lang op de stoep staan voordat hij naar binnen ging.

'Wat moet ik straks als ik geen Liz Gilbert meer heb om mee te dollen?' Hij zuchtte. Toen zei hij: 'De ashram is je goed bekomen, hè? Je ziet er heel anders uit dan een paar maanden geleden, alsof je misschien iets van dat verdriet hebt weggesmeten dat je maar bleef rondzeulen.'

'Ik zit tegenwoordig heel goed in mijn vel, Richard.'

'Nou, als je maar weet dat al je ellende naast de deur op je ligt te wachten als je straks weggaat, mocht je zin hebben om hem weer op te rapen.'

'Ik zal hem niet oprapen.'

'Grote meid.'

'Jij bent heel goed voor me geweest,' zei ik tegen hem. 'Ik zie jou als een engel met behaarde handen en smerige teennagels.'

'Ja, mijn arme nagels zijn Vietnam nooit helemaal te boven gekomen.'

'Het had erger kunnen zijn.'

'Het wás erger voor veel jongens. Ik mocht in elk geval mijn benen nog houden. Nee, ik ben best lekker gereïncarneerd in dit leven, kind. Jij trouwens ook – vergeet dat nooit. Misschien kom je in je volgende leven wel terug als zo'n arme Indiase vrouw die langs de weg rotsblokken staat stuk te slaan; dan is je leven een stuk minder gezellig. Dus wees tevreden met wat je nu hebt, oké? Blijf dankbaar. Dan leef je langer. Enne... Voer? Doe me een lol en ga verder met je leven, oké?'

'Daar ben ik mee bezig.'

'Wat ik bedoel is: ga op zoek naar een nieuw iemand om van te houden. Neem vooral de tijd om te genezen, maar vergeet niet om uiteindelijk je hart met iemand te delen. Maak van je leven geen monument voor David of je ex-man.'

'Ben ik niet van plan,' zei ik. En ineens wist ik dat dat waar was: dat was ik inderdaad niet van plan. Ik zag alle oude pijn van verloren liefde en eerdere fouten voor mijn ogen verminderen en kleiner worden – eindelijk, dankzij de befaamde helende gaven van de tijd, geduld en de gratie Gods.

En toen sprak Richard weer en richtte hij mijn gedachten snel weer op de banale realiteit van het bestaan: 'Want je weet wat ze zeggen, meid – soms is de beste manier om over iemand heen te komen onder iemand anders gaan liggen.'

Ik lachte. 'Oké, Richard, zo kan-ie wel weer. Nu mag je terug naar Texas.'

'Ja, laat ik dat maar doen,' zei hij. Hij keek rond op het uitgestorven parkeerterrein van het Indiase vliegveld. 'Want van hier blijven staan word ik ook niet mooier.'

62

Als ik op het vliegveld afscheid heb genomen van Richard, kom ik op de rit terug naar de ashram tot de conclusie dat ik de laatste tijd te veel heb gepraat. Eerlijk gezegd praat ik al mijn hele leven te veel, maar tijdens mijn verblijf in de ashram heb ik echt te veel gepraat. Ik heb hier nog twee maanden voor de boeg en ik wil de voornaamste kans op spiritualiteit in mijn leven niet verpesten door de hele tijd sociaal te doen en te kletsen. Ik vind het verbazingwekkend dat ik er zelfs hier, zelfs in een gewijde omgeving van geestelijke retraite aan de andere kant van de wereld, in ben geslaagd een cocktailpartyachtige stemming om mezelf heen te creëren. Niet alleen heb ik voortdurend met Richard gepraat (al hebben wij met zijn tweeën wel het meeste zitten ouwehoeren), ook met anderen zit ik voortdurend te leuteren. Ik heb zelfs – en dat in een *ashram*! – afspraken zitten maken om kennissen te kunnen zien, omdat ik tegen mensen moest zeggen: 'Het spijt me, maar ik kan vandaag niet met je lunchen, want ik heb al aan Sakshi beloofd dat ik met haar zou gaan eten... Misschien kunnen we aanstaande dinsdag afspreken?'

Zo gaat het altijd in mijn leven. Zo zit ik in elkaar. De laatste tijd denk ik echter dat dit misschien wel een spiritueel struikelblok is. Zwijgen en alleen zijn zijn alom erkende spirituele praktijken, en met reden. Leren hoe je je woorden in toom moet houden is een manier om te voorkomen dat al je energie door je mond naar buiten stroomt, waardoor je zelf doodmoe wordt en de wereld zich vult met woorden, woorden en nog eens woorden in plaats van sereniteit, rust en zaligheid. Swamiji, de leermeester van mijn goeroe, was een groot voorstander van stilte in de ashram; hij dwong iedereen bij wijze van godsdienstig ritueel te zwijgen. Hij noemde stilte de enige ware religie. Ik heb absurd veel gepraat in deze ashram, de enige plek ter wereld waar stilte zou moeten heersen, en ook kán heersen.

En dus ga ik niet meer het gezelligheidsdier van de ashram zijn, heb ik besloten. Geen gehaast, geouwehoer en gegrap meer. Ik hoef niet voortdurend in het middelpunt van de belangstelling te staan of het hoogste woord te voeren. Geen verbale tapdansjes meer voor wat armzalige bevestiging. Het is tijd om te veranderen. Nu Richard eenmaal weg is, ga ik van de rest van mijn verblijf een totaal zwijgzame ervaring maken. Dat zal moeilijk worden, maar niet onmogelijk, want stilzwijgen wordt in de ashram door iedereen gerespecteerd. De hele gemeenschap zal erachter staan en je beslissing zien als een daad van toewijding en discipline. In de boekhandel verkopen ze zelfs kleine badges die je op kunt spelden en waarop staat: IK VERKEER IN STILTE.

Ik ga vier van die kleine badges kopen.

Op de terugweg naar de ashram geef ik me over aan een fantasietje over hoe zwijgzaam ik vanaf nu wel niet zal worden. Ik zal zo zwijgzaam worden dat ik er beroemd om zal worden. Ik zie mezelf al bekend worden als 'dat stille meisje'. Ik zal me gewoon aan het dagelijkse programma van de ashram houden, in mijn eentje de maaltijden gebruiken, elke dag eindeloos mediteren en de tempelvloeren schrobben zonder een kik te geven. Mijn enige interactie met anderen zal bestaan uit gelukzalige glimlachjes vanuit mijn helemaal op zich staande wereld van stilte en vroomheid. Er zal over me gepraat worden. Mensen zullen vragen: 'Wie is toch dat stille meisje daar achter in de tempel dat altijd op haar knieën de vloeren zit te schrobben? Ze zegt nooit iets. Ze is zo ongrijpbaar, zo mystiek. Ik kan me zelfs geen voorstelling maken van haar stem. Je hoort haar zelfs niet achter je op het tuinpad wanneer ze buiten loopt... Ze is even geruisloos als de wind. Ze verkeert vast in een voortdurende staat van meditatieve verbondenheid met God. *Ze is het stilste meisje dat ik ooit heb gezien.*'

63

De volgende ochtend zat ik weer eens op mijn knieën de marmeren tempelvloer te schrobben en (dacht ik zelf) een heilige halo van zwijgzaamheid uit te stralen, toen er een Indiase puber langskwam met de mededeling dat ik me meteen bij het sevakantoor moest melden. *Seva* is het Sanskritische woord voor het spirituele ritueel van onbaatzuchtige dienstverlening (corvee), bijvoorbeeld het schrobben van een tempelvloer. Het sevakantoor gaat over alle werktoewijzingen in de ashram. Dus liep ik daarnaartoe, heel benieuwd waarom ik opgeroepen was, en de vriendelijke dame aan de balie vroeg aan me: 'Ben jij Elizabeth Gilbert?'

Ik wierp haar een warme, vrome glimlach toe en knikte, zonder iets te zeggen.

Toen zei ze tegen me dat mijn taak veranderd was. Op speciaal verzoek van het management maakte ik niet langer deel uit van het vloerschrobteam. Ze hadden een nieuwe functie in de ashram voor me in gedachten.

En de omschrijving van mijn nieuwe baan was – lach maar met me mee – 'Eerste Hostess'.

64

Dat was heel duidelijk weer zo'n grap van Swamiji.

Jij wilde zo nodig dat stille meisje daar achter in de tempel zijn? Nou, raad eens...

Maar zo gaat het altijd in de ashram. Je neemt een groot, hoogdravend besluit over wat je moet doen, of over wie je denkt te moeten zijn, en vervolgens gebeurt er iets wat meteen aantoont hoe weinig je eigenlijk hebt begrepen van jezelf. Ik weet niet hoe vaak Swamiji het tijdens zijn leven heeft gezegd, en ik weet niet hoeveel vaker mijn goeroe het sinds zijn dood heeft herhaald, maar het lijkt erop dat ik nog niet helemaal de juistheid tot me door heb laten dringen van de uitspraak waar ze het vaakst op hameren: 'God vertoeft in je, als jezelf.'

ALS *jezelf*.

Als deze vorm van yoga één heilige waarheid heeft, dan is het wel deze. God vertoeft in je als *jezelf*, precies zoals jij bent. Het interesseert God niet om jou een persoonlijkheidstoneelstukje te zien opvoeren zodat je voldoet aan een bepaald idee dat je koestert over hoe een spiritueel iemand eruitziet of zich gedraagt. We lijken allemaal het idee te hebben dat we om heilig te zijn een gigantische, dramatische karakterverandering moeten ondergaan, dat we afstand moeten doen van onze individualiteit. Dat is een klassiek voorbeeld van wat ze in het Oosten 'fout denken' noemen. Swamiji zei vaak dat wereld- en zelfverzakers elke dag iets nieuws vinden om afstand van te doen, maar dat ze eerder depressie vinden dan innerlijke rust. Hij zei voortdurend dat ascese en afscheid nemen van het wereldse leven – als doel op zich – niet zijn wat je nodig hebt. Om God te kennen, hoef je maar van één ding afstand te doen: je gevoel dat God en jij twee losstaande zaken zijn. Anders gezegd: blijf gewoon zoals je bent geschapen, zoals je van nature bent.

Dus hoe ben ik van nature? Ik vind het heerlijk om in deze ashram te studeren, maar mijn droom om God te vinden door stilletjes door het gebouw te zweven met een lieve, hemelse glimlach op mijn gezicht – waar komt dat beeld vandaan? Dat zal wel iemand zijn die ik ooit op tv heb gezien. In werkelijkheid moet ik helaas toegeven dat ik nooit zo iemand zal worden. Ik ben altijd gefascineerd geweest door van die tere, broze zieltjes. Ik wilde altijd al het zwijgzame meisje zijn, waarschijnlijk juist omdat ik dat níet ben. Dezelfde reden dus dat ik dik, donker haar mooi vind – juist omdat ik het niet heb, omdat ik het niet kan hebben. Maar op een gegeven moment moet je vrede hebben met wat je wel hebt. Als God had gewild dat ik een verlegen meisje met dik, donker haar was, dan zou Hij me zo geschapen hebben, wat Hij dus niet heeft gedaan. Misschien is het dus nuttig om te accepteren hoe ik wel geschapen ben en dat volledig te belichamen.

Of zoals Sextus, de oude pythagorische filosoof zei: 'Een wijs man is altijd gelijk aan zichzelf.'

Dat wil niet zeggen dat ik niet godvruchtig kan zijn. Dat wil niet zeggen dat ik niet ontzettend in vervoering kan raken van Gods liefde. Dat wil niet zeggen dat ik de mensheid geen diensten kan bewijzen. Dat wil niet zeggen dat ik mezelf niet als mens kan verbeteren, door mijn deugden te vervolmaken en elke dag weer mijn best te doen om mijn ondeugden zo veel mogelijk te beperken. Zo zal ik bijvoorbeeld nooit een muurbloempje worden, maar dat wil niet zeggen dat ik niet eens kritisch naar mijn conversatiegewoonten kan kijken en daar bepaalde aspecten aan kan verbeteren – bínnen het bereik van mijn persoonlijkheid. Ja, ik praat graag, maar misschien hoef ik niet zoveel te vloeken, en misschien hoef ik niet altijd flauwe grappen te maken, en misschien hoef ik eigenlijk ook niet de hele tijd over mezelf te praten. En nog zo'n radicaal idee: misschien kan ik er eens mee ophouden anderen in de rede te vallen wanneer ze iets zeggen? Want hoe creatief ik ook probeer een gunstige draai te geven aan mijn eigen gewoonte om mensen in de rede te vallen, volgens mij is er geen andere manier om die uit te leggen dan: 'Ik geloof dat wat ik zeg belangrijker is dan wat jij zegt.' En volgens mij is er geen andere manier om dát te interpreteren dan: 'Ik geloof dat ik belangrijker ben dan jij.' En daar moet maar eens verandering in komen.

Al die veranderingen zouden nuttig zijn. Maar toch, zelfs met redelijke wijzigingen in mijn conversatiegewoonten zal ik waarschijnlijk nooit bekendstaan als 'dat stille meisje', hoe mooi dat beeld ook is en hoe hard ik het ook probeer. Want laten we wel zijn: zo zit ik gewoon niet in elkaar. Toen de vrouw van het sevakantoor me mijn nieuwe baan (die van Eerste Hostess) gaf, zei ze: 'Weet je, we hebben een bijzondere bijnaam voor deze functie. We noemen degene die hem bekleedt "Tante Kwebbel", omdat ze sociaal en spontaan moet zijn en de hele tijd moet glimlachen.'

Wat kon ik daarop zeggen?

Ik stak gewoon mijn hand uit voor een handdruk, zei al mijn ijdele oude waanideeën in stilte gedag en kondigde aan: 'Dan bent u bij mij aan het juiste adres, mevrouw.'

65

Waar ik precies gastvrouw bij moet zijn, is een reeks retraites die deze lente in de ashram wordt gehouden. Bij elke retraite komen er voor een periode van zeven tot tien dagen ongeveer honderd volgelingen uit de hele wereld bijeen om hun meditatietechniek te verbeteren. Mijn taak is om tijdens hun verblijf voor die mensen te zorgen. Het merendeel van de retraite verkeren de deelnemers in stilte. Voor sommige deelnemers wordt het de eerste keer dat ze stilte als een godsdienstig ritueel ervaren, en dat kan intens zijn. Mocht er echter iets misgaan, dan ben ik de enige in de ashram met wie ze mogen praten.

Inderdaad – mijn baan vergt *officieel* van me dat ik een conversatiemagneet ben.

Ik zal naar de problemen van de deelnemers aan de retraite luisteren en dan proberen daar oplossingen voor te vinden. Misschien hebben ze vanwege een snurksituatie een andere kamergenoot nodig, of misschien moeten ze vanwe-

ge typisch Indiase digestieproblemen naar de dokter – dat zal ik dan proberen te regelen. Ik zal iedereens naam moeten weten en waar hij of zij vandaan komt. Ik zal rondlopen met een klembord, aantekeningen maken en daar verder achteraan zitten. Ik ben Julie McCoy, uw gastvrouw op deze yogacruise.
En ja, de functie gaat gepaard met een pieper.
Als de retraites eenmaal beginnen, blijkt al snel hoezeer ik geschapen ben voor deze baan. Daar zit ik aan de welkomsttafel met mijn HALLO-IK-HEET-badge en vervolgens komen al die mensen aan, uit dertig verschillende landen; sommigen zijn oudgedienden maar vele anderen zijn nog nooit eerder in India geweest. Om tien uur 's ochtends is het al 38 graden, en de meesten van die mensen hebben de hele nacht in het vliegtuig gezeten, tweede klasse ook nog. Wanneer ze de ashram binnenkomen, zien sommigen eruit alsof ze net wakker zijn geworden in de achterbak van een auto – alsof ze geen flauw idee hebben wat ze hier eigenlijk doen. De behoefte aan transcendentie die hen ertoe heeft aangezet zich überhaupt voor deze spirituele retraite op te geven zijn ze allang vergeten, waarschijnlijk zo rond de tijd dat ze in Kuala Lumpur hun bagage kwijtraakten. Ze hebben dorst, maar weten nog niet of ze hier het water kunnen drinken. Ze hebben honger, maar weten niet hoe laat hier geluncht wordt, of waar ze de kantine kunnen vinden. Ze hebben helemaal de verkeerde kleren aan; ze dragen synthetische stoffen en zware wandelschoenen in de tropische hitte. Ze weten niet of iemand hier Russisch spreekt.
Ik spreek een heel klein beetje Russisch...
Ik kan hen helpen. Ik ben verschrikkelijk goed uitgerust om hen te helpen. Alle antennes die ik in de loop der jaren heb ontwikkeld en waarmee ik heb geleerd om op te vangen wat andere mensen voelen, alle intuïtie die ik als supergevoelig jongste kind heb vergaard, alle luistervaardigheid

die ik mezelf als meevoelende barkeeper en nieuwsgierige journaliste heb aangeleerd, alle vakkundige zorgzaamheid die ik heb overgehouden aan jarenlang iemands vrouw of vriendin zijn – dat heb ik allemaal bijeengesprokkeld zodat ik het deze goede mensen iets gemakkelijker kan maken bij de moeilijke taak die ze op zich genomen hebben. Ik zie ze aankomen, uit Mexico, de Filippijnen, Afrika, Denemarken en Detroit, en het voelt net als die scène in *Close Encounters of the Third Kind* waarin Richard Dreyfuss en al die andere zoekende mensen midden in Wyoming bijeenkomen, op een plek waar ze om redenen die ze zelf helemaal niet begrijpen naartoe zijn getrokken door de komst van een ruimteschip. Ik bewonder hun moed. Ze hebben hun gezin en leven een paar weken achtergelaten om te midden van volslagen onbekenden in stille retraite te gaan in India. Niet iedereen doet dat in zijn leven.

Ik hou van al die mensen, automatisch en zonder voorbehoud. Ik hou zelfs van de heel lastige klanten. Ik prik door hun neurosen heen en zie dat ze gewoon verschrikkelijk bang zijn voor wat hun te wachten staat als ze zeven dagen lang moeten zwijgen en mediteren. Ik hou van de Indiase man die woest naar me toe komt om te melden dat er een tien centimeter hoog beeldje van de Indiase god Ganesh in zijn kamer staat waaraan een voet ontbreekt. Hij is furieus, gelooft dat dit een vreselijk voorteken is en wil dat het beeldje verwijderd wordt, liefst door een brahmaanse priester met een 'traditionele, gepaste' reinigingsceremonie. Ik troost hem en luister naar zijn woede. Dan stuur ik mijn jonge, kwajongensachtige vriendin Tulsi naar de kamer van de man om het beeldje weg te halen terwijl hij zit te lunchen. De volgende dag geef ik de man een briefje waarop staat dat ik hoop dat hij zich beter voelt nu het kapotte beeldje weg is, en hem eraan herinner dat ik er zal zijn, mocht hij nog eens iets nodig hebben; hij beloont me met een enorme, opgeluchte glimlach. Hij is gewoon bang. De Française die bijna een paniekaanval krijgt vanwege haar tarweallergie – ook zij is bang. De Argentijn die om een speciale bijeenkomst met het voltallige personeel van de afdeling Hatha-yoga vraagt opdat ze hem zullen zeggen hoe hij bij het mediteren op zo'n manier goed kan zitten dat zijn enkel geen pijn doet – hij is gewoon bang. Ze zijn allemaal bang. Ze gaan zich in stilte terugtrekken, diep in hun eigen gedachten en ziel. Zelfs voor iemand die grote ervaring heeft met mediteren is dat altijd geheel onontgonnen terrein. Daar kan van alles gebeuren. Tijdens deze retraite zullen ze begeleid worden door een geweldige vrouw, een non van in de vijftig uit wier gebaren en woorden niets dan compassie spreekt, maar toch zijn ze bang, want hoe liefdevol deze non ook mag zijn, ze kan niet met hen meegaan naar de plek waar zij naartoe gaan. Dat kan niemand.

Toen de retraite begon, kreeg ik toevallig net een brief met de post van een vriend van me in Amerika die voor *National Geographic* films over wilde dieren maakt. Hij vertelde me dat hij net naar een galadiner in het Waldorf-Astoria in New York was geweest waar leden van de Explorers' Club werden geëerd. Hij zei dat het fantastisch was geweest om in het gezelschap te verkeren van zulke dappere mensen, die allemaal meerdere malen hun leven hadden gewaagd om 's werelds meest afgelegen en gevaarlijke bergketens, ravijnen, rivieren, diepe oceanen, ijsvlakten en vulkanen te ontdekken. Hij zei dat er aan velen van hen stukjes ontbraken – tenen, neuzen en vingers die in de loop der jaren aan haaien, bevriezing en andere gevaren waren prijsgegeven.

Hij schreef: 'Je hebt nog nooit zo veel dappere mensen tegelijk bij elkaar gezien.'

Ik dacht bij mezelf: *Je moest eens weten, Mike.*

66

Het onderwerp van de retraite, en het doel ervan, is de *turiya*-staat – het ongrijpbare vierde niveau van het menselijk bewustzijn. Gedurende een normaal mensenleven, zeggen yogi's, bewegen de meesten van ons zich aldoor tussen drie verschillende bewustzijnsniveaus: waken, dromen of diep, droomloos slapen. Maar er is ook een vierde niveau. Dat vierde niveau is de getuige van alle andere staten, het alomvattende bewustzijn dat de drie andere niveaus met elkaar verbindt. Dit is het zuivere bewustzijn, een intelligent bewustzijn dat jou bijvoorbeeld 's ochtends wanneer je wakker wordt kan vertellen wat je gedroomd hebt. Zelf was je weg, jij sliep, maar iemand anders hield je dromen in de gaten terwijl je sliep – wie was die getuige? En wie is degene die altijd buiten de activiteiten van het verstand staat en de gedachten daarvan observeert? Gewoon, God, zeggen de yogi's. En als je die staat van getuige-bewustzijn kunt bereiken, dan kun je altijd in de tegenwoordigheid van God zijn. Dit voortdurende besef en dit ervaren van de aanwezigheid van God binnen in jezelf kan alleen geschieden op een vierde niveau van het menselijk bewustzijn, dat de turiya wordt genoemd.

Hoe kun je zien of je de turiya-staat hebt bereikt? Als je voortdurend in een staat van gelukzaligheid verkeert. Iemand die vanuit de turiya leeft wordt niet beïnvloed door geestelijke stemmingswisselingen, is niet bang voor de tijd en laat zich niet kisten door verlies. 'Zuiver, schoon, leeg, rustig, ademloos, onzelfzuchtig, eindeloos, onvergankelijk, standvastig, eeuwig, ongeboren, onafhankelijk, zo vertoeft hij in zijn eigen grootheid,' zeggen de *Upanishaden*, de eeuwenoude heilige yogageschriften, over wie die de turiya-staat heeft bereikt. De grote heiligen, de grote goeroes, de grote profeten uit de geschiedenis – ze leefden allemaal voortdurend in de *turiya*-staat. Wat gewone mensen als wijzelf betreft, wij hebben er ook ervaring mee, zij het maar heel even. De meesten van ons hebben ooit, zij het misschien maar twee minuten in ons leven, weleens een onverklaarbaar, willekeurig gevoel van complete gelukzaligheid ervaren, dat niets te maken had met wat zich op dat moment om ons heen afspeelde. Het ene moment ben je gewoon Jan met de pet die zich door zijn alledaagse leventje voortsleept, en dan ineens – wat gebeurt er nu? – voel je je, zonder dat er iets is veranderd, begenadigd, wonderbaarlijk goed, overlopend van gelukzaligheid. Zonder enige reden is alles volmaakt.

Natuurlijk verdwijnt deze staat bij de meeste mensen even snel als hij opkwam. Het lijkt wel alsof je je innerlijke volmaaktheid alleen even te zien krijgt om je nieuwsgierig te maken, en vervolgens verval je weer heel snel in de 'werkelijkheid'; je stort als een hoopje ineen op al je oude zorgen en verlangens. Door de eeuwen heen hebben mensen geprobeerd die staat van zalige volmaaktheid met allerlei externe middelen – drugs, seks, macht, adrenaline, het vergaren van mooie dingen – vast te houden, maar hij blijft niet lang goed. We mogen dan overal op zoek gaan naar geluk, maar intussen zijn we net die beroemde bedelaar van Tolstoj die zijn hele leven lang op een pot vol goud zat en alle voorbijgangers om een cent vroeg, zonder er zich van bewust te zijn dat zijn fortuin zich al die tijd vlak onder hem bevond. Jouw schat – je volmaaktheid – bevindt zich al binnen in je. Maar om hem op te eisen moet je de hectische drukte van je hoofd achterlaten, afstand doen van de verlangens van het ego en de stilte van het hart binnentreden. De kundalini shakti – de allerhoogste energie van het goddelijke – zal je daarheen leiden.

Dit is waarvoor iedereen hier is gekomen.

Toen ik die zin in eerste instantie noteerde, bedoelde ik: 'Dit is waarvoor die honderd deelnemers aan de retraite vanuit de hele wereld naar deze ashram in India zijn gekomen.' Maar in feite zouden de yogaheiligen en -filosofen het eens zijn geweest met de veel bredere interpretatie van mijn uitspraak: 'Dit is waarvoor iedereen hier is.' Volgens de mystici is deze zoektocht naar goddelijke gelukzaligheid het hele doel van het menselijk leven. Dáárom hebben we er allemaal voor gekozen geboren te worden, en daarom zijn al het leed en alle pijn van het leven op aarde de moeite waard – gewoon vanwege de kans om die oneindige liefde te ervaren. En als je die goddelijkheid binnen je eenmaal gevonden hebt, kun je haar dan vasthouden? Want als je dat kunt... *zalig*.

Ik breng de hele retraite achter in de tempel door, wakend over de deelnemers terwijl die in het halfduister en de totale stilte mediteren. Het is mijn taak om ervoor te zorgen dat zij zich op hun gemak voelen, en om goed in de gaten te houden of er ook mensen zijn die het moeilijk hebben of iets nodig hebben. Ze hebben allemaal voor de duur van de retraite een gelofte van stilte afgelegd, en elke dag voel ik hen dieper afdalen in die stilte, totdat de hele ashram in stilte is gedompeld. Uit respect voor de deelnemers aan de retraite gaan we nu allemaal doodstil door het leven; we eten zelfs in stilte. Alle sporen van gebabbel zijn verdwenen. Zelfs ik zwijg. Er hangt hier nu een midden-in-de-nachtstilte, de verstomde tijdloosheid die je normaal gesproken alleen om drie uur 's nachts meemaakt wanneer je helemaal alleen bent – alleen duurt die nu de hele dag en doet de hele ashram eraan mee.

Terwijl die honderd zielen zitten te mediteren, heb ik geen idee wat ze denken of voelen, maar ik weet wel wat ze willen ervaren, en ik merk dat ik de hele dag namens hen tot God zit te bidden, en dat ik rare deals voor hen sluit in de trant van: *Geeft u deze fantastische mensen alstublieft de zegeningen die u oorspronkelijk misschien voor mij had gereserveerd.*

Het is niet mijn bedoeling om tegelijkertijd met de deelnemers een meditatieve toestand te bereiken; ik word geacht een oogje op hen te houden, en niet om me druk te maken over mijn eigen spirituele reis. Ik merk echter dat ik elke dag weer word meegedragen op de golven van hun collectieve godsdienstige intentie, zoals ook bepaalde roofvogels gebruik kunnen maken van de thermiek van de aarde, waardoor ze tot veel grotere hoogten kunnen stijgen dan ze op eigen kracht hadden kunnen bereiken. Dus waarschijnlijk is het niet zo verrassend dat het op zo'n moment gebeurt. Op een donderdagmiddag achter in de tempel word ik plotseling midden onder mijn Eerste-Hostess-plichten, met mijn naamspeldje en al, getransporteerd door het portaal van het universum en meegenomen naar het hart van Gods handpalm.

67

Dit is het punt waarop ik als lezer en zoekende altijd gefrustreerd raak bij het lezen van andermans spirituele memoires – het punt waarop de ziel tijd en plaats achter zich laat en opgaat in het oneindige. Vele groten, van de Boeddha tot de heilige Theresia tot de soefistische mystici tot mijn eigen goeroe, hebben door de eeuwen heen in evenzoveel woorden geprobeerd uit te leggen hoe het voelt om één te worden met God, maar ik ben nooit helemaal tevreden met die beschrijvingen. Vaak wordt het irritante bijvoeglijk naamwoord 'onbeschrijflijk' gebruikt om de gebeurtenis te beschrijven. Maar zelfs de meest welsprekende verslaggevers van de godsdienstige ervaring – zoals Roemi, die schreef dat hij alle inspanningen had laten varen en zichzelf aan de mouw van God had vastgebonden, of Hafez, die zei dat

God en hij net twee dikke mannen waren geworden die in een klein bootje woonden – 'We blijven tegen elkaar aan botsen en lachen' – zelfs die dichters kunnen het niet aanschouwelijk voor me maken. Ik wil er niet over lezen; ik wil het aan den lijve ondervinden. Sri Ramana Maharshi, een populaire Indiase goeroe, gaf vroeger altijd lange toespraken over de transcendente ervaring aan zijn leerlingen en beëindigde die altijd met de volgende instructie: 'En ga er nu zelf maar achterkomen.'

Dus nu ben ik erachter. En ik wil niet zeggen dat wat ik die donderdagmiddag in India ervoer onbeschrijflijk was, al was het dat wel. Ik zal proberen het toch uit te leggen. Kort samengevat: ik werd door het wormgat van het Absolute getrokken, en terwijl dat gebeurde begreep ik ineens helemaal hoe het universum in elkaar zit. Ik verliet mijn lichaam, ik verliet de zaal, ik verliet de planeet, ik stapte door de tijd en ik ging de ruimte binnen. Ik was binnen in de ruimte, maar ik wás ook de ruimte en stond naar de ruimte te kijken, en dat allemaal tegelijkertijd. De ruimte was een plek van onbegrensde vrede en wijsheid. De ruimte was een denkende, intelligente entiteit. De ruimte was God, wat inhoudt dat ik binnen in God was. Maar niet op een onsmakelijke, lichamelijke manier; het was niet zo dat ik Liz Gilbert was die vastzat in een stukje van Gods dijspier. Ik maakte gewoon deel uit van God. Terwijl ik ook nog eens God wás. Ik was zowel een piepklein stukje van het universum als precies even groot als het universum. ('Allen weten dat de druppel opgaat in de oceaan, maar weinigen weten dat de oceaan opgaat in de druppel,' schreef de wijze Kabir – en ik kan nu persoonlijk getuigen dat dat waar is.)

Het was niet hallucinogeen, wat ik voelde. Het was een zeer primaire gebeurtenis. Inderdaad, het was hemels. Het was de meest intense liefde die ik ooit had ervaren, veel intenser dan ik me ooit had kunnen voorstellen, maar het was niet euforisch. Het was niet opwindend. Er was niet meer genoeg ego of passie in mij om euforie en opwinding te creëren. Het was gewoon duidelijk. Het was net zoiets als wanneer je heel lang naar een optische illusie hebt zitten kijken – je tuurt uit alle macht om te zien hoe de truc in elkaar zit, en ineens verandert je manier van kijken en hé – zo zie je het duidelijk! – de twee vazen zijn duidelijk twee gezichten. En als je eenmaal door de optische illusie heen hebt gekeken, zie je hem voortaan altijd.

Dus dit is God, dacht ik. Gefeliciteerd u te ontmoeten.

De plek waar ik stond kan niet beschreven worden als een aardse locatie. Hij was donker noch licht, groot noch klein. Een plek was het ook niet echt, en technisch gezien stond ik er ook niet echt, en eigenlijk was ik ook niet helemaal 'ik' meer. Ik had nog wel mijn gedachten, maar die waren erg bescheiden, stil en van observerende aard. Niet alleen voelde ik zonder enig voorbehoud medeleven en eenheid met alles en iedereen, maar ook vond ik het enigszins raar (maar wel grappig) om me af te vragen hoe iemand ooit iets *anders* dan dat kon voelen. Ook vond ik al mijn oude opvattingen over wie ik ben en hoe ik in elkaar zit wel leuk. *Ik ben een vrouw, ik kom uit Amerika, ik praat graag, ik ben schrijfster* – het voelde allemaal zo schattig en achterhaald. Stel je voor dat je jezelf in zo'n nietig identiteitsdoosje propte terwijl je in plaats daarvan je eigen oneindigheid kon ervaren!

Ik vroeg me af: waarom heb ik mijn hele leven geluk nagestreefd terwijl er al die tijd zaligheid was?

Ik weet niet hoe lang ik in dat schitterende hemelruim van eenwording zweefde voordat er plotseling een dringende gedachte bij me opkwam: *Ik wil deze ervaring voor altijd vasthouden!* Toen begon ik eruit weg te slippen. Gewoon twee kleine woordjes – *Ik wil!* – en ik begon terug te slippen naar de aarde. Toen begon mijn verstand echt te protesteren – *Nee! Ik wil hier niet weg!* – waarna ik nog verder weggleed.

Ik wil!
Ik wil niet!
Ik wil!
Ik wil niet!

Elke keer dat ik deze wanhopige gedachten herhaalde, voelde ik mezelf door de ene laag van de illusie na de andere terugvallen, zoals de held van een actiekomedie bij zijn val van een gebouw door een stuk of tien canvasluifels achter elkaar heen valt. Deze terugkeer van zinloos verlangen bracht me weer terug binnen de grenzen van mijn weinig omvangrijke ik, mijn eigen sterfelijke lichaam, mijn kleine stripverhaalwereld. Ik zag mijn ego terugkeren zoals een polaroidfoto zich voor je ogen ontwikkelt en met de seconde duidelijker wordt: daar is het gezicht, daar zijn de rimpels rondom de mond, daar zijn de wenkbrauwen – ja, nu is hij klaar: dat is een foto van mijn alledaagse ouwe ik. Ik voelde een huivering van paniek, en was een beetje verdrietig dat ik deze goddelijke ervaring was kwijtgeraakt. Maar parallel aan die paniek voelde ik ook een getuige, een wijzere en oudere versie van mezelf die gewoon haar hoofd schudde en glimlachte, en die wist: als ik dacht dat deze staat van zaligheid iets was wat me afgenomen kon worden, dan had ik het duidelijk nog niet helemaal begrepen, en dan was ik dus nog niet gereed om altijd in die staat te verkeren. Ik zou meer moeten oefenen. Op het moment dat ik me dat realiseerde, liet God me los. Hij liet me door Zijn vingers glippen met deze laatste medelevende, niet-uitgesproken boodschap: *Zodra je echt hebt begrepen dat je hier altijd verkeert, mag je terugkeren.*

68

Twee dagen later kwam er een einde aan de retraite en verbrak iedereen het stilzwijgen. Ik werd door veel mensen omhelsd en bedankt voor de hulp die ik hun had gegeven.

'Nee, nee! Dank ú juist,' bleef ik zeggen. Ik vond het frustrerend hoe ontoereikend die woorden klonken, hoe onmogelijk het was om uiting te geven aan mijn immense dankbaarheid voor het feit dat ze me tot zulke duizelingwekkende hoogten hadden doen stijgen.

Een week later arriveerden er weer honderd zoekenden voor weer een retraite, en het onderricht, de dappere ontdekkingsreizen in het innerlijk en de alomvattende stilte begonnen weer van voor af aan, nu met nieuwe zielen die aan de slag gingen. Ook op hen hield ik een oogje. Ik probeerde hen op allerlei manieren te helpen en slipte ook een paar maal met hen mee terug de turiya in. Ik kon alleen maar lachen toen velen van hen later uit hun meditatie kwamen en tegen me zeiden dat ik tijdens de retraite aan hen was verschenen als een 'stille, zwevende, hemelse geest'. Was dat de laatste grap die de ashram met me uithaalde? Nu ik eenmaal had geleerd mijn luidruchtige, spraakzame, sociale aard te accepteren en mijn innerlijke Eerste Hostess helemaal te aanvaarden, kon ik alsnog Dat Stille Meisje Daar Achter in de Tempel worden?

In mijn laatste weken in de ashram hing er een ietwat melancholieke laatste-dagen-van-het-zomerkampstemming. Elke ochtend, leek het wel, stapten er meer mensen met hun bagage op de bus om weg te gaan. Er kwamen geen nieuwe mensen bij. Het was bijna mei, het begin van het heetste jaargetijde in India, en dus zou het een tijdje wat minder druk worden. Er zouden geen retraites meer zijn, dus kreeg ik opnieuw een ander baantje, deze keer in het registratiekantoor, waar ik de bitterzoete taak had om officieel al mijn vrienden uit de computer te schrappen zodra ze de ashram hadden verlaten.

Ik deelde het kantoor met een grappige vrouw die als kapster op Madison Avenue had gewerkt. Met zijn tweetjes deden we ons ochtendgebed, helemaal alleen, twee vrouwen die onze hymne aan God zongen.

'Wat denk je, kunnen we het tempo van deze hymne vandaag iets opvoeren?' vroeg de kapster op een ochtend. 'En hem misschien een octaaf hoger zingen? Zodat ik niet als een gospelversie van Count Basie klink?'

Ik heb nu alle tijd voor mezelf. Ik zit zo'n vier à vijf uur per dag in de meditatiegrotten. Ik kan nu uren achtereen in mijn eigen gezelschap doorbrengen, op mijn gemak in mijn eigen aanwezigheid, niet van mijn stuk gebracht door mijn eigen bestaan op deze planeet. Soms zijn mijn meditaties surreële, fysieke shakti-ervaringen, zo woest dat mijn wervelkolom begint te kronkelen en mijn bloed aan de kook raakt. Daar probeer ik me met zo min mogelijk weerstand aan over te geven. Soms ervaar ik juist een heerlijke, kalme tevredenheid, en dat is ook prima. De zinnen vormen zich nog altijd in mijn hoofd, en de gedachten voeren nog altijd hun uitsloverige dansje op, maar ik ken mijn gedachtepatronen inmiddels zo goed dat ik er geen last meer van heb. Mijn gedachten zijn tegenwoordig net oude buren, een beetje lastig maar uiteindelijk wel vertederend – de heer en mevrouw Klets-Maar-Raak en hun drie aartsdomme kinderen Bla, Bla en Bla. Thuis heb ik echter geen last van hen. In deze buurt is ruimte voor ons allemaal.

En wat de andere veranderingen betreft die zich misschien de afgelopen maanden in mij voltrokken hebben, misschien kan ik die nog niet eens voelen. Mijn vrienden die al lang aan yoga doen, zeggen dat je het effect dat een ashram op je heeft pas echt ziet wanneer je de ashram verlaat en terugkeert naar je normale leven. 'Dan pas,' zei de voormalige non uit Zuid-Afrika, 'zul je merken hoe de kasten van je innerlijk allemaal opnieuw ingericht zijn.' Natuurlijk weet ik op het ogenblik eigenlijk niet zo goed wat mijn normale leven überhaupt is. Ik bedoel, misschien trek ik binnenkort wel in bij een oude medicijnman in Indonesië – is dat mijn normale leven? Misschien wel; wie zal het zeggen? Hoe dan ook, mijn vrienden zeggen dat de veranderingen pas later zichtbaar worden. Misschien kom je erachter dat je van levenslange obsessies af bent, of dat er eindelijk iets is veranderd aan ernstige, onoplosbare patronen. Kleine irritaties waar je ooit woest om werd vormen niet langer een probleem, terwijl afgrijselijke oude ellende die je ooit uit gewoonte slikte nu niet meer geduld wordt, nog geen vijf minuten. Negatieve relaties worden gelucht of gewoon helemaal beëindigd, en er stappen opgewektere, heilzamere types je wereld binnen.

Vannacht kon ik niet slapen. Niet vanwege zorgen, maar uit opwinding. Ik trok mijn kleren aan en maakte een wandeling door de tuinen. De maan was weelderig rond en vol, en hij hing recht boven me, zodat alles in een donkergrijs licht baadde. De lucht geurde naar jasmijn en naar het bedwelmende parfum van die sterk riekende struiken die ze hier hebben, met bloesem die alleen 's nachts opengaat. Het was een broeierige, hete dag geweest en nu was het nauwelijks minder broeierig en heet. De warme lucht verplaatste zich om me heen en ik realiseerde me: 'Ik ben in India!'

Ik loop op sandalen en ik ben in India!

Ik begon te rennen. Ik galoppeerde van het pad af, het gras op, en vloog over dat door de maan beschenen grasbad. Mijn lichaam voelde zo levendig en gezond aan van al die maanden yoga, vegetarisch eten en vroeg naar bed gaan. Mijn sandalen op het zachte, bedauwde gras maakten dit geluid: *shippa-shippa-shippa-shippa*, en dat was het enige geluid in de hele vallei. Ik was zo door het dolle heen dat ik recht op het bosje eucalyptusbomen midden in het park afrende (waar naar verluidt vroeger een oude tempel stond waar de god Ganesh, die obstakels uit de weg ruimt, geëerd werd), en ik sloeg mijn armen om een van die bomen, die nog warm was van de hitte van de dag, en kuste hem hartstochtelijk. Ik bedoel, ik kuste die boom met hart en ziel, en dacht er op dat moment niet eens aan dat dat de ergste nachtmerrie is van elke Amerikaanse ouder wiens kind ooit is weggelopen naar India om zichzelf te vinden – dat ze uiteindelijk in het maanlicht een orgie met bomen heeft.

Maar het was iets heel puurs, de liefde die ik voelde. Het was goddelijk. Ik keek rond in de donkere vallei en ik zag niets dat niet God was. Ik voelde me immens, verschrikkelijk gelukkig. Ik dacht bij mezelf: Wat dit ook precies voor een gevoel is, het is waar ik om gebeden heb. En het is ook waar ik tót gebeden heb.

69

Ik heb mijn woord trouwens gevonden.

Natuurlijk vond ik het als rechtgeaarde boekenwurm in de bibliotheek. Sinds die middag in Rome toen mijn Italiaanse vriend Giulio me had verteld dat het woord van Rome SEKS was en me had gevraagd wat het mijne was, had ik me steeds afgevraagd wat mijn woord was. Destijds wist ik het antwoord niet, maar ik dacht dat ik mijn woord uiteindelijk wel tegen het lijf zou lopen, en dat ik het zou herkennen als ik het tegenkwam.

Ik kwam het dus tegen in mijn laatste week in de ashram. Ik zat een oude tekst over yoga door te lezen toen ik ineens een aloude beschrijving vond van mensen die op zoek waren naar spiritualiteit. In de betreffende alinea kwam een

Sanskritisch woord voor: ANTEVASIN. Dat betekent: 'iemand die op de grens leeft'. Lang geleden was dat een letterlijke benaming. Hij werd gebruikt voor mensen die het drukke centrum van het wereldse leven achter zich hadden gelaten om zich aan de rand van het bos te vestigen, waar de geestelijke leermeesters zich ophielden. De antevasin was geen dorpeling meer – geen gezinshoofd met een traditioneel leven. Maar de transcendentie had hij ook nog niet bereikt; hij was nog niet zo'n wijze die volledig verwezenlijkt diep in de onverkende wouden woonde. De antevasin zweefde er een beetje tussenin. Hij zat op de grens. Hij woonde in het zicht van beide werelden, maar richtte zijn vizier op het onbekende. En hij was een geleerde.

Toen ik die beschrijving van de antevasin las, raakte ik zo opgewonden dat ik het even uitkraaide van herkenning. Daar was het dan, mijn woord! In onze huidige tijd is dat beeld van een onverkend bos natuurlijk symbolisch, en de grens al evenzeer. Maar je kunt er nog steeds leven. Je kunt nog steeds leven op die vage scheidslijn tussen je oude denkbeelden en je nieuwe inzicht, altijd op zoek naar nieuwe kennis. In de figuurlijke zin van het woord is het een grens die zich altijd blijft verplaatsen; ook al maak jij nog zo veel vorderingen in je studie en bewustwordingsproces, dat mysterieuze bos van het onbekende blijft je altijd een paar stappen voor, zodat je dus licht moet reizen om het te kunnen volgen. Je moet beweeglijk blijven, verplaatsbaar, soepel. Ongrijpbaar zelfs. Wat grappig is, want precies de dag daarvoor was mijn vriend de dichter/loodgieter uit Nieuw-Zeeland uit de ashram vertrokken, en op weg naar de uitgang had hij me een vriendschappelijk afscheidsgedichtje over mijn reis toegestopt. Ik herinnerde me deze strofe:

Elizabeth, net tussen de
Italiaanse woorden en dromen van Bali in
Elizabeth, er altijd net tussenin
Soms even ongrijpbaar als een vis...

Ik heb me de afgelopen jaren vaak afgevraagd wat ik nu eigenlijk moet voorstellen. Iemands vrouw? Iemands moeder? Iemands geliefde? Een ongehuwde vrouw? Een Italiaanse? Een veelvraat? Een reizigster? Een kunstenares? Een yogabeoefenaar? Eigenlijk ben ik niets van dat alles, althans niet helemaal. En Gekke Tante Liz ben ik ook niet. Ik ben gewoon een ongrijpbare antevasin – er altijd net tussenin – een leerlinge op de immer veranderlijke grens van het fantastische, angstaanjagende woud van het nieuwe.

70

Ik geloof dat alle godsdiensten ter wereld in wezen een verlangen gemeen hebben om een metafoor te vinden die je in vervoering brengt. Als je verbondenheid met God wilt bereiken, probeer je eigenlijk van het wereldse naar het eeuwige te verhuizen (van het dorp naar het bos, zou je kunnen zeggen, om nog maar even voort te borduren op het thema van de antevasin), en je hebt een soort verheven idee nodig om je daarheen te brengen. Het moet iets groots zijn, die metafoor – heel erg groot en magisch en krachtig, want hij moet je over een hele afstand vervoeren. Het moet de allergrootste boot zijn die je je kunt voorstellen.

Religieuze rituelen komen vaak voort uit mystieke experimenten. Een dappere verkenner gaat op zoek naar een nieuwe weg naar het goddelijke, heeft een transcendente ervaring en komt naar huis als profeet. Hij of zij brengt de gemeenschap verhalen over de hemel en plattegronden waarmee je er kunt komen. Vervolgens herhalen anderen de woorden, rituelen, gebeden of handelingen van deze profeet, om zelf ook aan de overkant te komen. Soms lukt dat – soms brengt dezelfde vertrouwde combinatie van lettergrepen en godsdienstige gebruiken, generatie na generatie herhaald, vele mensen naar de overkant. Soms werkt het echter ook niet. Het is onvermijdelijk dat zelfs de origineelste nieuwe ideeën uiteindelijk dogmatisch worden of niet meer voor iedereen werken.

De Indiërs hier in de buurt hebben een waarschuwende fabel over een grote heilige die in zijn ashram altijd omringd werd door trouwe volgelingen. Elke dag weer zaten de heilige en zijn volgelingen urenlang over God te mediteren. Het enige probleem was dat de heilige een katje had, dat tijdens de meditatie altijd door de tempel liep, miauwde, spon en iedereen lastigviel. Dus beval de heilige, die heel praktisch ingesteld was, dat het katje een paar uur per dag buiten aan een paal gebonden moest worden, alleen tijdens de meditatie, zodat het niemand kon storen. Dat werd een gewoonte – de kat aan de paal vastbinden en dan over God mediteren – maar mettertijd werd de gewoonte een vast godsdienstig ritueel. Niemand mocht mediteren tenzij de kat eerst aan de paal was gebonden. Toen stierf de kat op een dag. Onder de volgelingen van de heilige brak paniek uit. Het was een grote godsdienstige crisis – hoe moesten ze nu mediteren, zo zonder kat? Hoe moesten ze God nu bereiken? In hun hoofd was de kat het middel geworden.

Zorg ervoor, waarschuwt dit verhaal, dat je niet al te zeer geobsedeerd raakt door het herhalen van godsdienstige rituelen gewoon omwille van het ritueel. Juist in deze verdeelde wereld, waar de Taliban en de Christelijke Coalitie hun internationale copyrightoorlog uitvechten over de vraag wie de rechten op het woord 'God' bezit en wie de juiste rituelen heeft om die God te bereiken, is het misschien nuttig om te onthouden dat men niet door het aan de paal binden van de kat transcendentie bereikt, maar alleen door het constante verlangen van een zoekend individu om de eeuwige compassie van God te ervaren. Flexibiliteit is van even groot belang voor goddelijkheid als discipline.

Je taak, zo je die accepteert, is dus om te blijven zoeken naar metaforen, rituelen en leraren die je helpen dichter bij God te komen. De heilige yogaboeken zeggen dat God de heilige gebeden en inspanningen van mensen beantwoordt, *ongeacht de wijze waarop* stervelingen ervoor kiezen hem te dienen – zolang de gebeden maar oprecht zijn. Zoals één regel uit de *Upanishaden* het uitdrukt: 'Mensen volgen verschillende paden, recht of krom, al naar gelang hun temperament, afhankelijk van wat zij als het beste of het geschiktste beschouwen – en allen bereiken U, zoals alle rivieren in de oceaan uitkomen.'

Het andere doel van godsdienst is natuurlijk om onze chaotische wereld begrijpelijk te maken en de onverklaarbare dingen te verklaren die we hier op aarde elke dag weer zien gebeuren: onschuldige mensen die lijden, slechte mensen die worden beloond – wat moeten we daarvan denken? De westerse overlevering zegt: 'Na je dood wordt alles rechtgezet, in de hemel en de hel.' (Waar alle gerechtigheid natuurlijk wordt uitgedeeld door de God die James Joyce de 'Hangman God' [God de Beul] noemde – een vaderlijke figuur die op Zijn strenge Rechterstoel zit en de slechterikken straft en de goede mensen beloont.) In het Oosten daarentegen doen de *Upanishaden* geen enkele poging om de chaos op aarde nader te verklaren. Ze zijn er niet eens helemaal zeker van dat de aarde überhaupt chaotisch is, maar zeggen dat hij misschien alleen zo op ons overkomt vanwege ons beperkte zicht. Deze teksten beloven geen gerechtigheid of wraak voor iedereen, al zeggen ze wel dat elke handeling consequenties heeft – dus kies je gedrag dienovereenkomstig. Het kan echter even duren voordat je de consequenties ziet. Yoga heeft altijd de lange termijn in het vizier. Verder zeggen de *Upanishaden* dat de zogenaamde chaos misschien wel juist een goddelijke functie heeft, ook al is die voor jou op dit moment misschien niet zo duidelijk: 'De goden houden van het cryptische en houden niet van het voor de hand liggende.' Het beste wat we dus bij wijze van reactie op onze onbegrijpelijke, gevaarlijke wereld kunnen doen is ons best doen om ons *innerlijk* evenwicht te bewaren – wat er om ons heen ook voor krankzinnigs gebeurt.

Sean, mijn Ierse melkveehouder/yogabeoefenaar, legde het als volgt aan me uit: 'Stel je voor dat het universum een grote centrifuge is,' zei hij. 'Zorg dat je in de buurt van het midden van het ding blijft, precies in het hart van de centrifuge, en niet aan de rand waar alles woest heen en weer wordt geslingerd, en waar je de nodige butsen en deuken kunt oplopen. Het middelpunt van de kalmte – dat is je hart. Daar woont God in jou. Zoek dus niet meer naar antwoorden in de wereld. Blijf gewoon terugkeren naar die kern, dan vind je altijd rust.'

In spiritueel opzicht is dat zo'n beetje het verstandigste wat ik ooit heb gehoord. Voor mij werkt het. En als ik ooit iets vind wat beter werkt, dan zal ik dat gebruiken – dat verzeker ik je.

Ik heb veel vrienden in New York die niet gelovig zijn. Het merendeel, zou ik zeggen. Ze zijn ofwel van de geestelijke tradities van hun jeugd afgevallen, of hebben nooit een god in hun leven gehad. Uiteraard vinden sommigen van hen mijn recente inspanningen om heiligheid te bereiken een beetje eng. Natuurlijk worden er grappen gemaakt. Zoals mijn vriend Bobby ooit grapte terwijl hij probeerde mijn computer te repareren: 'Geen kwaad woord over je *aura*, hoor, maar van software downloaden heb je nog altijd geen kaas gegeten.' Ik ga er maar gewoon in mee. Zelf vind ik het ook allemaal wel grappig. Natuurlijk is het grappig.

   Wat ik wel merk is dat sommigen van mijn vrienden naarmate ze ouder worden toch behoefte krijgen om iets te hebben om in te geloven. Die behoefte druist echter tegen allerlei barrières in, waaronder hun intellect en gezonde verstand. Ondanks hun uitstekende hersens leven die mensen echter nog altijd in een wereld die blijft voortdenderen, met de ene woeste, afgrijselijke, compleet onzinnige, plotselinge slingerbeweging na de andere. Net als bij iedereen komen er in het leven van die mensen geweldige en verschrikkelijke ervaringen voor met ofwel leed, ofwel vreugde, en dankzij dat soort mega-ervaringen gaan we over het algemeen verlangen naar een spirituele context waarin we uiting kunnen geven aan onze weeklachten of dankbaarheid, of op zoek kunnen naar begrip. De vraag is: wat moeten we aanbidden, en tot wie moeten we bidden?

   Ik heb een goede vriend wiens eerste kind net na de dood van zijn dierbare moeder werd geboren. Na deze samenloop van wonder en verlies had mijn vriend behoefte aan een heilige plaats om naartoe te gaan, of een ritueel om uit te voeren, om wijs te worden uit al die emoties. Mijn vriend was katholiek opgevoed, maar het idee om als volwassene zijn herintrede in de kerk te maken stond hem tegen. ('Ik geloof er niks meer van,' zei hij, 'nu ik eenmaal weet wat ik weet.') Natuurlijk zou hij het gênant vinden om hindoe of boeddhist te worden, of zoiets geks. Dus wat moest hij nu? Zoals hij zelf tegen me zei: 'Je kunt niet zomaar de krenten uit een godsdienst plukken en de rest links laten liggen.'

   Wat een standpunt is waar ik groot respect voor heb, maar waar ik het ondertussen wel volstrekt oneens mee ben. Volgens mij heb je het volste recht om de krenten eruit te plukken en de rest links te laten liggen als het aankomt op het vervoeren van je geest en vrede vinden bij God. Volgens mij staat het je vrij om, wanneer je behoefte hebt aan vervoering of troost, naar die ene metafoor te zoeken die je over kan dragen naar de andere kant van de wereldse scheidslijn. Daar is niets mis mee. Zo is het altijd gegaan in de geschiedenis van de menselijke zoektocht naar heiligheid. Als de mensheid nooit verder kwam in haar verkenning van het goddelijke, zouden velen van ons nu nog steeds gouden Egyptische beeldjes van katten aanbidden. En bij die evolutie van het religieuze gedachtegoed komt aardig wat krenten plukken kijken. Je neemt over wat werkt (waar je dat ook vandaan haalt) en begeeft je in de richting van het licht.

De Hopi-indianen dachten dat alle religies ter wereld één spirituele draad bevatten, en dat al die draden voortdurend naar elkaar op zoek zijn, omdat ze graag één willen worden. Als al die draden eindelijk bijeengeweven zijn, zullen ze samen een touw vormen dat ons uit deze duistere cyclus van de geschiedenis zal trekken en naar het volgende rijk zal brengen. Iets recentelijker heeft de Dalai Lama uiting gegeven aan hetzelfde idee; hij verzekert zijn westerse leerlingen regelmatig dat ze echt geen Tibetaanse boeddhisten hoeven te worden om leerlingen van hem te zijn. Van hem mogen ze alle ideeën die hun aan het Tibetaanse boeddhisme bevallen overnemen en die met hun eigen godsdienstige rituelen samenvoegen. Zelfs op de meest onwaarschijnlijke, conservatieve plaatsen kom je soms een zwak schijnsel tegen van het idee dat God weleens groter zou kunnen zijn dan onze beperkte godsdienstige dogma's ons hebben doen geloven. In 1954 stuurde uitgerekend paus Pius XI een aantal afgevaardigden van het Vaticaan op reis naar Libië met de volgende schriftelijke instructies: 'Denk vooral niet dat je je onder de heidenen begeeft. Ook moslims bereiken de verlossing. De wegen der Voorzienigheid zijn oneindig.'

Maar is dat eigenlijk niet logisch? Dat het oneindige inderdaad... oneindig is? Dat zelfs de allerheiligsten onder ons nooit méér dan losse stukjes van het eeuwige plaatje kunnen overzien? En dat er, als we al die stukjes zouden verzamelen en vergelijken, misschien een verhaal over God uit zou komen dat iets van iedereen heeft en dat iedereen omvat? En maakt ons individuele verlangen naar transcendentie eigenlijk niet gewoon deel uit van deze grotere menselijke zoektocht naar God? Hebben we niet allemaal het recht om pas op te houden met zoeken wanneer we zo dicht mogelijk bij de bron van verwondering en ontzag zijn gekomen? Zelfs als dat inhoudt dat we een tijdje naar India moeten en bomen moeten zoenen in het maanlicht?

Met andere woorden: *That's me in the corner. That's me in the spotlight. Choosing my religion.*

71

Mijn vlucht vertrekt om vier uur 's ochtends uit India, wat typerend is voor hoe het er hier in India aan toe gaat. Ik besluit die nacht niet naar bed te gaan, maar in plaats daarvan de hele avond in een van de meditatiegrotten te bidden. Van nature ben ik geen avondmens, maar iets in me wil deze laatste uren in de ashram wakker blijven. Er zijn veel dingen in mijn leven waar ik de hele nacht voor opgebleven ben – vrijen, ruziën, lange afstanden rijden, dansen, huilen, me zorgen maken (en soms zelfs al die dingen in één nacht) – maar ik heb nog nooit eerder mijn slaap opgeofferd voor een nacht alleen maar bidden. Waarom niet nu?

Ik pak mijn tas in en zet hem bij de ingang van de tempel, zodat hij straks voor me klaarstaat wanneer mijn taxi voor dag en dauw arriveert. En daarna loop ik de heuvel op, ga de meditatiegrot in en ga zitten. Ik ben hier alleen, maar ik zit op een plaats vanwaar ik uitzicht heb op de grote foto van

Swamiji – de leermeester van mijn goeroe, de stichter van deze ashram, de allang ter ziele gegane leeuw die op de een of andere manier nog steeds aanwezig is. Ik doe mijn ogen dicht en laat de mantra komen. Ik klauter die ladder af naar beneden, tot in mijn eigen middelpunt van stilte. Als ik daar aankom, voel ik dat de wereld stilstaat, precies zoals ik altijd wilde dat hij stilstond toen ik negen was en bang was voor het genadeloze verstrijken van de tijd. In mijn hart staat de klok stil en vliegen de blaadjes van de scheurkalender niet meer van de muur. Ik zit me in stilte te verbazen over alles wat ik begrijp. Ik zit niet actief te bidden. Ik ben een gebed gewórden.

Ik kan hier de hele nacht zo blijven zitten.

En dat doe ik ook.

Ik weet niet waardoor ik precies word gewaarschuwd wanneer het tijd is om naar mijn taxi toe te gaan, maar na ettelijke uren stilte word ik zachtjes door iets aangestoten, en als ik op mijn horloge kijk, blijkt het precies tijd te zijn om te gaan. Het is tijd om naar Indonesië te vliegen. Wat grappig, wat vreemd. Dus sta ik op en maak een buiging voor de foto van Swamiji – de bazige, de wonderbaarlijke, de licht ontvlambare. En dan stop ik een vel papier onder het tapijt, recht onder zijn beeltenis. Op het blad staan de twee gedichten die ik tijdens mijn vier maanden in India heb geschreven. Het zijn de eerste echte gedichten die ik ooit heb geschreven. Een loodgieter uit Nieuw-Zeeland moedigde me aan om gewoon voor één keer iets poëtisch te proberen, vandaar. Een van die gedichten schreef ik toen ik hier net een maand was. Het andere heb ik vanochtend nog geschreven.

Tussen de twee gedichten in heb ik immense hoeveelheden genade gevonden.

72

Twee gedichten uit een ashram in India.

EEN

Al dat gedoe over nectar en zaligheid begint me de keel uit
   te hangen.
Ik weet niet hoe het jou vergaat, mijn vriend,
Maar mijn weg naar God is geen zoete vleug wierook.
Het is een kat, losgelaten tussen de duiven,
En ik ben de kat – maar ook degenen die hels krijsen als ze
   worden gepakt.

Mijn weg naar God is een arbeidersopstand,
Geen vrede totdat de vakbond een feit is.
Hun wachtposten zijn zo afschrikwekkend
Dat de marechaussee het liefst een blokje omloopt.

Mijn weg werd vóór mij bewusteloos gemept
Door een bruin mannetje dat ik nooit mocht ontmoeten,
Dat in heel India achter God aan ging, tot aan zijn schenen
   in het vuil,
Op blote voeten, uitgehongerd, met malaria in zijn bloed,
Slapend in deuropeningen en onder bruggen – een hobo.
(Wat staat voor '*homeward bound*' – wist je dat?)
En nu zit hij achter mij aan en zegt: 'Snap je het al, Liz?
Wat '*homeward*' betekent? Wat '*bound*' echt inhoudt?'*

---

*   Noot van de vertaler: *Hobo* is een Amerikaans woord voor 'zwerver'/'landloper'. *Homeward bound* betekent 'op weg naar huis' of 'gereed voor de thuisreis'. *Homeward* betekent 'naar huis'; *bound* betekent behalve 'op weg' ook 'gebonden' en een paar andere dingen.

TWEE

Maar toch.
Als ze me broeken lieten dragen gemaakt van
Het pasgemaaide gras van deze plek,
Dan zou ik het doen.

Als ze me lieten zoenen
Met elke eucalyptusboom in het bosje van Ganesh,
Ik zweer je, ik zou het doen.

De laatste tijd heb ik dauwdruppels gezweet,
Het vat van binnenuit schoongemaakt,
En mijn kin langs boombast gewreven
Die ik aanzag voor het been van mijn baasje.

Het lukt me niet om helemaal binnen te komen.

Als ze me de aarde van deze plek lieten eten
Opgediend op een bedje vogelnesten,
Dan zou ik maar de helft van mijn bord leegeten,
En de hele nacht slapen op de rest.

BOEK DRIE

INDONESIË

oftewel

'Zelfs in mijn onderbroek voel ik me anders'

oftewel

Zesendertig verhaaltjes over de zoektocht naar balans

73

Ik heb nog nooit zo planloos in het leven gestaan als bij mijn aankomst op Bali. In alle jaren dat ik nu al luchthartig op reis ga, ben ik nog nooit ergens zo luchthartig aangekomen als hier. Ik weet niet waar ik ga wonen, ik weet niet wat ik van plan ben, ik weet niet wat de wisselkoers is, ik weet niet hoe ik op het vliegveld aan een taxi moet komen, en zelfs niet eens waar ik de taxichauffeur moet vragen me heen te brengen. Ik word door niemand verwacht. Ik heb geen vrienden in Indonesië, zelfs geen vrienden van vrienden. En wat ook lastig is als je op reis gaat met een verlopen reisgids en die vervolgens niet eens leest: ik had me niet gerealiseerd dat ik niet eens vier maanden in Indonesië mág blijven, ook al wil ik dat nog zo graag. Daar kom ik pas bij de paspoortcontrole achter. Ik blijk alleen in aanmerking te komen voor een toeristenvisum van een maand. Het was nooit bij me opgekomen dat de Indonesische regering misschien niet zat te springen om me net zo lang onderdak te bieden in haar land als het mij uitkwam.

Terwijl de vriendelijke douanebeambte een stempel in mijn paspoort zet dat me toestemming verleent om dertig dagen en geen dag langer op Bali te blijven, vraag ik hem op mijn allervriendelijkst of ik alsjeblieft wat langer mag blijven.

'Nee,' zegt hij op zijn allervriendelijkst. De Balinezen staan bekend om hun vriendelijkheid.

'Het is namelijk de bedoeling dat ik hier een maand of drie, vier blijf,' zeg ik tegen hem.

Ik zeg er maar niet bij dat dat een *voorspelling* is – dat een oude, misschien wel demente Balinese medicijnman me twee jaar geleden tijdens een handleessessie van tien minuten heeft voorspeld dat ik hier drie à vier maanden zal blijven. Ik weet niet precies hoe ik dat moet uitleggen.

Maar wat zei die medicijnman nu eigenlijk tegen me, nu ik er eens over nadenk? Zei hij echt dat ik terug zou komen naar Bali en dan drie of vier maanden bij hem thuis zou logeren? Zei hij echt 'bij mij logeren'? Of wilde hij gewoon dat ik nog eens langskwam als ik weer eens in de buurt was, zodat ik hem nog eens tien dollar kon geven om mijn hand te lezen? Zei hij dat ik terug zóu komen of dat ik terug móest komen? Zei hij echt: *'See you later, alligator'*? Of was het: *'In a while, crocodile'*?

Sinds die avond heb ik geen contact meer gehad met de medicijnman. Ik zou niet eens weten hoe ik contact met hem moest opnemen. Hoe zou zijn adres luiden? 'Medicijnman, op zijn veranda, Bali, Indonesië'? Ik weet niet eens of hij nog leeft. Ik herinner me dat hij er twee jaar geleden bij die eerste ontmoeting verschrikkelijk oud uitzag; sinds die tijd kan er van alles met hem gebeurd zijn. Het enige wat ik heb is zijn naam – Ketut Liyer – en de herinnering dat hij in een dorpje net buiten het stadje Ubud woont. Maar de naam van het dorp wil me niet meer te binnen schieten.

Misschien had ik hier ietsje langer over moeten nadenken.

74

Nu is Bali echter een betrekkelijk eenvoudige plek om de weg in te vinden. Het is niet alsof ik midden in Soedan ben geland zonder enig benul hoe het nu verder moet. We hebben het hier over een eiland dat ongeveer even klein is als Delaware, en daarbij is het een grote toeristentrekpleister.

Heel Bali is erop ingesteld om het jou, de westerling met de creditcards, gemakkelijk te maken. Veel mensen spreken hier Engels, en doen dat met plezier. (Wat een hele opluchting voor me is, al voel ik me daar wel schuldig over. Mijn hersencellen zijn zo overvoerd door mijn pogingen van de afgelopen maanden om modern Italiaans en klassiek Sanskriet te leren dat ik het idee om Indonesisch te leren, of nog moeilijker, Balinees – een taal die zo ingewikkeld is dat hij net zo goed buitenaards had kunnen zijn – gewoon niet aankan.) Eigenlijk is het leven hier doodsimpel. Geld wisselen doe je op het vliegveld, en vervolgens stap je in bij een vriendelijke taxichauffeur die best een leuk hotel voor je weet – zo lastig is dat allemaal niet. En aangezien het toerisme hier sinds de terroristische bomaanslagen van twee jaar geleden (die een paar weken na mijn eerste bezoek aan Bali plaatsvonden) helemaal is ingestort, gaat alles nu nog veel gemakkelijker; iedereen wil je maar wat graag helpen, want iedereen is wanhopig op zoek naar werk.

Ik neem dus een taxi naar het stadje Ubud, dat me een goede plek lijkt om mijn reis te beginnen. Ik neem mijn intrek in een mooi hotelletje aan een weg die luistert naar de schitterende naam 'Apenbosweg'. Het hotel heeft een zwembad en een tuin vol tropische bloemen met bloesems die nog groter zijn dan volleyballen (bediend door een uiterst efficiënt team van kolibries en vlinders). Het personeel is Balinees, wat inhoudt dat ze je zodra je binnenkomt automatisch beginnen te adoreren en je complimentjes over je schoonheid beginnen te geven. De kamer kijkt uit op tropische boomtoppen en er is een ontbijt met stapels vers fruit bij de prijs inbegrepen. Kortom, het is een van de leukste hotels waar ik ooit ben geweest en het kost me nog geen tien dollar per dag. Het is fijn om weer terug te zijn.

Ubud ligt in het hart van Bali, in de bergen, omringd door trapsgewijs op berghellingen aangelegde rijstvelden en ontelbare hindoeïstische tempels, met snelle rivieren die door diepe jungleravijnen stromen en vulkanen aan de horizon. Sinds jaar en dag wordt Ubud beschouwd als het culturele hart van het eiland, de plaats waar de traditionele Balinese schilderkunst, dans, houtsnijkunst en religieuze ceremoniën nog altijd goed gedijen. Het ligt niet in de buurt van het strand, en dus zijn de toeristen die naar Ubud komen van het onafhankelijke, tamelijk culturele soort; ze zien liever een oude tempelceremonie dan dat ze in de branding pina colada's drinken. Hoe de voorspelling van de medicijnman ook uitpakt, dit zou best eens een leuk stadje kunnen zijn om een tijdje door te brengen. Het heeft iets van een kleine Stille-Zuidzeeversie van Santa Fe, alleen dan met loslopende apen en overal Balinese gezinnen in traditionele klederdracht. Er zijn goede restaurants en leuke boekwinkeltjes. Ik zou best al mijn tijd in Ubud kunnen doorbrengen met doen wat hele volksstammen gescheiden vrouwen al sinds de oprichting van de volksuniversiteit doen, namelijk me opgeven voor de ene cursus na de andere: batikken, slagwerk spelen, sieraden maken, pottenbakken, traditioneel Indonesisch dansen en koken... Pal tegenover mijn hotel bevindt zich zelfs iets wat 'De meditatiewinkel' heet, een klein winkeltje met een bord waarop open meditatiesessies worden aangekondigd, elke avond van zes tot zeven. MOGE DE VREDE ZEGEVIEREN OP AARDE, staat er op het bordje. Ben ik helemaal voor.

Tegen de tijd dat ik mijn tassen heb uitgepakt is het nog steeds vroeg op de middag, dus besluit ik te gaan wandelen en me opnieuw te oriënteren op dit stadje dat ik twee jaar geleden voor het laatst heb bezocht. Daarna zal ik een poging wagen om erachter te komen hoe ik mijn medicijnman moet zien te vinden. Ik stel me zo voor dat dat weleens lastig zou kunnen worden, dat het weleens dagen of zelfs weken zou kunnen duren. Ik weet niet precies waar ik moet beginnen met zoeken, dus op weg naar buiten stop ik bij de receptie en vraag ik aan Mario of hij me kan helpen.

Mario is een van de jongens die in het hotel werken. We zijn al bevriend vanaf het moment dat ik incheckte, vooral vanwege zijn naam. Nog niet zo heel lang geleden was ik op reis door een land waar veel mannen Mario heetten, maar geen van hen was een klein, gespierd, energiek Balinees mannetje met een zijden sarong aan en een bloem achter zijn oor. Dus moest ik wel vragen: 'Heet je echt Mario? Dat klinkt niet erg Indonesisch.'

'Niet mijn echte naam,' zei hij. 'Eigenlijk heet ik Nyoman.'

Ja, dat had ik kunnen weten. Ik had kunnen weten dat ik een kans van één op vier had om Mario's echte naam te raden. Als ik even mag uitweiden: op Bali zijn er eigenlijk maar vier namen die mensen aan hun kinderen kunnen geven, of de baby nu een jongetje is of een meisje. Die namen zijn Wayan, Made, Nyoman en Ketut. Vertaald betekenen ze gewoon Eerste, Tweede, Derde en Vierde, en ze geven de volgorde aan waarin de kinderen geboren zijn. Als je een vijfde kind krijgt, begin je gewoon opnieuw met de namencyclus, zodat het vijfde kind dus eigenlijk bekendstaat als 'Wayan kwadraat' of zoiets. Enzovoort. Als je een tweeling krijgt, heten ze naar de volgorde waarin ze zijn geboren. Aangezien er in feite maar vier namen op Bali zijn (de elite van de hogere kasten heeft zijn eigen setje namen), is het heel goed mogelijk (en zelfs tamelijk normaal) dat er twee Wayans met elkaar trouwen. Ook hun eerstgeborene heet dan natuurlijk Wayan.

Dit geeft wel enigszins aan hoe belangrijk het gezin op Bali is, en hoe belangrijk iemands plaats binnen dat gezin is. Je zou misschien denken dat het systeem voor de nodige verwarring zorgt, maar op de een of andere manier hebben de Balinezen er geen moeite mee. Begrijpelijkerwijs zijn bijnamen populair en hard nodig. Zo is een van de meest succesvolle zakenvrouwen van Ubud een dame die Wayan heet. Ze heeft een druk restaurant dat Café Wayan heet, en dus staat ze bekend als 'Wayan Café', oftewel 'de Wayan van Café Wayan'. Anderen staan misschien wel bekend als 'Dikke Made', 'Nyoman Huurauto' of 'die stomme Ketut die het huis van zijn oom heeft laten afbranden'. Mijn nieuwe Balinese vriend Mario heeft het probleem gewoon omzeild door zichzelf Mario te noemen.

'Waarom Mario?'

'Omdat ik iets met Italië heb,' zei hij.

Toen ik tegen hem zei dat ik net vier maanden in Italië was geweest, vond hij dat zo verbijsterend geweldig dat hij achter zijn balie vandaan kwam en zei: 'Kom, zitten, praten.' Ik kwam, ik ging zitten, we praatten. En zo begon onze vriendschap.

Vanmiddag besluit ik dus om aan mijn zoektocht naar mijn medicijnman te beginnen door mijn nieuwe vriend Mario te vragen of hij toevallig een zekere Ketut Liyer kent.

Mario fronst zijn wenkbrauwen en denkt na.

Ik verwacht half dat hij iets zegt in de trant van: 'Ja natuurlijk, Ketut Liyer! Oude medicijnman, vorige week overleden – zo tragisch wanneer oude, wijze medicijnman doodgaat...'

Mario vraagt me de naam nog eens te herhalen, en deze keer schrijf ik hem op; ik zal wel iets verkeerd uitspreken. En inderdaad, nu licht Mario's gezicht op van herkenning. 'Ketut Liyer!'

Nu verwacht ik dat hij iets gaat zeggen in de trant van: 'Ja natuurlijk, Ketut Liyer! Gestoorde kerel! Vorige week gearresteerd, want gekke man...'

Maar in plaats daarvan zegt hij: 'Ketut Liyer is beroemde genezer.'

'Ja! Dat is hem!'

'Ik ken hem. Ik ga naar zijn huis. Vorige week neem ik mijn nichtje, zij heeft middel nodig voor haar baby, baby hele nacht huilen. Ketut Liyer maakt het beter. Eén keer neem ik Amerikaans meisje zoals jij mee naar huis van Ketut Liyer. Meisje wil toverkunst om mooier te worden voor mannen. Ketut Liyer tekenen magische tekening, voor haar te helpen mooier te worden. Ik plaag haar daarna. Ik zeg elke dag tegen haar: "Tekening werkt! Kijk hoe mooi jij bent! Tekening werkt!"'

Ik denk aan de afbeelding die Ketut Liyer een paar jaar geleden voor me heeft getekend, en vertel aan Mario dat ik zelf ook ooit een magische tekening van de medicijnman heb gekregen.

Mario lacht. 'Tekening werkt ook voor jou!'

'Mijn plaatje was om me te helpen God te vinden,' leg ik uit.

'Wil jij dan niet mooier worden voor mannen?' vraagt hij, begrijpelijkerwijs verward.

Ik zeg: 'Zeg, Mario, denk je dat je mij een keertje naar Ketut Liyer kunt brengen? Als je het niet al te druk hebt?'

'Niet nu,' zegt hij.

Net als ik me teleurgesteld begin te voelen, voegt hij eraan toe: 'Maar misschien over vijf minuten?'

75

En zo komt het dat ik – nog dezelfde middag dat ik op Bali ben aangekomen – ineens achter op een motor zit, met mijn armen om het middel van mijn nieuwe vriend Mario de Italiaanse Indonesiër, die met mij achterop door de rijstvelden naar het huis van Ketut Liyer scheurt. Ik mag in gedachten al twee jaar met deze reünie met de medicijnman bezig zijn, in feite heb ik geen idee wat ik straks tegen hem ga zeggen wanneer ik bij hem voor de deur sta. En natuurlijk hebben we geen afspraak. We komen dus onaangekondigd binnenvallen. Ik herken het bordje voor zijn deur, hetzelfde als de vorige keer, waarop staat: KETUT LIYER, SCHILDER. Het is een typische, traditionele Balinese familie-eenheid: een groepje huizen omheind door een hoge stenen muur, met in het midden een binnenhof en achterin een tempel. Binnen deze muren leven verscheidene generaties mensen naast elkaar in diverse onderling verbonden huisjes. We lopen zonder te kloppen naar binnen (er is ook geen deur), tot luidruchtig ongenoegen van een paar typisch Balinese waakhonden (broodmager, boos), en daar zit hij dan in het hofje: Ketut Liyer, de oude medicijnman, gekleed in zijn sarong en zijn poloshirt. Hij ziet er nog precies hetzelfde uit als twee jaar geleden, toen ik hem voor het eerst ontmoette. Mario zegt iets tegen Ketut, en ik mag dan niet bepaald vloeiend Balinees spreken, maar het klinkt als een algemene introductie, iets in de trant van: 'Hier is een meisje uit Amerika – ga ervoor.'

Ketut richt zijn bijna geheel tandeloze glimlach op me met de kracht van een barmhartige brandslang, wat erg geruststellend is. Mijn geheugen heeft me niet in de steek gelaten – hij is echt heel bijzonder. Zijn gezicht is een alomvattende encyclopedie van vriendelijkheid. Hij schudt me opgewonden en stevig de hand.

'Aangenaam,' zegt hij. 'Heel leuk je te ontmoeten.'

Hij heeft geen idee wie ik ben.

'Kom, kom,' zegt hij, en hij neemt me mee naar de veranda van zijn huisje, waar geweven bamboematten dienstdoen als meubilair. Het ziet er nog precies zo uit als twee jaar geleden. We gaan allebei zitten. Zonder enige aarzeling neemt hij mijn hand in de zijne; hij gaat ervan uit dat ik net als het merendeel van zijn westerse bezoekers hier ben voor een toekomstvoorspelling. Hij leest snel mijn hand, en tot mijn geruststelling is wat hij zegt een ingekorte versie van dat wat hij de vorige keer tegen me zei. (Hij mag zich mijn gezicht dan niet kunnen herinneren, maar mijn lotsbestemming is voor zijn getrainde oog onveranderd.) Zijn Engels is beter dan ik me herinnerde, en ook beter dan dat van Mario. Ketut spreekt net als de wijze, oude Chinezen in klassieke kungfufilms, een soort Engels dat je 'Sprinkhaantjes' zou kunnen noemen omdat je midden in elke zin het koosnaampje 'Sprinkhaantje' kunt laten vallen en het heel wijs klinkt. 'Aha, jij heel goede toekomst tegemoet gaan, Sprinkhaantje...'

Ik wacht tot er een stilte in de voorspellingen van Ketut valt en val hem dan in de rede om hem eraan te herinneren dat ik twee jaar geleden al eens bij hem ben geweest.

Hij ziet er verbaasd uit. 'Niet eerste keer op Bali?'

'Nee.'

Hij denkt na. 'Jij meisje uit Californië?'

'Nee,' zeg ik, nog erger terneergeslagen. 'Ik ben het meisje uit New York.'

Ketut zegt tegen me (ik weet niet zeker wat dit ermee te maken heeft, maar goed): 'Ik ben nu niet meer zo knap, veel tanden kwijtgeraakt. Misschien ga ik ooit wel naar tandarts, voor nieuwe tanden. Maar te bang voor tandarts.'

Hij doet zijn ontboste mond open en laat me de schade zien. Inderdaad, aan de linkerkant van zijn mond is hij het merendeel van zijn tanden en kiezen kwijt, en aan de rechterkant zitten alleen maar gebroken, pijnlijk ogende gele stronkjes. Hij is gevallen, vertelt hij. Zo is hij zijn tanden kwijtgeraakt.

Ik zeg dat dat me erg spijt, en dan probeer ik het nog eens. Langzaam zeg ik: 'Ik geloof niet dat je je mij nog kunt herinneren, Ketut. Ik ben hier twee jaar geleden geweest met een Amerikaanse yogalerares die jarenlang op Bali heeft gewoond.'

315

Hij glimlacht opgetogen. 'Ann Barros, die ken ik!'
'Inderdaad, Ann Barros. Zo heet de yogalerares. Maar ik ben Liz. Ik was hier om u om hulp te vragen omdat ik graag dichter bij God wilde komen. U hebt een magische tekening voor me gemaakt.'

Hij haalt gemoedelijk zijn schouders op; het boeit hem allemaal niets. 'Kan ik me niet herinneren,' zegt hij.

Dit is zulk slecht nieuws dat het bijna komisch is. Wat moet ik nu op Bali? Ik weet niet wat ik me precies had voorgesteld van mijn hernieuwde kennismaking met Ketut, maar ik hoopte wel dat er sprake zou zijn van een soort superkarmische, betraande reünie. En hoewel ik zeker bang ben geweest dat hij weleens dood zou kunnen zijn, heb ik er geen moment bij stilgestaan dat hij zich mij weleens niet zou kunnen herinneren, als hij nog leefde. Al lijkt het nu gigantisch stom dat ik me ooit heb verbeeld dat onze eerste ontmoeting voor hem even memorabel was als voor mij. Misschien had ik dit echt iets beter moeten plannen.

Ik beschrijf dus de tekening die hij voor me heeft gemaakt, de figuur met de vier benen ('dus gegrond op aarde'), het ontbrekende hoofd ('niet naar de wereld kijken door het hoofd') en het gezicht in het hart ('naar de wereld kijken door het hart') en hij hoort me beleefd aan, niet bovenmatig geïnteresseerd, alsof we het over het leven van heel iemand anders hebben.

Ik vind het verschrikkelijk om te doen, want ik wil hem niet voor het blok zetten, maar het moet gezegd worden, dus leg ik het gewoon op tafel. Ik zeg: 'Je zei tegen me dat ik moest terugkomen naar Bali. Je zei dat ik drie à vier maanden hier moest blijven. Je zei dat ik jou kon helpen met je Engels, en dat je mij zou leren wat jij weet.' Ik ben niet blij met de manier waarop het eruit komt; het klinkt nogal wanhopig. Ik zeg er maar niet bij dat hij me ooit heeft uitgenodigd om bij hem en zijn familie te komen wonen. Dat zou wel heel erg ongepast zijn, gezien de omstandigheden.

Hij luistert beleefd naar me en schudt glimlachend zijn hoofd. Het heeft iets van: *Mensen zeggen ook de raarste dingen, hè?*

Op dat punt aangekomen geef ik het bijna op. Maar ik ben van zo ver gekomen, ik moet gewoon nog een laatste poging wagen. Ik zeg: 'Ik ben de schrijfster, Ketut. Ik ben de romanschrijfster uit New York.'

En om de een of andere reden geeft dat de doorslag. Ineens straalt zijn gezicht van vreugde; het wordt vrolijk, puur en doorschijnend. In zijn hoofd begint er een sterretjesvuurwerk van herkenning te branden. 'JIJ!' zegt hij. 'JIJ! Jou herinner ik me nog!' Hij buigt naar voren, pakt me bij mijn schouders en begint me blij heen en weer te schudden, zoals een kind een nog niet uitgepakt kerstcadeautje heen en weer rammelt om te raden wat erin zit. 'Je bent terug! Je bent TERUG!'

'Ik ben terug! Ik ben terug!' zeg ik.

'Jij, jij, jij!'

'Ik, ik, ik!'

Ik moet bijna huilen nu, maar probeer het niet te laten merken. Ik ben zo verschrikkelijk opgelucht – ik kan het bijna niet uitleggen. Ik sta er zelf versteld van. Het voelt alsof... het voelt alsof ik net een auto-ongeluk heb gehad, met mijn auto van een brug ben gestort en naar de bodem van een rivier ben gezonken, en alsof ik mezelf op de een of andere manier uit de zinkende auto heb bevrijd door uit een open raampje te zwemmen en daarna met veel moeite en watertrappelen naar boven ben gezwommen, naar het daglicht, door het koude, groene water, en ik zat bijna zonder zuurstof en de aderen barstten uit mijn nek en mijn wangen stonden bol van mijn laatste ademtocht en toen – AAAAAAH! – kwam ik boven water en snakte ik naar adem. Ik had het overleefd. Die AAAAAAH, dat boven water komen – zo voel ik

me wanneer ik de Indonesische medicijnman hoor zeggen:
'Je bent terug!' Zo immens is mijn opluchting.
Niet te geloven dat het werkte.
'Ja, ik ben terug,' zeg ik. 'Natuurlijk ben ik terug.'
'Ik ben zo blij!' zegt hij. We houden elkaars hand vast en nu is hij enorm uitgelaten. 'Eerst kan ik me jou niet herinneren! Zo lang geleden onze ontmoeting! Je ziet er nu heel anders uit! Zo anders dan twee jaar geleden! Vorige keer, jij ziet eruit als heel bedroefde vrouw. Nu zo gelukkig! Heel ander mens!'

Het idee alleen al – het idee dat iemand binnen twee jaar zo'n transformatie kan ondergaan – lijkt hem een kleine giechelbui te ontlokken.

Ik doe niet langer mijn best om mijn tranen binnen te houden, maar gun ze gewoon de vrije loop. 'Ja, Ketut. Ik was heel erg verdrietig. Maar nu gaat het een stuk beter.'

'Vorige keer jij midden in slechte scheiding. Niet goed.'
'Niet goed,' bevestig ik.
'Vorige keer jij hebt te veel zorgen, te veel verdriet. Vorige keer jij ziet eruit als ongelukkige oude vrouw. Nu jij ziet eruit als jong meisje. Vorige keer jij lelijk! Nu jij mooi!'

Mario begint extatisch te applaudisseren en verklaart triomfantelijk: 'Zie je wel? Tekening *werkt*!'

Ik zeg: 'Wil je nog steeds dat ik je met je Engels help, Ketut?'

Hij zegt dat ik wat hem betreft meteen mag beginnen en springt soepel overeind, als een kabouter. Hij rent zijn huisje in en komt terug met een stapel brieven die hij de afgelopen jaren uit het buitenland heeft ontvangen (dus hij heeft wel degelijk een adres!). Hij vraagt me de brieven hardop aan hem voor te lezen; hij verstaat namelijk wel goed Engels, maar heeft moeite met lezen. Ik ben nu al zijn secretaresse. Ik ben de secretaresse van een medicijnman. Geweldig! De brieven zijn afkomstig van buitenlandse kunstverzamelaars, van mensen die op de een of andere manier zijn beroemde magische tekeningen en magische schilderijen hebben bemachtigd. Een van de brieven is afkomstig van een verzamelaar uit Australië die Ketut prijst vanwege zijn schildervaardigheden en zegt: 'Hoe doet u dat toch, met zo veel oog voor detail schilderen?' Ketut antwoordt aan mij, alsof hij iets dicteert: 'Omdat ik veel, veel jaren oefen.'

Als we door de brieven heen zijn, vertelt hij me wat er de afgelopen jaren allemaal in zijn leven is gebeurd. Er is wel het een en ander veranderd. Zo heeft hij nu bijvoorbeeld een echtgenote. Hij wijst naar de andere kant van het hofje, naar een gezette vrouw die al een tijdje vanuit de schaduw van haar keukendeur naar me staat te kijken alsof ze niet zeker weet of ze me neer moet schieten of me eerst moet vergiftigen en me dán moet neerschieten. Bij mijn vorige bezoek had Ketut me verdrietig foto's laten zien van zijn vrouw, die net was overleden – een mooie, oude Balinese vrouw die er zelfs op haar gevorderde leeftijd nog vrolijk en kinderlijk uitzag. Ik zwaai naar de overkant van het hofje, naar de nieuwe vrouw van Ketut, die achteruit haar keuken in schuifelt.

'Goede vrouw,' verkondigt Ketut in de richting van de keukenschaduwen. 'Heel goede vrouw.'

Vervolgens zegt hij dat hij het heel druk heeft gehad met zijn Balinese patiënten, altijd veel te doen, en dat hij veel magie voor pasgeboren baby's moet geven, en ceremoniën voor dode mensen, genezing voor zieke mensen en ceremoniën voor huwelijken. De volgende keer dat hij naar een Balinese bruiloft gaat, zegt hij, 'gaan we samen! Ik neem je mee!' Helaas krijgt hij de laatste tijd niet zo veel westerse bezoekers meer. Sinds de terroristische bomaanslag komt er niemand meer naar Bali. Daardoor voelt hij zich 'heel verwarrend in mijn hoofd'. Daardoor voelt hij zich ook 'heel leeg in mijn bank'. Hij zegt: 'Jij komt nu elke dag naar mijn

huis voor met mij Engels oefenen?' Ik knik verheugd, waarop hij zegt: 'Ik zal jou Balinees mediteren leren, oké?'
'Oké,' zeg ik.
'Ik denk drie maanden genoeg tijd om jou Balinese meditatie te leren, op die manier God vinden voor jou,' zegt hij.
'Misschien vier maanden. Vind jij Bali leuk?'
'Ik vind Bali geweldig.'
'Ben je op Bali getrouwd?'
'Nog niet.'
'Ik denk misschien gauw. Kom je morgen terug?'
Dat beloof ik. Hij zegt niets over intrekken bij zijn familie, dus breng ik het zelf ook maar niet ter sprake. Ik werp nog een laatste heimelijke blik op de enge echtgenote in de keuken. Misschien blijf ik toch maar liever in mijn leuke hotelletje. Dat is sowieso comfortabeler. Stromend water en zo. Al zal ik wel een fiets nodig hebben om elke dag hierheen te komen...

Maar nu is het dus tijd om te gaan.

'Aangenaam. Heel leuk je te ontmoeten,' zegt hij terwijl hij me de hand schudt.

Ik bied hem zijn eerste Engelse les aan. Ik leer hem het verschil tussen 'Aangenaam, leuk je te ontmoeten' en 'Leuk je weer te zien'. Ik leg uit dat we alleen 'Aangenaam, heel leuk je te ontmoeten' zeggen wanneer we iemand voor het eerst ontmoeten. Daarna zeggen we altijd: 'Leuk je te zien'. Want je leert iemand maar één keer kennen. Maar nu zullen we elkaar regelmatig zien, elke dag weer.

Dat vindt hij leuk. Hij schiet een oefensalvo af: 'Leuk je te zien! Ik vind het fijn je te zien! Ik kan je zien! Ik ben niet doof!'

Daar moeten we allemaal om lachen, zelfs Mario. We schudden elkaar de hand en spreken af dat ik morgenmiddag weer langskom. Tot dan, zegt hij. *'See you later, alligator.'*

'In a while, crocodile,' zeg ik.
'Laat je geweten je leidraad zijn. Als je westerse vriend hebt die naar Bali komt, stuur hem dan naar mij voor handlezen – ik ben heel leeg in mijn bank nu sinds bom. Ik ben autodidact. Ik vind het heel leuk jou te zien, Liss!'
'Ik vind het ook heel leuk om jou weer te zien, Ketut.'

76

Bali is een klein hindoeïstisch eilandje in het hart van de ruim drieduizend kilometer lange Indonesische archipel die het dichtstbevolkte islamitische land ter wereld vormt. Bali is dus een vreemde en wonderbaarlijke eend in de bijt; eigenlijk zou het niet moeten bestaan, maar het bestaat wel degelijk. Het hindoeïsme van het eiland werd via Java uit India geëxporteerd. In de vierde eeuw na Christus namen Indiase handelaars de godsdienst mee naar het oosten. De Javaanse koningen stichtten een machtige hindoeïstische dynastie, waarvan tegenwoordig weinig meer over is. In de zestiende eeuw woedde er een gewelddadige islamitische opstand in de regio en vluchtte de Shiva-aanbiddende hindoeïstische elite massaal van Java naar Bali, een reis die nu bekendstaat als de Majapahit-exodus. De aristocratische Javanen, die tot een hoge kaste behoorden, namen alleen hun koninklijke families, ambachtslieden en priesters mee naar Bali – en dus is het niet eens echt overdreven als mensen zeggen dat iedereen op Bali afstamt van een koning, priester of kunstenaar, en dat de Balinezen daarom zo'n trots en geniaal volk zijn.

De Javaanse kolonisten namen hun hindoeïstische kastesysteem met zich mee naar Bali, hoewel de scheiding tussen de kasten daar nooit zo hardhandig werd afgedwongen als vroeger in India. Toch kennen de Balinezen een ingewikkelde sociale hiërarchie (er zijn alleen al vijf soorten brahmanen), en het zou me minder moeite kosten om in mijn eentje het menselijk genoom te ontcijferen dan om te proberen het complexe, in elkaar grijpende clansysteem te doorgronden dat hier nog altijd gedijt. (De vele goede essays van de schrijver Fred B. Eiseman over de Balinese cultuur bieden een veel ter zake kundiger en gedetailleerder overzicht van alle kleine, subtiele verschillen; het merendeel van mijn algemene informatie heb ik uit zijn onderzoek gehaald, niet alleen in dit hoofdstuk maar ook in de rest van dit boek.) Laten we het er hier maar op houden dat iedereen op Bali tot een clan behoort, dat iedereen weet tot welke clan hij behoort, en dat iedereen weet tot welke clan iedereen om hem heen behoort. En als je vanwege ernstige ongehoorzaamheid uit je clan wordt gezet, kun je net zo goed meteen in een vulkaan springen, want echt hoor, dan ben je zo goed als dood.

De Balinese cultuur is een van de meest systematische sociale en religieuze organisatiesystemen ter wereld, een schitterende bijenkorf van taken, rollen en ceremonieel. De Balinezen worden helemaal 'gehuisvest' en op hun plaats gehouden door een uitgebreid raster van gebruiken. Dat netwerk is ontstaan uit een combinatie van verscheidene factoren, maar in wezen komt het erop neer dat Bali is wat er gebeurt als de overvloedige rituelen van het traditionele hindoeïsme opgenomen worden door een enorme, rijst verbouwende boerenmaatschappij waarin men uit pure noodzaak werkt volgens een systeem van uitvoerige gemeenschappelijke samenwerking. Op bergwanden aangelegde rijstvelden vereisen een ongelofelijke hoeveelheid gedeelde arbeid, onderhoud en technische knowhow om te kunnen gedijen, en dus heeft elk dorp op Bali een *banjar*: een georganiseerde burgervereniging die middels consensus het beheer voert over de politieke, economische, godsdienstige en landbouwkundige beslissingen van het dorp. Op Bali gaat het collectief absoluut boven het individu, anders krijgt niemand te eten.

Godsdienstige ceremoniën zijn hier op Bali (vergeet niet: een eiland met zeven onvoorspelbare vulkanen – zelf zou je ook bidden) van groot belang. Men schat dat de gemiddelde Balinese vrouw een derde van de tijd die ze niet slapend doorbrengt kwijt is aan het voorbereiden op een ceremonie, deelnemen aan een ceremonie of opruimen na een ceremonie. Het leven is hier een voortdurende cyclus van offerandes en rituelen. Die moet je allemaal, in de juiste volgorde en met de juiste instelling uitvoeren, anders raakt het hele universum uit balans. Margaret Mead heeft geschreven over 'de ongelofelijke bedrijvigheid' van de Balinezen, en het is waar – even niksen is er zelden bij in een Balinese familie-eenheid. Ze hebben hier ceremoniën die wel vijf keer per dag uitgevoerd moeten worden, en andere die eenmaal per dag, eenmaal per week, eenmaal per maand, eenmaal per jaar, één keer in de tien jaar, één keer in de honderd jaar en één keer in de duizend jaar moeten worden uitgevoerd. Al die data en rituelen worden bijgehouden door priesters en heilige mannen die zelf te rade gaan bij een hoogst ingewikkeld systeem van drie afzonderlijke kalenders.

Iedere Balinees ondergaat dertien grote overgangsriten, die allemaal gekenmerkt worden door een tot in de puntjes georganiseerde ceremonie. Je hele leven lang moet je uitvoerige ceremoniën uitvoeren om de geesten te vriend te houden, om zo je ziel te beschermen tegen de 108 ondeugden (108 – daar is dat getal weer!), waaronder kwalijke zaken zoals geweld, diefstal, luiheid en leugenachtigheid. Ieder Balinees kind ondergaat een belangrijke puberteitsceremonie waarbij de hoektanden, oftewel de 'snijtanden' of de 'giftanden', plat worden geveild, zodat het kind er mooier uitziet. Het ergste wat je op Bali kunt zijn is grof en dierlijk, en dus wil men graag af van die scherpe hoektanden, die als aandenken aan onze wrede aard worden gezien. In zo'n hechte samenleving is het gevaarlijk als mensen bruut zijn. Het hele samenwerkingsverband van een dorp kan aan de moordzuchtige bedoelingen van één individu ten onder gaan. Zodoende kun je op Bali maar beter *alus* zijn, wat 'elegant/verfijnd' of zelfs 'mooi gemaakt' betekent. Schoonheid is goed op Bali, zowel voor mannen als voor vrouwen. Schoonheid wordt vereerd. Schoonheid betekent veiligheid. Kinderen leren dat ze alle tegenslag en ongemak tegemoet moeten treden met 'een stralend gezicht', een reusachtige glimlach.

Heel Bali wordt gezien als een matrix, een enorm, onzichtbaar stramien van geesten, gidsen, paden en gebruiken. Iedere Balinees weet precies waar hij of zij thuishoort op die grote, ontastbare plattegrond. Kijk maar naar de vier namen die bijna alle inwoners van Bali dragen – Eerste, Tweede, Derde, Vierde – en die hen allemaal aan hun positie binnen het gezin herinneren. Zelfs als je je kinderen Noord, Zuid, Oost en West noemt, heb je nog niet zo'n duidelijk *social mapping*-systeem. Mario, mijn nieuwe Italiaans-Indonesische vriend, zegt dat hij alleen gelukkig is wanneer hij erin slaagt mentaal en geestelijk op het snijpunt van een verticale en een horizontale lijn te blijven, in een staat van volmaakt evenwicht. Daarvoor moet hij precies weten waar hij op elk willekeurig moment van de dag staat, zowel in relatie tot het goddelijke als tot zijn familie hier op aarde. Als hij dat evenwicht verliest, is hij nergens meer.

Het is dus niet al te absurd om te stellen dat de Balinezen 's werelds grootste evenwichtskunstenaars zijn, mensen voor wie het bewaren van een volmaakte balans een kunst, een wetenschap en een religie is. Zelf had ik, op zoek naar balans, gehoopt dat ik het nodige van de Balinezen zou opsteken over hoe je stabiel overeind blijft in een wereld vol chaos. Maar hoe meer ik over deze cultuur lees en hoe meer ik ervan zie, des te meer besef ik hoe ver ik van het evenwichtige stramien ben afgedwaald, althans vanuit het Balinese perspectief. Met mijn gewoonte om zonder me echt goed te oriënteren door de wereld te zwerven en mijn beslissing om me buiten het ondersteunende netwerk van huwelijk en gezin te begeven, ben ik naar Balinese begrippen een soort geest. Mij bevalt dat leven wel, maar voor een beetje Balinees is het een pure nachtmerrie. Als je niet eens weet waar je bent of tot wiens clan je behoort, hoe kun je dan ooit in balans zijn?

Gezien dat alles weet ik niet precies hoeveel van de Balinese levensopvatting ik in mijn eigen levensopvatting zal kunnen verwerken, aangezien ik op het ogenblik een modernere, meer westerse opvatting van het woord 'evenwicht' lijk te hanteren. (Momenteel betekent het voor mij iets in de trant van 'evenveel vrijheid', in de zin van evenveel kans dat je op elk willekeurig moment elke willekeurige kant op kunt, afhankelijk van... je weet wel... hoe het allemaal loopt.) De Balinezen blijven niet toekijken 'hoe het allemaal loopt'. Dat zouden ze doodeng vinden. Ze *regelen* hoe het allemaal loopt, om te voorkomen dat alles in het honderd loopt.

Als je op Bali een weg afloopt en onderweg een onbekende tegenkomt, is de eerste vraag die hij of zij je zal stellen: 'Waar ga je heen?' en de tweede: 'Waar kom je vandaan?' Op een westerling kan zo'n vraag van een volslagen onbekende erg opdringerig overkomen, maar ze proberen gewoon te kijken waar ze je moeten plaatsen, waar je in het stramien past, wat ze wel zo veilig en geruststellend vinden. Als je tegen hen zegt dat je niet weet waar je heen gaat, of dat je gewoon een beetje aan het rondlopen bent, zou je weleens voor onrust in het hart van je nieuwe Balinese vriend(in) kunnen zorgen. Je kunt maar beter gewoon een specifieke richting uitkiezen – het doet er niet toe welke – zodat iedereen zich weer wat beter voelt.

De derde vraag die een Balinees je vrijwel zeker zal stellen is: 'Ben je getrouwd?' Ook dat is een oriënterende vraag. Ze moeten weten dat je getrouwd bent, om er zeker van te zijn dat je leven helemaal op orde is. Ze willen echt dat je ja zegt. Ze zijn enorm opgelucht als je ja zegt. Als je single bent, is het maar beter om dat niet met zoveel woorden te zeggen. En ik raad je echt aan om niets over een eventuele scheiding te zeggen, mocht je gescheiden zijn. Daar gaan de Balinezen zich namelijk alleen maar zorgen over maken. Het enige wat het feit dat je alleen bent voor hen bewijst, is dat je gevaarlijk ver van het stramien bent afgedwaald. Als je als single vrouw door Bali reist en iemand je vraagt of je getrouwd bent, is het beste antwoord: 'Nog niet.' Dat is een beleefde manier om nee te zeggen, terwijl je tegelijkertijd aangeeft dat je wel optimistisch van plan bent om daar zo snel mogelijk iets aan te doen.

Ook al ben je tachtig, of lesbienne, of overtuigd feministe, of non, of een tachtigjarige overtuigd feministische lesbische non die nog nooit getrouwd is en ook niet van plan is ooit te trouwen, dan nog is het beleefdste antwoord: 'Nog niet.'

77

's Ochtends helpt Mario me bij de aanschaf van een fiets. Als goede bijna-Italiaan zegt hij: 'Ik weet nog wel een mannetje,' om me vervolgens mee te nemen naar de winkel van zijn neef, waar ik voor iets minder dan vijftig Amerikaanse dollar een leuke mountainbike met een helm, slot en mandje krijg. Nu ben ik mobiel in mijn nieuwe stad, Ubud, of in elk geval zo mobiel als je hier maar kunt zijn, op deze onveilige, smalle, bochtige, slecht onderhouden wegen vol motoren, vrachtwagens en bussen vol toeristen.

's Middags fiets ik naar het dorp van Ketut, om samen met mijn medicijnman te beginnen aan onze eerste dag van... wat we ook samen gaan doen. Om eerlijk te zijn heb ik geen flauw idee wat we gaan doen. Engelse les? Meditatieles? Lekker ouderwets op de veranda zitten? Ik weet niet wat Ketut met me van plan is, maar ik ben blij dat ik deel mag uitmaken van zijn leven.

Hij blijkt gasten te hebben als ik aankom: een klein gezin van plattelands-Balinezen die hun eenjarige dochter naar Ketut hebben gebracht voor hulp. De arme baby krijgt tandjes en ligt nu al een paar nachten achter elkaar te huilen. Pa is een knappe jongeman met een sarong aan; hij heeft de gespierde kuiten van een standbeeld van een Sovjet-Russische oorlogsheld. Ma is mooi en verlegen; ze durft me nauwelijks aan te kijken met haar schuchter neergeslagen ogen. Ze hebben een piepklein offer meegebracht om Ketut voor zijn diensten te belonen: 2000 roepia (ongeveer 25 dollarcent), in een met de hand gemaakt mandje van palmbladeren, iets groter dan de asbak in de bar van een hotel. In het mandje zitten één bloem van een boom, het geld en een paar korrels rijst. (Hun armoede staat in schril contrast met het rijkere gezin uit de hoofdstad van Bali, Denpasar, dat later op de middag bij Ketut op consult komt. Daar heeft de moeder een mand van drie etages op haar hoofd, gevuld met fruit, bloemen en een geroosterde eend – zo'n schitterend en indrukwekkend hoofddeksel dat Carmen Miranda er nederig voor op haar knieën zou zijn gegaan.)

Ketut is ontspannen en vriendelijk tegen zijn gezelschap. Hij luistert naar de ouders die de problemen van hun baby uitleggen. Dan graaft hij wat in een kleine hutkoffer op zijn veranda en haalt er een oud grootboek uit, vol kriebelig geschreven aantekeningen in het Balinese Sanskriet. Als een geleerde bestudeert hij het boek, op zoek naar een combinatie van woorden die hem bevalt, en intussen blijft hij met de ouders praten en grappen. Dan scheurt hij een blanco pagina uit een schrift met een afbeelding van Kermit de Kikker op de kaft en schrijft 'een recept' voor het meisje uit, zoals hij tegen mij zegt. Zijn diagnose luidt dat het kind gekweld wordt door een kleine demon, plus de lichamelijke ongemakken van het tandjes-krijgen. Voor dat laatste adviseert hij de ouders om het tandvlees van de baby gewoon in te smeren met verse rode-uiensap. Om de demon vriendelijk te stemmen moeten ze een offer brengen: een dood kippetje en een varkentje, en verder een stukje cake, met daarin speciale kruiden die hun oma zeker in haar kruidentuintje heeft staan. (Dit eten wordt niet verspild; na de offerceremonie mogen Balinese gezinnen altijd zelf hun donaties aan de goden opeten, aangezien de offerande eerder metafysisch bedoeld is dan letterlijk. In de ogen van de Balinezen neemt God wat God toekomt – het gebaar – terwijl de mens neemt wat hém toekomt: het eten zelf.)

Na het uitschrijven van het recept keert Ketut ons de rug toe, vult een kommetje met water en zingt er zachtjes een spectaculaire, enigszins angstaanjagende mantra boven die iets heeft van een lijkzang. Dan zegent Ketut de baby met het water dat hij zojuist heilige krachten heeft ingeblazen. Ze mag pas een jaar oud zijn, maar het kind weet al hoe ze op traditioneel Balinese wijze een heilige zegen in ontvangst moet nemen. Terwijl haar moeder haar vasthoudt, steekt de baby haar mollige handjes uit om het water te ontvangen. Ze neemt er één slokje van, dan nog één, en plenst de rest over de bovenkant van haar hoofd – een volmaakt uitgevoerd ritueel. Ze is absoluut niet bang voor de tandeloze oude man die tegen haar zit te zingen. Dan giet Ketut de rest van het gewijde water in een plastic zakje dat hij aan de bovenkant dichtmaakt en aan het gezin meegeeft om later te gebruiken. Bij het weggaan draagt de moeder het plastic zakje water in haar hand; het ziet eruit alsof ze net een goudvis op de kermis heeft gewonnen, maar vergeten is de goudvis zelf mee te nemen.

Ketut Liyer heeft het gezin zo'n veertig minuten lang zijn volledige aandacht geschonken, en dat allemaal voor een beloning van zo'n 25 dollarcent. Als ze helemaal geen geld hadden gehad, zou hij hetzelfde hebben gedaan; dat is zijn plicht als genezer. Hij mag niemand afwijzen, anders nemen de goden hem zijn geneeskrachtige gaven af. Zo krijgt Ketut een stuk of tien bezoekers per dag, allemaal Balinezen die zijn hulp of advies inroepen bij goddelijke of medische kwesties. Op uiterst gunstige dagen, wanneer iedereen een speciale zegening wil, krijgt hij soms meer dan honderd bezoekers.

'Word je daar niet moe van?'

'Maar dit is mijn beroep,' zegt hij. 'Dit is mijn hobby – medicijnman.'

Later op de middag komen er nog een paar patiënten, maar eerst hebben Ketut en ik even wat tijd voor onszelf op de veranda. Ik voel me enorm op mijn gemak bij de medicijnman, even ontspannen als bij mijn eigen opa. Hij geeft me mijn eerste Balinese-meditatieles. Hij zegt dat er vele manieren zijn om God te vinden, maar dat de meeste daarvan te ingewikkeld zijn voor westerlingen. Daarom zal hij me een gemakkelijke meditatietechniek leren. Die komt in wezen neer op het volgende: ga zitten, zit stil en glimlach. Geweldig. Hij zit er zelf bij te lachen. Ga zitten en glimlach. Perfect.

'Jij yoga geleerd in India, Liss?' vraagt hij.

'Ja, Ketut.'

'Je kunt yoga doen,' zegt hij, 'maar yoga te moeilijk.' Hij neemt een overdreven moeizame lotushouding aan en trekt een komisch verwrongen gezicht, alsof hij last heeft van constipatie. Dan gaat hij weer normaal zitten en vraagt lachend: 'Waarom zij in yoga altijd zo ernstig kijken? Jij trekt ernstig gezicht, dan jaag jij goede energie weg. Voor mediteren moet je alleen glimlachen. Glimlachen met gezicht, glimlachen met verstand, en goede energie komt naar jou en wast vieze energie weg. Zelfs glimlachen in je lever. Vanavond in hotel oefenen. Niet te snel doen, niet te hard proberen. Te ernstig doen, dan word jij ziek. Goede energie kun je met glimlach roepen. Nu is klaar voor vandaag. *See you later, alligator.* Morgen terugkomen. Ik vind het heel leuk je te zien, Liss. Laat je geweten je leidraad zijn. Als je westerse vrienden hebt die naar Bali komen, stuur hen dan naar mij voor handlezen. Ik ben heel leeg in mijn bank nu sinds bom.'

78

Dit is het levensverhaal van Ketut Liyer, min of meer zoals hij het zelf vertelt:

'Het is al negen generaties dat mijn familie medicijnman is. Mijn vader, mijn grootvader, mijn overgrootvader, zij allemaal medicijnman. Zij willen allemaal ik word medicijnman want zij zien ik heb licht. Zij zien ik heb mooi en intelligent. Maar ik wil niet medicijnman worden. Te hard studeren! Te veel informatie! En ik geloof niet in medicijnman! Ik wil schilder worden! Ik wil kunstenaar worden! Ik heb goed talent daarvoor.

Toen ik nog jongeman was, ontmoet ik Amerikaanse man, heel rijk, misschien wel uit New York, net als jij. Hij vindt mijn schilderijen mooi. Hij wil groot doek van mij kopen, misschien wel één meter groot, voor heel veel geld. Genoeg geld voor rijk worden. Dus ik begin schilderij voor hem te schilderen. Elke dag schilderen, schilderen, schilderen. Zelfs in nacht schilder ik. In die tijd, lange tijd geleden, geen elektrisch licht zoals nu, dus ik heb lamp. Olielamp, begrijp je? Pomplamp, moet pompen om olie te laten komen. En ik maak altijd elke nacht met olielamp schilderij.

Op een nacht, olielamp wordt donker, dus ik pompen, pompen, pompen en hij ontploft! Mijn arm helemaal in brand! Ik ga een maand naar ziekenhuis met verbrande arm, helemaal grote infectie. Infectie gaat helemaal naar mijn hart. Dokter zegt ik moet naar Singapore gaan voor arm afzagen, voor amputatie. Dat vind ik maar niks. Maar dokter zegt ik moet naar Singapore gaan, voor operatie voor arm afzagen. Ik zeg tegen dokter: eerst ga ik naar huis, naar mijn dorp.

Die nacht in dorp, ik heb droom. Vader, grootvader, overgrootvader – zij komen allemaal samen in mijn droom naar mijn huis en zeggen hoe ik verbrande arm moet genezen. Zij zeggen ik moet sap maken van saffraan en sandelhout. Dat sap op wond smeren. Dan poeder maken van saffraan en sandelhout. Poeder op wond smeren. Zij zeggen ik moet dit doen, dan niet arm verliezen. Helemaal echt die droom, alsof zij bij mij in huis, allemaal samen.

Ik word wakker. Ik weet niet wat moeten doen, want soms zijn dromen gewoon grapje, begrijp je? Maar ik ga terug naar mijn huis en ik doe dat saffraan- en sandelhoutsap op mijn arm. En dan doe ik dat saffraan- en sandelhoutpoeder op mijn arm. Mijn arm grote infectie, heel veel pijn, grote bobbel, helemaal opgezwollen. Maar na sap en poeder, helemaal koel. Helemaal koud. Begint beter te voelen. In tien dagen mijn arm is goed. Helemaal genezen.

En dus begin ik te geloven. Nu heb ik weer droom, met vader, grootvader, overgrootvader. Zij zeggen ik moet nu medicijnman worden. Mijn ziel, die moet ik aan God geven. Om dit te doen moet ik zes dagen vasten, begrijp je? Geen eten, geen water. Geen drinken. Geen ontbijt. Niet makkelijk. Ik zo'n dorst van vasten, ik ga in ochtend naar rijstveld, vóór zon. Ik zit in rijstveld met mond open en haal water uit lucht. Hoe heet dat, water in lucht in rijstveld in ochtend? Dauw? Ja. Dauw. Alleen die dauw eet ik, zes dagen achter elkaar. Geen ander eten, alleen die dauw. Op nummer vijf dag ik word bewusteloos. Ik zie allemaal gele kleur overal. Nee, niet gele kleur – GOUD! Ik zie overal gouden kleur, zelfs in mezelf. Heel blij. Nu begrijp ik. Deze gouden kleur is God, ook in mij. Zelfde ding dat is God is zelfde ding in mij. Helemaal hetzelfde.

Dus nu moet ik medicijnman worden. Nu moet ik medische boeken van overgrootvader leren. Deze boeken niet van papier gemaakt, maar van palmbladeren. Hun naam *lontars*. Dat is Balinese medische encyclopedie. Ik moet leren alle verschillende planten op Bali. Niet makkelijk. Eén voor één leer ik ze allemaal. Ik leer zorgen voor mensen met veel probleem. Eén probleem is: iemand is ziek in lichaam. Ik help dat lichamelijke ziekte met kruiden. Ander probleem is: wanneer familie ziek is, wanneer familie altijd ruziemaken. Ik help dit met harmonie, met speciale magische tekening, ook met praten om te helpen. Hang magische tekening op in huis, geen ruzie meer. Soms zijn mensen ziek in liefde, niet juiste partner. Voor Balinezen en ook voor westerlingen, altijd veel probleem met liefde, moeilijk om juiste partner te vinden. Ik oplos liefdesprobleem met mantra en magische tekening, daarmee breng ik liefde naar jou. Ik leer ook zwarte magie, voor mensen helpen wanneer slechte zwarte magie op hen rust. Mijn magische tekening, jij hangt op in huis, hij brengt goede energie naar jou.

Ik vind nog altijd leuk om kunstenaar te zijn, ik vind leuk om schilderij te maken wanneer ik tijd heb, verkopen aan galerie. Mijn schilderwerk, altijd zelfde schilderij – toen Bali paradijs was, misschien duizend jaar geleden. Schilderij van jungle, dieren, vrouwen met... wat voor woord? Borst. Vrouwen met borst. Moeilijk voor mij om tijd te vinden voor schilderij maken want medicijnman, maar ik moet medicijnman zijn. Dat is mijn beroep. Dat is mijn hobby. Moet mensen helpen of God wordt boos op mij. Moet soms bij geboorte van baby helpen, ceremonie doen voor dode man, of ceremonie voor tanden vijlen of bruiloft. Soms word ik wakker, drie uur in nacht, maak schilderij bij elektrische gloeilamp – alleen dan kan ik schilderij maken voor mij. Ik vind fijn die tijd alleen, goed voor schilderij maken.

Ik doe echte magie, geen grapje. Altijd zeg ik waarheid, zelfs als slecht nieuws is. Ik moet altijd goed karakter hebben in leven, anders ga ik naar hel. Ik spreek Balinees, Indonesisch, beetje Japans, beetje Engels, beetje Nederlands. In oorlog veel Japanners hier. Niet zo slecht voor mij – ik lees handen van Japanners, heel vriendelijk allemaal. Vóór oorlog veel Nederlanders hier. Nu veel westerlingen hier, allemaal Engels spreken. Mijn Nederlands is nu – hoe zeg jij? Welk woord leer jij mij gisteren? Weggezakt? Ja, weggezakt. Mijn Nederlands is weggezakt. Ha!

Ik kom uit vierde kaste op Bali, heel lage kaste zoals boer. Maar ik zie veel mensen in eerste kaste niet zo intelligent als ik. Mijn naam is Ketut Liyer. Liyer is naam mijn grootvader geeft mij als ik kleine jongen ben. Betekent "helder licht". Dat ben ik.'

79

Ik heb zo veel vrijheid hier op Bali dat het bijna absurd is. Het enige wat ik elke dag moet doen is 's middags een paar uur op bezoek gaan bij Ketut Liyer, wat beslist geen straf is. De rest van de dag breng ik op verschillende nonchalante wijzen door. 's Ochtends mediteer ik een uur met de yogatechnieken die mijn goeroe me heeft geleerd, en 's avonds mediteer ik een uur op de manier die Ketut me heeft geleerd ('zit stil en glimlach'). Tussendoor loop ik rond, en fiets ik wat rond, maak ik soms een praatje met iemand en ga ik lunchen. Ik heb een rustig bibliotheekje ontdekt in de stad en daar een pasje voor geregeld, en nu breng ik grote, heerlijke stukken van de dag door met in de tuin lezen. Na de intensiteit van het leven in de ashram, en zelfs na mijn decadente heen-en-weergereis en eetfestijnen in Italië, is dit een totaal nieuwe, ontzettend vredige fase van mijn leven. Ik heb zo veel vrije tijd dat je hem wel in tonnen zou kunnen afmeten.

Telkens als ik het hotel verlaat, vragen Mario en de andere receptionisten me waar ik heen ga; als ik weer terugkom, vragen ze me elke keer waar ik ben geweest. Ik zie bijna voor me hoe ze in hun laden piepkleine plattegronden hebben van alle mensen die hun dierbaar zijn, met kruisjes die aangeven waar iedereen zich op dat moment bevindt, gewoon zodat ze altijd zeker weten waar de rest van de bijenzwerm zich bevindt.

's Avonds fiets ik hoog de heuvels in, door de kilometerslange rijstvelden ten noorden van Ubud, met hun prachtig groene vergezichten. Ik zie de weerspiegeling van de roze wolken in het stilstaande water van de rijstvelden, net alsof er twee hemels zijn – eentje daarboven voor de goden, en eentje hier in het troebele water, alleen voor ons stervelingen. Een paar dagen geleden ben ik naar het reigerreservaat gefietst, met zijn weinig enthousiaste welkomstbordje (OKÉ, HIER KUNT U REIGERS ZIEN), maar die dag waren er geen reigers, alleen eenden, en dus keek ik een tijdje naar de eenden, en fietste vervolgens naar het volgende dorp. Onderweg passeerde ik mannen, vrouwen, kinderen, kippen en honden die het allemaal op hun eigen manier even druk hadden met hun werk, maar niet zo druk dat ze niet even de tijd namen om me te begroeten.

Een paar avonden geleden zag ik boven aan een prachtig heuvelachtig stukje bos een bordje: KUNSTENAARSHUIS TE HUUR, MET KEUKEN. En omdat het universum genereus is, woon ik daar nu, drie dagen later. Mario heeft me geholpen te verhuizen, en al zijn vrienden in het hotel hebben betraand afscheid van me genomen.

Mijn nieuwe huis ligt aan een rustige weg, aan alle kanten omgeven door rijstvelden. Het is een klein, cottage-achtig huis met daaromheen een met klimop bedekte omheining. Het is van een Engelse, maar die zit de hele zomer in Londen, dus neem ik soepeltjes haar huis en haar positie over in deze wonderbaarlijke ruimte. Het huis heeft een vuurrode keuken, een vijver vol goudvissen, een marmeren terras en een buitendouche betegeld met glanzend mozaïek; terwijl ik mijn haar was, kan ik naar de reigers kijken die zich in de palmbomen aan het nestelen zijn. Door de werkelijk betoverende tuin lopen geheime paadjes. Het huis is voorzien van zijn eigen tuinman, dus het enige wat ik hoef te doen is naar de bloemen kijken. Ik heb geen idee hoe al die buitengewone tropische bloemen werkelijk heten, dus verzin ik er zelf maar namen voor. En waarom ook niet? Het is mijn Hof van Eden, of niet soms? Algauw heb ik alle planten hier van nieuwe namen voorzien: narcissenboom, koolpalm, galajurkkruid, uitsloverige kronkelaar, op-je-tenenbloesem, melancholieke klimop en een spectaculaire roze orchidee die ik 'baby's eerste handdruk' heb gedoopt. Het is ongelofelijk hoeveel onnodige, overbodige schoonheid ik hier om me heen heb. Ik kan gewoon door het raam van mijn slaapkamer papaya's en bananen van de bomen plukken. Verder woont hier een kat die elke dag een halfuur voordat ik hem eten geef ontzettend aanhalig is, en de rest van de tijd als een gek loopt te jammeren, alsof hij lijdt aan flashbacks van de Vietnamoorlog. Het rare is dat ik het niet eens erg vind. Ik vind tegenwoordig niets meer erg. Ik kan me niet meer voorstellen of herinneren hoe het ook alweer is om ontevreden te zijn.

Ook het audio-universum is hier spectaculair. 's Avonds is er een krekelorkest met een paar kikkers die de baslijn verzorgen. Midden in de nacht jammeren de honden dat niemand hen ooit begrijpt. Voor dag en dauw verkondigen alle hanen in de wijde omgeving hoe verdomd cool het wel niet is om een haan te zijn. ('Wij zijn HANEN!' schreeuwen ze. 'En wij zijn de enigen die HANEN mogen zijn!') 's Ochtends is er tegen zonsopgang altijd een wedstrijd tropische vogelzang, waarbij de eerste plaats altijd wordt gedeeld door een stuk of tien deelnemers. Als de zon eenmaal aan de hemel staat, wordt het stil en gaan de vlinders aan de slag. Het hele huis gaat schuil onder klimopranken; ik heb het gevoel dat het elk moment compleet onder de bladeren kan verdwijnen, en dat ik dan zelf ook zal verdwijnen en een junglebloem zal worden. De huur is minder dan wat ik vroeger in New York maandelijks uitgaf aan taxi's.

Het woord 'paradijs', dat afkomstig is uit het Perzisch, betekent trouwens letterlijk 'omheinde tuin'.

80

Desalniettemin moet ik nu eerlijk zijn en je erbij zeggen dat het me maar drie middagen onderzoek in de plaatselijke bibliotheek kost om te beseffen dat mijn oorspronkelijke ideeën over Bali – het paradijs op aarde – een beetje misplaatst waren. Sinds mijn eerste bezoek aan Bali, nu twee jaar geleden, heb ik steeds aan iedereen die het maar horen wilde verteld dat dit eilandje 's werelds enige ware utopie was, een plek die altijd alleen maar vrede, harmonie en evenwichtigheid had gekend. Een volmaakte Hof van Eden waarvan het verleden niet werd ontsierd door geweld of bloedvergieten. Ik weet niet zeker waar ik dat idee vandaan haalde, maar ik geloofde er heilig in. 'Zelfs de politieagenten dragen bloemen in hun haar,' zei ik, alsof dat het onomstotelijke bewijs was.

In werkelijkheid blijkt Bali een even bloederig, gewelddadig en hardvochtig verleden te hebben als elk ander land waar ooit mensen hebben gewoond. Toen de Javaanse koningen zich hier in de zestiende eeuw vestigden, zetten ze in wezen een feodale kolonie op, met een streng kastesysteem waarin men – zoals in alle echte kastesystemen – weinig oog had voor degenen die zich onder aan de ladder bevonden. De economie van het vroege Bali dreef op een lucratieve slavenhandel (die niet alleen eeuwen eerder begon dan de Europese deelname aan de internationale slavenhandel, maar ook nog eens een flinke tijd bleef voortbestaan nadat Europa was opgehouden met het verhandelen van mensenlevens). Op het eiland woedde de ene oorlog na de andere als rivaliserende koningen weer eens hun buren aanvielen, compleet met massale verkrachtingen en massamoorden. Tot in de late negentiende eeuw hadden de Balinezen onder handelaren en matrozen de reputatie woeste vechtersbazen te zijn. (Het woord 'amok', dat wij kennen van de uitdrukking 'amok maken', is Balinees; het beschrijft een strijdtechniek waarbij men ineens waanzinnig woest zijn vijanden te lijf gaat in een suïcidaal en bloederig man-tegenman gevecht. De Europeanen waren er werkelijk als de dood voor.) Met een goed gedrild leger van dertigduizend man versloegen de Balinezen in 1848, 1849 en nogmaals in 1850 de Nederlandse indringers. Ze hoefden zich pas aan de Nederlanders gewonnen te geven toen de rivaliserende koningen van Bali de gelederen verbraken en elkaar verrieden om zo zelf aan de macht te komen; met het oog op goede zaken achteraf sloten ze zich aan bij de vijand. Je doet de werkelijkheid dus wel enig geweld aan als je de geschiedenis van dit eiland vandaag de dag afdoet als een idyllische droom; het is zeker niet zo dat de mensen hier de afgelopen duizend jaar rustig hebben zitten glimlachen en vrolijke liedjes hebben zitten zingen.

Toen Bali echter in de jaren twintig en dertig van de twintigste eeuw werd ontdekt door welgestelde westerse reizigers, werd al dat bloedvergieten genegeerd. De nieuwkomers waren het erover eens dat dit werkelijk 'het eiland van de goden' was, waar 'iedereen kunstenaar is' en waar de mensheid in een onbedorven staat van gelukzaligheid leeft. Dat beeld, die droom bestaat nog steeds; de meeste mensen die Bali bezoeken (onder wie ikzelf op mijn eerste reis) onderschrijven hem. 'Ik was woest op God dat ik niet als Balinees was geboren,' zei de Duitse fotograaf Georg Krause na een bezoek aan Bali in de jaren dertig. Aangelokt door geruchten over buitenaardse schoonheid en sereniteit begonnen nu ook echt beroemde toeristen het eiland te bezoeken: kunstenaars als Walter Spies, schrijvers als Noël Coward, danseressen als Claire Holt, acteurs als Charlie Chaplin en wetenschappers als Margaret Mead (die wijselijk alle blote borsten negeerde en de Balinese beschaving zag voor wat ze werkelijk was, namelijk een samenleving die even preuts was als het Victoriaanse Engeland: 'Geen greintje vrije libido in de hele cultuur.').

In de jaren veertig kwam er een einde aan het feestje toen de wereld zich op het oorlogspad begaf. De Japanners vielen Indonesië binnen, en de gelukzalige buitenlanders met hun Balinese tuinen en mooie huisknechtjes werden gedwongen om te vluchten. In de Indonesische onafhankelijkheidsstrijd die op de oorlog volgde, raakte Bali al even verdeeld en werd het al even gewelddadig als de rest van de archipel, en tegen de jaren vijftig (meldt een studie getiteld *Bali: Paradise Invented*) deden de weinige westerlingen die Bali nog durfden te bezoeken er goed aan met een pistool onder hun kussen te slapen. In de jaren zestig veranderde heel Indonesië door de machtsstrijd tussen de nationalisten en de communisten in een slagveld. Na een couppoging in Jakarta in 1965 werden er nationalistische soldaten naar Bali gestuurd met de namen van iedereen op het eiland die ervan verdacht werd communist te zijn. In ongeveer een week tijd baanden de nationalisten, aan alle kanten bijgestaan door de plaatselijke politie en de dorpsautoriteiten, zich moordend een weg door het land. Tegen de tijd dat ze uitgemoord waren, lagen de prachtige rivieren van Bali vol met zo'n honderdduizend lijken.

In de late jaren zestig bloeide de droom van het legendarische Eden weer op, toen de Indonesische regering besloot Bali voor de internationale toeristenmarkt weer nieuw leven in te blazen als 'het eiland van de goden' en er een enorm succesvolle marketingcampagne werd gelanceerd. De toeristen die weer naar Bali werden gelokt waren van het cultureel aangelegde soort (per slot van rekening was het eiland geen Fort Lauderdale), en hun aandacht werd gevestigd op de intrinsieke artistieke en religieuze schoonheid van de Balinese cultuur. De zwartere bladzijden uit het verleden werden in het vergeetboek gestopt en zijn daar sindsdien gebleven.

Ik vind het best verwarrend om tijdens mijn middagen in de plaatselijke bibliotheek met dit soort verhalen geconfronteerd te worden. Wacht – waarom was ik ook alweer naar Bali gekomen? Om op zoek te gaan naar het evenwicht tussen wereldse geneugten en spiritualiteit, toch? Is dit dan wel de juiste plek voor zo'n zoektocht? Zijn de Balinezen echt wel helemaal thuis in dat vredige evenwicht, meer dan wie dan ook? Ik bedoel, ze mogen er dan wel evenwichtig *uitzien*, met al dat gedans en geglimlach en al die gebeden en feestmalen en schoonheid, maar ik weet niet wat zich daaronder allemaal afspeelt. Inderdaad, de politieagenten dragen echt bloemen achter hun oren, maar tegelijkertijd barst het op Bali van de corruptie, net als in de rest van Indonesië (zoals ik onlangs met eigen ogen mocht vaststellen toen ik een man in uniform stiekem een paar honderd dollar toestopte om illegaal mijn visum te verlengen, zodat ik alsnog vier maanden op Bali kan blijven). De Balinezen leven letterlijk van hun imago dat ze het vredigste, godsdienstigste en meest kunstzinnig aangelegde volk ter wereld zijn, maar hoeveel daarvan is echt en hoeveel daarvan is economisch bepaald? En hoeveel kan een buitenstaander als ik ooit te weten komen over de verborgen zorgen die er misschien wel achter die 'stralende gezichten' schuilgaan? Hier geldt wat voor alles geldt: als je echt goed naar het plaatje gaat kijken, beginnen de duidelijke lijnen een vage massa van onscherpe penseelstreken en in elkaar overlopende pixels te worden.

Op dit moment kan ik alleen maar zeggen dat ik dol ben op het huis dat ik heb gehuurd en dat de inwoners van Bali zonder enige uitzondering vriendelijk tegen me zijn geweest. Ik vind hun kunst en ceremonieel mooi en inspirerend; zelf lijken ze dat ook te vinden. Dat is mijn empirische ervaring met een plek die waarschijnlijk veel ingewikkelder in elkaar zit dan ik ooit zal begrijpen. Maar wat de Balinezen allemaal moeten doen om hun eigen evenwicht te bewaren (en de kost te verdienen) is helemaal hun zaak. Ik ben hier om aan mijn eigen evenwicht te werken, en vooralsnog lijkt dit me een gezond klimaat om dat in te doen.

81

Ik heb geen idee hoe oud mijn medicijnman is. Ik heb het hem wel gevraagd, maar hij weet het niet precies. Ik meen me te herinneren dat de vertaler, toen ik hier twee jaar geleden was, zei dat hij tachtig was. Maar toen Mario hem een paar dagen geleden vroeg hoe oud hij was, zei Ketut: 'Vijfenzestig misschien, ik weet niet zeker.' Toen ik hem vroeg in welk jaar hij was geboren, zei hij dat hij zich zijn geboorte niet kon herinneren. Ik weet dat hij volwassen was toen Bali in de Tweede Wereldoorlog door de Japanners werd bezet, wat zou inhouden dat hij nu een jaar of tachtig is. Maar toen hij me het verhaal vertelde over de arm die hij als jongeman had verbrand en ik hem vroeg in welk jaar dat was gebeurd, zei hij: 'Ik weet niet. Misschien 1920?' Dus als hij in 1920 rond de twintig was, hoe oud is hij dan nu? Een jaar of 105? Laten we het er maar op houden dat hij ergens tussen de zestig en de honderdvijf is.

Ik heb ook gemerkt dat zijn schatting van zijn eigen leeftijd van dag tot dag verandert, afhankelijk van hoe hij zich voelt. Als hij echt moe is, zegt hij zuchtend: 'Misschien vijfentachtig vandaag,' maar als hij in een vrolijkere bui is, zegt hij: 'Volgens mij ben ik vandaag zestig.' Misschien is dat nog niet eens zo'n gekke manier om je leeftijd te schatten – hoe oud vóel je je? De rest doet er toch eigenlijk niet toe? Toch blijf ik proberen erachter te komen. Op een middag pakte ik het heel eenvoudig aan, en zei alleen: 'Ketut, wanneer ben je jarig?'

'Donderdag,' zei hij.

'Aanstaande donderdag?'

'Nee. Niet aanstaande donderdag. Een donderdag.'

Dat is een goed begin... maar is dat de enige informatie die hij heeft? Een donderdag in welke maand? Van welk jaar? Geen flauw idee. Maar goed, op Bali doet de dag van de week waarop je bent geboren er meer toe dan het jaar, en zo komt het dat Ketut niet weet hoe oud hij is, maar me wel kan vertellen dat de goddelijke beschermer van kinderen die op donderdag zijn geboren Shiva de Vernietiger is, en dat de dag twee begeleidende dierengeesten heeft: de leeuw en de tijger. De officiële boom van kinderen die op donderdag zijn geboren is de banyan. De officiële vogel is de pauw. Iemand die op donderdag geboren is, is altijd aan het woord, valt anderen voortdurend in de rede, kan een beetje agressief zijn, is meestal mooi ('een playboy of playgirl', in de woorden van Ketut) maar heeft in het algemeen een fatsoenlijk karakter, een uitstekend geheugen en het verlangen om anderen te helpen.

Als zijn Balinese patiënten kampen met ernstige gezondheids- of relatieklachten of financiële problemen, vraagt Ketut hun altijd op welke dag van de week ze zijn geboren, zodat hij de juiste gebeden en medicijnen voor hen in elkaar kan flansen. Want soms, zegt Ketut, zijn mensen 'ziek in hun verjaardag' en dan hebben ze een kleine astrologische bijstelling nodig om de balans te hervinden. Onlangs bracht een plaatselijk gezin hun jongste zoon naar Ketut. Het kind was misschien een jaar of vier. Ik vroeg wat eraan scheelde en Ketut vertaalde dat het gezin zich zorgen maakte om 'problemen met heel agressief deze jongen. Deze jongen geen bevelen opvolgen. Slecht gedrag. Nergens op letten. Iedereen in huis moe van jongen. En ook deze jongen soms te duizelig.'

Ketut vroeg aan de ouders of hij het kind even mocht vasthouden. Ze zetten hun zoontje bij Ketut op schoot en het jongetje leunde naar achteren, tegen de borst van de oude medicijnman, ontspannen en helemaal niet bang. Ketut hield hem teder vast, legde een hand op het voorhoofd van het kind en deed zijn ogen dicht. Toen legde hij een hand op de buik van het jochie en deed nogmaals zijn ogen dicht. De hele tijd bleef hij glimlachen en zachtjes tegen het kind praten. Het onderzoek was algauw voorbij. Ketut gaf het jongetje weer terug aan zijn ouders, die even daarna weggingen met een recept en wat gewijd water. Ketut vertelde me dat hij de ouders had gevraagd naar de omstandigheden waaronder het kind was geboren en had ontdekt dat het jongetje onder een slecht gesternte was geboren en ook nog eens op een zaterdag – een geboortedag die elementen bevat van potentieel slechte geesten, zoals die van de kraai, de uil, de haan (daardoor was het kind zo'n vechtersbaas) en de marionet (daardoor werd zijn duizeligheid veroorzaakt). Maar het nieuws was niet helemáál slecht. Aangezien hij op zaterdag was geboren, bevatte het lichaam van het jongetje ook de levenskracht van de regenboog en de vlinder, en die konden versterkt worden. Als men een reeks offers bracht, zou het kind weer in balans zijn.

'Waarom hield je je hand op het voorhoofd en de buik van het jongetje?' vroeg ik. 'Keek je of hij koorts had?'

'Ik keek naar zijn hersens,' zei Ketut. 'Om te zien of hij slechte geesten in hoofd heeft.'

'Wat voor slechte geesten?'

'Liss,' zei hij. 'Ik ben Balinees. Ik geloof van zwarte magie. Ik geloof slechte geesten komen uit rivieren en doen mensen pijn.'

'Had de jongen slechte geesten?'

'Nee. Hij is alleen ziek in zijn verjaardag. Zijn familie zal offer brengen. Dan alles weer oké. En jij, Liss? Jij elke avond Balinese meditatie oefenen? Hoofd en hart schoonhouden?'

'Elke avond,' zei ik stellig.

'Leer je al glimlachen zelfs in je lever?'

'Zelfs in mijn lever, Ketut. Grote glimlach in mijn lever.'

'Goed. Van die glimlach word jij mooie vrouw. Daardoor krijg jij kracht van heel erg mooi zijn. Die kracht – kracht van mooi zijn! – kun je gebruiken voor te krijgen wat jij in leven wil.'

'De kracht van het mooi-zijn!' Ik herhaal de woorden, die ik erg leuk vind. Net een mediterende Barbie. 'Ik wil de kracht van het mooi-zijn!'

'Oefen jij ook nog Indiase meditatie?'
'Elke ochtend.'
'Goed. Yoga niet vergeten. Goed voor jou. Goed voor jou doorgaan met beide meditatiemanieren oefenen – Indiaas en Balinees. Allebei anders, maar allebei hetzelfde goed. Helemaal hetzelfde. Ik denk godsdiensten bijna allemaal helemaal hetzelfde.'
'Niet iedereen denkt er zo over, Ketut. Sommige mensen maken graag ruzie over God.'
'Niet nodig,' zei hij. 'Ik heb goed idee voor als jij iemand van andere godsdienst tegenkomt en hij wil ruziemaken over God. Mijn idee is: jij luisteren naar alles wat die man zeggen over God. Nooit geen ruzie over God maken met hem. Beste om te zeggen is: "Ik ben met u eens." Dan ga jij naar huis, bidden hoe jij wil. Dat is mijn idee voor mensen om vrede over godsdienst te hebben.'
Ik heb gemerkt dat Ketut altijd zijn kin ophoudt, dat hij zijn hoofd een beetje achterover houdt, een beetje onderzoekend maar tegelijkertijd elegant. Als een nieuwsgierige oude koning beziet hij de hele wereld van boven zijn neus. Zijn goudbruine huid straalt. Hij is bijna helemaal kaal, maar daar staat tegenover dat hij extreem lange, veerachtige wenkbrauwen heeft die eruitzien alsof ze maar wat graag zouden willen opstijgen. Afgezien van zijn ontbrekende tanden en zijn rechterarm met het litteken van de brandwond erop lijkt hij in blakende gezondheid te verkeren. Hij heeft me verteld dat hij in zijn jeugd danser was bij tempelceremoniën, en dat hij destijds een mooie jongen was. Dat geloof ik graag. Hij eet maar één maaltijd per dag: een typisch eenvoudig Balinees gerecht van rijst met eend of vis. Hij drinkt graag één kopje koffie met suiker per dag, vooral gewoon om te vieren dat hij zich koffie en suiker kan veroorloven. Met zo'n dieet zou jij ook gemakkelijk 105 kunnen worden. Hij houdt zijn lichaam sterk, zegt hij, door elke avond

voor het slapen te mediteren en door de gezonde energie van het universum in zijn kern te trekken. Hij zegt dat het menselijk lichaam uit niets meer of minder bestaat dan de vijf elementen waaruit alles bestaat: water (*apa*), vuur (*tejo*), wind (*bayu*), lucht (*akasa*) en aarde (*pritiwi*). Het enige wat je hoeft te doen is je tijdens het mediteren op dat feit te concentreren, dan zul je uit al die bronnen energie ontvangen en sterk blijven. Daarover zei hij in voor deze ene keer bijzonder goed Engels: 'De microkosmos wordt de macrokosmos. Jij – microkosmos – wordt hetzelfde als universum – macrokosmos.'

Vandaag heeft hij het druk gehad – zijn hofje was afgeladen met Balinese patiënten die als vrachtcontainers opeengestapeld zaten, allemaal met baby's of offerandes op schoot. Er zaten boeren en zakenmannen, vaders en grootmoeders. Er waren ouders met baby's die geen eten konden binnenhouden en oude mannen die gekweld werden door zwarte magie. Er zaten jongemannen die heen en weer geslingerd werden door agressie en lust, en jonge vrouwen die op zoek waren naar de juiste huwelijkspartner, en tegelijkertijd zaten er zielige kinderen te klagen over hun eczeem. Ze waren allemaal uit balans, en moesten allemaal weer in evenwicht worden gebracht.

Toch hangt er in het hofje van Ketut altijd een uiterst geduldige sfeer. Soms moeten mensen wel drie uur wachten voordat Ketut de kans krijgt iets voor hen te doen, maar ze tikken nooit eens ongeduldig met hun voet en rollen ook nooit geïrriteerd met hun ogen. Buitengewoon is ook de manier waarop de kinderen zitten te wachten. Ze zitten tegen hun mooie moeders aan geleund en spelen met hun eigen vingers om de tijd te doden. Ik vind het altijd amusant als later blijkt dat diezelfde rustige kinderen naar Ketut zijn gebracht omdat de vader en moeder van mening zijn dat het kind 'te stout' is en genezen moet worden. Stout, dat kleine meisje? Dat kleine meisje van drie dat daar vier uur lang stilletjes in de brandende zon heeft gezeten, zonder klachten, zonder iets lekkers en zonder speeltje? Moet dát een stout kind voorstellen? Ik wou dat ik kon zeggen: 'Mensen, als jullie stoute kinderen willen zien, zal ik jullie eens meenemen naar Amerika en jullie een paar kinderen laten zien door wie jullie spontaan in Ritalin gaan geloven.' Hier wordt echter een andere maatstaf gehanteerd voor het gedrag van kinderen.

    Ketut behandelde alle patiënten heel beleefd, de een na de ander, schijnbaar onaangedaan door de hoeveelheid tijd die dat kostte. Hij gaf iedereen precies de aandacht die hij nodig had, ongeacht wie er verder nog op hem zat te wachten. Hij had het zo druk dat hij rond lunchtijd niet eens tijd had voor zijn ene maaltijd, maar hij bleef aan zijn veranda geplakt; zijn respect voor God en zijn voorouders verplichtte hem ertoe daar urenlang te blijven zitten en iedereen te genezen. Tegen de avond stonden zijn ogen even moe als de ogen van een veldchirurg tijdens de Amerikaanse burgeroorlog. Zijn laatste patiënt van de dag was een ernstig getroebleerde Balinese man van middelbare leeftijd geweest, die had geklaagd dat hij al wekenlang niet meer lekker had geslapen; hij werd geplaagd, zei hij, door een nachtmerrie waarin hij 'in twee rivieren tegelijkertijd verdronk'.

    Tot vanavond wist ik eigenlijk nog steeds niet wat mijn rol was in het leven van Ketut Liyer. Ik vraag hem elke dag of hij zeker weet dat hij mij om zich heen wil hebben, en hij blijft maar zeggen dat ik langs moet komen en tijd met hem moet doorbrengen. Ik voel me schuldig dat ik zoveel van zijn tijd in beslag neem, maar hij lijkt altijd teleurgesteld te zijn wanneer ik aan het einde van de middag naar huis ga. Ik kan hem nauwelijks enig Engels bijbrengen. Al het Engels dat hij tientallen jaren geleden heeft geleerd zit inmiddels vastgeplamuurd in zijn hoofd en er is niet veel ruimte voor verbeteringen of nieuwe woorden. Het is al heel wat dat ik ervoor gezorgd heb dat hij nu 'Leuk om je weer te zien' zegt wanneer ik aankom, in plaats van 'Leuk om je te ontmoeten'.

Vanavond, toen zijn laatste patiënt eenmaal weg was en Ketut uitgeput was en er eeuwenoud uitzag van alle vermoeiende diensten die hij had geleverd, vroeg ik hem of ik nu niet beter weg kon gaan, zodat hij even tijd voor zichzelf had. Hij antwoordde: 'Voor jou heb ik altijd tijd.' Toen vroeg hij me om hem een paar verhalen over India, Amerika, Italië en mijn familie te vertellen. Op dat moment realiseerde ik me dat ik niet Ketut Liyers lerares Engels ben, en ook niet helemaal zijn studente theologie, maar dat ik de allereenvoudigste vorm van vermaak ben voor de oude medicijnman: zijn gezelschap. Ik ben iemand met wie hij kan praten omdat hij het leuk vindt om over de wereld te horen en omdat hij zelf nooit echt de gelegenheid heeft gehad om die te zien.

Tijdens onze uurtjes samen op deze veranda heeft Ketut me vragen gesteld over van alles en nog wat, variërend van hoeveel auto's in Mexico kosten tot hoe aids wordt veroorzaakt. (Ik heb bij beide onderwerpen mijn best gedaan, hoewel ik zeker weet dat er experts zijn die degelijker antwoorden hadden kunnen geven.) Ketut is nooit van zijn leven van Bali weg geweest. Hij is zelfs amper van deze veranda weg geweest. Ooit is hij op pelgrimage naar de Agungberg geweest, de grootste en in spiritueel opzicht belangrijkste vulkaan van Bali, maar hij zei dat de energie daar zo krachtig was dat hij nauwelijks durfde te mediteren, zo bang was hij dat hij door het heilige vuur verteerd zou worden. Voor de grote, belangrijke ceremoniën gaat hij naar de tempels, en verder wordt hij bij zijn buren thuis uitgenodigd om bruiloften of meerderjarigheidsrituelen in te zegenen, maar meestal zit hij hier, in kleermakerszit op zijn bamboematje, omringd door de op palmbladeren geschreven medische encyclopedieën van zijn overgrootvader. Daar zorgt hij voor mensen, sust hij demonen en trakteert hij zichzelf af en toe op een kopje koffie met suiker.

'Ik heb vannacht droom van jou gehad,' zei hij vandaag tegen me. 'Ik heb droom dat jij ergens waar dan ook aan fietsen bent.'

Aangezien hij even zweeg, stelde ik een grammaticale verbetering voor. 'Bedoel je dat je droomde dat ik *overal* aan het fietsen was?'

'Ja! Ik droom vannacht dat jij ergens waar dan ook én overal aan fietsen bent. Jij bent zo gelukkig in mijn droom! Overal ter wereld jij aan fietsen. En ik volg jou!'

Misschien zou hij wel willen dat hij dat kon...

'Misschien kun je ooit eens in Amerika bij me op bezoek komen, Ketut,' zei ik.

'Nee, Liss.' Hij schudde opgewekt zijn hoofd, helemaal verzoend met zijn lot. 'Ik heb niet genoeg tanden voor in vliegtuig reizen.'

82

Wat de vrouw van Ketut betreft, het duurt een tijdje voordat ik met haar op één lijn zit. Nyomo, zoals hij haar noemt, is een stevige, goedgevulde dame die mank loopt door haar stijve heup en tanden heeft die rood zijn van de sirihtabak die ze pruimt. Haar tenen zijn pijnlijk krom van de reuma. Ze heeft een scherpe blik. Ik vond haar van het begin af aan eng. Ze heeft dat felle-oudedamesachtige dat je weleens tegenkomt bij Italiaanse weduwen en deugdzame zwarte, gelovige mama's. Ze ziet eruit alsof ze je voor het minste of geringste misdrijf een pak rammel zou geven. Aanvankelijk vond ze me duidelijk enorm verdacht – *Wie is die flamingo die hier elke dag door mijn huis loopt?* Vanuit de gitzwarte schaduwen van haar keuken staarde ze me aan, er niet van overtuigd dat ik het recht had om te bestaan. Als ik naar haar glimlachte, bleef ze me gewoon aanstaren, om te kijken of ze me al dan niet met haar bezem naar buiten moest jagen.

Maar toen veranderde er iets, en wel na het hele gebeuren met de fotokopieën.

Ketut Liyer heeft stapels oude, gelinieerde schriften en grootboeken, volgeschreven in een piepklein handschrift, vol oude, geheime Balinees-Sanskritische kennis over geneeskundige aangelegenheden. Die aantekeningen heeft hij ergens in de jaren veertig of vijftig, net na de dood van zijn grootvader, in deze schriften overgenomen, zodat hij alle medische informatie op papier had. Dat materiaal is van meer dan onschatbare waarde. Er zitten boeken bij met gegevens over zeldzame bomen, bladeren en planten en hun medicinale eigenschappen. Hij heeft zo'n zestig pagina's met diagrammen met betrekking tot handlezen, en dan ook nog een paar schriften vol astrologische gegevens, mantra's, bezweringen en remedies. Helaas moeten die schriften echter al tientallen jaren het hoofd bieden aan schimmel en muizen, zodat ze nu bijna geheel uiteengevallen zijn. Ze zijn vergeeld, half vergaan en beschimmeld en zien eruit als stapels herfstbladeren in staat van ontbinding. Telkens wanneer hij een bladzijde omslaat, scheurt die bladzijde.

'Ketut,' zei ik vorige week tegen hem, terwijl ik een van zijn gehavende schriften ophield, 'ik ben geen dokter, zoals jij, maar ik denk dat dit boek ten dode opgeschreven is.'

Hij lachte. 'Jij denkt boek doodgaat?'

'Meneer Liyer,' zei ik ernstig, 'mijn ter zake kundige opinie luidt als volgt: als dit boek niet spoedig wordt geholpen, is het binnen een halfjaar overleden.'

Toen vroeg ik of ik het schrift mocht meenemen naar de stad om er fotokopieën van te maken voordat het het loodje legde. Ik moest uitleggen wat fotokopiëren was en beloven dat ik het schrift maar één etmaal zou houden en dat ik het geen schade zou berokkenen. Uiteindelijk gaf hij me toestemming om het mee te nemen van de veranda, nadat ik hem hartstochtelijk had verzekerd dat ik voorzichtig zou zijn met de wijsheid van zijn grootvader. Ik fietste de stad in, naar de winkel met de internetcomputers en de kopieerapparaten, en kopieerde heel voorzichtig alle bladzijden. Toen liet ik de nieuwe, schone kopieën in een mooie plastic map binden. De volgende dag bracht ik vóór het middaguur zowel de oude als de nieuwe versie van het boek terug. Ketut was stomverbaasd en aangenaam verrast, en dolblij omdat hij dat schrift naar eigen zeggen al vijftig jaar had. Wat misschien letterlijk 'vijftig jaar' betekent, maar misschien ook gewoon 'al heel lang'.

Ik vroeg of ik de rest van zijn schriften mocht kopiëren, om ervoor te zorgen dat die informatie ook niet verloren ging. Hij pakte een ander slap, kapot, gescheurd, naar adem snakkend document vol Balinees Sanskriet en ingewikkelde tekeningen.

'Nog een patiënt!' zei hij.

'Laat mij hem beter maken!' antwoordde ik.

Nog zo'n daverend succes. Tegen het einde van de week had ik meerdere oude manuscripten gefotokopieerd. Elke dag weer riep Ketut zijn vrouw erbij om haar de nieuwe kopieën te laten zien; hij was dolblij. Aan haar gezichtsuitdrukking veranderde niets, maar ze bestudeerde het bewijsmateriaal grondig.

Toen ik de maandag daarop langskwam, bracht Nyomo me echter warme koffie, opgediend in een jampot. Ik keek toe hoe ze het drankje op een porseleinen schoteltje van de ene kant van het hofje naar de andere bracht; het was een lange, langzame strompeltocht van haar keuken naar Ketuts veranda. Ik ging ervan uit dat de koffie voor Ketut bedoeld was, maar nee – die had zijn koffie al gehad. Hij was voor mij. Ze had hem speciaal voor mij gezet. Ik probeerde haar te bedanken, maar ze reageerde geïrriteerd op mijn bedankje; ze haalde bijna naar me uit, zoals ze ook uithaalt naar de haan die altijd op haar keukentafel in het hofje probeert te gaan staan terwijl ze bezig is met het bereiden van de lunch. De volgende dag bracht ze me echter een glas koffie met een kommetje suiker ernaast. En de dag daarop was het een glas koffie, een kommetje suiker en een koude gekookte aardappel. Later die week voegde ze er elke dag een extra traktatie aan toe. Het had iets van dat alfabet-geheugenspelletje dat kinderen in de auto spelen: 'Ik ga naar oma, en ik neem mee: een appel... Ik ga naar oma, en ik neem mee: een appel en een ballon... Ik ga naar oma en ik neem mee: een appel, een ballon, een kopje koffie in een jampot, een kommetje suiker en een koude aardappel...'

En gisteren stond ik in het hofje afscheid te nemen van Ketut toen Nyomo ineens langs kwam schuifelen met haar bezem. Ze was aan het vegen en deed net alsof ze helemaal geen aandacht besteedde aan alles wat er in haar rijk gebeurt. Ik stond daar met mijn handen ineengevouwen op mijn rug, en zij kwam achter me staan en nam een van mijn handen in de hare. Ze wrikte aan mijn vingers alsof ze stond te proberen een combinatieslot los te maken en vond toen mijn wijsvinger. Daarop wikkelde ze haar hele grote, harde vuist om die vinger en drukte lang en hard. Ik voelde haar liefde door die stevige greep heen pulseren, mijn arm in, en toen helemaal door naar mijn ingewanden. Toen liet ze mijn hand los en strompelde op haar reumatische manier weg. Ze zei geen woord, en ging gewoon verder met vegen alsof er niets was gebeurd, terwijl ik in stilte in twee rivieren van geluk tegelijk stond te verdrinken.

83

Ik heb er een nieuwe vriend bij. Hij heet Yudhi (uitspraak: 'joedee'). Hij is Indonesisch en komt oorspronkelijk uit Java. Ik heb hem leren kennen doordat hij me mijn huis heeft verhuurd; hij werkt voor de Engelse eigenares, wier huis en tuin hij verzorgt terwijl zijzelf de zomer in Londen doorbrengt. Yudhi is 27 en stevig gebouwd en praat een beetje als een surfer uit Zuid-Californië. Hij noemt me de hele tijd *'man'* en *'dude'*. Hij heeft een glimlach die een einde aan de criminaliteit zou kunnen maken en een lang, ingewikkeld levensverhaal voor iemand van zijn leeftijd.

Hij is geboren in Jakarta; zijn moeder was huisvrouw, zijn vader een Indonesische Elvis-fan die een klein airconditioning- en koelingsbedrijfje had. Het gezin was christelijk (iets wat niet vaak voorkomt in dit stukje van de wereld), en Yudhi kan grappige verhalen vertellen over de pesterijen van de moslimkinderen uit de buurt, die hem dingen nariepen als 'Jij eet varkensvlees!' en 'Jij houdt van Jezus!' Yudhi trok zich niet veel aan van de pesterijen; Yudhi trekt zich sowieso nergens veel van aan. Zijn moeder vond het echter niet leuk dat hij omging met de moslimkinderen, vooral omdat die altijd op blote voeten rondliepen, wat Yudhi zelf ook graag deed. Zij vond dat onhygiënisch, en dus gaf ze haar zoon de keus: ofwel met schoenen aan buiten spelen, ofwel op blote voeten binnen blijven. Yudhi houdt niet van schoenen, en dus bracht hij een groot deel van zijn jeugd en puberteit in zijn slaapkamer door, waar hij gitaar leerde spelen. Op blote voeten.

Ik geloof niet dat ik ooit iemand heb ontmoet die zo'n gevoel voor muziek heeft als Yudhi. Hij speelt prachtig gitaar. Hij heeft nooit les gehad, maar begrijpt melodie en harmonie alsof ze de jongere zusjes zijn met wie hij is opgegroeid. Hij maakt een mix van oosterse en westerse muziek – een combinatie van oude Indonesische slaapliedjes met een reggae-groove en funk à la Stevie Wonder in zijn jonge jaren. Het is moeilijk uit te leggen, maar hij zou beroemd moeten zijn. Iedereen die ik ken die Yudhi's muziek heeft gehoord, vindt dat hij beroemd zou moeten zijn.

Wat hij het liefst wilde was dit: in Amerika wonen en in de showbusiness werken. Een universele droom dus. Toen Yudhi nog een Javaanse tiener was, slaagde hij er op de een of andere manier in (ondanks het feit dat hij amper Engels sprak) een baan te bemachtigen op een cruiseschip, waardoor hij het kleine Jakarta achter zich kon laten en de wijde, blauwe wereld in trok. De baan die Yudhi op het cruiseschip kreeg was zo'n krankzinnige schoonmaakbaan voor ijverige gastarbeiders: benedendeks leven, twaalf uur per dag werken, één dag per maand vrij. Zijn collega's waren Filippino's en Indonesiërs. De Indonesiërs en Filippino's sliepen en aten in aparte delen van het schip, en gingen nooit met elkaar om (moslims tegen christenen, weet je wel), maar Yudhi raakte, typisch voor hem, met iedereen bevriend en werd een soort afgezant tussen de beide groepen Aziatische arbeiders. Hij zag meer overeenkomsten dan verschillen tussen al die kamermeisjes, conciërges en afwassers, die allen enorm lange dagen maakten om elke maand honderd dollar of zo terug te kunnen sturen naar hun familie thuis.

De eerste keer dat het cruiseschip de haven van New York binnenvoer, bleef Yudhi de hele nacht op. Hij zat boven op het bovenste dek en keek hoe de skyline van de stad aan de horizon verscheen; zijn hart bonsde van opwinding. Uren later ging hij in New York van boord en hield hij een gele taxi aan, net als in de film. Toen de taxichauffeur (een Afrikaanse gastarbeider die net in het land was) hem vroeg waar hij heen wilde, zei Yudhi: 'Doet er niet toe, man – rijd gewoon wat rond. Ik wil alles zien.' Een paar maanden later deed het schip nogmaals New York aan, en deze keer ging

Yudhi voorgoed aan wal. Zijn contract met de cruisemaatschappij zat er bijna op en hij wilde nu in Amerika wonen.

Hij kwam terecht in het landelijke New Jersey, *of all places*, en woonde een tijdje samen met een Indonesiër die hij van het schip kende. Hij kreeg een baantje in een broodjeszaak in het plaatselijke winkelcentrum. Ook daar werkte hij tien tot twaalf uur per dag – een typisch gastarbeidersbaantje, zij het dat hij nu samenwerkte met Mexicanen in plaats van Filippino's. Die eerste paar maanden leerde hij beter Spaans dan Engels. Als hij eens een beetje vrije tijd had, nam Yudhi de bus naar Manhattan en wandelde hij gewoon wat rond, nog altijd woordeloos verliefd op de stad die hij vandaag de dag omschrijft als 'de plaats die het meest vervuld is van liefde in de hele wereld'. Op de een of andere manier (weer die glimlach!) trof hij in New York een zeer internationale groep jonge musici. Hij begon gitaar met hen te spelen, en jamde nachtenlang met getalenteerde jongeren uit Jamaica, Afrika, Frankrijk en Japan... Bij een van die concerten leerde hij Ann kennen, een mooie blondine uit Connecticut die bas speelde. Ze werden verliefd. Ze trouwden. Ze vonden een appartement in Brooklyn en werden aan alle kanten omringd door hippe vrienden die allemaal samen met de auto naar de Florida Keys reden. Hij leidde een ongelofelijk gelukkig bestaan. Algauw sprak hij onberispelijk Engels. Hij zat eraan te denken om naar de universiteit te gaan.

Op 11 september zag Yudhi vanaf zijn dak in Brooklyn de torens instorten. Net als iedereen was hij verlamd van verdriet door het voorval – hoe kon iemand nu zo'n gruweldaad plegen tegen de stad die van alle steden ter wereld het meest vervuld is van liefde? Ik weet niet hoeveel aandacht Yudhi besteedde aan de 'Patriot Act' die het Amerikaanse congres daarna aannam als reactie op de dreiging van het terrorisme, een wet die draconische nieuwe immigratiewetten met zich meebracht, waarvan er veel tegen islamitische landen als Indonesië gericht waren. Een van de nieuwe bepalingen was dat alle in Amerika woonachtige Indonesische staatsburgers zich moesten laten registreren bij het ministerie van Binnenlandse Veiligheid. Daarop begonnen de telefoons te rinkelen, terwijl Yudhi en zijn jonge, Indonesische vrienden zich afvroegen wat ze nu moesten doen – velen van hen hadden verlopen visa, en ze waren bang dat ze het land uit zouden worden gezet als ze zich lieten registreren. Aan de andere kant waren ze ook bang om zich níet te laten registreren, aangezien ze zich dan als criminelen gedroegen. Waarschijnlijk werd de registratiewet door de fundamentalistische moslimterroristen die in Amerika rondzwerven genegeerd, maar Yudhi besloot dat hij zich wel wilde laten registreren. Hij was met een Amerikaanse getrouwd en wilde zijn immigratiestatus graag veranderen en legaal staatsburger worden. Hij wilde niet stiekem in het land wonen.

Ann en hij gingen te rade bij allerlei soorten advocaten, maar geen van hen kon hen van advies dienen. Vóór 11 september zou er niets aan de hand zijn geweest; Yudhi, inmiddels getrouwd, zou gewoon naar de immigratie- en naturalisatiedienst zijn gegaan, zijn visum hebben verlengd en het proces in werking hebben gesteld om het Amerikaanse staatsburgerschap te verkrijgen. Maar nu? Niemand die het wist. 'De wetten zijn nog niet getest,' zeiden de immigratieadvocaten. 'De wetten zullen op jou uitgetest worden.' Dus gingen Yudhi en zijn vrouw op bezoek bij een aardige medewerker van de immigratiedienst bij wie ze hun verhaal deden. Het paar kreeg te horen dat Yudhi later die middag moest terugkomen voor een 'tweede gesprek'. Dat had hun achterdocht moeten wekken: Yudhi kreeg de uitdrukkelijke instructie zonder zijn vrouw en zonder advocaat terug te komen, en ook zonder iets in zijn zakken. Hij hoopte er het beste van, en ging in zijn eentje zonder iets in zijn zakken terug voor het tweede gesprek. En toen werd hij gearresteerd.

Hij werd naar een gevangenis in Elizabeth (New Jersey) gebracht, waar hij weken vastzat te midden van een enorme groep gastarbeiders die allemaal onlangs waren opgepakt naar aanleiding van de 'Homeland Security Act'. Velen van hen woonden en werkten al jaren in Amerika; de meesten van hen spraken geen Engels. Sommigen hadden na hun arrestatie geen contact kunnen opnemen met hun familie. In de gevangenis waren ze onzichtbaar; niemand wist meer dat ze bestonden. Het kostte de bijna hysterische Ann dagen om erachter te komen waar haar man naartoe was gebracht. Wat Yudhi zich vooral van de gevangenis herinnert waren de twaalf gitzwarte, magere, doodsbange Nigerianen die waren gevonden in een stalen verschepingscontainer onder in een vrachtschip, waar ze zich bijna een maand verborgen hadden gehouden voordat ze ontdekt werden. Ze hadden geprobeerd naar Amerika te komen – of waar dan ook. Nu hadden ze geen idee waar ze waren. Ze hadden zulke grote ogen, zei Yudhi, dat ze eruitzagen alsof ze nog steeds door schijnwerpers verblind werden.

Na een tijdje in detentie werd mijn christelijke vriend Yudhi – die er nu blijkbaar van werd verdacht een islamitische terrorist te zijn – door de Amerikaanse regering teruggestuurd naar Indonesië. Dat was vorig jaar. Ik weet niet of ze hem ooit nog zullen toestaan om ook maar in de buurt van Amerika te komen. Zijn vrouw en hij proberen nog steeds te beslissen wat ze nu met hun leven aan moeten; de rest van hun leven in Indonesië doorbrengen maakte geen deel uit van hun plannen.

Omdat hij de sloppenwijken van Jakarta niet meer aankon na in het Westen te hebben gewoond, kwam Yudhi naar Bali om te kijken of hij hier de kost kon verdienen, hoewel het hem wel moeite kost om in deze samenleving geaccepteerd te worden, aangezien hij geen Balinees is, maar Javaan. En de Balinezen moeten niets hebben van Javanen; dat vinden ze allemaal maar dieven en bedelaars. Hier in zijn eigen land – Indonesië – krijgt Yudhi dus meer te maken met vooroordelen dan toen hij nog in New York woonde. Hij weet niet wat hij nu met zijn leven aan moet. Misschien komt zijn vrouw, Ann, zich hier bij hem vestigen. Misschien ook niet. Wat heeft zij hier per slot van rekening te zoeken? Hun prille huwelijk, dat nu helemaal via de e-mail verloopt, is op de klippen gelopen. Hij is hier zo uit zijn element, zo gedesoriënteerd. Hij is eerder Amerikaan dan wat ook. Yudhi en ik gebruiken hetzelfde slang, hebben het voortdurend over onze lievelingsrestaurants in New York en houden helemaal van dezelfde films. Als hij 's avonds bij mij thuis komt, geef ik hem bier en speelt hij op zijn gitaar fantastische liedjes voor me. Ik wou dat hij beroemd was. Als het leven ook maar enigszins eerlijk was, zou hij nu wereldberoemd zijn.

Hij zegt: '*Dude*, waarom is het leven zo geschift?'

84

'Ketut, waarom is het leven zo geschift?' vroeg ik de volgende dag aan mijn medicijnman.

Hij antwoordde: '*Bhuta ia, dewa ia.*'

'Wat betekent dat?'

'Mens is demon, mens is god. Allebei waar.'

Dat was een vertrouwd idee voor me – erg Indiaas, erg yoga-achtig. De theorie luidt dat iedereen, zoals mijn goeroe vaak genoeg heeft uitgelegd, geboren wordt met evenveel potentieel voor inkrimping als voor uitbreiding. De ingrediënten voor zowel duisternis als licht zijn in gelijke mate in ons allen aanwezig, en het is aan het individu (of de familie, of de maatschappij) om te bepalen wat eruit komt: de deugden of de boosaardigheid. Dat onze planeet zo waanzinnig is, komt grotendeels doordat de mens moeite heeft om op deugdzame wijze zijn evenwicht te vinden. Het resultaat is waanzin (zowel collectief als individueel).

'Dus wat kunnen we doen aan de geschiftheid van de wereld?'

'Niets.' Ketut lachte, maar met de nodige vriendelijkheid. 'Zo is aard van wereld. Dit is lot. Maak je alleen zorgen om jouw geschiftheid – zorg jijzelf rustig.'

'Maar hoe moeten we rust in onszelf vinden?' vroeg ik aan Ketut.

'Meditatie,' zei hij. 'Doel van meditatie is alleen geluk en vrede – heel makkelijk. Vandaag zal ik jou nieuwe meditatie leren, maakt jou nog beter mens. Heet Vier-Broersmeditatie.'

Vervolgens legde Ketut uit dat de Balinezen geloven dat we bij onze geboorte allemaal vergezeld worden door vier onzichtbare broers, die samen met ons ter wereld komen en ons ons leven lang blijven beschermen. Zelfs als het kind in de baarmoeder zit, zijn haar vier broers bij haar; ze worden vertegenwoordigd door de placenta, het vruchtwater, de navelstreng en de gele, wasachtige substantie die de huid van een ongeboren baby beschermt. Wanneer de baby geboren is, verzamelen de ouders zo veel mogelijk van die losse geboortematerialen. Ze doen ze in een lege kokosnoot en begraven die bij de voordeur van hun huis. Volgens de Balinezen is de begraven kokosnoot de heilige rustplaats van de vier ongeboren broers, en ze blijven die plek altijd verzorgen, alsof het een heiligdom is.

Het kind leert vanaf het prille begin dat ze die vier broers heeft die overal en altijd bij haar zijn, en ook dat die overal op haar zullen passen. De vier broers vertegenwoordigen de vier deugden die iemand nodig heeft om veilig en gelukkig door het leven te gaan: intelligentie, vriendschap, kracht en (deze vind ik geweldig) *poëzie*. In kritieke situaties kun je altijd bij je broers terecht voor steun en hulp. Wanneer je doodgaat, halen je vier geestelijke broers je ziel op en brengen ze je naar de hemel.

Vandaag zei Ketut tegen me dat hij nog nooit eerder de Vier-Broersmeditatie aan een westerling had geleerd, maar dat hij dacht dat ik er klaar voor was. Eerst leerde hij me de namen van mijn onzichtbare broers: Ango Patih, Maragio Patih, Banus Patih en Banus Patih Ragio. Hij zei dat ik die namen uit mijn hoofd moest leren en altijd de hulp van mijn broers moest inroepen als ik hen nodig had. Hij zei dat ik niet formeel hoefde te doen wanneer ik hen aansprak; het was geen formele aangelegenheid, zoals tot God bidden. Ik mag mijn broers vriendschappelijk aanspreken, want 'Het is gewoon familie van je!' Hij zei dat als ik hun namen opzeg terwijl ik mezelf 's ochtends was, zij met me meedoen. Als ik telkens als ik aan een maaltijd begin hun namen opzeg, kunnen mijn broers meegenieten. Als ik hen aanroep voordat ik naar bed ga en zeg: 'Nu ga ik slapen, dus jullie moeten wakker blijven en me beschermen,' zullen mijn broers me de hele nacht in bescherming nemen en demonen en nachtmerries tegenhouden.

'Dat is goed,' zei ik tegen Ketut, 'want soms heb ik problemen met nachtmerries.'

'Wat voor nachtmerries?'

Ik legde aan de medicijnman uit dat ik al sinds mijn jeugd dezelfde afschuwelijke nachtmerrie heb, namelijk dat er een man met een mes aan mijn bed staat. Die nachtmerrie is zo levensecht, en de man zo echt, dat ik het soms uitschreeuw van angst. Mijn hart bonst er elke keer weer van (en voor degenen die mijn bed delen is het ook niet echt leuk). Zolang ik me kan herinneren word ik om de paar weken door deze nachtmerrie geplaagd.

Dat vertelde ik allemaal aan Ketut, die me vertelde dat ik het visioen al jaren verkeerd interpreteerde. De man met het mes in mijn slaapkamer is geen vijand; hij is gewoon een van mijn vier broers. Hij is de geestelijke broer die de kracht vertegenwoordigt. Hij staat er niet om me aan te vallen, maar om me te beschermen terwijl ik slaap. Waarschijnlijk word ik wakker omdat ik de commotie aanvoel wanneer mijn geestelijke broer een demon afweert die mij misschien kwaad wil doen. En wat mijn broer bij zich heeft is geen mes maar een kris, een kleine dolk met bijzondere krachten. Ik hoef nergens bang voor te zijn. Ik kan gewoon weer gaan slapen, in de wetenschap dat ik beschermd word.

'Jij hebt geluk,' zei Ketut. 'Geluk dat jij hem kunt zien. Soms zie ik mijn broers in meditatie, maar heel weinig gewone mensen zien dit. Ik denk jij hebt grote spirituele gaven. Ik hoop jij wordt ooit misschien wel medicijnvrouw.'

'Oké,' zei ik lachend, 'maar alleen als ik dan ook mijn eigen tv-serie krijg.'

Hij lachte met me mee. Natuurlijk snapte hij de grap niet, maar hij vindt het leuk als mensen grappen maken. Toen legde Ketut uit dat ik telkens wanneer ik iets tegen mijn vier geestelijke broers zeg, tegen hen moet zeggen wie ik ben, zodat ze me kunnen herkennen. Ik moet de geheime bijnaam gebruiken die ze voor mij hebben. Ik moet zeggen: 'Ik ben Lagoh Prano.'

Lagoh prano betekent 'gelukkig lichaam'.

Onderweg terug naar huis trapte ik in de late-middagzon mijn gelukkige lichaam tegen de heuvels op die naar mijn huis leiden. Terwijl ik door het bos fietste, liet zich recht voor me een grote mannelijke aap uit een boom vallen die me zijn tanden liet zien. Ik huiverde niet eens. Ik zei: 'Wegwezen knul – ik heb vier broers die me beschermen,' en reed hem gewoon voorbij.

85

Desalniettemin werd ik de volgende dag (ondanks de bescherming van mijn broers) wel door een bus aangereden. Het was maar een kleine bus, maar hij smeet me wel van mijn fiets, van de bermloze weg af rechtstreeks een betonnen irrigatiekanaal in. Zo'n dertig Balinezen op motoren die getuige waren geweest van het ongeluk stonden stil om me te helpen (de bus was allang weg) en nodigden me stuk voor stuk bij hen thuis uit voor een kopje thee of boden aan me naar het ziekenhuis te brengen, zo erg vonden ze het hele incident. Zo'n ernstig ongeluk was het echter niet, als ik bedenk hoe het ook had kunnen aflopen. Mijn fiets was in orde, al was het mandje gebogen en zat er een scheur in mijn helm. (Beter in de helm dan in het hoofd, in dit soort gevallen.) De ergste schade was een diepe snee in mijn knie, vol stukjes gruis en aarde, die de dagen erna – in de vochtige tropische lucht – heel naar geïnfecteerd raakte.

Ik wilde hem niet bezorgd maken, maar een paar dagen later rolde ik eindelijk op de veranda van Ketut Liyer mijn broekspijp op, trok voorzichtig het geel wordende verband van mijn knie en liet de oude medicijnman mijn wond zien. Hij keek er bezorgd naar.

'Infectie,' was zijn diagnose. 'Pijnlijk.'

'Inderdaad,' zei ik.

'Jij moet naar dokter.'

Dat was wel een beetje een verrassing voor me. Was hij zelf dan geen dokter? Om de een of andere reden bood hij me echter geen hulp aan, en ik drong er ook niet op aan. Misschien verschaft hij geen medicijnen aan westerlingen. Of misschien maakte het gewoon deel uit van een of ander geheim masterplan dat Ketut voor me had, want dankzij mijn gehavende knie leerde ik ten slotte Wayan kennen. En door die ontmoeting... gebeurde alles wat voorbestemd was om te gebeuren.

86

Wayan Nuriyasih beoefent net als Ketut Liyer de Balinese geneeskunst. Daar houden de overeenkomsten tussen hen echter mee op. Hij is oud en een man; zij is een vrouw van achter in de dertig. Hij is meer een priesterachtige figuur, meer mystiek aangelegd, terwijl Wayan een heel praktische arts is, die in haar eigen winkel kruiden en medicijnen mengt en ter plekke haar patiënten geneest.

Wayan heeft een klein winkeltje in het centrum van Ubud, het 'Centrum voor Traditionele Balinese Geneeskunst'. Ik was er al vaak onderweg naar Ketut langs gefietst, en mijn oog was erop gevallen vanwege alle potplanten die voor de winkel stonden en vanwege het bord met de opvallende, met de hand geschreven advertentie voor de speciale aanbieding: een multivitaminelunch. Maar ik was er nog nooit naar binnen geweest voordat mijn knie begon op te spelen. Toen Ketut me echter eenmaal op pad had gestuurd om een dokter te zoeken, schoot de winkel me te binnen en ging ik er op de fiets langs, in de hoop dat iemand me er van de infectie af kon helpen.

Wayans winkel fungeert tegelijkertijd als huis, restaurant en piepkleine medische kliniek. Op de begane grond bevinden zich een keukentje en een bescheiden eetruimte met drie tafels en een paar stoelen. Boven is een privégedeelte waar Wayan mensen masseert en behandelt. Achterin bevindt zich één donkere slaapkamer.

Ik strompelde met mijn zere knie de winkel in en stelde mezelf voor aan Wayan de genezeres, een opvallend mooie

Balinese vrouw met een brede glimlach en glanzend zwart haar tot aan haar middel. Achter haar in de keuken stonden twee verlegen meisjes die glimlachten toen ik naar hen zwaaide en vervolgens weer wegdoken. Ik liet Wayan mijn geïnfecteerde wond zien en vroeg of zij er iets aan kon doen. Algauw stond er water met kruiden op het gasfornuis te pruttelen en liet Wayan me *jamu* drinken, oftewel traditionele, zelfgemaakte Indonesische medicinale brouwsels. Ze legde hete groene bladeren op mijn knie, die meteen beter begon te voelen.

We begonnen te praten. Haar Engels was uitstekend. Aangezien ze Balinees is, stelde ze me onmiddellijk de drie inleidende standaardvragen: *Waar ga je vandaag naartoe? Waar kom je vandaan? Ben je getrouwd?*

Toen ik tegen haar zei dat ik niet getrouwd was ('Nog niet!') reageerde ze verrast.

'Nooit getrouwd geweest?' vroeg ze.

'Nee,' loog ik. Ik heb een hekel aan liegen, maar ik heb gemerkt dat het over het algemeen gemakkelijker is om het met Balinezen niet over scheidingen te hebben omdat ze daarvan zo verschrikkelijk van de kaart raken.

'Echt nooit getrouwd geweest?' vroeg ze weer, en nu keek ze me zeer nieuwsgierig aan.

'Eerlijk waar,' loog ik. 'Ik ben nooit getrouwd geweest.'

'Zeker weten?' Nu begon het raar te worden.

'Heel zeker weten!'

'Zelfs niet één keer?' vroeg ze.

Oké, ze kijkt dus dwars door me heen.

'Nou,' biechtte ik op, 'één keertje misschien...'

Haar hele gezicht klaarde op. Het had iets van: *Ja, dat dacht ik al.* Ze vroeg: 'Gescheiden?'

'Ja,' zei ik, beschaamd nu. 'Gescheiden.'

'Ik wist gewoon dat je gescheiden was.'

'Dat is niet zo gebruikelijk hier, hè?'

'Maar ik ook,' zei Wayan tot mijn grote verrassing. 'Ik ook gescheiden.'

'Jij?'

'Ik heb alles gedaan wat ik kon,' zei ze. 'Ik probeer alles voordat ik ga scheiden, elke dag bidden. Maar ik moest bij hem weg.'

Haar ogen liepen vol tranen, en voordat ik het wist, zat ik troostend de hand van Wayan vast te houden. Ik had net mijn eerste Balinese gescheiden vrouw ontmoet, en ik zei: 'Ik weet zeker dat je er van alles aan hebt gedaan, Wayan. Ik weet zeker dat je van alles hebt geprobeerd.'

'Scheidingen zijn zo triest,' zei ze.

Daar was ik het mee eens.

Daarna bleef ik nog vijf uur in de winkel van Wayan zitten, waar ik met mijn nieuwe beste vriendin over haar problemen praatte. Terwijl zij de infectie in mijn knie schoonmaakte, luisterde ik naar haar verhaal. Wayans Balinese echtgenoot, vertelde ze me, was een man die 'de hele tijd drinkt, altijd gokken, al ons geld kwijtraken, dan mij slaan als ik hem niet meer geld geven voor gokken en drinken.' Ze zei: 'Hij slaat mij vaak in het ziekenhuis.' Ze schoof haar haar opzij, liet me de littekens op haar hoofd zien en zei: 'Die zijn van als hij me slaat met helm voor op motor. Altijd slaat hij mij met helm voor op motor als hij drinkt, als ik geen geld verdien. Hij slaat mij zoveel, ik raak bewusteloos, word duizelig, kan niks meer zien. Ik denk dat het gelukkig is dat ik genezeres ben, dat ik uit hele familie van genezers kom, want zo weet ik hoe ik mezelf moet genezen nadat hij mij slaat. Ik denk dat als ik geen genezeres was, ik mijn oren zou verliezen, weet je wel, niks meer kunnen horen. Of misschien verlies ik mijn oog, niks meer kunnen zien.' Ze ging bij hem weg, vertelde ze me, nadat hij haar zo hard had geslagen 'dat ik mijn baby kwijtraak, mijn tweede kind, in mijn buik.' Waarna hun eerste kind, een slim meisje met de bijnaam Tutti, zei: 'Ik denk dat je moet scheiden, mama. Elke keer dat je naar het ziekenhuis gaat, moet Tutti veel te veel in huis doen.'

Tutti was vier toen ze dat zei.

Wie als Balinees uit het huwelijksbootje stapt, blijft alleen en onbeschermd achter, in opzichten die voor een westerling bijna onvoorstelbaar zijn. De Balinese familie, omheind door de muren van zo'n familiecomplex, is je leven: vier generaties broers en zussen, neven en nichten, ouders, grootouders en kinderen die allemaal samenwonen in een reeks kleine bungalows rondom de familietempel, en die vanaf hun geboorte tot aan hun dood voor elkaar zorgen. Het familiecomplex is een bron van kracht, financiële zekerheid, gezondheidszorg, zorg voor de kinderen, onderwijs en – wat voor de Balinezen het belangrijkst is – spirituele verbondenheid.

Het familiecomplex is zo belangrijk dat de Balinezen het als een levend iemand zien – één enkel levend individu. Van oudsher wordt het inwonertal van een Balinees dorp niet bepaald aan de hand van het aantal inwoners, maar van het aantal familiecomplexen. Het complex is een zelfvoorzienend universum. Daar ga je dus niet vandaan. (Tenzij je natuurlijk een vrouw bent. In dat geval verhuis je maar één keer: van het familiecomplex van je vader naar dat van je man.) Als het systeem werkt – wat in deze gezonde samenleving bijna altijd het geval is – brengt het de verstandigste, meest beschermde, kalmste, gelukkigste en evenwichtigste mensen ter wereld voort. Maar als het niet werkt, zoals bij mijn nieuwe vriendin Wayan, dan raken de verschoppelingen verzeild in een zuurstofloze baan rond de aarde. Ze had de keus om in het vangnet van het familiecomplex te blijven met een man die haar voortdurend het ziekenhuis in sloeg, of haar eigen leven te redden en met lege handen weg te gaan.

Hoewel, misschien niet helemáál met lege handen. Wat ze

wel meenam was haar encyclopedische kennis van de geneeskunst, haar goedheid, haar arbeidsethos en haar dochter Tutti, voor wie ze behoorlijk moest vechten. Bali is een uiterst patriarchale samenleving. In het zeldzame geval dat mensen scheiden, behoren de kinderen automatisch toe aan de vader. Om Tutti terug te krijgen, moest Wayan een advocaat in de arm nemen, die ze betaalde met alles wat ze had. En als ik 'alles' zeg, bedoel ik ook werkelijk álles. Ze verkocht niet alleen haar meubilair en sieraden, maar ook haar vorken en lepels, haar sokken en schoenen, haar oude washandjes en haar half opgebrande kaarsen; van alles deed ze afstand om die advocaat te kunnen betalen. Maar uiteindelijk, na een twee jaar durende strijd, kreeg ze haar dochter terug. Wayan had de mazzel dat Tutti een meisje was; als ze een jongen was geweest, had Wayan haar nooit meer teruggezien. Jongens zijn veel meer waard.

De afgelopen paar jaar hebben Wayan en Tutti op zichzelf gewoond (helemaal alleen in de Balinese bijenkorf!), waarbij ze om de paar maanden verhuisden, afhankelijk van hun financiële situatie, en menige nacht wakker lagen omdat ze zich wanhopig afvroegen waar ze nu weer eens naartoe moesten. Wat lastig is, want telkens wanneer Wayan verhuist, hebben haar patiënten (overwegend Balinezen, die het zelf ook niet breed hebben de laatste tijd) de grootste moeite om haar terug te vinden. En elke keer dat ze verhuizen, moet de kleine Tutti naar een andere school. Tutti was altijd de beste van haar klas, maar sinds de laatste verhuizing is ze nog maar nummer twintig van de klas, in een klas van vijftig.

Midden in dat verhaal van Wayan kwam Tutti zelf de winkel binnenrennen, net terug uit school. Ze is inmiddels acht en spreidt een indrukwekkend charisma en vuurwerkachtig temperament tentoon. De kleine zevenklapper in meisjesgedaante (een graatmager opgewonden standje met vlechtjes) vroeg me in levendig Engels of ik ook wilde lunchen, waarop Wayan zei: 'Helemaal vergeten! Je moet lunchen!' en moeder en dochter zich naar hun keuken haastten, waar ze even later samen met de twee verlegen meisjes die zich daar schuilhielden het lekkerste eten te voorschijn toverden dat ik tot dan toe op Bali had gegeten.

De kleine Tutti zette alle gangen van de maaltijd op tafel met een opgewekte uitleg van wat er op de borden lag. Ze had een enorme grijns op haar gezicht, en was in het algemeen zo gigantisch energiek dat ze eigenlijk cheerleader had moeten zijn.

'Kurkumasap, voor nieren schoonhouden!' kondigde ze aan.

'Zeewier, voor calcium!'

'Tomatensalade, voor vitamine D!'

'Gemengde kruiden, voor geen malaria krijgen!'

Ten slotte zei ik: 'Tutti, waar heb je zulk goed Engels geleerd?'

'Uit een boek!' verklaarde ze.

'Volgens mij ben je een hartstikke slimme meid,' zei ik tegen haar.

'Dank u wel!' zei ze, en ze deed spontaan een dansje van vreugde. 'U bent ook een hartstikke slimme meid!'

Normaal gesproken gedragen Balinese kinderen zich overigens niet zo. Meestal zijn ze heel stil en beleefd en houden ze zich schuil achter de rok van hun moeder. Tutti niet. Die was een en al showbizz, een en al drukte en vertoon.

'Ik zal u mijn boeken kijken!' zong Tutti, en ze rende de trap op om ze te halen.

'Ze wil dokter voor dieren worden,' zei Wayan tegen me. 'Hoe zeg je dat in het Engels?'

'Dierenarts?'

'Ja. Dierenarts. Maar ze heeft veel vragen over dieren, ik weet niet hoe ik antwoord moet geven. Ze zegt: "Mama, als iemand me een zieke tijger brengt, moet ik dan eerst verband om zijn tanden doen, zodat hij mij niet bijt? Als een slang ziek wordt en medicijnen nodig heeft, waar is dan de opening?" Ik weet niet waar ze die ideeën vandaan haalt. Ik hoop dat ze naar de universiteit kan.'

Tutti denderde met haar armen vol boeken de trap af en vloog bij haar moeder op schoot. Wayan lachte en gaf haar dochter een zoen. Alle droefheid vanwege de scheiding was ineens van haar gezicht verdwenen. Ik keek naar hen, en bedacht dat kleine meisjes door wie de moeder opleeft later vaak erg sterke vrouwen worden. Binnen één middag was ik smoorverliefd op dat kind. Ik zond spontaan een gebedje naar God: *Moge Tutti Nuriyasih ooit verband aanbrengen om de tanden van duizend witte tijgers!*

Ik was ook dol op Tutti's moeder. Inmiddels zat ik echter al uren in hun winkel en ik had het gevoel dat ik er zo langzamerhand eens vandoor moest. Er waren een paar andere toeristen binnengekomen die graag wilden lunchen. Een van de toeristen, een schaamteloze oudere tante uit Australië, vroeg hardop of Wayan haar alsjeblieft van haar 'godsgruwelijke constipatie' af kon helpen. Ik dacht: *Nog iets harder, meid, dan kunnen we allemaal meegenieten...*

'Ik kom morgen weer terug,' beloofde ik Wayan. 'En dan bestel ik nog een keer de multivitaminelunch.'

'Je knie is nu beter,' zei Wayan. 'Al snel beter. Geen infectie meer.'

Ze veegde het laatste restje groene kruidensmurrie van mijn been en wrikte een beetje aan mijn knieschijf, op zoek naar het een of ander. Toen voelde ze met haar ogen dicht aan de andere knie. Ze deed haar ogen open, grijnsde en zei: 'Ik kan aan je knieën voelen dat je de laatste tijd niet veel seks maakt.'

Ik zei: 'Hoe dat zo? Omdat ik ze zo keurig bij elkaar hou?'

Ze lachte. 'Nee, het is het kraakbeen. Heel droog. Hormonen van seks smeren de gewrichten. Hoe lang sinds geen seks meer?'

'Ongeveer anderhalf jaar.'

'Jij hebt een goede man nodig. Ik zal er een voor je vinden. Ik zal in de tempel bidden voor een goede man voor jou, want nu ben je mijn zuster. En als je morgen terugkomt, zal ik ook je nieren schoonmaken.'

'Een goede man en ook nog eens schone nieren? Dat klinkt als een geweldige deal.'

'Ik heb nog nooit iemand die dingen over mijn scheiding verteld,' zei ze. 'Maar mijn leven is zwaar, te veel verdriet, te veel moeilijk. Ik begrijp niet waarom het leven zo moeilijk is.'

Toen deed ik iets vreemds. Ik nam de beide handen van de genezeres in de mijne en zei met immense overtuiging: 'Het moeilijkste deel van je leven ligt nu achter je, Wayan.'

Daarna liep ik de winkel uit. Om redenen die ik zelf niet kon verklaren beefde ik aan alle kanten, helemaal bekneld door een krachtig voorgevoel of impuls die ik op dat moment nog niet kon benoemen of loslaten.

87

Nu zijn mijn dagen heel natuurlijk opgedeeld in drie stukken. 's Ochtends zit ik bij Wayan in de winkel, waar ik lach en eet. 's Middags ben ik bij Ketut de medicijnman, met wie ik praat en koffie drink. 's Avonds zit ik in mijn heerlijke tuin, hetzij alleen met een boek, hetzij met Yudhi, die soms langskomt om gitaar te spelen en te praten. Elke ochtend mediteer ik terwijl de zon boven de rijstvelden opgaat, en voordat ik naar bed ga praat ik met mijn vier geestelijke broers en vraag ik hun over me te waken terwijl ik slaap.

Ik ben hier pas een paar weken, maar ik heb nu al het gevoel dat mijn missie volbracht is. Mijn opdracht in Indonesië was om op zoek te gaan naar evenwicht, maar ik heb niet meer het gevoel dat ik érgens naar op zoek ben, aangezien het evenwicht op de een of andere natuurlijke manier tot stand is gekomen. Het is niet zo dat ik Balinees aan het worden ben (evenmin als ik ooit Italiaans of Indiaas ben geworden), maar zo: ik kan mijn eigen innerlijke rust voelen, en ik geniet van het ritme van mijn dagen, van de afwisseling tussen rustgevende spirituele rituelen en de geneugten van een mooi landschap, goede vrienden en lekker eten. Ik bid veel de laatste tijd, heerlijk op mijn gemak en vaak. Meestal merk ik dat ik wil bidden wanneer ik laat op de middag na mijn bezoek aan Ketut in de schemering door het apenbos en de rijstvelden naar huis fiets. Ik bid natuurlijk dat ik niet nog eens door een bus geraakt, door een aap besprongen of door een hond gebeten word, maar dat is allemaal overbodig; de meeste van mijn gebeden zijn uitingen van pure dankbaarheid voor de volheid van mijn tevredenheid. Ik heb me nog nooit zo weinig bezwaard gevoeld door mezelf of door de wereld.

Ik herinner me voortdurend wat mijn goeroe zegt over geluk. Volgens haar denkt bijna iedereen dat geluk een vorm van mazzel is, iets wat je misschien ten deel valt als het allemaal meezit, net als lekker weer. Maar zo werkt geluk niet. Geluk is een uitvloeisel van persoonlijke inspanning. Je vecht ervoor, spant je ervoor in, staat erop, en soms reis je zelfs de wereld rond om het te vinden. Je moet onophoudelijk blijven meewerken aan de manifestaties van je eigen zegeningen. En als je eenmaal een staat van geluk hebt bereikt, moet je nooit laks worden over het in stand houden daarvan; je moet je uiterste best doen om altijd naar boven te blijven zwemmen, naar dat geluk, om er bovenop te blijven drijven. Als je dat niet doet, laat je je aangeboren tevredenheid wegdruppen. Het is gemakkelijk om te bidden als je het moeilijk hebt, maar doorgaan met bidden wanneer je crisis bezworen is, is een soort bezegelingsproces waardoor je ziel de goede dingen die zij heeft verworven gemakkelijker kan vasthouden.

Daar denk ik aan terwijl ik zo heerlijk tijdens de zonsondergangen op Bali rondfiets, en dus zeg ik gebeden op die eigenlijk plechtige beloften zijn. Ik leg mijn harmonieuze toestand aan God voor en zeg: 'Dit wil ik graag vasthouden. Helpt u me alstublieft dit gevoel van voldoening te onthouden en het altijd in stand te houden.' Ik zet dit geluk ergens op een bank, niet alleen beschermd door de Nationale Depositoverzekeringsmaatschappij, maar ook bewaakt door mijn vier geestelijke broers, als verzekering tegen toekomstige beproevingen in het leven. Dat is een gewoonte die ik tegenwoordig 'ijverige vreugde' noem. Terwijl ik me op mijn ijverige vreugde concentreer, denk ik ook aan een eenvoudig idee dat mijn vriendin Darcey me ooit voorlegde: dat alle zorgen en problemen in deze wereld worden veroorzaakt door ongelukkige mensen. Niet alleen op het hoogste, internationale Hitler-en-Stalinniveau, maar ook op het laagste persoonlijke niveau. Zelfs in mijn eigen leven kan ik precies zien waar mijn ongelukkige periodes de mensen om me heen pijn of verdriet of op zijn minst overlast hebben berokkend. De zoektocht naar voldoening is dus niet alleen een daad van zelfbehoud en eigenbelang, maar ook een gulle gift aan de wereld. Door al je ellende op te ruimen, *sta je zelf niet meer in de weg.* Je bent geen struikelblok meer, noch voor jezelf, noch voor anderen. Dan pas kun je andere mensen dienen en van hen genieten.

Op het ogenblik is degene van wie ik het meest geniet Ketut. De oude man – echt een van de gelukkigste mensen die ik ooit heb ontmoet – stelt zich helemaal voor me open; ik mag hem alle vragen stellen die ik nog over het goddelijke of over de aard van de mens heb. Ik geniet van de meditaties die hij me heeft geleerd, van de komische eenvoud van zijn 'glimlach in je lever' en van de geruststellende aanwezigheid van mijn vier geestelijke broers. Een paar dagen geleden vertelde de medicijnman me dat hij zestien verschillende meditatietechnieken kent, en vele mantra's voor allerlei uiteenlopende doeleinden. Sommige daarvan brengen vrede en geluk, andere zijn goed voor de gezondheid, maar weer andere zijn puur mystiek, bedoeld om hem naar andere bewustzijnsniveaus te brengen. Zo kent hij bijvoorbeeld naar eigen zeggen één meditatietechniek die hem 'naar boven' brengt.

'Naar boven?' vroeg ik. 'Wat is naar boven?'

'Zeven niveaus naar boven,' zei hij. 'Naar hemel.'

Toen ik het vertrouwde denkbeeld van de 'zeven niveaus' hoorde, vroeg ik of hij bedoelde dat zijn meditatietechniek hem mee naar boven nam via de zeven heilige chakra's van het lichaam waar men het in de yoga altijd over heeft.

'Niet chakra's,' zei hij. 'Plaatsen. Deze meditatie neemt me mee naar zeven plaatsen in universum. Naar boven en nog meer naar boven. Laatste plaats waar ik heen ga is hemel.'

Ik vroeg: 'Ben je naar de hemel geweest, Ketut?'

Hij glimlachte. Natuurlijk was hij daar geweest, zei hij. Heel gemakkelijk, naar de hemel gaan.

'Hoe is het daar?'

'Mooi. Alle mooie dingen zijn daar. Alle mooie mensen zijn daar. Alle mooie dingen om te eten zijn daar. Alles is liefde daar. Hemel is liefde.'

Toen zei Ketut dat hij nog een andere meditatietechniek kende. 'Naar beneden.' Door deze meditatietechniek naar beneden komt hij zeven niveaus onder de wereld terecht. Dat is een gevaarlijkere methode. Niet voor beginners, alleen voor een meester.

Ik vroeg: 'Dus als je met de eerste meditatietechniek naar de hemel gaat, dan ga je met de tweede techniek naar de...?'

'Hel,' zei hij ter afsluiting van de uiteenzetting.

Dat was interessant. Bij mijn weten zijn de hemel en de hel geen begrippen die men vaak tegenkomt in het hindoeïsme. Hindoes zien het universum als iets wat draait om karma, een proces van voortdurende roulatie, hetgeen inhoudt dat je aan het einde van je leven niet echt ergens 'terechtkomt' – niet in de hemel of de hel – maar dat je gewoon weer in een andere gedaante terugkeert op aarde om je onopgeloste relatieproblemen of fouten van de vorige keer goed te maken. Als je eindelijk volmaaktheid bereikt, promoveer je helemaal uit de cyclus en ga je op in de Leegte. Het begrip karma brengt met zich mee dat de hemel en de hel alleen hier op aarde te vinden zijn, waar wij het in ons hebben om ze te scheppen, en waar we aan de hand van ons lot en ons karakter goed of kwaad voortbrengen.

Ik heb karma altijd een mooi begrip gevonden. Niet zozeer letterlijk; niet omdat ik geloof dat ik vroeger de barman van Cleopatra was, maar eerder overdrachtelijk. De karmafilosofie spreekt me aan als metafoor omdat het zelfs in één enkel leven overduidelijk is hoe vaak we dezelfde fouten moeten begaan, keihard tegen dezelfde verslavingen en dwangneurosen aan blijven lopen en zo steeds dezelfde vreselijke en veelal catastrofale consequenties over onszelf blijven afroepen voordat we er eindelijk mee op kunnen houden en er iets aan kunnen doen. Dat is de belangrijkste les van het karma (en trouwens ook van de westerse psychologie): nu je problemen oplossen, want anders moet je er straks wéér onder lijden, de volgende keer dat je overal opnieuw een bende van maakt. En die herhaling van ongelukkige zetten – dát is de hel. Je losmaken uit die eindeloze herhaling van zetten en een nieuw begripsniveau bereiken – dat is de manier om de hemel te vinden.

Maar hier zat Ketut heel anders te praten over de hemel en de hel, alsof het werkelijk bestaande plaatsen in het universum zijn die hij daadwerkelijk heeft bezocht. Althans, ik denk dat hij dat bedoelde.

Om duidelijkheid te krijgen vroeg ik: 'Ben je naar de hel geweest, Ketut?'

Hij glimlachte. Natuurlijk was hij daar geweest.

'Hoe is het in de hel?'

'Zelfde als in hemel,' zei hij.

Hij zag mijn verwarring en probeerde het uit te leggen. 'Universum is cirkel, Liss.'

Ik wist nog altijd niet of ik het begreep.

Hij zei: 'Naar boven, naar beneden – allemaal zelfde, aan einde.'

Ik herinnerde me een oud christelijk mystiek idee: *Zoals boven, zo is het beneden*. Ik vroeg: 'Hoe kun je dan het verschil zien tussen de hemel en de hel?'

'Aan hoe jij gaat. Hemel, jij gaat naar boven, door zeven gelukkige plaatsen. Hel, jij gaat naar beneden, door zeven ongelukkige plaatsen. Daarom is beter jij naar boven gaan, Liss.' Hij lachte.

Ik vroeg: 'Je bedoelt: je kunt net zo goed je hele leven naar boven gaan, door de gelukkige plaatsen, aangezien de hemel en de hel – de eindbestemmingen – toch hetzelfde zijn?'

'Helemaal zelfde,' zei hij. 'Zelfde aan einde, dus beter om op reis gelukkig te zijn.'

Ik zei: 'Dus als de hemel liefde is, dan is de hel...'

'Ook liefde,' zei hij.

Daar bleef ik een tijdje over nadenken; ik had een beetje moeite met dat optelsommetje.

Ketut lachte weer en gaf me hartelijk een mep op mijn knie.

'Altijd zo moeilijk voor jonge mensen om dit te begrijpen!'

88

Vanochtend zat ik weer in de winkel bij Wayan, die erachter probeerde te komen hoe ze mijn haar sneller moest laten groeien en voller moest maken. Aangezien ze zelf schitterend dik, glanzend haar heeft dat helemaal tot haar kont reikt, heeft ze medelijden met mij met mijn piekerige blonde plukken. Natuurlijk heeft ze als genezeres een middel om mijn haar voller te maken, maar dat zal nog niet meevallen. Eerst moet ik een bananenboom zoeken en die hoogst persoonlijk omhakken. Dan moet ik 'de bovenkant van de boom weggooien' en de stam en wortels (die nog in de grond vastzitten) tot een grote, diepe kom uitgraven, 'een soort zwembad'. Dan moet ik een stuk hout over het hol heen leggen, zodat er geen regenwater of dauw bij kan. Als ik een paar dagen later terugkom, zal ik zien dat het zwembad zich heeft gevuld met het voedzame vocht van de bananenwortel, dat ik vervolgens in flessen moet doen en naar Wayan moet brengen. Zij zal het bananenwortelsap dan in de tempel voor me zegenen en het elke dag op mijn hoofdhuid aanbrengen. Binnen een paar maanden zal ik dan, net als Wayan, een dikke bos glanzend haar hebben, helemaal tot aan mijn kont.

'Zelfs als je kaal bent,' zei ze, 'zorgt dit dat je haar hebt.'

Terwijl we praten zit de kleine Tutti – net uit school – op de vloer een huis te tekenen. Tutti tekent tegenwoordig overwegend huizen. Ze zit te springen om een eigen huis. Haar tekeningen hebben altijd een regenboog op de achtergrond, en op de voorgrond een glimlachend gezin, inclusief een vader.

Zo gaat het er de hele dag aan toe in de winkel van Wayan. Wij zitten te praten, Tutti zit te tekenen en Wayan en ik roddelen en pesten elkaar. Wayan vertelt graag schuine moppen; ze heeft het altijd over seks, treitert me altijd met het feit dat ik single ben, en vraagt zich voortdurend af of de mannen die haar winkel voorbijlopen al dan niet groot geschapen zijn. Ze blijft maar tegen me zeggen dat ze elke avond naar de tempel gaat om te bidden dat er een goede man mijn leven binnen stapt om mijn minnaar te worden.

Vanochtend zei ik weer eens tegen haar: 'Nee, Wayan, daar heb ik niet zo'n behoefte aan. Mijn hart is al te vaak gebroken.'

Ze zei: 'Ik weet geneesmiddel tegen gebroken hart.' Op gebiedende en dokterachtige toon begon ze de zes elementen van haar gegarandeerd succesvolle anti-gebroken-hart-behandeling op haar vingers af te tellen: 'Vitamine E, veel slapen, veel water drinken, reizen naar plek ver weg van persoon van wie je hield, mediteren en je hart leren dat dit het lot is.'

'Heb ik allemaal gedaan, behalve de vitamine E.'

'Dan ben je nu genezen. En nu heb je nieuwe man nodig. Ik breng je nieuwe man, door te bidden.'

'Nou, zelf bid ik niet om een nieuwe man, Wayan. Het enige waar ik tegenwoordig om bid is vrede met mezelf.'

Wayan rolde met haar ogen, alsof ze wilde zeggen: *Ja, vast, geloof je het zelf, groot raar blank mens*, en zei: 'Dat is omdat je slechtgeheugenprobleem hebt. Je kunt je niet meer herinneren hoe fijn is seks. Ik had vroeger ook slechtgeheugenprobleem, toen ik getrouwd was. Elke keer dat ik mooie man op straat zag lopen, vergeet ik dat ik thuis man heb.' Ze viel bijna om van het lachen. Toen kwam ze weer wat tot zichzelf en zei tot besluit: 'Iedereen heeft seks nodig, Liz.'

Op dat moment kwam er een fantastisch uitziende vrouw de winkel binnen, met een glimlach die nog het meest deed denken aan de lichtstraal van een vuurtoren. Tutti sprong overeind en rende al 'Armenia! Armenia! Armenia!' roepend op haar af. 'Armenia' bleek de naam van de vrouw te zijn, niet een vreemde, nationalistische strijdkreet. Ik stelde me aan Armenia voor, en zij vertelde me dat ze uit Brazilië kwam. Het was een verschrikkelijk dynamisch mens, verschrikkelijk Braziliaans. Ze was beeldschoon, elegant gekleed, charismatisch, onderhoudend en van onbepaalde leeftijd en gewoon *dringend* sexy.

Ook Armenia is een vriendin van Wayan, die regelmatig naar de winkel komt om te lunchen en diverse traditionele medische en schoonheidsspecialistische behandelingen te ondergaan. Ze ging zitten en deed ongeveer een uur mee aan het gesprek van ons meisjesachtige roddelclubje. Ze blijft nog maar een week op Bali; daarna moet ze naar Afrika, of misschien terug naar Thailand om haar zaken te behartigen. Ze blijkt wel enigszins een glamourleven te hebben geleid, deze Armenia. Vroeger werkte ze voor de hoge commissaris voor de vluchtelingen van de Verenigde Naties. In de jaren tachtig werd ze tijdens het hoogtepunt van de oorlog in Midden-Amerika als vredesbemiddelaar naar de jungle van El Salvador en Nicaragua gestuurd, waar ze haar schoonheid, charme en hersens aanwendde om de generaals en rebellen zover te krijgen dat ze allemaal wat inbonden en voor rede vatbaar werden. (Hallo, kracht van het mooi-zijn!) Nu runt ze een internationaal marketingbedrijf, Novica, dat overal ter wereld inheemse kunstenaars ondersteunt door hun producten op internet te verkopen. Ze spreekt zeven à acht talen en heeft de meest fantastische schoenen die ik sinds Rome heb gezien.

Wayan nam ons beiden op en zei: 'Liz, waarom probeer je er nooit eens sexy uit te zien, net als Armenia? Je bent een mooie meid, je hebt goede punten – leuk gezicht, leuk lichaam, leuke glimlach. Maar je draagt altijd zelfde T-shirt met gaten, zelfde spijkerbroek met gaten. Wil je niet sexy zijn, net als zij?'

'Wayan,' zei ik, 'Armenia is Braziliááns. Dat is geen eerlijke vergelijking.'

'Waarom?'

'Armenia,' zei ik terwijl ik me tot mijn nieuwe vriendin wendde. 'Kun je alsjeblieft aan Wayan proberen uit te leggen wat het inhoudt om Braziliaanse te zijn?'

Armenia lachte, maar leek de vraag serieus in beschouwing te nemen en antwoordde toen: 'Nou, ik probeerde er zelfs in de oorlogsgebieden en vluchtelingenkampen van Midden-Amerika altijd goed uit te zien en vrouwelijk te blijven. Zelfs tijdens de grootste rampen en crises is het nergens voor nodig om de algehele malaise nog te vergroten door er zelf ellendig uit te zien. Zo denk ik er althans over. Daarom droeg ik altijd make-up en sieraden in het oerwoud – niks buitensporigs, misschien gewoon een mooie gouden armband en oorbellen, een beetje lippenstift en een goed parfum. Net genoeg om te laten zien dat ik nog wel respect voor mezelf had.'

In zekere zin doet Armenia me denken aan die geweldige Victoriaanse reizende Britse dames die altijd zeiden dat er geen enkel excuus was om in Afrika kleding te dragen die in een Engelse salon niet door de beugel kon. Ze is een vlinder, die Armenia. Ze kon ook niet al te lang bij Wayan in de winkel blijven omdat ze nog werk te doen had, maar dat weerhield haar er niet van me uit te nodigen voor een feestje vanavond. Ze vertelde me dat ze hier nog een andere Braziliaanse emigrant kent, die vanavond een bijzonder feest geeft in een leuk restaurant. Hij gaat *feijoada* koken, een traditioneel Braziliaans feestmaal dat bestaat uit grote bergen varkensvlees en zwarte bonen. Ook zullen er Braziliaanse cocktails zijn, en allemaal interessante buitenlanders uit alle windhoeken die hier op Bali wonen. Heb ik zin om ook te komen? Misschien gaan ze later die avond ook nog wel met zijn allen dansen. Ze weet niet of ik van feestjes hou, maar...

Cocktails? Dansen? Bergen varkensvlees?

Natuurlijk ben ik van de partij.

89

De laatste keer dat ik me netjes had aangekleed kon ik me niet meer heugen, maar die avond groef ik mijn ene chique jurk met spaghettibandjes op van onder in mijn rugzak en trok die aan. Ik deed zelfs lippenstift op. De laatste keer dat ik lippenstift op had gehad kon ik me ook niet meer heugen, maar ik wist wel dat het vóór India was geweest. Onderweg naar het feest ging ik langs bij Armenia, die me een paar van haar dure sieraden omdeed, me haar dure parfum uitleende en het goed vond dat ik mijn fiets in haar achtertuin neerzette, zodat ik als een keurige volwassen vrouw in haar dure auto op het feest kon arriveren.

Het diner met de andere buitenlandse inwoners van Bali was erg gezellig, en ik merkte dat bepaalde aspecten van mijn persoonlijkheid die lang in een winterslaap hadden verkeerd weer een beetje wakker begonnen te worden. Ik werd zelfs een klein beetje dronken, wat opmerkelijk was na alle zuiverheid van de laatste paar maanden, waarin ik overwegend in de ashram had zitten bidden en in mijn Balinese bloementuin thee had zitten drinken. Ik zat zelfs te flirten! Ik had al eeuwen niet meer geflirt. De laatste tijd was ik alleen maar omgegaan met monniken en medicijnmannen, maar plotseling zat ik mijn oude seksualiteit weer op te poetsen. Al wist ik eigenlijk niet helemaal zeker met wie ik nu aan het flirten was. Ik flirtte zo'n beetje in het wilde weg. Voelde ik me aangetrokken tot de geestige Australische voormalige journalist die naast me zat? ('Wij zijn allemaal dronkaards hier,' grapte hij. 'Die *getuigschriften* voor andere dronkaards schrijven.') Of toch meer tot de stille, intellectuele Duitser verder op aan de tafel? (Die beloofde me dat ik romans uit zijn privébibliotheek mocht lenen.) Of toch tot de knappe oudere Braziliaan aan wie we dit enorme feestmaal te danken hadden? (Ik genoot van zijn vriendelijke bruine ogen en zijn accent. En van zijn kookkunsten, natuurlijk. Helemaal vanuit het niets zei ik iets uitdagends tegen hem. Hij maakte een grap over zichzelf, namelijk: 'Naar Braziliaanse maatstaven stel ik als man niets voor – ik kan niet dansen, ik speel geen voetbal en ik speel geen enkel muziekinstrument.' Om de een of andere reden antwoordde ik: 'Dat mag dan misschien zo zijn, maar ik heb het gevoel dat je een prima Casanova zou kunnen spelen.' Een tijdlang stond de tijd stil, terwijl we elkaar recht in de ogen keken, alsof we wilden zeggen: *Goh, dat was een interessante gedachte om hier op tafel te leggen.* De vrijpostigheid van mijn opmerking bleef als een aangename geur om ons heen hangen. Hij ontkende het niet. Ik was de eerste die mijn blik afwendde; ik voelde dat ik bloosde.)

Hoe dan ook, zijn *feijoada* was geweldig. Decadent, pittig en machtig – allemaal zaken die je normaal niet in de Balinese keuken tegenkomt. Ik at het ene bord varkensvlees na het andere en kwam tot de conclusie dat het nu officieel was: ik kan nooit van mijn leven vegetariër worden, niet zolang er zulk lekker eten bestaat. En toen gingen we dansen in een plaatselijke nachtclub, als je het tenminste zo mag noemen. Het was eerder een soort hippe strandtent, maar dan zonder strand. Er was een liveband (bestaande uit Balinese jongens) die goede reggaemuziek speelde, en de club zat vol feestvierders van allerlei verschillende leeftijden en nationaliteiten: buitenlanders die hier woonden, toeristen, inwoners van Ubud en beeldschone Balinese jongens en meisjes, die allemaal vrijuit dansten, zonder enige gêne. Armenia was niet meegegaan (die moest naar eigen zeggen de volgende dag werken), maar ik werd begeleid door de knappe oudere Braziliaan, die niet zo'n slechte danser was als hij had beweerd. Waarschijnlijk kan hij ook best voetballen. Ik vond het fijn om hem in de buurt te hebben. Hij hield deuren voor me open, gaf me complimentjes en noemde me 'lieve schat'. Nu merkte ik wel dat hij iedereen 'lieve schat' noemde – zelfs de zwaar behaarde barman – maar toch, de aandacht was leuk...

Ik was al tijden niet meer in een bar geweest. Zelfs in Italië ging ik nooit naar de kroeg, en tijdens de David-jaren was ik ook niet veel uit geweest. Ik denk dat ik voor het laatst had gedanst toen ik nog getrouwd was... en dan ook nog eens toen ik nog *gelukkig* getrouwd was. Goeie genade, wat was dat alweer lang geleden. Op de dansvloer kwam ik mijn vriendin Stefania tegen, een levenslustige jonge Italiaanse die ik onlangs bij een meditatieles in Ubud had leren kennen, en samen dansten we; we hupsten vrolijk in het rond, terwijl ons haar, blond en donker, vrolijk alle kanten op vloog. Iets na middernacht hield de band op met spelen en begaven de gasten zich onder elkaar.

Bij die gelegenheid leerde ik Ian kennen. En nou, die zag ik wel zitten. Die zag ik meteen wel zitten. Hij was heel knap; een soort kruising tussen Sting en het jongere broertje van Ralph Fiennes. Hij kwam uit Wales, dus had hij zo'n prachtige stem. Hij was welbespraakt en slim, stelde vragen en praatte met mijn vriendin Stefania in hetzelfde baby-Italiaans dat ik zelf ook spreek. Hij bleek drummer te zijn in een reggaeband en bongo te spelen. Dus grapte ik dat hij 'bongolier' was, net zoiets als die kerels in Venetië, maar dan met percussie in plaats van boten. Op de een of andere manier konden we het prima met elkaar vinden, en algauw zaten we te lachen en te kletsen.

Toen kwam Felipe erbij zitten. Zo heette de Braziliaan: Felipe. Hij nodigde ons allemaal uit om mee te gaan naar een geweldig plaatselijk restaurant met Europese eigenaars, een restaurant waar werkelijk alles mocht, dat nooit dichtging (beloofde hij), en waar ze 24 uur per dag bier en bullshit serveerden. Ik merkte dat ik naar Ian keek (*wilde hij mee?*), en toen hij ja zei, zei ik ook ja. Dus gingen we met zijn allen naar het restaurant. Ik ging bij Ian zitten en we bleven de hele nacht praten en grappen, en jemig ja, ik zag hem echt helemaal zitten. Hij was de eerste man sinds lange tijd die ik echt *op die manier* (zoals dat heet) zag zitten. Hij was een paar jaar ouder dan ik en had een heel interessant leven achter de rug met allerlei goede cv-punten (hij hield van *The Simpsons,* had de hele wereld rondgereisd, had ooit in een ashram gezeten, liet de naam Tolstoj vallen, leek een baan te hebben, enzovoort). Hij was begonnen als explosievenopruimingsexpert bij het Britse leger in Noord-Ierland en had daarna in het buitenland als landmijnenopruimer gewerkt. Hij had vluchtelingenkampen aangelegd in Bosnië en deed het nu een tijdje rustig aan op Bali om aan zijn muziek te werken... Heel intrigerend allemaal.

Ik vond het ongelofelijk dat ik om halfvier 's nachts nog op was, en niet eens om te mediteren! Ik was midden in de nacht op, had een jurk aan en zat met een knappe man te praten. Wat verschrikkelijk extreem. Aan het eind van de avond vonden Ian en ik beiden dat we het heel erg leuk hadden gehad. Hij vroeg of ik een telefoonnummer had en ik zei van niet, maar wel e-mail, waarop hij zei: 'Ja, maar e-mail is zo... bah...' Dus aan het eind van de nacht wisselden we niets uit behalve een omhelzing. Hij zei: 'We zien elkaar wel weer wanneer zij' – hij wees naar de goden in de hemel – 'dat zo bepalen.'

Even voordat het licht werd, bood Felipe, de knappe oudere Braziliaan, aan me naar huis te brengen. Terwijl we over de kronkelweggetjes reden zei hij: 'Lieve schat, je hebt de hele avond met de grootste bullshitter van heel Ubud zitten praten.'

De moed zakte me in de schoenen.

'Is Ian echt zo'n bullshitter?' vroeg ik. 'Vertel me nu maar de waarheid en bespaar me de problemen achteraf.'

'Ian?' zei Felipe. Hij lachte. 'Nee, lieve schat! Ian is een serieuze man. Een goeie vent. Ik had het over mezelf. Ik ben de grootste bullshitter van Ubud.'

We reden een tijdje in stilte verder.

'En ik zit je maar wat te plagen, hoor,' voegde hij eraan toe.

Er volgde nog een lange stilte, waarna hij vroeg: 'Je ziet Ian wel zitten, hè?'

'Ik weet het niet,' zei ik. Ik kon niet meer helemaal helder denken. Ik had te veel Braziliaanse cocktails op. 'Hij is aantrekkelijk, intelligent. Ik heb al eeuwen niet meer iemand zien zitten.'

'Je gaat hier op Bali een paar fantastische maanden tegemoet. Wacht maar af.'

'Maar ik weet niet hoe vaak ik nog zo gezellig kan doen, Felipe. Ik heb maar één jurk. Op een gegeven moment gaan ze merken dat ik almaar hetzelfde aanheb.'

'Je bent jong en mooi, lieve schat. Eén jurk is het enige wat je nodig hebt.'

90

Ben ik jong en mooi?

Ik dacht dat ik oud en gescheiden was.

Die nacht kan ik amper slapen. Ik ben niet gewend aan dit soort bedtijden, en de dansmuziek dreunt nog na in mijn hoofd, mijn haar ruikt naar sigaretten en mijn maag protesteert tegen de alcohol. Ik doezel een beetje en word bij het krieken van de dag wakker, net zoals ik gewend ben. Alleen ben ik vanochtend niet uitgeslapen en heb ik geen innerlijke rust en voel ik me absoluut niet goed genoeg om te mediteren. Waarom ben ik zo onrustig? Ik heb toch een leuke avond gehad? Ik heb interessante mensen ontmoet, me een keertje lekker kunnen optutten en kunnen dansen, en ik heb geflirt met een paar mannen...

MANNEN.

Bij de gedachte aan dat woord krijgt de onrust een scherper randje en neemt hij de vorm aan van een kleine paniekaanval. *Ik weet niet meer hoe dit ook alweer moet.* Vroeger, als tiener en twintiger, was ik een gigantische, vrijpostige en schaamteloze flirt. Als ik me goed herinner, vond ik het ooit leuk om een man te leren kennen, hem helemaal om mijn vinger te winden, verbloemde uitnodigingen en uitdagende opmerkingen op te lepelen, alle voorzichtigheid overboord te gooien en de consequenties te aanvaarden.

Nu voel ik echter alleen paniek en onzekerheid. Mentaal maak ik de hele avond een stuk veelbetekenender dan hij in feite was. Ik zie mezelf al helemaal in een relatie met die Welshman die me niet eens zijn e-mailadres heeft gegeven. Ik zie onze hele toekomst voor me, inclusief de ruzies over het feit dat hij rookt. Ik vraag me af of het mijn reis/schrijfwerk/leven/etc. zal verpesten als ik weer een man in mijn leven toelaat. Aan de andere kant: een beetje romantiek zou leuk zijn. Ik sta al een flinke tijd op een droogje. (Ik weet nog dat Richard uit Texas op een gegeven moment met betrekking tot mijn liefdesleven tegen me zei: 'Je hebt iemand nodig die een einde maakt aan de droogte, meid. Zorg dat je iemand vindt die de boel weer eens flink onder water zet.') Dan stel ik me voor hoe Ian met die mooie mijnopruimerstorso van hem op zijn motor naar me toe komt zoeven om met me te vrijen in mijn tuin, en hoe fijn dat wel niet zou zijn. Op de een of andere manier leidt die niet geheel onaangename gedachte echter tot een verschrikkelijke schuiver, want ik wil niet nog eens een gebroken hart meemaken. Vervolgens begin ik David meer te missen dan ik in maanden heb gedaan en denk ik: *Misschien moet ik hem bellen om te kijken of hij het nog eens wil proberen...* (En dan zie ik ineens een natuurgetrouw beeld voor me van mijn oude vriend Richard uit Texas, die zegt: *Ja hoor, geweldig idee, Voer – heb je aan vannacht behalve een kater soms ook een lobotomie overgehouden?*) En als ik eenmaal over David zit te piekeren, is de overstap naar obsessieve gedachten over mijn scheiding en alles daaromheen niet groot meer, en dus begin ik al snel (net als vroeger) te tobben over mijn ex-man, mijn scheiding...

Ik dacht dat we dat onderwerp afgehandeld hadden, Voer.

En dan moet ik om de een of andere reden denken aan Felipe – die knappe oudere Braziliaan. Aardige man. *Felipe.* Hij zegt dat ik jong en mooi ben en dat ik het hier op Bali uitstekend naar mijn zin zal hebben. Daar heeft hij toch zeker gelijk in? Ik mag toch best een beetje relaxen en een beetje plezier hebben, hè? Maar vanochtend wil het met dat plezier niet zo lukken.

Ik weet niet meer hoe dat ook alweer in zijn werk gaat.

91

'Wat is dit voor leven? Begrijp jij het? Ik niet.'

Het was Wayan die dat zei.

Ik was terug in haar restaurant en zat haar heerlijke, voedzame multivitaminelunch te eten, in de hoop dat die me van mijn ergste kater en bezorgdheid af zou helpen. Armenia de Braziliaanse was er ook; zoals altijd zag ze eruit alsof ze net bij een schoonheidsspecialiste was geweest, op haar terugweg van een weekend in een kuuroord. Zoals gewoonlijk zat kleine Tutti op de vloer huizen te tekenen.

Wayan had net te horen gekregen dat haar huurcontract van de winkel eind augustus – over drie maanden – afliep en dat haar huur verhoogd zou worden. Waarschijnlijk zou ze weer moeten verhuizen, aangezien ze het zich niet kon veroorloven om hier te blijven. Alleen had ze maar vijftig dollar op haar rekening en geen idee waar ze heen moest. Als ze inderdaad verhuisden, moest Tutti weer van school. Ze had een huis nodig – een echt thuis. Zo kan een Balinese niet leven.

'Waarom komt er nooit einde aan lijden?' vroeg Wayan. Ze huilde niet; ze stelde alleen een eenvoudige, niet te beantwoorden, vermoeide vraag. 'Waarom moet alles steeds herhalen en herhalen, nooit einde, nooit pauze? De ene dag werk je heel hard, maar de volgende dag moet je alweer alleen maar werken. Je eet, maar volgende dag heb je alweer honger. Je bent verliefd, maar dan gaat de liefde weer weg. Je wordt met niks geboren – geen horloge, geen T-shirt. Je werkt hard, dan ga je met niks dood – geen horloge, geen T-shirt. Je bent jong, dan ben je oud. Maakt niet uit hoe hard je werkt, je wordt toch gewoon oud.'

'Behalve Armenia,' grapte ik. 'Die wordt blijkbaar nooit een dag ouder.'

Wayan, die inmiddels doorhad hoe de wereld in elkaar zit, zei: 'Maar goed, Armenia komt dan ook uit *Brazilië*.' Daar moesten we allemaal om lachen, al was het pure galgenhumor, want zo grappig is Wayans huidige positie in de wereld niet. Zo staan de feiten ervoor: alleenstaande moeder, vroegrijp kind, een van-de-hand-in-de-tandbedrijfje, dreigende armoede, zo goed als dakloos. Waar moet ze heen? Ze kan duidelijk niet bij de familie van haar ex intrekken. Haar eigen familie bestaat uit arme rijstboeren die ver weg op het platteland wonen. Als ze bij hen intrekt, betekent dat het einde van haar zaken als genezeres in de stad, want dan zullen haar patiënten haar niet kunnen bereiken, en dan kan Tutti het diploma dat ze nodig heeft om ooit naar de dierendokterschool te kunnen wel op haar buik schrijven.

Inmiddels spelen er ook nog andere factoren mee. Weet je nog, die twee verlegen meisjes die ik bij mijn eerste bezoek aan de winkel zag, die zich achter in de keuken schuilhielden? Dat blijken twee weeskinderen te zijn die Wayan heeft geadopteerd. Ze heten allebei Ketut (om dit boek nog een beetje ingewikkelder te maken) en we noemen hen Grote Ketut en Kleine Ketut. Een paar maanden geleden trof Wayan de uitgehongerde Ketuts bedelend op de markt aan. Ze waren in de steek gelaten door een vrouw die zo uit een boek van Dickens weggelopen leek te zijn – een mogelijk familielid van hen dat als een soort pooier voor bedelkinderen fungeert. Ze zet ouderloze kinderen op diverse markten op Bali neer om te bedelen, haalt de kinderen elke avond met een busje op, zamelt hun opbrengst in en geeft hun ergens een hutje om in te slapen. Toen Wayan Grote Ketut en Kleine Ketut voor het eerst zag, hadden ze al dagen niet gegeten en zaten ze onder de luizen, parasieten en wat dies meer zij. Ze denkt dat het jongste meisje een jaar of tien is en het oudste een jaar of dertien, maar zelf weten ze het niet precies; ze weten zelfs niet eens hun achternaam. (Kleine Ketut weet alleen dat ze in hetzelfde jaar is geboren als 'het grote varken' in haar dorp, wat voor ons niet echt bruikbare informatie is.) Wayan heeft hen onder haar hoede genomen en zorgt even liefhebbend voor hen als voor haar eigen Tutti. De drie kinderen en zij slapen allemaal op hetzelfde matras in die ene slaapkamer achter de winkel.

Een alleenstaande Balinese moeder voor wie uitzetting dreigt, maar die het kan opbrengen om ook nog eens twee extra dakloze kinderen onder haar hoede te nemen – dat is iets wat veel, veel verder reikt dan het beeld dat ik altijd van compassie heb gehad.

Ik wil hen helpen.

Dat was het. Dáárom waren na mijn eerste ontmoeting met Wayan die intense rillingen over mijn lijf gelopen. Ik wilde haar helpen, die alleenstaande moeder met haar dochter en haar extra weeskinderen. Ik wilde hun hoogstpersoonlijk een goed plekje in een beter leven bezorgen. Ik was er alleen nog niet helemaal uit hoe ik dat moest aanpakken. Maar vandaag, toen Wayan en Armenia en ik zaten te lunchen en zoals altijd meelevend en pesterig met elkaar zaten te praten, keek ik naar de kleine Tutti en merkte dat ze iets vreemds deed. Ze liep de winkel rond met een mooi, klein, vierkant, kobaltblauw tegeltje op haar omhoog gekeerde handpalmen, en zong op een manier die wel iets van chanten had. Ik bleef een tijdje naar haar kijken, gewoon om te zien waar ze mee bezig was. Tutti bleef lang met dat tegeltje spelen: ze gooide het in de lucht, fluisterde ertegen en schoof het over de vloer alsof het een speelgoedautootje was. Uiteindelijk ging ze er met haar ogen dicht in een stil hoekje bovenop zitten, zachtjes voor zich uit zingend, verzonken in een of ander mystiek, onzichtbaar stukje ruimte dat helemaal van haar was.

Ik vroeg Wayan wat dat nu weer moest voorstellen. Ze zei dat Tutti het tegeltje bij het bouwterrein van een luxehotel iets verderop had gevonden en het in haar zak had gestoken. Sinds Tutti het tegeltje had gevonden, zei ze alsmaar tegen haar moeder: 'Als we ooit nog eens een huis krijgen, hoop ik dat het een mooie blauwe vloer heeft, net zoiets als dit.' Nu zit Tutti volgens Wayan uren achter elkaar met haar ogen dicht op dat ene kleine blauwe vierkantje te doen alsof ze zich in haar eigen huis bevindt.

Wat moet ik ervan zeggen? Toen ik dat verhaal hoorde en naar dat kind keek dat diep in meditatie verzonken op haar blauwe tegeltje zat, dacht ik: *Oké, dat doet de deur dicht.*

En daarop liep ik de winkel uit om voor eens en altijd een einde te maken aan die onhoudbare toestand.

92

Ooit vertelde Wayan me dat ze soms bij het genezen van haar patiënten een open toevoerkanaal voor de liefde van God wordt en dat ze dan zelfs niet meer nadenkt over wat er nu moet gebeuren. Haar verstand staat stil, haar intuïtie wordt sterker en het enige wat ze hoeft te doen is toelaten dat haar God-heid door haar heen stroomt. Ze zegt: 'Het voelt alsof er een wind komt opzetten die mijn handen overneemt.'

Misschien was het diezelfde wind die me die dag de winkel van Wayan uit blies, me over mijn katterige bezorgdheid over de vraag of ik er al aan toe was om weer met *daten* te beginnen heen duwde en me in plaats daarvan naar het plaatselijke internetcafé van Ubud leidde, waar ik ging zitten en – in één ruk, zonder verbeteringen – een geldinzamelings-e-mail schreef aan al mijn vrienden en familieleden in binnen- en buitenland.

Ik vertelde iedereen dat ik in juli jarig was en dat ik binnenkort 35 zou worden. Ik zei dat ik helemaal niets nodig had en dat ik nergens naar verlangde, en dat ik nog nooit van mijn leven zo gelukkig was geweest. Ik zei dat als ik nu thuis in New York was, ik nu bezig zou zijn met het plannen van een groot, stom verjaardagsfeest en dat ik hen dan allemaal zou dwingen om naar dat feest te komen, en dat zij dan cadeautjes en flessen wijn voor me zouden moeten kopen en dat het hele feest belachelijk duur zou worden. En dus, legde ik uit, zou het een goedkoper en leuker alternatief zijn als mijn vrienden en familieleden voor mijn verjaardag allemaal wat geld wilden doneren om ene Wayan Nuriyasih te helpen een huis voor zichzelf en haar kinderen te kopen.

Toen vertelde ik het hele verhaal van Wayan, Tutti, de weeskinderen en hun situatie. Ik beloofde dat ik het gedoneerde bedrag uit mijn eigen portemonnee zou verdubbelen. Natuurlijk was ik me ervan bewust, schreef ik, dat we in een wereld vol onmetelijk leed en oorlog leven en dat iederéén op het ogenblik wel wat hulp kan gebruiken, maar wat kunnen we daaraan doen? Dit kleine groepje mensen op Bali was familie van me geworden, en voor onze familieleden moeten we zorgen, waar we ze ook tegenkomen. Toen ik de groeps-e-mail afsloot, herinnerde ik me iets wat mijn vriendin Susan tegen me had gezegd voordat ik negen maanden eerder aan deze wereldreis was begonnen. Ze was bang dat ik nooit meer terug zou komen. Ze zei: 'Ik weet hoe je bent, Liz. Je ontmoet iemand, wordt verliefd en ten slotte koop je een huis op Bali.'

Een ware Nostradamus, die Susan.

Toen ik de volgende ochtend mijn e-mail checkte, was er al zevenhonderd dollar toegezegd. De dag daarop was er zoveel gedoneerd dat ik er niet meer eenzelfde bedrag bovenop kon leggen.

Ik zal hier niet het hele drama van die week uit de doeken doen, of proberen uit te leggen hoe het voelt om elke dag e-mails uit de hele wereld open te maken waarin staat: 'Ik doe mee!' Iedereen gaf. Mensen van wie ik persoonlijk wist dat ze blut waren of schulden hadden, gaven zonder enige aarzeling. Een van de eerste reacties die ik kreeg was van een vriendin van de vriendin van mijn kapper, die de e-mail doorgestuurd had gekregen en vijftien dollar wilde doneren. Natuurlijk moest mijn superbijdehante vriend John zo nodig een sarcastische opmerking maken over de lengte, sentimentaliteit en emotionaliteit van mijn brief ('Moet je horen, geef ons de volgende keer dat je sentimenteel gaat doen gewoon de ingekorte versie, ja?'), maar ondertussen schonk hij wel een bedrag. De nieuwe vriend van mijn vriendin Annie (een Wall Street-bankier die ik zelfs nog nooit had ontmoet) bood aan om het eindbedrag dat we bij elkaar sprokkelden te verdubbelen. En vervolgens begon die e-mail aan een zegetocht rond de wereld, zodat ik schenkingen begon te ontvangen van volslagen onbekenden. Het was een universele, overstelpende uiting van gulheid. Laat ik dit deel van het verhaal maar afronden door te zeggen dat ik slechts een week nadat ik de oorspronkelijke smeekbede de ether in had gestuurd dankzij mijn vrienden en familieleden en een hoop onbekenden in binnen- en buitenland bijna $18.000 bij elkaar had, opdat Wayan Nuriyasih een huis voor zichzelf kon kopen.

Ik wist dat het Tutti was die voor dat wonder had gezorgd, door de kracht van haar gebeden, omdat ze zo intens had gewenst dat dat blauwe tegeltje van haar zachter werd en zich om haar heen uitbreidde en – net als een van de toverbonen uit het sprookje van Jack en de bonenstaak – uitgroeide tot een echt huis dat voor altijd voor haarzelf, haar moeder en twee weesmeisjes zou zorgen.

Nog één ding. Tot mijn schande moet ik toegeven dat mijn vriend Bob, en niet ikzelf, degene was die het voor de hand liggende feit opmerkte dat het woord *tutti* in het Italiaans 'iedereen' betekent. Waarom had ik dat niet eerder gezien? En dat na al die maanden in Rome! Het verband was me helemaal ontgaan. En dus was het Bob in Utah die me erop moest wijzen. Dat deed hij vorige week, in een e-mail waarin hij niet alleen beloofde dat hij financieel zou bijdragen aan het nieuwe huis, maar ook zei: 'Dus dat is de moraal van het verhaal, hè? Als je de wereld ingaat om jezelf te helpen, is het onvermijdelijk dat je uiteindelijk... *Tutti* helpt.'

93

Ik wil het nog niet aan Wayan vertellen, niet totdat al het geld daadwerkelijk binnen is. Het is moeilijk om zoiets groots geheim te houden, zeker nu zij zich aan één stuk door zorgen loopt te maken over haar toekomst, maar ik wil haar niet hoopvol stemmen totdat alles in kannen en kruiken is. Zodoende laat ik de hele week niets los over mijn project, en hou ik mezelf bezig door bijna elke avond uit eten te gaan met Felipe de Braziliaan, die het niet erg lijkt te vinden dat ik maar één mooie jurk heb.

Ik denk dat ik verliefd op hem ben. Na een paar etentjes weet ik eigenlijk wel zeker dat ik verliefd op hem ben. Hij is meer dan hij op het eerste gezicht lijkt, deze zogenaamde 'kampioen bullshitten' die iedereen in Ubud kent en het middelpunt is van elk feest. Ik heb Armenia naar hem gevraagd. Die twee zijn al een tijdje bevriend. Ik zei: 'Die Felipe – die heeft meer diepgang dan de anderen, hè? Hij heeft ietsje meer inhoud, hè?' Waarop zij zei: 'O, zeker. Hij is een goed mens, heel vriendelijk. Maar hij heeft een zware scheiding achter de rug. Volgens mij is hij naar Bali gekomen om er weer bovenop te komen.'

Goh. Dat is nog eens een onderwerp waar ik *niets* vanaf weet.

Maar hij is wel 52. Dat is interessant. Heb ik echt de leeftijd bereikt waarop mannen van 52 eventueel acceptabel worden voor een date? Maar goed, ik vind hem wel leuk. Hij heeft zilvergrijs haar en hij wordt kaal op een leuke, Picassoachtige manier. Hij heeft warme, bruine ogen. Hij heeft een vriendelijk gezicht en hij ruikt heerlijk. En hij is zowaar een volgroeide man. Een echte volwassen man – daar ken ik er niet zo veel van.

Inmiddels woont hij al zo'n vijf jaar op Bali. Hij werkt met Balinese edelsmeden die voor de Amerikaanse markt sieraden maken van Braziliaanse edelstenen. Ik vind het leuk dat hij bijna twintig jaar trouw aan zijn vrouw is geweest voordat hun huwelijk vanwege een veelheid aan supergecompliceerde redenen op de klippen liep. Ik vind het leuk dat hij al kinderen heeft grootgebracht, en dat hij hen goed heeft grootgebracht, en dat ze van hem houden. Ik vind het leuk dat hij de ouder was die thuisbleef en voor de kinderen zorgde toen die nog klein waren, terwijl zijn Australische vrouw aan haar carrière werkte. (Hij was een goede feministische echtgenoot, zegt hij: 'Ik wilde graag aan de juiste kant van de sociale geschiedenis staan.') Ik vind het leuk dat hij als Braziliaan van nature zo verschrikkelijk veel genegenheid toont. (Toen zijn Australische zoon veertien was, moest het joch eindelijk zeggen: 'Pap, nu ik veertien ben, moet je me misschien maar niet meer op mijn mond zoenen als je me op school aflevert.') Ik vind het leuk dat Felipe ten minste vier talen vloeiend spreekt. (Hij blijft maar volhouden dat hij geen Indonesisch spreekt, maar ik hoor het hem de hele dag door doen.) Ik vind het leuk dat hij al meer dan vijftig landen heeft bezocht, en dat hij de wereld als een kleine, zeer handelbare plek ziet. Ik vind het leuk hoe hij naar me luistert, zich naar me toe buigt en me alleen in de rede valt als ik mezelf in de rede val om te vragen of ik hem verveel, waarop hij altijd antwoordt: 'Ik heb alle tijd voor je, mijn mooie lieve schatje.' Ik vind het leuk om 'mijn mooie lieve schatje' genoemd te worden. (Ook al noemt hij de serveerster net zo.)

Een paar avonden geleden zei hij tegen me: 'Waarom neem je geen minnaar terwijl je hier bent, Liz?'

Het siert hem dat hij niet alleen op zichzelf doelde, al geloof ik best dat hij er zelf ook voor te porren zou zijn. Hij verzekerde me dat Ian – de knappe Welshman – een goede partner voor me zou zijn, maar er zijn nog meer kandidaten. Er is een chef-kok uit New York, 'een grote, stevige, gespierde, zelfverzekerde vent' van wie hij denkt dat ik hem ook wel leuk zou vinden. Echt hoor, zei hij, er zwerven hier hordes mannen rond, buitenlanders uit alle windrichtingen die zich in deze veranderlijke gemeenschap van 's werelds 'daklozen en armen' schuilhouden, van wie velen er maar wat graag voor zouden zorgen 'dat je hier een geweldige zomer hebt, mooie lieve schat'.

'Ik denk niet dat ik daar al aan toe ben,' zei ik tegen hem. 'Ik heb geen zin in al die heisa die bij romantiek hoort. Ik heb geen zin om elke dag mijn benen te moeten scheren of mijn lichaam aan een nieuwe minnaar te moeten laten zien. En ik wil niet nóg eens mijn hele levensverhaal moeten vertellen, of me zorgen maken over anticonceptie. En hoe dan ook, ik weet niet eens of ik het nog wel kan. Het lijkt wel alsof ik op mijn zestiende zelfverzekerder tegenover seks en romantiek stond dan nu.'

'Natuurlijk was je toen zelfverzekerder,' zei Felipe. 'Je was jong en stom. Alleen jonge, stomme mensen staan zelfverzekerd tegenover seks en romantiek. Denk je echt dat anderen wel weten waar ze mee bezig zijn? Denk je echt dat het mogelijk is om zonder complicaties van iemand anders te houden? Je moest eens weten hoe het er hier op Bali aan toe gaat, lieve schat. Allemaal van die westerse mannen die hierheen komen omdat ze thuis een zooitje van hun leven hebben gemaakt, en die besluiten dat ze het helemaal hebben gehad met westerse vrouwen en dat ze nu met een lief klein gehoorzaam Balinees tienermeisje willen trouwen. Ik weet wat ze denken. Ze denken dat dat mooie kleine meisje hen gelukkig zal maken en hun leven gemakkelijk zal maken. Maar telkens als ik het zie gebeuren, wil ik hetzelfde zeggen: *Sterkte*. Want je hebt nog steeds met een vrouw te maken, jongen. En jij bent en blijft een man. Jullie zijn en blijven twee mensen die proberen met elkaar op te schieten, dus dat gaat lastig worden. En liefde is altijd lastig. Maar toch moeten mensen proberen van elkaar te houden, lieve schat. Soms hebben we een gebroken hart nodig. Het is een goed teken, een gebroken hart. Dat betekent dat we ergens ons best voor hebben gedaan.'

Ik zei: 'De laatste keer was mijn hart zo verschrikkelijk

gebroken dat het nu nog steeds pijn doet. Is dat niet idioot? Dat je bijna twee jaar na het einde van een relatie nog steeds een gebroken hart hebt?'

'Lieve schat, ik kom uit Zuid-Brazilië. Ik kan tien jaar lang aan een gebroken hart lijden om een vrouw die ik niet eens heb gekust.'

We hebben het over onze huwelijken, onze scheidingen. Niet op een kleingeestige manier, maar gewoon om met elkaar mee te voelen. We vergelijken onze bodemloze putten van depressie na onze scheidingen. We drinken samen wijn, genieten van het eten en vertellen elkaar de leukste verhalen die we ons over onze voormalige levenspartners kunnen herinneren, gewoon om al dat gepraat over verlies iets minder pijnlijk te maken.

Hij zegt: 'Zullen we dit weekend samen iets gaan doen?' en ik hoor mezelf 'Ja, dat zou leuk zijn' zeggen. Want inderdaad, dat zou leuk zijn.

Al twee keer heeft Felipe zich toen hij me voor mijn huis afzette en me welterusten wenste in de auto naar me toe gebogen om me een afscheidszoen te geven, en al twee keer heb ik precies hetzelfde gedaan: toestaan dat hij me naar zich toe trok voor een zoen, om vervolgens op het laatste moment weg te duiken en mijn wang op zijn borst te leggen. Daar laat ik hem me even vasthouden. Langer dan strikt vriendschappelijk is. Ik voel hoe hij zijn gezicht op mijn haar laat rusten, terwijl mijn gezicht ergens op zijn borstbeen rust. Ik ruik zijn zachte linnen overhemd. Hij ruikt echt heerlijk. Hij heeft gespierde armen en een fijne, brede borstkas. Ooit is hij een uitstekende wedstrijdturner geweest, daar in Brazilië. Dat was natuurlijk wel in 1969, het jaar waarin ik geboren ben, maar toch. Zo te voelen heeft hij een sterk lichaam.

Dat ik telkens wanneer hij aanstalten maakt om me te kussen wegduik, is een vorm van verstoppertje spelen; ik ontwijk een eenvoudige afscheidszoen. Maar tegelijkertijd is het ook een vorm van géén verstoppertje spelen. Door toe te laten dat hij me gedurende die lange, stille minuten aan het einde van de avond vasthoudt, sta ik toe dat iemand me *vasthoudt*.

En dat is voor het eerst sinds tijden.

94

Ik vroeg aan Ketut, mijn oude medicijnman: 'Wat weet je van romantiek?'

Hij zei: 'Wat is dit, romantiek?'

'Laat maar zitten.'

'Nee, wat is dit? Wat betekenen dit woord?'

'Romantiek.' Ik gaf hem een definitie. 'Verliefde mannen en vrouwen. Of soms verliefde mannen, of verliefde vrouwen. Zoenen en seks en het huwelijk – allemaal van dat soort dingen.'

'Ik maak geen seks met veel mensen in mijn leven, Liss. Alleen met mijn vrouw.'

'Je hebt gelijk, dat zijn niet zo veel mensen. Maar bedoel je je eerste vrouw of je tweede vrouw?'

'Ik heb maar één vrouw, Liss. Zij nu dood.'

'En Nyomo dan?'

'Nyomo niet echt mijn vrouw, Liss. Zij vrouw van mijn broer.' Toen hij mijn verbaasde gezichtsuitdrukking zag, voegde hij eraan toe: 'Dat typisch Bali,' en legde het uit. Ketuts oudere broer, die rijstboer is, woont naast Ketut en is getrouwd met Nyomo. Samen hebben ze drie kinderen. Ketut en zijn eigen vrouw konden daarentegen helemaal geen kinderen krijgen, dus hebben ze een van de zonen van Ketuts broer geadopteerd om toch maar een erfgenaam te hebben. Toen de vrouw van Ketut overleed, ging Nyomo in beide familiecomplexen wonen en begon ze haar tijd over de beide huishoudens te verdelen. Ze zorgt nu zowel voor haar man als voor diens broer, en voor haar kinderen in beide gezinnen. Naar Balinese maatstaven is ze in alle opzichten de vrouw van Ketut (ze kookt, maakt schoon en zorgt voor de huishoudelijke godsdienstige ceremoniën en rituelen), behalve dan dat ze niet met elkaar naar bed gaan.

'Waarom niet?' vroeg ik.

'Te OUD!' zei hij. Toen riep hij Nyomo bij zich om de vraag aan haar door te spelen, om haar te laten weten dat de Amerikaanse dame graag wilde weten waarom ze niet met elkaar naar bed gingen. Bij het idee alleen al moest Nyomo zo hard lachen dat ze er bijna in bleef. Ze kwam naar me toe en gaf me een stevige por in mijn arm.

'Ik had maar één vrouw,' ging Ketut verder. 'En nu zij dood.'

'Mis je haar?'

Een verdrietige glimlach. 'Het was haar tijd voor doodgaan. Nu vertel ik je hoe ik mijn vrouw vind. Als ik zevenentwintig ben, leer ik meisje kennen en ik hou van haar.'

'In welk jaar was dat?' vroeg ik. Zoals altijd hoopte ik erachter te komen hoe oud hij nu eigenlijk is.

'Weet ik niet,' zei hij. 'Misschien 1920?'

(Dan zou hij nu een jaar of 112 zijn. Volgens mij beginnen we in de buurt te komen van de oplossing van het raadsel...)

'Ik hou van dit meisje, Liss. Heel mooi. Maar niet goed karakter, dit meisje. Zij wil alleen geld. Zij gaat met andere jongen. Zij zegt nooit waarheid. Ik denk zij heeft een geheim verstand binnen ander verstand, niemand kan daarin kijken. Zij houdt niet meer van mij, gaat weg met andere jongen. Ik ben heel verdrietig. Gebroken in mijn hart. Ik bid en bid tot mijn vier geestelijke broers, vraag waarom zij houdt niet meer van mij? Dan een van mijn geestelijke broers, hij vertelt mij waarheid. Hij zegt: "Zij niet ware partner voor jou. Wees geduldig." Dus ik ben geduldig en dan vind ik mijn vrouw. Mooie vrouw, goede vrouw. Altijd lief voor mij. Nooit geen ruzie, altijd harmonie in huishouden, altijd glimlacht zij. Zelfs wanneer geen geld in huis, altijd glimlacht zij, altijd zegt zij zij is blij om mij te zien. Wanneer zij doodgaat, ben ik heel verdrietig in mijn hoofd.'

'Moest je huilen?'

'Heel klein beetje, in mijn ogen. Maar ik doe meditatie voor pijn schoonmaken uit mijn lichaam. Ik mediteer voor haar ziel. Heel verdrietig, maar ook blij. Ik bezoek haar elke dag in meditatie, zelfs ik kus haar. Zij is enige vrouw met wie ik seks heb gemaakt. Dus ik ken niet... wat is nieuw woord van vandaag?'

'Romantiek?'

'Ja, romantiek. Ik ken niet romantiek, Liss.'

'Dus dat is niet echt jouw specialiteit?'

'Wat is dit, specialiteit? Wat betekenen dit woord?'

95

Uiteindelijk ging ik met Wayan om de tafel zitten en vertelde ik haar over het geld dat ik had ingezameld voor haar huis. Ik legde uit wat ik voor mijn verjaardag had gevraagd, liet haar de lijst met alle namen van mijn vrienden zien en vertelde haar toen het eindbedrag dat we hadden ingezameld: achttienduizend Amerikaanse dollars. In eerste instantie was ze zo verschrikkelijk geschokt dat haar gezicht wel een masker van verdriet leek. Het is raar maar waar: door intense emoties reageren we soms precies tegenovergesteld op grote gebeurtenissen dan je op grond van de logica zou verwachten. Dat is de absolute waarde van menselijke emoties – vrolijke gebeurtenissen komen soms op de schaal van Richter over als pure trauma's, terwijl we van verschrikkelijk verdriet soms in lachen uitbarsten. Het nieuws dat ik net aan Wayan had verteld was te veel voor haar; ze reageerde er bijna op alsof het een reden tot rouw was, en dus bleef ik daar een paar uur bij haar zitten, vertelde haar keer op keer het verhaal en liet haar net zo lang de getallen zien totdat de werkelijkheid tot haar door begon te dringen.

Haar eerste werkelijk helder verwoorde reactie (ik bedoel, nog voordat ze in tranen uitbarstte omdat ze besefte dat ze zich nu een tuin kon veroorloven) was een met grote aandrang uitgebracht: 'Alsjeblieft, Liz, je moet aan iedereen die heeft meegeholpen geld in te zamelen uitleggen dat dit niet het huis van Wayan is. Dit is het huis van iedereen die Wayan heeft geholpen. Als die mensen naar Bali komen, moeten ze nooit in een hotel logeren, goed? Zeg tegen ze dat ze bij mij mogen logeren, goed? Beloof je dat je dat tegen ze zegt? We noemen het Het Groepshuis... Het Huis voor Iedereen...'

Toen besefte ze dat een tuin nu tot de mogelijkheden behoorde en begon ze te huilen.

Langzaamaan werd ze zich echter bewust van gelukkiger zaken. Ze leek wel een handtas die ondersteboven leeg was geschud, waardoor alle emoties nu over elkaar heen tuimelden. Als ze een huis had, kon ze een kleine bibliotheek opzetten voor al haar medische boeken! En een apotheek voor haar traditionele geneesmiddelen! En een echt restaurant met echte tafels en stoelen (want al haar oude goede tafels en stoelen had ze moeten verkopen om de scheidingsadvocaat te kunnen betalen). Als ze een huis had, kon ze eindelijk worden opgenomen in de *Lonely Planet*, de reisgids die zo graag haar diensten wilde vermelden maar dat nooit kon doen omdat ze nooit een vast adres had dat ze in het boek konden opnemen. En als ze een huis had, kon Tutti ooit een verjaardagsfeestje geven!

Toen werd ze weer heel ingetogen en serieus. 'Hoe kan ik je ooit bedanken, Liz? Er is niets wat ik je niet zou geven. Als ik een man had van wie ik hield, en jij had een man nodig, dan zou ik je mijn man geven.'

'Hou je man maar, Wayan. Zorg gewoon dat Tutti naar de universiteit gaat.'

'Wat had ik moeten doen als jij hier nooit gekomen was?'

Maar het had er altijd al in gezeten dat ik hier zou komen. Ik dacht aan een van mijn favoriete soefistische gedichten, waarin staat dat God lang geleden een cirkel in het zand heeft getekend, precies rond de plek waar jij nu staat. Er was nooit enige sprake van geweest dat ik hier niet zou komen. Er was nooit enige sprake van geweest dat dit niet zou gebeuren.

'Waar ga je je nieuwe huis neerzetten, Wayan?' vroeg ik.

Als een jong honkballertje dat al tijden droomt van die ene handschoen in de etalage, of een romantisch meisje dat al sinds haar dertiende bezig is met het ontwerpen van haar trouwjurk, bleek Wayan al precies te weten welk stukje land ze wilde kopen. Het lag midden in een naburig dorp, was aangesloten op de gemeentelijke water- en elektriciteitsvoorzieningen, had een goede school in de buurt voor Tutti, en was mooi gelegen op een centrale locatie waar haar patiënten en klanten haar te voet konden bereiken. Haar broers konden haar helpen met de bouw van het huis, zei ze. Ze had nog net niet de kleuren voor haar slaapkamer uitgezocht.

En dus gingen we samen op bezoek bij een vriendelijke buitenlandse financieel adviseur en makelaar, een Fransman die zo aardig was om advies te geven over de beste manier om het geld over te maken. Hij stelde voor dat ik het mezelf makkelijk maakte en het geld gewoon rechtstreeks van mijn bankrekening naar Wayans bankrekening overmaakte en haar een stuk land of huis naar keuze liet kopen, om mezelf alle heisa van het bezitten van een huis in Indonesië te besparen. Zolang ik maar geen bedragen van meer dan $10.000 dollar per keer overmaakte, zouden de Belastingdienst en de CIA me niet verdenken van het witwassen van drugsgeld. Toen gingen we naar de kleine bank van Wayan en vroegen de manager hoe we het beste het geld konden overmaken. De bankmanager somde de hele situatie keurig op: 'Goed, Wayan. Als de overmaking rond is, over een paar dagen, heb je zo'n 180 miljoen roepia op je rekening staan.'

Wayan en ik keken elkaar aan en barstten in een absurd lachsalvo uit. Wat een enorm bedrag! We probeerden onszelf weer onder controle te krijgen, want we bevonden ons per slot van rekening toch in het kantoor van een chique bankier, maar we bleven onbedaarlijk lachen. We wankelden dat kantoor uit alsof we dronken waren, en moesten ons aan elkaar vasthouden om niet om te vallen.

Ze zei: 'Nog nooit heb ik zo snel een wonder zien gebeuren! Al die tijd heb ik God gesmeekt om Wayan te helpen. En God smeekte Liz ook om Wayan alsjeblieft te helpen.'

En ik zei: 'En Liz smeekte haar vrienden ook om Wayan te helpen!'

We gingen terug naar de winkel, waar we Tutti aantroffen, die net uit school was. Wayan liet zich op haar knieën vallen, pakte haar dochter vast en zei: 'Een huis! Een huis! We hebben een huis!' Tutti deed heerlijk theatraal alsof ze in katzwijm viel en liet zich tekenfilmachtig op de vloer vallen.

Terwijl we allemaal stonden te lachen zag ik hoe de twee weesmeisjes vanachter in de keuken het hele tafereel gadesloegen, en ik zag hoe ze naar me keken, met een blik op hun gezicht die iets weg had van... *angst*. Terwijl Wayan en Tutti vol vreugde rondrenden, vroeg ik me af wat de weesmeisjes op dat moment dachten. Waar waren ze zo bang voor? Dat zij achtergelaten zouden worden, misschien? Of vonden ze mij nu ineens heel erg eng omdat ik zo veel geld uit een hoge hoed had getoverd? (Zo'n onvoorstelbaar bedrag dat het misschien wel zwarte magie leek?) Of misschien vind je als je zo'n kwetsbaar leven hebt geleid als deze meisjes gewoon elke vorm van verandering doodeng.

Toen er even een stilte viel in de blijdschap vroeg ik Wayan gewoon voor de zekerheid: 'En Grote Ketut en Kleine Ketut? Is het voor hen ook goed nieuws?'

Wayan keek naar de meisjes in de keuken en zag waarschijnlijk dezelfde onzekerheid die ik zelf ook had gezien, want ze snelde naar hen toe, nam hen in haar armen en fluisterde geruststellende woordjes tegen hun kruintjes. Ze leken zich in haar armen te ontspannen. Toen ging de telefoon. Wayan probeerde zich los te maken uit de greep van de twee weesmeisjes, maar de Ketuts bleven zich met hun dunne armpjes aan hun pleegmoeder vastklemmen en verstopten hun hoofd in haar buik en oksels, en zelfs na geruime tijd weigerden ze nog – met een felheid die ik nog nooit eerder van hen had gezien – haar te laten gaan.

En dus nam ik zelf de telefoon maar op.

'Traditionele Balinese Geneeskunst!' zei ik. 'Kom vandaag nog langs voor onze gigantische verhuizingsuitverkoop!'

96

Ik ging nog een keer uit met de Braziliaanse Felipe, twee keer in één weekend. Op zaterdag nam ik hem mee naar Wayan en de kinderen, en terwijl Tutti huizen voor hem tekende, zat Wayan achter zijn rug om suggestief te knipogen en vormden haar lippen de onuitgesproken woorden

'Je nieuwe vriendje?' Ik bleef mijn hoofd schudden: 'Nee, nee, nee.' (Al kan ik je wel vertellen dat ik niet meer aan die leuke Welshman denk.) Ook nam ik Felipe mee naar Ketut, mijn medicijnman, en Ketut las zijn hand en zei niet minder dan zeven keer (terwijl hij me intussen doordringend aankeek) dat hij 'een goede man, een heel goede man, een heel, heel erg goede man' was: 'Geen slechte man, Liss. *Een goede man.*'

Op zondag vroeg Felipe me vervolgens of ik zin had in een dagje strand. Het drong tot me door dat ik nu al twee maanden op Bali was en nog steeds geen enkel strand had gezien, wat me nu je reinste waanzin leek, en dus zei ik ja. Hij haalde me in zijn jeep op en een uur later waren we bij een goed verstopt strandje in Padangbai waar nauwelijks toeristen komen. De plek waar hij me mee naartoe nam was zo'n beetje de beste imitatie van het paradijs die ik ooit had gezien, met blauw water, wit zand en de schaduw van palmbomen. We bleven de hele dag praten en hielden alleen op om te zwemmen, te dutten en te lezen, waarbij we elkaar af en toe hardop iets voorlazen. Een paar Balinese vrouwen in een keet achter het strand grilden verse vis voor ons, en we kochten koud bier en gekoeld fruit. Terwijl we in de golven lanterfantten, vertelden we elkaar alle details van ons leven waar we de afgelopen weken tijdens al onze gesprekken en flessen wijn bij onze etentjes in de rustigste restaurants van Ubud nog niet aan toe waren gekomen.

Hij vond dat ik een mooi lijf had, zei hij toen hij het op het strand voor het eerst had gezien. Hij vertelde me dat de Brazilianen een woord hebben voor mijn soort lichaam (natuurlijk hebben ze dat!), namelijk *magra-falsa*, wat 'nep-dun' betekent. Daarmee bedoelen ze dat een vrouw er van een afstand tamelijk slank uitziet, maar dat je wanneer je dichterbij komt ziet dat ze eigenlijk best rond en gevuld is, wat Brazilianen als een goede zaak beschouwen. Heerlijke mensen, die Brazilianen. Terwijl we op onze handdoeken lagen te praten, stak hij soms zijn hand uit om zand van mijn neus te vegen of een muitende haar uit mijn gezicht te strijken. Tien uur later zaten we nog te praten. Toen was het donker, en dus pakten we onze spullen en maakten we een wandeling door de niet al te best verlichte onverharde hoofdstraat van dit oude Balinese vissersdorpje, lekker arm in arm onder de sterren. Toen vroeg Felipe uit Brazilië me op supernatuurlijke en ontspannen wijze (bijna alsof hij zich afvroeg of het niet eens tijd werd voor een hapje eten): 'Wat denk je, Liz? Zullen we een affaire beginnen?'

Ik vond alles leuk aan de manier waarop dit gebeurde. Het begon niet met een handeling – niet met een poging tot een kus of een gewaagde manoeuvre – maar met een vraag. En dan ook nog eens de juiste vraag. Ik moest denken aan iets wat mijn therapeute ruim een jaar geleden tegen me had gezegd, voordat ik op deze reis ging. Ik had tegen haar gezegd dat ik overwoog dat hele jaar op reis niet aan seks te doen, maar dat ik me afvroeg: 'En als ik nu eens iemand tegenkom die ik echt leuk vind? Wat moet ik dan? Moet ik dan iets met hem beginnen of niet? Moet ik mijn zelfstandigheid behouden? Of mezelf trakteren op een romance?' Mijn therapeute antwoordde met een toegeeflijke glimlach: 'Weet je, Liz, dat kun je allemaal ter plekke bespreken wanneer de situatie zich voordoet, met de persoon in kwestie.'

Hier waren ze dan – de tijd, de plaats, de situatie en de persoon in kwestie. En vervolgens voerden we tijdens onze vriendschappelijke, innig gearmde wandeling langs de oceaan een hele discussie over het idee, allemaal heel ongedwongen. Ik zei: 'Onder normale omstandigheden zou ik waarschijnlijk ja zeggen, Felipe. Wat dat ook moge zijn, normale omstandigheden...'

Daar moesten we allebei om lachen. Maar toen liet ik hem zien waarom ik aarzelde. Namelijk om de volgende reden:

dat ik het misschien wel heel aangenaam zou vinden om mijn lichaam en hart een tijdje open en dicht te laten vouwen door de ervaren handen van een buitenlandse minnaar, maar dat iets in me ernstig had verzocht om dit hele jaar reizen aan mezelf te schenken. Dat er op dat moment een belangrijke transformatie in mijn leven plaatsvond en dat die transformatie tijd en ruimte nodig had om het proces helemaal ongestoord af te ronden. Dat ik in feite een taart was die net uit de oven kwam en die nog even moest afkoelen voordat hij geglazuurd kon worden. Dat ik mezelf die kostbare tijd wilde gunnen. Dat ik niet nog eens de controle over mijn leven wilde verliezen.

Natuurlijk zei Felipe dat hij dat allemaal begreep, en dat ik moest doen wat me zelf het beste leek, en dat hij hoopte dat ik het hem zou vergeven dat hij het überhaupt ter sprake had gebracht. ('Vroeg of laat moest de vraag gewoon gesteld worden, mijn mooie lieve schat.') Hij verzekerde me dat welke beslissing ik ook nam, we gewoon vrienden zouden blijven, aangezien al die tijd die we samen doorbrachten ons beiden zo veel goed leek te doen. 'Maar dan moet je nu wel even naar mijn kant van het verhaal luisteren.'

'Ga je gang.'

'Ten eerste: als ik jou goed begrijp draait dit hele jaar om jouw zoektocht naar het evenwicht tussen spiritualiteit en genot. Het is me duidelijk waar je je portie spiritualiteit vandaan hebt gehaald, maar ik zie niet helemaal waar het genot tot dusverre in het verhaal voorkomt.'

'Ik heb in Italië veel pasta gegeten, Felipe.'

'Pasta, Liz? *Pasta?*'

'Goed punt.'

'Ten tweede: ik denk dat ik weet waar je je zorgen om maakt. Dat er weer een man in je leven komt die je alles afneemt. Dat zal ik je niet aandoen, lieve schat. Ik ben zelf ook al heel lang alleen, en ik ben veel kwijtgeraakt in de liefde, net als jij. Ik wil niet dat wij elkaar iets afnemen. Maar ik heb nog nooit zoveel van iemands gezelschap genoten als van het jouwe, en ik zou graag een relatie met je willen. Maak je geen zorgen – ik zal je niet helemaal tot in New York achtervolgen als je hier straks in september weggaat. En wat al die redenen betreft die je me een paar weken geleden gaf waarom je geen minnaar wilde... Nou, je moet het maar zo zien. Het kan me niet schelen of je elke dag je benen scheert of niet, ik ben nu al dol op je lichaam, ik ken zo langzamerhand je hele levensverhaal en je hoeft je geen zorgen te maken om anticonceptie, want ik heb een vasectomie gehad.'

'Felipe,' zei ik, 'dat is het meest verlokkelijke en romantische aanbod dat een man me ooit heeft gedaan.'

En dat was het ook. Maar desondanks zei ik nee.

Hij reed me naar huis. Toen we voor mijn huis stonden, deelden we een paar zoete, zilte, zanderige dagje-op-het-strandzoenen. Het was verrukkelijk. Natuurlijk was het verrukkelijk. Maar toch zei ik nogmaals nee.

'Dat is prima, lieve schat,' zei hij. 'Maar als je morgenavond naar mijn huis komt, maak ik biefstuk voor je klaar.'

Toen reed hij weg, en ik ging alleen naar bed.

In het verleden heb ik altijd heel snel beslissingen genomen over mannen. Ik ben altijd snel verliefd geworden, en zonder de risico's in te schatten. Ik heb de neiging om niet alleen het beste in iedereen te zien, maar ervan uit te gaan dat iedereen emotioneel in staat is zijn hoogste potentieel te bereiken. Ik ben vaker dan me lief is verliefd geworden op het hoogste bereik van een man, in plaats van op de man zelf, en daarbij heb ik lang (soms veel te lang) vastgehouden aan de relatie, wachtend tot de man zijn geweldige potentieel waarmaakte. Vaak ben ik in de romantiek het slachtoffer geworden van mijn eigen optimisme.

Ik trouwde jong en snel, uit liefde en hoop, maar zonder al te veel discussie over wat het huwelijk daadwerkelijk inhield. Niemand gaf me enig advies over mijn huwelijk. Mijn ouders hadden me opgevoed tot een onafhankelijke vrouw die haar eigen boontjes kan doppen en zelf haar beslissingen kon nemen. Tegen de tijd dat ik vierentwintig werd, nam iedereen aan dat ik in staat was zelf mijn keuzes te maken, helemaal zelfstandig. Natuurlijk heeft de wereld er niet altijd zo uitgezien. Als ik tijdens enige andere eeuw van het westerse patriarchaat was geboren, zou ik zijn beschouwd als het eigendom van mijn vader, tot het moment dat die me overdeed aan mijn echtgenoot, zodat ik diens eigendom werd. Ik zou bitter weinig te zeggen hebben gehad over de belangrijkste zaken van mijn eigen leven. Ooit zou mijn vader een man die naar mijn hand dong plaats hebben doen nemen en hem een hele waslijst vragen hebben voorgelegd om te kijken of hij wel een geschikte partner voor me zou zijn. Hij zou hebben willen weten: 'Hoe ben je van plan voor mijn dochter te zorgen? Wat heb je voor reputatie binnen deze gemeenschap? Hoe is je gezondheid? Waar ben je van plan haar te laten wonen? Hoe groot zijn je schulden en spaartegoeden? Wat zijn je beste karaktereigenschappen?' Mijn vader zou me niet zomaar met de eerste de beste man hebben laten trouwen op wie ik toevallig verliefd was. Maar in dit moderne leven kwam mijn moderne vader er helemaal niet aan te pas toen ik besloot te trouwen. Hij zou zich niet met die beslissing bemoeid hebben. Hij zegt me toch ook niet hoe ik mijn haar moet knippen?

Geloof me, ik heb geen nostalgisch verlangen naar het patriarchaat. Maar wat ik me tegenwoordig wel realiseer is dat toen het patriarchale systeem (terecht) werd ontmanteld, het niet echt werd vervangen door een andere vorm van bescherming. Ik bedoel: het is nooit bij me opgekomen om een vrijer dezelfde lastige vragen te stellen die mijn vader hem in een ander tijdperk misschien zou hebben gesteld. Ik heb mezelf vele keren weggegeven in de liefde, gewoon uit pure verliefdheid. En daarbij heb ik soms mijn hele hebben en houwen weggegeven. Als ik echt een zelfstandige vrouw wil worden, moet ik de rol van mijn eigen voogd overnemen. Gloria Steinem gaf vrouwen ooit het inmiddels beroemde advies om te proberen zelf te worden zoals de mannen met wie ze altijd al hadden willen trouwen. Wat ik pas sinds kort besef is dat ik niet alleen mijn eigen man moet worden, maar ook mijn eigen vader. En daarom stuurde ik mezelf die avond alleen naar bed. Omdat ik het gevoel had dat het nog te vroeg was om een in mij geïnteresseerde heer te ontvangen.

Desalniettemin werd ik om twee uur 's nachts wakker met een diepe zucht en een lichamelijke honger die zo intens was dat ik geen idee had hoe ik hem moest stillen. Om de een of andere reden zat de geschifte kat die in mijn huis woont somber te jammeren, en ik zei tegen hem: 'Ik weet precies hoe je je voelt.' Ik moest iets aan mijn verlangen doen, en dus stond ik op, ging in mijn nachtpon naar de keuken, schilde een halve kilo aardappels, kookte die, sneed ze in plakjes, bakte ze in boter, deed er een royale hoeveelheid zout op en at ze allemaal op, waarbij ik mijn lichaam de hele tijd bleef vragen of het alsjeblieft de bevrediging van een halve kilo gebakken aardappeltjes wilde aanvaarden in plaats van de voldoening van een vrijpartij.

Pas toen het al het eten tot op de laatste kruimel had opgegeten, antwoordde mijn lichaam: 'Vergeet het maar, meid.'

En dus ging ik weer in bed liggen, zuchtte van verveling en begon te...

Goed. Even iets over masturbatie, als je het niet erg vindt. Soms kan het een handig (vergeef me) middel zijn, maar soms kan het ook zo verschrikkelijk onbevredigend zijn dat je je er alleen nog maar rotter van gaat voelen. Na anderhalf jaar zonder seks, na anderhalf jaar mijn eigen naam uitroepen in mijn eenpersoonsbed, begon ik het een beetje zat te worden. Maar goed, vannacht, in die rusteloze toestand – wat moest ik anders? De aardappels hadden niet gewerkt. En dus gaf ik weer toe aan mijn eigen lusten. Zoals gewoonlijk bladerde mijn verstand door zijn reservevoorraad erotische bestanden, op zoek naar het fantasietje of de herinnering waarmee het het snelst zou lukken. Maar niets wilde echt werken vannacht – niet de brandweermannen, niet de piraten, niet de stoute Bill Clinton-scène voor noodgevallen waarmee ik het meestal wel voor elkaar krijg, en zelfs niet de Victoriaanse heren die zich in hun salon om me verdrongen met hun speciale eenheid bekoorlijke jonge maagden. Uiteindelijk was er maar één ding dat me bevrediging schonk: het schoorvoetend tot mijn brein toegelaten idee dat mijn goede vriend uit Brazilië bij me in bed kwam liggen... en boven op me...

Toen viel ik in slaap. Toen ik weer wakker werd, was het zowel buiten als in mijn slaapkamer doodstil. Aangezien ik me nog altijd in de war en uit balans voelde, trok ik een aanzienlijk deel van mijn ochtend uit om alle 182 verzen van de Gurugita (de grote, louterende basishymne van mijn ashram in India) te zingen. Toen bleef ik een uur lang in zinderende stilte mediteren, totdat ik het eindelijk weer voelde: de bijzondere, constante, heldere-luchtachtige, nergens-iets-mee-te-maken-hebbende, zich-nooit-verplaatsende, naamloze en onveranderlijke volmaaktheid van mijn eigen geluk. Dat geluk dat echt beter is dan al het andere op deze planeet, en dat inclusief ziltige, smeuïge zoenen en zelfs nog zoutere en smeuïgere aardappeltjes.

Ik was heel blij dat ik de beslissing had genomen om alleen te blijven.

97

En dus was ik de volgende avond eigenlijk wel verbaasd toen Felipe – nadat hij thuis bij hem voor me had gekookt en we urenlang samen op zijn bank hadden gehangen en allerlei onderwerpen hadden besproken en hij onverwachts even tegen me aan was komen zitten en zijn gezicht naar mijn oksel had gebracht en had gezegd hoe geweldig hij die fantastische gore stank van mij wel niet vond – eindelijk zijn hand op mijn wang legde en zei: 'Zo is het wel welletjes, lieve schat. Kom mee naar mijn bed,' en ik het nog deed ook.

Inderdaad ja, ik ging met hem mee naar zijn bed, in die slaapkamer met de grote open ramen met uitzicht op de nacht en de doodstille Balinese rijstvelden. Hij trok de doorzichtige witte klamboe die om zijn bed heen hing open en leidde me naar binnen. Toen hielp hij me uit mijn jurk met de tedere bedrevenheid van een man die duidelijk jarenlang met liefde zijn kinderen in bad had gestopt, en hij legde me zijn voorwaarden voor: dat hij absoluut niets van me verlangde behalve toestemming om me net zo lang te aanbidden als ik zelf wilde. Kon ik daarmee leven?

Aangezien ik mijn stem ergens tussen de bank en het bed was kwijtgeraakt, knikte ik alleen maar. Verder viel er niets meer te zeggen. Ik had een tijdlang een ascetisch, eenzaam leven geleid. Ik had het er goed van afgebracht. Maar Felipe had gelijk – zo was het wel welletjes.

'Oké,' antwoordde hij. Glimlachend haalde hij een paar kussens uit de weg en rolde hij mijn lichaam onder het zijne. 'Laten we hier eens wat orde op zaken stellen.'

Wat eigenlijk wel geestig was, aangezien dat moment het einde inluidde van al mijn pogingen om alles op orde te hebben.

Later zou Felipe me vertellen hoe hij me die nacht had gezien. Hij zei dat ik een heel jeugdige indruk had gemaakt, helemaal niet de zelfverzekerde vrouw die hij overdag had leren kennen. Hij zei dat ik er verschrikkelijk jong had uitgezien, maar ook open en opgewonden en opgelucht vanwege de erkenning, en moe van het dapper-zijn. Hij zei dat het duidelijk was dat ik al lang niet meer was aangeraakt. Volgens hem liep ik over van de behoeftigheid maar was ik ook dankbaar dat ik de kans kreeg om uiting te geven aan die behoeftigheid. En hoewel dát me eerlijk gezegd niet allemaal zo bijstaat, geloof ik hem op zijn woord, want hij leek wel heel aandachtig op me te letten.

Wat me overwegend bijstaat aan die avond is de golvende witte klamboe die ons omringde. Die leek wel een parachute, en ik had het gevoel dat ik nu met die parachute uit de zijdeur van het stevige, gepantserde vliegtuig sprong dat me de afgelopen jaren uit een zeer zware periode in mijn leven had gered. Inmiddels was mijn duurzame vliegmachine echter midden in de lucht achterhaald geworden, en dus stapte ik nu uit dat vastberaden eenmotorige eenrichtingsvliegtuig en liet me door deze wapperende witte parachute naar beneden slingeren, door de vreemde, lege dampkring tussen mijn verleden en mijn toekomst heen, en veilig op de aarde neerzetten, hier op dit kleine, bedvormige eilandje, alleen bewoond door een knappe Braziliaanse schipbreukeling, een matroos die zelf ook zo lang alleen was geweest dat hij zo aangenaam verrast was door mijn 'komst' dat hij ineens al zijn Engels kwijt was en telkens wanneer hij naar mijn gezicht keek alleen nog maar deze vijf woorden kon uitbrengen: 'mooi', 'mooi', 'mooi', 'mooi' en 'mooi'.

98

Natuurlijk deden we geen oog dicht. En toen moest ik er – het was te bespottelijk voor woorden – *vandoor*. De volgende ochtend moest ik idioot vroeg terug naar huis omdat ik een afspraak had met mijn vriend Yudhi. Hij en ik hadden al tijden geleden afgesproken om uitgerekend deze week samen met de auto door Bali te gaan toeren. Dat idee hadden we op een avond bij mij thuis opgevat toen Yudhi had gezegd dat hij afgezien van zijn vrouw en Manhattan vooral het autorijden aan Amerika miste – het idee dat je gewoon met een paar vrienden in een auto kon stappen en op avontuur kon gaan, dat je zulke enorme afstanden kon afleggen op die geweldige, eindeloze snelwegen. Ik zei tegen hem: 'Oké, dan gaan we gewoon samen een flinke reis maken op Bali, met de auto, op zijn Amerikaans.'

Dat hadden we allebei een hilarisch idee gevonden, want je kunt op Bali met geen mogelijkheid op zijn Amerikaans een rondreis met de auto maken. Ten eerste zijn er geen enorme afstanden op een eiland dat even klein is als Delaware. En verder zijn de 'snelwegen' hier verschrikkelijk en ook nog eens waanzinnig gevaarlijk vanwege de krankzinnige, alomtegenwoordige Balinese versie van het Amerikaanse minibusje voor het hele gezin: een motorfietsje met vijf mensen erop (een vader die met de ene hand rijdt en met de andere een pasgeboren baby tegen zich aan klemt alsof hij een American football-speler is die de bal heeft, terwijl ma met haar strakke sarong aan en een mand op haar hoofd met haar benen opzij achterop zit en haar tweeling van peuterleeftijd aanspoort om niet van de voortsnellende motor te vallen, die waarschijnlijk aan de verkeerde kant van de weg rijdt en geen koplamp heeft). Helmen dragen ze hier nauwelijks, maar ze worden wel vaak – ik ben er nooit achter gekomen waarom – bij de hand gehouden. Stel je maar tientallen van die zwaar beladen motoren voor die allemaal roekeloos te hard rijden en allemaal als een woeste, gemotoriseerde dans tussen elkaar door zigzaggen en elkaar ontwijken, dan heb je een aardig beeld van het leven op de Balinese snelwegen. Ik snap niet dat er nog Balinezen over zijn die níet bij een verkeersongeval om het leven zijn gekomen.

Toch besloten Yudhi en ik het te doen: er een weekje vandoor gaan, een auto huren, kriskras over het piepkleine eiland rijden en net doen alsof we in Amerika zijn en allebei helemaal vrij zijn. Toen we het plan vorige maand bedachten, leek het me heerlijk, maar nu – terwijl ik met Felipe in bed lig en hij mijn vingertoppen, onderarmen en schouders kust en me aanmoedigt om vooral nog even te blijven liggen – maakt de timing een wat ongelukkige indruk. Maar ik moet gaan. En in zekere zin wil ik dat ook. Niet alleen om een weekje met mijn vriend Yudhi door te brengen, maar ook om een beetje bij te komen van mijn grote nacht met Felipe, om te wennen aan het nieuwe feit dat ik, zoals ze in romans zeggen, *een minnaar heb genomen*.

En dus zet Felipe me met nog één laatste hartstochtelijke omhelzing thuis af, waar ik nog net genoeg tijd heb om te douchen en weer een beetje tot mezelf te komen voordat Yudhi met onze huurauto op de stoep staat. Hij werpt één blik op me en zegt: '*Dude*, hoe laat was je vannacht thuis?'

Ik zeg: '*Dude*, ik ben vannacht helemaal niet thuisgekomen.'

Hij zegt: '*Duuuuuuuuude*,' en begint dan te lachen. Waarschijnlijk herinnert hij zich ons gesprek van twee weken geleden, waarin ik serieus opperde dat ik misschien wel nooit meer van mijn leven aan seks zou doen. Hij zegt: 'Dus je hebt je toch maar bedacht, hè?'

'Yudhi,' antwoord ik, 'ik zal je een verhaal vertellen. Afgelopen zomer ging ik, vlak voordat ik uit Amerika wegging, op bezoek bij mijn opa en oma die net buiten New York wonen. De vrouw van mijn opa – zijn tweede vrouw – is een heel leuk mens van in de tachtig. Ze heet Gale. Op een gegeven moment haalde ze een oud fotoalbum te voorschijn en liet ze me foto's zien uit de jaren dertig, toen ze op haar achttiende met haar twee beste vriendinnen en een chaperonne een jaar op reis ging naar Europa. Ze bladert wat door dat album en laat me allemaal fantastische oude foto's van Italië zien, en dan komen we ineens bij een foto van een verschrikkelijk leuke jonge Italiaan in Venetië. Ik zeg: "Gale, wat is dat voor een lekker ding?" Zij zegt: "Dat is de zoon van de eigenaar van het hotel waar we in Venetië verbleven. Dat was mijn vriendje." Ik zeg: "Je vríendje?" En die lieve vrouw van mijn opa kijkt me heel ironisch aan, met zo'n zwoele Bette Davis-achtige blik, en zegt: "Ik begon het zat te worden om alleen maar kerken te bekijken, Liz.'"

Yudhi geeft me een high five. 'Kicken, *dude*.'

Zo beginnen we aan onze nep-Amerikaanse tour door Bali, ik en dat coole, jonge Indonesische muzikale genie in ballingschap, met achter in de auto een heleboel gitaren, bier en het Balinese equivalent van Amerikaanse snacks voor onderweg: een Japanse notenmix en plaatselijke snoepjes die verschrikkelijk smaken. De details van onze reis staan me niet meer helemaal helder voor de geest; ze zijn een beetje uitgevlakt door alle gedachten aan Felipe die me afleidden en de rare waas die altijd over lange autotochten hangt, in welk land je je ook bevindt. Wat ik me wel herinner is dat Yudhi en ik de hele tijd Amerikaans spreken, een taal die ik al een tijd niet meer heb gesproken. Natuurlijk heb ik het hele jaar door *Engels* gesproken, maar geen *Amerikaans*, en zeker niet het soort hiphop-Amerikaans dat Yudhi leuk vindt. Dus nu geven we ons daar volledig aan over. Terwijl we in de auto zitten, veranderen we in een stel MTV-kijkende pubers die elkaar net als tieners in Hoboken lopen af te zeiken en elkaar voortdurend *dude* en *man* noemen, en soms – met grote genegenheid – *homo*. Veel van onze dialogen draaien om liefdevolle beledigingen aan het adres van elkaars moeder.

'*Dude*, waar heb je die plattegrond gelaten?'

'Waarom vraag je niet gewoon aan je moeder waar ik die plattegrond heb gelaten?'

'Zou ik graag doen, man, maar daar is ze veel te dik voor.'

Enzovoort.

We gaan niet eens het binnenland van Bali in; we rijden gewoon de hele week langs de kust en het is een en al strand, strand, strand wat de klok slaat. Soms varen we met een vissersbootje naar een eilandje, om te kijken wat daar allemaal gebeurt. Er zijn zo veel verschillende soorten stranden op Bali. De ene dag liggen we op het lange, hippe, Zuid-Californië-achtige wit-zand-met-brandingstrand van Kuta, dan gaan we naar de onheilspellende, zwarte, rotsachtige schoonheid van de westkust, en vervolgens passeren we de onzichtbare Balinese scheidslijn waar gewone toeristen nooit overheen lijken te gaan, en komen we bij de woeste stranden aan de noordkust waar alleen surfers zich wagen (en dan ook nog eens alleen de heel geschifte). We zitten op het strand en kijken naar de gevaarlijke golven en de gestroomlijnde bruine en blanke Indonesische en westerse surfers die als ritssluitingen door het water klieven en met een ruk de achterkant van de blauwe feestjurk van de oceaan opentrekken. We kijken hoe de surfers zich met botbrekende overmoed op het koraal en de rotsen laten storten, om vervolgens weer het water in te gaan om zich aan de volgende golf te wagen, en we zeggen verbijsterd: '*Dude*, die is gek!'

Precies zoals de bedoeling was, vergeten we terwijl we in die huurauto rondrijden, junkfood eten, Amerikaanse liedjes zingen en waar we maar kunnen pizza eten urenlang (helemaal ten behoeve van Yudhi) dat we ons in Indonesië bevinden. Als we eens overstelpt worden met bewijzen dat onze omgeving toch echt Balinees is, doen we ons best om dat te negeren en doen we alsof we terug zijn in Amerika. Dan vraag ik: 'Wat is de beste route om langs deze vulkaan te komen?' en dan zegt Yudhi: 'Volgens mij moeten we de I-95 nemen,' waarop ik dan weer zeg: 'Ja, maar dan moeten we helemaal door Boston, en dat midden in de avondspits...' Het is maar een spelletje, maar het werkt wel.

Soms ontdekken we rustige stukjes blauwe oceaan en dan zwemmen we de hele dag, en mogen van elkaar al om tien uur 's ochtends aan het bier (*'Dude*, er zitten geneeskrachtige kruiden in'). We raken met iedereen die we tegenkomen bevriend. Yudhi is het soort jongen dat als hij op het strand loopt en een man een boot ziet bouwen, stilstaat en zegt: 'Wow! Ben je een boot aan het bouwen?' En zijn nieuwsgierigheid is zo volmaakt innemend dat we even later uitgenodigd worden om een jaar bij het gezin van de botenbouwer te komen logeren.

's Avonds gebeuren er vreemde dingen. We lopen in the middle of nowhere tegen geheimzinnige tempelrituelen aan en laten ons hypnotiseren door het koor van stemmen, trommels en gamelan. In een dorpje aan de kust is de hele plaatselijke bevolking op een verduisterde straat op de been voor een verjaardagsceremonie; Yudhi en ik worden allebei uit de menigte geplukt (geëerde vreemdelingen) en uitgenodigd om met het mooiste meisje van het dorp te dansen, dat is behangen met goud, juwelen, wierook en make-up die Egyptisch aandoet (waarschijnlijk is ze een jaar of dertien, maar ze beweegt haar heupen met het zachte, sensuele vertrouwen van een schepsel dat weet dat ze zo'n beetje elke god kan verleiden die ze wil verleiden). De volgende dag stuiten we in hetzelfde dorp op een merkwaardig familierestaurant waarvan de Balinese eigenaar verkondigt dat hij geweldig Thais kan koken, wat beslist niet het geval is, maar toch blijven we er de hele dag hangen, koude cola drinken, vettige *pad thai* eten en bordspelletjes doen met de elegante, verwijfde tienerzoon van de eigenaar. (Pas later dringt het tot ons door dat die beeldschone jongen weleens de mooie danseres van de vorige avond zou kunnen zijn; Balinezen zijn meesters in de rituele travestie.)

Elke dag bel ik Felipe van de eerste de beste dorpstelefoon die ik kan vinden, en dan vraagt hij: 'Hoeveel nachtjes nog tot je weer bij me terug bent?' Hij zegt tegen me: 'Ik vind het heerlijk om verliefd op jou te worden, lieve schat. Het voelt zo natuurlijk, alsof het iets is wat ik zo'n beetje om de week meemaak, maar in feite heb ik al bijna dertig jaar niet meer zoiets voor iemand gevoeld.'

Ik heb nog niet helemaal het niveau bereikt waarop ik een vrije val in de liefde aandurf. Ik maak aarzelende tegenwerpingen, kleine waarschuwinkjes dat ik over een paar maanden weer wegga. Felipe trekt zich daar niets van aan. Hij zegt: 'Misschien is dit gewoon weer zo'n stom romantisch Zuid-Amerikaans idee, maar één ding moet je goed begrijpen: lieve schat, voor jou ben ik zelfs bereid te lijden. Wat de toekomst ook voor pijnlijke zaken voor ons in petto heeft, ik aanvaard ze nu al, gewoon omdat ik het fijn vind om nu iets met je te hebben. Laten we er gewoon van genieten. Het is een heerlijke tijd.'

Ik zeg tegen hem: 'Weet je, het is raar, maar voordat ik jou tegenkwam overwoog ik serieus om voor altijd alleen en celibatair te blijven. Ik dacht dat ik misschien een spiritueel, beschouwend leven moest leiden.'

Hij zegt: 'Een beschouwend leven? Neem dit maar eens in beschouwing, lieve schat...' en vervolgens vertelt hij me in geuren en kleuren wat hij allemaal van plan is om als eerste, tweede, derde, vierde en vijfde met mijn lichaam te doen als hij me straks weer alleen in zijn bed heeft. Na het telefoontje wankel ik een beetje met knikkende knieën weg, blij en in de war door al die nieuwe hartstocht.

De laatste dag van onze reis liggen Yudhi en ik urenlang ergens op een strand, waar we (beslist niet voor het eerst) over New York beginnen te praten – wat een geweldige stad het is en hoeveel we er wel niet van houden. Yudhi zegt dat hij de stad bijna evenveel mist als zijn vrouw – alsof New York een mens is, een familielid dat hij heeft verloren sinds hij het land is uitgezet. Terwijl we zitten te praten strijkt Yudhi een mooi leeg stukje wit zand tussen onze handdoeken glad en tekent hij een plattegrond van Manhattan. Hij zegt: 'Laten we proberen alles in te vullen wat we ons van de stad kunnen herinneren.' Met onze vingertoppen tekenen we alle 'avenues', de voornaamste dwarsstraten, de rommel die Broadway ervan maakt omdat hij dwars over het eiland loopt, de rivieren, Greenwich Village en Central Park. We kiezen een mooi, dun schelpje uit dat het Empire State Building moet voorstellen, en een ander schelpje staat voor het Chrysler Building. Uit eerbied pakken we twee stokjes en zetten we de Twin Towers weer terug aan de onderkant van het eiland, waar ze horen.

Met behulp van deze zanderige plattegrond laten we elkaar onze lievelingsplekjes in New York zien. Hier heeft Yudhi de zonnebril gekocht die hij nu opheeft; hier heb ik de sandalen gekocht die ik nu aanheb. Hier had ik mijn eerste etentje met mijn ex-man; hier heeft Yudhi zijn vrouw leren kennen. Hier hebben ze het beste Vietnamese eten van de stad, hier de beste *bagels*, en hier de beste noedels. ('Echt niet, *homo* – híer hebben ze de beste noedels.') Ik teken een plattegrond van mijn oude buurt, Hell's Kitchen, en Yudhi zegt: 'Daar ken ik een goed eethuisje.'

'Tick-Tock, Cheyenne of Starlight?' vraag ik.

'Tick-Tock, *dude*.'

'Heb je de *egg creams* van Tick-Tock weleens geprobeerd?'

Hij kermt vol verlangen: 'O god, praat me er niet van...'

Zijn verlangen naar New York is zo intens dat ik het even aanzie voor mijn eigen verlangen naar New York. Zijn heimwee is zo besmettelijk dat ik een fractie van een seconde vergeet dat ikzelf op een dag gewoon terug kan naar Manhattan, wat er voor hem niet in zit. Hij rommelt een beetje aan de twee stokjes die de Twin Towers moeten voorstellen, zet ze iets steviger vast in het zand, kijkt naar de stille blauwe oceaan en zegt: 'Ik weet dat het hier mooi is... maar denk je dat ik Amerika ooit nog eens terugzie?'

Wat moet ik daarop zeggen?

Er valt een stilte. Dan spuugt hij het vieze, harde Indonesische snoepje waar hij al een uur op zuigt uit en zegt: '*Dude*, dat spul smaakt naar schijt. Waar haal je die troep toch vandaan?'

'Bij je moeder, *dude*,' zeg ik. 'Bij je moeder.'

99

Als we weer terug zijn in Ubud, ga ik rechtstreeks terug naar het huis van Felipe en kom ik bijna een maand zijn slaapkamer niet meer uit. Dat is maar een pietsje overdreven. Nog nooit heeft iemand zo van me gehouden en me zo aanbeden, met zo veel genot en doelbewuste concentratie. Nog nooit eerder ben ik zo door het liefdesspel van mijn buitenste laag ontdaan, aan het licht gebracht, ontvouwd en door elkaar geschud.

Wat ik wel over intimiteit weet, is dat er bepaalde natuurwetten zijn die bepalen hoe twee mensen elkaar seksueel ervaren, en dat je evenmin aan deze wetten kunt tornen als je met de zwaartekracht kunt onderhandelen. Je kunt niet zelf beslissen of je je lichamelijk bij het lichaam van een ander op je gemak voelt. Het doet er nauwelijks toe hoe twee mensen denken, zich gedragen, praten of er zelfs uitzien. Die geheimzinnige magneet is er, ergens ver achter het borstbeen verstopt, of hij is er niet. Als hij er niet is, kun je hem niet (zoals ik in het verleden wel heb geleerd, met hartverscheurende duidelijkheid) dwingen om wel te bestaan, evenmin als een chirurg het lichaam van een patiënt kan dwingen om een nier van een verkeerde donor te accepteren. Mijn vriendin Annie zegt dat het allemaal neerkomt op één simpele vraag: 'Wil je voor altijd met je buik tegen de buik van die ander aan blijven liggen, of niet?'

Felipe en ik zijn, zoals we tot onze vreugde ontdekken, een volmaakt op elkaar afgestemd, genetisch geconstrueerd buik-tegen-buiksucces. Er zijn geen delen van ons lichaam die op enige manier allergisch zijn voor delen van het lijf van de ander. Niets is gevaarlijk, niets is moeilijk, niets wordt geweigerd. Alles in ons sensuele universum wordt – eenvoudig en diepgaand – door de ander gecomplementeerd. En ook gecomplimenteerd.

'Moet je kijken,' zegt Felipe. Na onze zoveelste vrijpartij neemt hij me mee naar een spiegel en laat hij me mijn naakte lichaam zien, en mijn haar, dat eruitziet alsof ik net uit een centrifuge van het trainingscentrum van de NASA kom. Hij zegt: 'Moet je kijken hoe mooi je bent... Al jouw lijnen zijn rondingen... Je ziet eruit als een duinlandschap...'

(En inderdaad, ik geloof niet dat mijn lichaam er van zijn leven zo ontspannen heeft uitgezien of zo ontspannen heeft aangevoeld, althans niet meer sinds ik misschien zes maanden was en mijn moeder foto's nam terwijl ik geheel verzadigd op een handdoek op het aanrecht lag na een lekker badje in de gootsteen.)

En dan neemt hij me mee terug naar bed en zegt in het Portugees: 'Vem, gostosa.'
Kom hier, lekker hapje van me.
Felipe is ook een ster in koosnaampjes. In bed vervalt hij regelmatig in het Portugees, dus nu ben ik van zijn 'mooie lieve schatje' gepromoveerd tot zijn *queridinha* (letterlijke vertaling: 'mooi lief schatje'). Ik ben hier op Bali te lui geweest om te proberen Indonesisch of Balinees te leren, maar met Portugees heb ik opeens helemaal geen moeite. Natuurlijk leer ik alleen maar lieve woordjes, maar beter kun je het Portugees eigenlijk nauwelijks gebruiken. Hij zegt: 'Lieve schat, ooit ga je er genoeg van krijgen. Je zult uitgekeken raken op al die liefkozingen en al die keren per dag dat ik je vertel hoe mooi je bent.'
Ha. Dat zullen we nog weleens zien.
Ik raak nu hele dagen kwijt, dagen waarop ik onder zijn lakens, onder zijn handen verdwijn. Het heeft wel iets, niet weten welke datum het is. Van mijn heerlijk duidelijke dagindeling is niets meer over. Uiteindelijk ga ik op een middag voor het eerst sinds tijden langs bij mijn medicijnman. Ik heb nog geen woord uitgebracht of Ketut ziet de waarheid al op mijn gezicht.
'Jij hebt vriendje gevonden op Bali,' zegt hij.
'Ja, Ketut.'
'Goed. Wees voorzichtig jij niet zwanger raken.'
'Zal ik doen.'
'Hij goede man?'
'Zeg jij het maar, Ketut,' zei ik. 'Jij hebt zijn hand gelezen. Jij verzekerde me dat hij een goed mens was. Dat heb je wel zeven keer gezegd.'
'Echt waar? Wanneer?'
'In juni. Ik heb hem een keer meegenomen. Je weet wel, die Braziliaan, ouder dan ik. Je zei tegen me dat je hem aardig vond.'

'Niet waar,' hield hij vol, en ik kon hem met geen mogelijkheid van het tegendeel overtuigen. Soms vergeet Ketut dingen; dat zou jou ook overkomen als je ergens tussen de 65 en 112 was. Meestal is hij helder en scherp, maar soms heb ik het gevoel dat ik hem uit een ander bewustzijnsniveau heb gehaald, uit een ander universum. (Zo zei hij een paar weken geleden helemaal vanuit het niets tegen me: 'Jij bent goede vriendin voor mij, Liss. Trouwe vriendin. Liefhebbende vriendin.' Toen zuchtte hij, staarde wat voor zich uit en voegde er somber aan toe: 'Heel anders dan Sharon.' Wie is *Sharon* nu weer? Wat heeft zij hem aangedaan? Toen ik hem ernaar probeerde te vragen, wilde hij me geen antwoord geven. Hij deed net alsof hij ineens geen idee had over wie ik het had. Alsof ík degene was die die vuile dievegge van een Sharon ter sprake had gebracht!)

'Waarom jij nooit jouw vriendje meenemen om mij te ontmoeten?' vroeg hij me nu.

'Heb ik wel gedaan, Ketut. Echt waar. En jij zei tegen me dat je hem aardig vond.'

'Kan ik niet herinneren. Hij rijke man, jouw vriendje?'

'Nee, Ketut. Rijk is hij niet. Maar hij heeft geld genoeg.'

'Gemiddeld rijk?' De medicijnman wil details, spreadsheets.

'Hij heeft geld genoeg.'

Mijn antwoord lijkt Ketut te irriteren. 'Jij vraagt deze man geld, kan hij jou geven of niet?'

'Ketut, ik wíl geen geld van hem. Ik heb nog nooit geld aangenomen van een man.'

'Jij brengt elke nacht met hem door?'

'Ja.'

'Goed. Hij verwent jou?'

'Ja, heel erg.'

'Goed. Jij mediteert nog?'

Ja, ik mediteer nog steeds elke dag van de week. Dan glip

ik het bed van Felipe uit, naar de bank, waar ik in stilte kan gaan zitten en een beetje dankbaarheid voor dit alles kan betuigen. Voor zijn veranda banen de eenden zich kwakend, kakelend en alle kanten op spetterend een weg door de rijstvelden. (Felipe zegt dat die drukke groepjes Balinese eenden hem altijd doen denken aan Braziliaanse vrouwen die op de stranden van Rio lopen te flaneren: ze kletsen wat af, vallen elkaar voortdurend in de rede en wiegen met grote trots met hun achterste. Ik ben nu zo ontspannen dat ik zo'n beetje in mijn meditatie stap alsof het een bad is dat mijn minnaar net voor me heeft laten vollopen. Naakt in de ochtendzon, met alleen een dun dekentje om mijn schouders, verdwijn ik in de genade en blijf ik boven de leegte zweven als een klein schelpje dat op een theelepel ligt te balanceren.

Waarom heeft het leven me ooit zo ingewikkeld geleken?

Op een dag bel ik mijn vriendin Susan in New York en luister terwijl ze me het laatste nieuws over haar laatste gebroken hart vertelt, met het typisch grootstedelijke geloei van politiesirenes op de achtergrond. Met de coole, gladde stem van een dj die 's avonds laat zijn eigen jazzprogramma op de radio presenteert zeg ik tegen haar dat ze alles gewoon los moet laten, *man*, dat ze moet leren dat alles gewoon volmaakt is zoals het nu is, dat het universum wel voor je zorgt, schat, en dat het daar buiten een en al vrede en harmonie is...

Ik kan haar bijna met haar ogen horen rollen wanneer ze boven de sirenes uit zegt: 'Zei de vrouw die vandaag al vier orgasmes heeft gehad.'

100

Na een paar weken kreeg ik echter de rekening gepresenteerd voor al dat stoeien en spelen. Na al die nachten waarop ik niet sliep en al die dagen waarop we te veel vreeën, sloeg mijn lichaam terug en kreeg ik te kampen met een gemene blaasontsteking. Typisch zo'n aandoening van mensen die te veel aan seks doen, en die vooral toeslaat als je niet meer gewend bent om veel aan seks te doen. Het onheil kwam snel op; het leek wel een klassieke tragedie. Op een ochtend liep ik door het dorp om wat klusjes af te handelen, en ineens sloeg ik dubbel van de brandende pijn en de koorts. Ik had weleens eerder blaasontsteking gehad, in mijn wilde jeugd, dus ik wist wat het was. Even raakte ik in paniek – het kan echt verschrikkelijk zijn – maar toen dacht ik: *Gelukkig is mijn beste vriendin op Bali genezeres*, en rende naar de winkel van Wayan.

'Ik ben ziek!' zei ik.

Ze wierp één blik op me en zei: 'Jij ziek van te veel seks maken, Liz.'

Ik kreunde en hield vol gêne mijn handen voor mijn gezicht.

Ze zei grinnikend: 'Voor Wayan heb je geen geheimen...'

Het deed godsgruwelijk zeer. Iedereen die weleens blaasontsteking heeft gehad weet hoe pijnlijk het is; als je deze specifieke kwelling nog nooit hebt meegemaakt, mag je je eigen martelmetafoor verzinnen, liefst eentje waar het woord 'kachelpook' in voorkomt.

Zoals een ervaren brandweerman of eerstehulpchirurg neemt Wayan altijd ruim de tijd voor dingen. Ze begon systematisch kruiden fijn te hakken en plantenwortels te koken, liep tussen haar keuken en mij heen en weer en bracht me het ene warme, bruine, giftig smakende brouwsel na het andere, waarbij ze steeds zei: 'Opdrinken, lieverd...'

Telkens wanneer de volgende portie op het vuur stond, kwam ze tegenover me zitten. Ze wierp me pesterige, obscene blikken toe en greep de gelegenheid aan om haar neus in mijn zaken te steken.

'Kijk jij uit voor zwanger raken, Liz?'
'Niet mogelijk, Wayan. Felipe is gesteriliseerd.'
'Felipe is gesteriliséérd?' vroeg ze, evenzeer onder de indruk alsof ze vroeg: 'Felipe heeft een villa in Toscáne?'. (Zelf denk ik er trouwens ook zo over.) 'Heel moeilijk op Bali om man zover te krijgen dat hij dit doet. Altijd vrouwenprobleem, anticonceptie.'

(Al is het wel zo dat het Indonesische geboortecijfer de laatste tijd daalt, dankzij een briljant recent geboortebeperkingsprogramma waarbij de regering iedere man die zich vrijwillig liet steriliseren als aanmoedigingspremie een nieuwe motor beloofde... hoewel ik wel hoop dat de mannen daar niet nog dezelfde dag op terug naar huis hoefden te rijden.)

'Seks is grappig,' mijmerde Wayan, terwijl ze toekeek hoe ik pijnlijke grimassen trok en nog meer van haar zelfgemaakte drankjes opdronk.

'Ja, dank je, Wayan. Echt dolkomisch.'
'Nee, echt, seks is grappig,' ging ze verder. 'Zorgt dat mensen grappige dingen doen. Iedereen krijgt dit aan begin van liefde. Je wilt te veel geluk, te veel plezier, totdat je jezelf ziek maakt. Zelfs Wayan overkomt dit aan begin van nieuwe relatie. Evenwicht kwijt.'

'Best wel gênant,' zei ik.
'Helemaal niet,' zei ze. Toen voegde ze er in volmaakt Engels (en volgens volmaakte Balinese logica) aan toe: 'Soms uit liefde je evenwicht verliezen maakt deel uit van het leiden van een evenwichtig leven.'

Ik besloot Felipe te bellen. Ik had wat antibiotica in huis, een noodvoorraad die ik altijd bij me heb als ik op reis ga, gewoon voor het geval dat. Aangezien ik eerder dit soort ontstekingen heb gehad, weet ik hoe erg ze kunnen zijn; ze kunnen zelfs omhoogtrekken naar je nieren. Daar had ik geen zin in, niet in Indonesië. Dus belde ik hem en vertelde ik hem wat er was gebeurd (hij schaamde zich dood) en vroeg ik hem me de pillen te komen brengen. Niet zozeer omdat ik geen vertrouwen had in Wayans geneeskrachtige gaven als wel omdat het echt verschrikkelijk pijn deed...

Ze zei: 'Je hebt geen westerse pillen nodig.'

'Maar misschien is het beter, gewoon voor de zekerheid...'

'Geef twee uur,' zei ze. 'Als ik je niet beter maak, mag je je pillen nemen.'

Met tegenzin stemde ik in. Mijn ervaring met dit soort ontstekingen is dat het dagen kan duren voordat ze over zijn, zelfs met sterke antibiotica. Maar ik wilde haar niet voor het hoofd stoten.

Tutti zat in de winkel te spelen en bleef me tekeningetjes van huizen brengen om me op te vrolijken. Ze aaide me over mijn hand met het medeleven van een kind van acht. 'Mama Elizabeth ziek?' Gelukkig wist ze niet hóe ik zo ziek was geworden.

'Heb je je huis al gekocht, Wayan?' vroeg ik.

'Nog niet, lieverd. Geen haast.'

'En die plek die je zo mooi vond dan? Ging je die niet kopen?'

'Kwam erachter niet te koop. Te duur.'

'Heb je nog andere plekken op het oog?'

'Nu geen zorgen over maken, Liz. Eerst moet jij zelf snel beter voelen.'

Felipe arriveerde met mijn medicijnen en een gezicht vol wroeging. Hij bood zijn excuses aan, zowel aan mijzelf als aan Wayan, omdat hij degene was die me met deze pijn had opgezadeld – althans, zo zag hij het zelf.

'Niet ernstig,' zei Wayan. 'Geen zorgen. Ik maak haar spoedig beter. Snel weer beter.'

Toen ging ze haar keuken in en kwam terug met een enorme glazen beslagkom vol bladeren, wortels, bessen, iets waarin ik kurkuma herkende, een wilde bos van iets wat eruitzag als heksenhaar, plus iets wat misschien wel een oog van een watersalamander was... en die dingen dreven in hun eigen bruine sap. Wat het ook was, er zat een paar liter in de kom, en het stonk alsof er een lijk in dreef.

'Opdrinken, lieverd,' zei Wayan. 'Alles opdrinken.'

Met moeite dronk ik het op. En nog geen twee uur later... nou ja, je weet hoe dit verhaal afloopt. Nog geen twee uur later voelde ik me prima, helemaal genezen. Een ontsteking waarvan de behandeling met westerse antibiotica dagen geduurd zou hebben was verdwenen. Ik probeerde haar te betalen voor het feit dat ze me weer boven Jan had gekregen, maar ze lachte alleen. 'Mijn zuster hoeft niet te betalen.' Toen wendde ze zich tot Felipe, zogenaamd streng: 'En nu voorzichtig met haar zijn. Vannacht alleen slapen, niet aanraken.'

'Vind je het niet gênant om mensen voor dit soort problemen te behandelen – problemen die te maken hebben met seks?' vroeg ik aan Wayan.

'Liz, ik ben genezeres. Ik los alle problemen op, met vagina's van vrouwen, met bananen van mannen. Soms voor vrouwen maak ik zelfs valse penissen. Om alleen seks mee te maken.'

'Dildo's?' vroeg ik geschokt.

'Niet iedereen heeft Braziliaans vriendje, Liz,' zei ze vermanend. Toen keek ze naar Felipe en zei opgewekt: 'Als je ooit hulp nodig hebt voor jouw banaan stijf maken, kan ik je medicijnen geven.'

Ik verzekerde Wayan met klem dat Felipe beslist geen hulp nodig had met zijn banaan, maar hij – ondernemer die hij is – viel me in de rede om Wayan te vragen of die banaanstijfmakende therapie van haar misschien gebotteld en op de markt gebracht kon worden. 'Kunnen we schatrijk van worden,' zei hij. Maar zij legde uit dat het niet zo in zijn werk ging. Al haar geneesmiddelen moeten elke dag weer vers worden bereid om effectief te zijn. Verder moeten ze vergezeld gaan van haar gebeden. Maar goed, medicijnen voor inwendig gebruik zijn niet de enige manier waarop Wayan de banaan van een man harder kan maken, verzekerde ze ons; met massage lukt het ook. Vervolgens beschreef ze, terwijl wij geschokt maar gefascineerd luisterden, welke verschillende vormen van massage ze geeft aan de bananen van impotente mannen, en hoe ze het ding bij de wortel vastpakt en het ongeveer een uur door elkaar schudt om de doorbloeding te stimuleren, terwijl ze tegelijkertijd speciale gebeden zingt.

Ik vroeg: 'Maar Wayan, wat gebeurt er als een man elke dag terugkomt en zegt: "Nog steeds niet genezen, dokter! Nog een bananenmassage nodig!"'

Ze lachte om dat dubbelzinnige beeld en gaf toe dat ze inderdaad moet uitkijken dat ze niet te veel tijd doorbrengt met het genezen van mannenbananen, omdat het bepaalde... sterke gevoelens... bij haar oproept die weleens minder goed voor haar helende krachten zouden kunnen zijn. En ja, soms raken de mannen inderdaad een beetje oververhit. (Dat zou jou ook overkomen, als je al jaren impotent was en deze mooie vrouw met haar mahoniekleurige huid en haar lange, zwarte, zijdezachte haar ineens jouw motor aan de praat kreeg.) Ze vertelde ons over de ene man die tijdens een impotentiebehandeling eens overeind sprong, haar in de kamer achterna begon te rennen, met de woorden: 'Ik heb Wayan nodig! Ik heb Wayan nodig!'

Dat is echter niet het enige wat Wayan kan. Ze vertelde ons dat ze soms ook als seksuologe fungeert voor echtparen die last hebben van impotentie of frigiditeit, of die het maar niet lukt om een baby te krijgen. Dan moet ze magische tekeningen op hun lakens maken en het stel uitleggen welke seksuele standjes geschikt zijn voor welke tijd van de maand. Ze zei dat een man die een baby wil 'heel, heel hard' gemeenschap met zijn vrouw moet hebben en 'heel, heel snel water uit zijn banaan in haar vagina moet schieten'. Soms moet Wayan zelfs in de kamer aanwezig zijn terwijl het paar copuleert, om uit te leggen hoe hard en snel het precies moet.

Ik vroeg: 'En kan die man echt heel hard en heel snel water uit zijn banaan schieten terwijl dokter Wayan op zijn vingers staat te kijken?'

Felipe doet na hoe Wayan naar het paar staat te kijken: 'Sneller! Harder! Willen jullie nou een baby of niet?'

Wayan zegt dat ze weet dat het heel ver gaat, maar dat dit nu eenmaal de taak van een genezer is. Al geeft ze wel toe dat er een heleboel reinigingsceremoniën voor en na het gebeuren nodig zijn om haar heilige geest intact te houden, en dat ze het liever niet te vaak doet omdat ze zich er 'raar' van gaat voelen. Maar als er een baby moet worden verwekt, dan zorgt ze daarvoor.

'En hebben al die echtparen nu baby's?' vroeg ik.

'Allemaal baby's!' bevestigde ze trots. Uiteraard.

Toen vertelde Wayan ons echter in vertrouwen iets uiterst interessants. Ze zei dat als het een echtpaar niet lukt om een kind te verwekken, ze zowel de man als de vrouw onderzoekt om te kijken aan wie het ligt. Als het aan de vrouw ligt, geen probleem – dat kan Wayan wel oplossen met eeuwenoude geneeskundige technieken. Maar als het aan de man ligt, nou, dat levert een lastige situatie op hier op het patriarchale Bali. In dat geval kan Wayan in medisch opzicht niet veel doen, omdat het niet echt veilig is om een Balinese man te vertellen dat hij onvruchtbaar is. Dat kan immers met geen mogelijkheid waar zijn. Per slot van rekening zijn mannen *mannen*. Als de zwangerschap uitblijft, moet dat wel aan de vrouw liggen. En als de vrouw haar man niet snel van een baby voorziet, kan ze ernstig in de problemen raken – slaag, schande of een scheiding.

'En, wat doe je in zo'n situatie?' vroeg ik, onder de indruk van het feit dat een vrouw die sperma nog 'bananenwater' noemde de diagnose mannelijke onvruchtbaarheid kon stellen.

Wayan vertelde ons het hele verhaal. Als een man onvruchtbaar is, zegt ze tegen hem dat zijn vrouw onvruchtbaar is en elke middag een priveconsult nodig heeft voor een 'geneeskundige behandeling'. Wanneer de vrouw in haar eentje naar de winkel komt, nodigt Wayan een jonge dekhengst uit het dorp uit om langs te komen en met haar naar bed te gaan, in de hoop dat daar een baby uit voortkomt.

Felipe was ontzet: 'Wayan! Nee!'

Ze knikte kalmpjes. Jazeker. 'Zo is enige manier. Als vrouw gezond is, krijgt zij baby. Dan iedereen gelukkig.'

Felipe, die zelf natuurlijk ook in het dorp woont, wilde meteen weten: 'Wie? Wie huur je in voor dit soort klusjes?'

Wayan zei: 'De chauffeurs.'

Daar moesten we allemaal om lachen, want Ubud barst van die jongens – 'chauffeurs' die op elke straathoek zitten en voorbijlopende toeristen lastigvallen met hun eindeloze verkooppraatjes: 'Transport? Transport?' Ze proberen wat te verdienen door mensen naar de vulkanen, stranden of tempels buiten de stad te brengen. In het algemeen zijn het tamelijk knappe jongens met een mooie Gauguin-huid, een gespierd lichaam en hip lang haar. In Amerika zou je een aardig zakcentje kunnen verdienen door een 'vruchtbaarheidskliniek' voor vrouwen op te zetten met zulk mooi mannelijk personeel. Volgens Wayan is het beste aan haar vruchtbaarheidsbehandeling nog wel dat de chauffeurs in het algemeen geen enkele vorm van betaling verlangen voor hun seksuele transportdiensten, vooral als de vrouw in kwestie heel leuk is. Felipe en ik moeten toegeven dat dat heel aardig is van de jongens en van grote gemeenschapszin getuigt. Negen maanden later wordt er een wolk van een baby geboren en is iedereen blij. En het allerbeste: 'Niet nodig om huwelijk te ontbinden.' Want we weten allemaal hoe vreselijk het is om een huwelijk te ontbinden, vooral op Bali.

Felipe zei: 'Mijn god, wat zijn wij mannen toch onnozele halzen.'

Wayan schaamt zich er echter niet voor. Die behandeling is alleen noodzakelijk omdat het niet mogelijk is een Balinees te vertellen dat hij onvruchtbaar is zonder het risico te lopen dat hij naar huis gaat en zijn vrouw iets verschrikkelijks aandoet. Als Balinese mannen een beetje anders in elkaar zaten, zou ze hun onvruchtbaarheid op andere manieren kunnen genezen. Maar zo zit de cultuur nu eenmaal in elkaar, dus... Ze heeft absoluut geen last van haar geweten, maar ziet het eerder als een andere manier om een creatieve genezeres te zijn. En daarbij, voegt ze eraan toe, is het soms fijn voor de vrouw om seks te maken met een van die coole chauffeurs, want de meeste getrouwde mannen op Bali hebben geen idee hoe ze de liefde moeten bedrijven.

'Meeste echtgenoten net hanen, net geiten.'

Ik stelde voor: 'Misschien moet je een cursus seksuele voorlichting geven, Wayan. Dan kun je mannen leren hoe ze vrouwen teder moeten aanraken, zodat hun vrouwen seks misschien leuker gaan vinden. Want als een man je echt teder aanraakt, je huid streelt, lieve dingetjes tegen je zegt, je hele lichaam kust en langzaam te werk gaat... dan kan seks heel fijn zijn.'

Ineens bloosde ze. Wayan Nuriyasih, die bananen masserende, blaasontsteking behandelende, dildo verkopende vrouwelijke gelegenheidspooier, bloosde zowaar.

'Ik ga me raar voelen als jij zo praat,' zei ze terwijl ze zichzelf koelte toewuifde. 'Dat gepraat, daar voel ik me... *anders* door. Zelfs in mijn onderbroek voel ik me anders! Ga naar huis nu, jullie twee. Niet meer zo over seks praten. Ga naar huis, ga naar bed, maar alleen slapen, oké? Alleen SLAPEN!'

101

Onderweg naar huis vroeg Felipe: 'Heeft ze al een huis gekocht?'

'Nog niet. Maar ze zegt dat ze op zoek is.'

'Dat geld staat nu al ruim een maand op haar rekening, niet?'

'Ja, maar de plek die ze wilde was niet te koop...'

'Wees voorzichtig, lieve schat,' zei Felipe. 'Zorg dat het niet te lang duurt. Zorg dat het niet zo'n rare Balinese toestand wordt.'

'Hoe bedoel je?'

'Ik wil me niet met jouw zaken bemoeien, maar ik woon nu vijf jaar in dit land en ik weet hoe het er hier aan toe gaat. Verhalen willen hier nog weleens ingewikkeld worden. Soms is het moeilijk om de waarheid boven tafel te krijgen over wat er precies aan de hand is.'

'Wat probeer je me duidelijk te maken, Felipe?' vroeg ik, en toen hij niet meteen antwoord gaf citeerde ik een van zijn eigen standaardzinnetjes: 'Als je het me langzaam vertelt, kan ik het snel begrijpen.'

'Wat ik je duidelijk probeer te maken, Liz, is dat je vrienden een enorm bedrag voor die vrouw hebben bijeengebracht, en dat het nu allemaal op de bankrekening van Wayan staat. Zorg dat ze er inderdaad een huis van koopt.'

102

Eind juli arriveerde, en daarmee ook mijn vijfendertigste verjaardag. In haar winkel gaf Wayan een verjaardagsfeestje voor me van een soort dat ik nog nooit eerder had meegemaakt. Eerst had ze me traditionele Balinese verjaardagskledij aangetrokken: een felpaarse sarong, een strapless bustier en een lang stuk goudkleurige stof dat ze strak om mijn bovenlijf wikkelde en dat zo'n nauwsluitend omhulsel vormde dat ik amper kon ademhalen of mijn eigen verjaardagstaart kon eten. Terwijl ze me in haar piepkleine, donkere slaapkamer (die vol stond met de bezittingen van de drie andere kleine mensjes die daar samen met haar wonen) met dat schitterende kostuum inzwachtelde tot een mummie, vroeg ze, zonder me echt aan te kijken, terwijl ze de stof rondom mijn ribben keurig instopte en vastzette: 'Heb je vooruitzicht om met Felipe te trouwen?'

'Nee,' zei ik. 'Er is geen vooruitzicht op een huwelijk. Ik wil geen echtgenoten meer, Wayan. En ik geloof niet dat Felipe ooit nog een echtgenote wil. Maar ik vind het fijn om bij hem te zijn.'

'Mooi van buitenkant is makkelijk te vinden, maar mooi van buitenkant én mooi van binnenkant – dat is niet makkelijk. Felipe heeft dat.'

Daar was ik het mee eens.

Ze glimlachte. 'En wíe brengt deze goede man naar jou, Liz? Wíe bidt elke dag om deze man?'

Ik gaf haar een zoen. 'Dank je wel, Wayan. Dat heb je goed gedaan.'

We begonnen aan het verjaardagsfeest. Wayan en de kinderen hadden de hele winkel versierd met ballonnen, palmbladeren en met de hand geschreven bordjes met ingewikkelde, ellenlange opschriften in de trant van: GEFELICITEERD AAN EEN LIEF EN VRIENDELIJK HART, AAN JOU, ONZE LIEFSTE ZUS, ONZE GELIEFDE LADY ELIZABETH, GEFELICITEERD, ALTIJD VREDE MET JOU EN GEFELICITEERD. Wayan heeft een broer wiens kleine kinderen getalenteerde tempeldansers zijn, en dus kwamen die neefjes en nichtjes langs om hier in het restaurant voor me te dansen en een indrukwekkende, beeldschone opvoering te geven die gewoonlijk is voorbehouden aan priesters. Alle kinderen waren uitgedost in goud en gigantische hoofdtooien en versierd met felle travestietenmake-up, en stampten hard met hun voeten en maakten gracieuze, vrouwelijke gebaren met hun vingers.

In het algemeen draaien Balinese feesten om het principe dat mensen hun mooiste kleren aantrekken en elkaar vervolgens gaan zitten aanstaren. Net als veel tijdschriftenfeestjes in New York dus, eigenlijk. ('Mijn god, lieve schat,' kreunde Felipe toen ik hem vertelde dat Wayan een Balinees verjaardagsfeest voor me zou geven, 'wat zal dat sááí worden...') Maar het was niet saai – hoogstens wat aan de rustige kant. En anders. Eerst was er het mooiaankledengedeelte, toen het dansvoorstellingsgedeelte, en toen het zitten-en-elkaaraanstarengedeelte, dat helemaal zo erg nog niet was. Iedereen zag er inderdaad prachtig uit. Wayans hele familie was naar de winkel gekomen, en ze bleven van een meter afstand naar me glimlachen en zwaaien, en ik bleef terugglimlachen en terugzwaaien.

De kaarsjes op de taart blies ik uit met het weesmeisje Kleine Ketut, wier verjaardag, had ik een paar weken eerder besloten, vanaf nu net als de mijne op 18 juli zou vallen, aangezien ze nog nooit jarig was geweest of een verjaardagsfeestje had gehad. Toen we de kaarsjes uitgeblazen hadden, gaf Felipe Kleine Ketut een barbiepop, die ze in verbijsterd ontzag uitpakte en waar ze vervolgens naar keek alsof het een ticket was voor een raket naar Jupiter – iets waarvan ze nooit, maar dan ook nooit, had kunnen dromen dat ze het ooit nog eens zou krijgen.

Alles aan dat feestje was anders. Het was een bizarre internationale, intergenerationele mix van een handvol vrienden van mij, familieleden van Wayan en een paar westerse cliënten en patiënten van haar die ik nooit eerder had ontmoet. Mijn vriend Yudhi nam bij wijze van felicitatie zes blikjes bier voor me mee, en ook was er een coole, jonge, hippe scenarioschrijver uit Los Angeles die Adam heette. Felipe en ik hadden Adam een paar avonden eerder in een bar leren kennen en hadden hem zelf uitgenodigd. Adam en Yudhi waren hoofdzakelijk aan de praat met een jochie, John, wiens moeder, een Duitse modeontwerpster die getrouwd is met een Amerikaan die op Bali woont, een patiënte is van Wayan. Kleine John – die zeven is en 'best wel Amerikaans', vindt hij zelf, vanwege zijn Amerikaanse vader (ook al is hij er zelf nog nooit geweest), maar die Duits spreekt met zijn moeder en Indonesisch met de kinderen van Wayan – was helemaal weg van Adam, omdat hij erachter was gekomen dat die uit Californië kwam en kon surfen.

'Wat is uw lievelingsdier, meneer?' vroeg John, waarop Adam antwoordde: 'De pelikaan.'

'Wat is een pelikaan?' vroeg het jongetje, waarop Yudhi zich in het gesprek mengde en zei: '*Dude*, weet je niet wat een pelikaan is? *Dude*, ga naar huis en ga aan je vader vragen wat een pelikaan is. Pelikanen zijn vet, *dude*.'

Toen draaide John, dat best wel Amerikaanse jochie, zich om, om in het Indonesisch iets tegen de kleine Tutti te zeggen (waarschijnlijk om haar te vragen wat een pelikaan was), terwijl Tutti bij Felipe op schoot zat te proberen mijn verjaardagskaarten te lezen en Felipe zelf prachtig

Frans zat te praten met een gepensioneerde heer uit Parijs die voor nierbehandelingen bij Wayan komt. Intussen had Wayan de radio aangezet en was Kenny Rogers 'Coward of the County' aan het zingen. Op dat moment wandelden er zomaar drie Japanse meisjes de winkel binnen om te kijken of ze een medicinale massage konden krijgen. Terwijl ik probeerde de Japanse meisjes over te halen een stukje verjaardagstaart te eten, waren de twee weesmeisjes – Grote Ketut en Kleine Ketut – bezig mijn haar te versieren met de enorme haarspelden met pailletten die ze van al hun spaarcentjes voor me hadden gekocht. Intussen zaten de neefjes en nichtjes van Wayan, de jonge tempeldansers en -danseressen, kinderen van rijstboeren, heel stil en onzeker naar de vloer te staren, in goud gehuld alsof ze minigodheden waren; ze vervulden de kamer met een vreemde, bovenaardse goddelijkheid. Buiten begonnen de hanen te kraaien, ook al was het nog niet eens avond, nog niet eens halfdonker. Mijn traditionele Balinese kledij perste me fijn alsof het een hartstochtelijke omhelzing was, en ik had het gevoel dat dit zonder meer het vreemdste – maar misschien wel het gelukkigste verjaardagsfeest was dat ik ooit had meegemaakt.

103

Maar goed, ondertussen moet Wayan een huis kopen, en ik begin me bezorgd af te vragen of het er nog van gaat komen. Ik snap niet waarom het er nog niet van gekomen is, maar het moet er nu absoluut van gaan komen. En dus zijn Felipe en ik ons ermee gaan bemoeien. We hebben een makelaar in de arm genomen die ons een aantal stukken land heeft laten zien, maar die vond Wayan allemaal maar niets. Ik blijf tegen haar zeggen: 'Wayan, het is van groot belang dat we iets kopen. In september ga ik weer naar huis, en voordat ik wegga moet ik mijn vrienden laten weten dat hun geld echt is besteed aan een huis voor jou. En jij moet een dak boven je hoofd zien te krijgen voordat je op straat wordt gezet.'

'Niet zo eenvoudig, land kopen op Bali,' blijft ze maar tegen me zeggen. 'Niet zoals een bar binnenstappen en een biertje bestellen. Kan lang duren.'

'Zo lang hebben we niet, Wayan.'

Zonder iets te zeggen haalt ze haar schouders op, en ik herinner me weer wat ze zeggen over het Balinese idee van 'elastieken tijd', wat inhoudt dat tijd een zeer relatief en rekbaar begrip is. 'Vier weken' betekent voor Wayan niet helemaal hetzelfde als voor mij. Eén etmaal bestaat voor Wayan ook niet per se uit vierentwintig uur; soms duurt het langer, soms korter. Dat hangt af van de spirituele en emotionele aard van die dag. Het werkt net zoals bij mijn medicijnman en diens geheimzinnige leeftijd: soms tel je de dagen, soms weeg je ze.

Verder blijkt dat ik totaal heb onderschat hoe duur het op Bali is om land te kopen. Omdat alles hier zo goedkoop is, zou je denken dat land ook niet veel waard is, maar dat blijkt dus niet het geval. Land kopen kan op Bali – en zeker in Ubud – bijna even duur uitpakken als land kopen in Westchester County, in Tokyo of op Rodeo Drive. Wat volmaakt onlogisch is, want zodra je het land eenmaal hebt, kun je het geld dat je ervoor hebt neergeteld niet terugverdienen op een traditionele, logische manier. Soms betaal je zo'n $25.000 voor een *aro* land (een aro is een oppervlakte-eenheid die ongeveer overeenkomt met: 'Iets groter dan de parkeerplaats voor een terreinauto') waar je vervolgens een winkeltje op neerzet waar je de rest van je leven één gebatikte sarong per dag aan één toeriste per dag verkoopt, voor een winst van ongeveer 75 dollarcent per keer. Het slaat nergens op.

De Balinezen hechten echter waarde aan hun land met een hartstocht die veel verdergaat dan economische logica. Aangezien grondbezit van oudsher de enige vorm van rijkdom is die de Balinezen echt erkennen, hechten ze hier waarde aan land zoals de Masai waarde hechten aan vee en mijn vijfjarige nichtje waarde hecht aan lipgloss: je kunt er nooit genoeg van hebben; zodra je er eenmaal beslag op hebt gelegd, moet je er nooit meer afstand van doen, en al het land ter wereld zou eigenlijk aan jou moeten toebehoren.

Verder is het – zoals ik in augustus ontdek, tijdens mijn Narnia-achtige reis door de fijne kneepjes van het Indonesische onroerend goed – bijna onmogelijk om erachter te komen wanneer er hier daadwerkelijk land te koop is. Balinezen die land verkopen hebben in het algemeen liever niet dat andere mensen weten dat hun land te koop is. Zelf zou je misschien denken dat het gunstig zou zijn om ruchtbaarheid te geven aan dat feit, maar de Balinezen denken daar anders over. Als jij als Balinese boer je land verkoopt, houdt dat in dat je heel erg omhoog zit, wat vernederend is. En wanneer je buren en familieleden erachter komen dat je een stuk land verkocht hebt, gaan ze ervan uit dat je nu dus wat geld hebt, en zal iedereen vragen of hij dat geld mag lenen. Er komt dus alleen land vrij voor de verkoop door... geruchten. En al die gronddeals worden achter vreemde sluiers van stilzwijgen en bedrog gesloten.

Wanneer de westerse emigranten in de omgeving horen dat ik probeer land te kopen voor Wayan, komen ze allemaal naar me toe met waarschuwende verhalen, gebaseerd op hun eigen verschrikkelijke ervaringen. Ze waarschuwen me dat als het op onroerend goed aankomt, je hier nooit echt weet wat er allemaal speelt. Misschien is het land dat je 'koopt' wel helemaal geen eigendom van degene die het 'verkoopt'. Misschien is de kerel die je het land laat zien wel helemaal niet de eigenaar, maar gewoon het misnoegde neefje van de eigenaar, dat vanwege een oude familievete probeert zijn oom iets betaald te zetten. Verwacht vooral niet dat de grenzen van je land ooit helemaal duidelijk afgebakend zijn. Misschien wordt er later wel verklaard dat het land dat jij voor je droomhuis hebt gekocht 'te dicht bij een tempel' ligt voor een bouwvergunning (en in dit kleine landje met naar schatting zo'n twintigduizend tempels is het moeilijk om land te vinden dat níet te dicht bij een tempel ligt).

Waar je ook rekening mee moet houden is dat je zeer waarschijnlijk op de helling van een vulkaan terechtkomt en misschien ook nog eens op een breuklijn. En niet alleen een geologische breuklijn. Bali mag dan idyllisch lijken, maar wie verstandig is, doet er goed aan in zijn achterhoofd te houden dat het eiland wel deel uitmaakt van Indonesië, de grootste islamitische natie ter wereld, die een onstabiele kern heeft en door en door corrupt is, van de allerhoogste minister van Justitie tot de jongen die zogenaamd je auto helemaal voltankt (maar dat stiekem maar voor de helft doet). Een revolutie behoort hier altijd tot de mogelijkheden, en al je waardevolle spullen en bezittingen kunnen door de overwinnaars in beslag worden genomen. Waarschijnlijk terwijl er een pistool tegen je slaap gehouden wordt.

Ik heb geen enkele bevoegdheid om me met dit soort netelige toestanden bezig te houden. Ik bedoel, ik mag dan een scheiding in New York en zo achter de rug hebben, maar dit is weer een heel ander staaltje Kafka. En intussen staat er op de bankrekening van Wayan een bedrag van $18.000, geschonken door mijzelf, mijn familie en mijn beste vrienden, omgewisseld in Indonesische roepia's, een munteenheid waarvan de waarde in het verleden meermaals zonder enige aankondiging vooraf is gekelderd en verdampt. En naar het schijnt wordt Wayan in september uit haar winkel gezet, zo rond de tijd dat ikzelf het land verlaat. Over een week of drie dus.

Toch lijkt het Wayan maar niet te lukken om een stukje land te vinden dat ze geschikt acht om een huis op neer te zetten. Afgezien van alle praktische punten van overweging moet ze de taksu – geest – van al die plekken onderzoeken. Als genezeres heeft Wayan zelfs naar Balinese begrippen een ontzettend goed gevoel voor taksu. Ik kwam zelf een plek tegen die me perfect leek, maar Wayan zei dat hij bezeten was door boze demonen. Het volgende stuk land wees ze af omdat het te dicht bij een rivier lag, en iedereen weet dat daar geesten wonen. (De nacht nadat ze die plaats bezichtigd had, droomde Wayan naar eigen zeggen van een mooie huilende vrouw met kapotgescheurde kleren, en dat gaf de doorslag – dat stuk land konden we niet kopen.) Toen vonden we een leuk winkeltje in de buurt van de stad, compleet met achtertuin, maar dat stond op een hoek, en alleen iemand die failliet wil en op jonge leeftijd wil sterven zou ooit genoegen nemen met een hoekhuis. Zoals algemeen bekend is.

'Probeer haar maar niet over te halen het wel te doen,' adviseerde Felipe me. 'Geloof me, lieve schat. Kom nooit tussen de Balinezen en hun taksu.'

Vervolgens vond Felipe vorige week een plek voor haar die aan alle criteria leek te voldoen: een mooi, klein stukje land, vlak bij het centrum van Ubud, aan een stille weg, naast een rijstveld, met genoeg ruimte voor een tuin en prachtig binnen ons budget. Toen ik aan Wayan vroeg: 'Zullen we het kopen?' antwoordde ze: 'Weet ik niet, Liz. Niet te snel voor zulke beslissingen nemen. Ik moet eerst met priester praten.'

Ze legde uit dat ze eerst een priester moest raadplegen om een gunstige dag te vinden voor de aankoop van het land, mocht ze inderdaad tot het besluit komen het te kopen. Het is namelijk onmogelijk om op Bali iets belangrijks te doen voordat er een gunstige dag is gekozen. Maar ze kan de priesters zelfs niet om een gunstige datum voor de aankoop van het land vragen voordat ze zeker weet of ze er überhaupt wil wonen. En die toezegging wil ze niet geven voordat ze een gunstige droom heeft gehad. Ik was me ervan bewust dat mijn tijd op Bali er bijna op zat, en dus vroeg ik als goede New Yorkse aan Wayan: 'Op welke termijn kun je ervoor zorgen dat je een gunstige droom krijgt?'

Als goede Balinese antwoordde Wayan: 'Geen haast maken bij dit soort dingen.' Al zou het misschien wel helpen, zei ze peinzend, als ze met een offerande naar een van Bali's voornaamste tempels ging en tot de goden bad dat ze haar een gunstige droom schonken...

'Oké,' zei ik. 'Morgen kan Felipe je naar de grote tempel brengen, zodat jij een offer kunt brengen en aan de goden kunt vragen of ze je alsjeblieft een gunstige droom sturen.'

Dat zou ze graag doen, zei Wayan. Op zich is het een geweldig idee. Er is maar één probleem. Ze mag deze hele week geen enkele tempel in.

Ze is namelijk... ongesteld.

104

Misschien maak ik hier niet helemaal duidelijk hoe leuk dit allemaal wel niet is. Echt hoor, op een rare maar bevredigende manier hééft het iets om te proberen hier enig inzicht in te krijgen. Of misschien geniet ik alleen zo van deze bizarre fase van mijn leven omdat ik toevallig verliefd aan het worden ben, want daar wordt de wereld altijd een genot van, hoe krankzinnig je leven ook is.

Ik vond Felipe altijd al een aardige man. Er is echter iets aan de manier waarop hij zich op de Saga van het Huis van

Wayan stort wat ervoor zorgt dat we in augustus een echt stel worden. Natuurlijk is het niet zijn zorg wat er met die rare Balinese medicijnvrouw gebeurt. Hij is zakenman. Hij is erin geslaagd om vijf jaar op Bali te wonen zonder al te zeer verstrikt te raken in het persoonlijk leven en de ingewikkelde rituelen van de Balinezen, en nu waadt hij ineens met mij door de modderige rijstvelden en probeert hij een priester te vinden die Wayan een gunstige datum kan geven...

'Ik was volmaakt gelukkig met mijn saaie leventje voordat jij je intrede deed,' zegt hij altijd.

Voorheen leidde hij inderdaad een saai leventje op Bali. Hij probeerde lusteloos de tijd te doden; hij was net een personage uit een roman van Graham Greene. Aan die indolentie kwam een einde toen wij aan elkaar werden voorgesteld. Nu we eenmaal een stel zijn, krijg ik Felipes versie van het verhaal van onze eerste ontmoeting te horen, een heerlijk verhaal waar ik maar geen genoeg van krijg – hoe hij me die avond op het feestje met mijn rug naar hem toe zag staan en hoe ik me nog niet eens had omgedraaid en hem mijn gezicht had laten zien of hij had instinctief aangevoeld: 'Daar staat mijn vrouw. Ik heb er alles voor over om die vrouw te krijgen.'

'En het was een peulenschil om je te krijgen,' zegt hij. 'Ik hoefde maar één ding te doen: wekenlang bedelen en smeken.'

'Je hebt niet gebedeld en gesmeekt.'

'Bedoel je dat je niet gemérkt hebt hoe ik heb staan bedelen en smeken?'

Hij praat over hoe we gingen dansen op de avond dat we elkaar leerden kennen, en hoe hij zag dat ik me aangetrokken begon te voelen tot die leuke Welshman, en hoe de moed hem in de schoenen zonk terwijl hij het tafereel gadesloeg, en dat hij dacht: Sta ik zo mijn best te doen om die vrouw te verleiden, komt er een knappe jonge vent langs die haar gewoon van me afpakt en haar leven ontzettend gecompliceerd gaat maken. Wist ze maar hoeveel liefde ik haar te bieden heb.

Dat heeft hij inderdaad. Hij is van nature het verzorgende type, en ik voel dat hij een soort baan om me heen begint te beschrijven, dat hij mij nu de voornaamste richtingwijzer van zijn kompas maakt, en dat hij groeit in de rol van mijn begeleidende ridder. Felipe is het soort man dat dringend een vrouw nodig heeft in zijn leven – niet omdat hij dan iemand heeft die voor hem zorgt, maar omdat hij dan iemand heeft om zelf voor te zorgen, iemand aan wie hij zich kan wijden. Aangezien hij sinds het stuklopen van zijn huwelijk niet meer zo'n relatie heeft gehad, is hij een tijdje stuurloos geweest, maar nu draait zijn hele leven om mij. Het is heerlijk om zo behandeld te worden. Aan de andere kant vind ik het echter ook eng. Soms hoor ik hem beneden voor me koken terwijl ik boven zit te lezen. Dan fluit hij vrolijk een of andere Braziliaanse samba en roept naar boven: 'Nog een glaasje wijn, lieve schat?' en vervolgens vraag ik me af of ik wel in staat ben iemands zon, iemands hele universum te zijn. Sta ik inmiddels sterk genoeg in mijn schoenen om het middelpunt van iemand anders' leven te zijn? Maar toen ik het onderwerp op een avond eindelijk aansneed, zei hij: 'Heb ik je gevraagd zo iemand te zijn, lieve schat? Heb ik je gevraagd het middelpunt van mijn leven te zijn?'

Ik schaamde me onmiddellijk voor mijn ijdelheid, omdat ik er zomaar van uit was gegaan dat hij wilde dat ik voor altijd bij hem bleef, zodat hij me tot het einde der dagen kon vertroetelen.

'Sorry,' zei ik. 'Dat was arrogant van me, hè?'

'Een tikje wel, ja,' gaf hij toe. Toen kuste hij mijn oor. 'Maar ook weer niet zo heel erg. Lieve schat, natuurlijk is dit iets waar we het over moeten hebben, want feit is dat ik smoorverliefd op je ben.' Daar reageerde ik op door van kleur te verschieten, waarop hij snel een grapje maakte, in een poging me gerust te stellen: 'Dat bedoel ik natuurlijk puur hypothetisch.' Maar toen zei hij, doodernstig nu: 'Zeg, ik ben tweeënvijftig. Geloof me, ik weet zo langzamerhand hoe de wereld in elkaar zit. Ik zie ook wel dat jij nog niet zo van mij houdt als ik van jou, maar eerlijk gezegd kan dat me niet zoveel schelen. Om de een of andere reden heb ik voor jou dezelfde gevoelens als voor mijn kinderen toen ze nog klein waren: dat het niet hun taak was om van mij te houden, maar mijn taak om van hen te houden. Je mag helemaal zelf bepalen hoe je tegenover mij staat, maar ik hou van je en dat zal ik ook altijd blijven doen. Ook al zien we elkaar straks nooit meer, dan nog heb je me weer tot leven gewekt, en dat is al heel wat. En natuurlijk zou ik graag mijn leven met je delen. Ik weet alleen niet wat voor leven ik je hier op Bali te bieden heb.'

Dat heb ik me zelf ook afgevraagd. Ik heb eens goed naar de buitenlandse gemeenschap van Ubud gekeken, en ik weet 100 procent zeker dat dat niet het soort leven is dat ik wil. Overal in de stad zie je hetzelfde soort figuren: westerlingen die het zo zwaar te verduren hebben gehad in hun leven dat ze de strijd opgegeven hebben en hebben besloten voor onbepaalde tijd hun kamp op te slaan op Bali, waar ze voor tweehonderd dollar per maand in een schitterend huis kunnen wonen, misschien een jonge Balinees of Balinese als levensgezel in huis kunnen nemen, vóór twaalf uur 's middags kunnen drinken zonder dat iemand er iets van zegt en een beetje bij kunnen verdienen door af en toe een meubelstuk voor iemand te exporteren. Maar in het algemeen doen ze hier maar één ding: zorgen dat er nooit meer echt iets van hen wordt gevraagd. Let wel, het zijn geen klaplopers. Het zijn zeer goed opgeleide mensen, internationaal georiënteerd, getalenteerd en erg slim. Maar ik heb de indruk dat iedereen die ik hier ontmoet ooit iets was (in het algemeen 'getrouwd' of 'in het bezit van een baan'), terwijl ze nu allemaal één ding gemeen hebben, namelijk het ontbreken van het enige wat ze volledig en voor altijd hebben laten varen: *ambitie*. Het hoeft geen betoog dat er veel wordt gedronken.

Natuurlijk is het mooie Balinese Ubud niet zo'n slechte plaats om je leven te verbeuzelen en het voorbijgaan der tijd te negeren. In dat opzicht lijkt het waarschijnlijk op plekken zoals Key West (Florida) of Oaxaca (Mexico). De meeste buitenlanders in Ubud hebben eigenlijk geen idee hoe lang ze hier al wonen, als je hun ernaar vraagt. Ten eerste weten ze niet hoeveel tijd er is verstreken sinds ze naar Bali zijn verhuisd. Maar ten tweede lijken ze er ook niet helemaal zeker van te zijn dát ze hier daadwerkelijk wonen. Ze horen nergens thuis; ze hebben geen anker. Sommigen van hen doen graag alsof ze hier gewoon een tijdje rondhangen, alsof ze gewoon met een draaiende motor voor het stoplicht staan te wachten tot het licht groen wordt. Maar na zeventien jaar wachten ga je je toch wel afvragen... gaat iemand hier eigenlijk ooit weleens wég?

Er valt veel te genieten in hun lome gezelschap, op die lange zondagmiddagen waarop we brunchen, champagne drinken en het eigenlijk nergens over hebben. Maar toch, als ik bij die mensen ben, voel ik me een beetje als Dorothy in de papavervelden van Oz. *Wees voorzichtig! Val niet in slaap in dit bedwelmende weiland, anders blijf je hier misschien wel de rest van je leven liggen dromen!*

Dus wat zal er van Felipe en mijzelf worden? Nu er blijkbaar sprake is van een 'Felipe en ik'? Onlangs zei hij nog tegen me: 'Soms wou ik dat je een verdwaald klein meisje was, zodat ik je onder mijn hoede kon nemen en tegen je kon zeggen: "Kom bij me wonen, laat mij voor altijd voor je zorgen." Maar je bent geen verdwaald klein meisje. Je bent een vrouw met een carrière, met ambitie. Je bent een echte slak: je draagt je huis op je rug. Die vrijheid moet je zo lang mogelijk zien vast te houden. Maar eh... mocht je deze Braziliaan willen, dan mag je hem hebben. Ik ben helemaal van jou.'

Ik weet niet zeker wat ik wil. Ik weet wel dat een deel van me altijd een man heeft willen horen zeggen: 'Laat mij voor altijd voor je zorgen,' en tot dusverre heb ik het nog nooit mogen horen. De laatste jaren heb ik eigenlijk niet meer naar zo iemand gezocht; ik leerde die opbeurende woorden tegen mezelf te zeggen, vooral als ik angstige momenten had. Maar om ze nu uit de mond van iemand anders te horen, uit de mond van iemand die het meent...

Vannacht moest ik aan dat alles denken, toen Felipe eenmaal in slaap was. Ik lag als een balletje opgerold naast hem en vroeg me af wat er van ons zou worden. Welke toekomst staat er voor ons open? Hoe zit het met de aardrijkskundige kant van de zaak – waar moeten we wonen? En dan is er nog het leeftijdsverschil. Alhoewel, toen ik mijn moeder een tijdje geleden belde om haar te vertellen dat ik een verschrikkelijk leuke man had leren kennen, maar wel een van – hou je vast, mam! – tweeënvijftig, leek ze dat de normaalste zaak van de wereld te vinden. Het enige wat ze zei was: 'Zal ik jou eens wat vertellen, Liz? Jij bent vijfendertig.' (Inderdaad, mam. Ik mag van geluk spreken dat ik überhaupt nog *iemand* kan krijgen op die gevorderde leeftijd.) Eerlijk gezegd heb ik zelf echter ook niet zo'n moeite met het leeftijdsverschil. Eigenlijk vind ik het wel leuk dat Felipe zo veel ouder is. Ik vind het sexy. Ik voel me er bijna... Fráns door.

Hoe zal het verdergaan tussen ons?

Waarom maak ik me daar trouwens zorgen over?

Welke les heb ik nog niet geleerd over de futiliteit van bezorgdheid?

Na een tijdje dacht ik er dus niet meer aan en hield ik hem gewoon vast terwijl hij lag te slapen. *Ik ben verliefd aan het worden op deze man.* Toen viel ik naast hem in slaap en had twee gedenkwaardige dromen.

Beide gingen over mijn goeroe. In de eerste droom zei mijn goeroe tegen me dat ze haar ashrams zou sluiten en dat ze nooit meer toespraken zou houden, les zou geven of boeken zou schrijven. Ze hield nog één laatste toespraak voor haar leerlingen, waarin ze zei: 'Ik heb jullie meer dan genoeg geleerd. Jullie hebben nu alles wat jullie nodig hebben om vrij te zijn. Het is tijd dat jullie de wereld in trekken en een gelukkig leven gaan leiden.'

De tweede droom was nog duidelijker een bevestiging. Ik at met Felipe in een geweldig restaurant in New York. We zaten te genieten van een heerlijke maaltijd van lamsbouten, artisjokken en goede wijn en we zaten gelukkig te praten en te lachen. Toen ik naar de andere kant van het restaurant keek, zag ik Swamiji, de leermeester van mijn goeroe, overleden in 1982. Die avond leefde hij echter en zat hij midden in een chic New Yorks restaurant te dineren met een groep vrienden van hem. Ook zij leken het uitstekend naar hun zin te hebben. We keken elkaar van een afstandje aan en Swamiji hief glimlachend zijn wijnglas naar me om een toast uit te brengen.

En toen vormden de lippen van de kleine Indiase goeroe die bij leven nauwelijks een woord Engels had gesproken heel duidelijk de woorden: 'Geniet ervan'.

105

Ketut Liyer heb ik al tijden niet meer gezien. Sinds mijn relatie met Felipe en mijn inspanningen om voor Wayan een huis op de kop te tikken zijn mijn lange middagen vol meanderende gesprekken over spiritualiteit op de veranda van de medicijnman erbij ingeschoten. Ik ben wel een paar keer bij hem langsgegaan, gewoon om gedag te zeggen en wat fruit voor zijn vrouw af te leveren, maar *quality time* hebben we al sinds juni niet meer met elkaar doorgebracht. Telkens als ik me echter bij Ketut probeer te verontschuldigen voor mijn afwezigheid, lacht hij als een man die allang de antwoorden op alle tests in het universum te zien heeft gekregen en zegt: 'Alles werkt perfect, Liss.'

Maar goed, ik mis hem, de oude man, en dus ging ik vanochtend bij hem langs om een paar uurtjes met hem door te brengen. Zoals gewoonlijk keek hij me stralend aan en zei: 'Aangenaam! Leuk om je te ontmoeten!' (Dat heb ik hem nooit kunnen afleren.)

'Ik vind het ook leuk om jou weer eens te *zien*, Ketut.'

'Ga jij gauw weg, Liss?'

'Ja, Ketut. Over minder dan twee weken. Daarom wilde ik vandaag zo graag langskomen. Ik wilde je bedanken voor alles wat je me hebt gegeven. Zonder jou zou ik nooit zijn teruggekomen naar Bali.'

'Jij zou altijd zijn teruggekomen naar Bali,' zei hij zonder twijfel of overdrijving. 'Jij mediteert nog steeds met vier broers zoals ik jou leer?'

'Ja.'

'Jij mediteert nog steeds zoals jouw goeroe in India jou leren?'

'Ja.'

'Jij hebt nog enge dromen?'

'Nee.'

'Jij nu gelukkig met God?'

'Heel gelukkig.'

'Jij houdt van nieuw vriendje?'

'Ik denk van wel. Ja.'

'Dan moet jij hem verwennen. En hij moet jou verwennen.'

'Oké,' beloofde ik.

'Jij bent goede vriendin voor mij. Beter dan vriendin. Jij bent als dochter voor mij,' zei hij. *(Heel anders dan Sharon…)* 'Wanneer ik doodga, zul jij terugkomen naar Bali, terugkomen naar mijn crematie. Balinese crematieceremonie heel leuk – zul jij leuk vinden.'

'Oké,' beloofde ik nogmaals, nu met een brok in mijn keel.

'Laat je geweten je leidraad zijn. Als je westerse vrienden hebt die naar Bali komen, stuur ze dan naar mij voor handlezen – ik ben heel leeg in mijn bank nu sinds bom. Wil jij vandaag met mij naar babyceremonie?'

En zo kwam ik terecht bij de zegening van een baby die zes maanden was geworden en nu gereed was om voor het eerst de aarde te raken. Balinezen laten hun kinderen de eerste zes maanden van hun leven niet de grond aanraken, aangezien pasgeboren baby's worden beschouwd als goden die rechtstreeks uit de hemel zijn gezonden, en je laat goden toch niet over een vloer kruipen die bezaaid is met afgeknipte stukjes teennagel en sigarettenpeuken? En dus worden Balinese baby's de eerste zes maanden gedragen en als kleine godjes vereerd. Als een baby doodgaat voordat hij zes maanden oud is, krijgt hij een speciale crematieceremonie en wordt zijn as niet in een mensenkerkhof bijgezet, aangezien hij nooit een menselijk wezen is geweest; hij is alleen maar goddelijk geweest. Maar als de baby de zes maanden haalt, wordt er een grote ceremonie gehouden waarbij de voetjes van het kind eindelijk de aarde mogen raken en de kleine van harte welkom wordt geheten bij de mensheid.

Vandaag werd die ceremonie bij het huis van een van Ketuts buren gehouden. De baby in kwestie was een meisje dat nu al de bijnaam Putu droeg. Haar ouders waren een mooi tienermeisje en een al even mooie tienerjongen, de kleinzoon van een man die een neef van Ketut is, of zoiets. Ketut had zijn beste kleren aan bij het gebeuren: een witsatijnen sarong (afgezet met goud) en een wit jasje met lange mouwen, gouden knopen en een opstaande Mao-boord, waardoor hij er een beetje uitzag als een kruier op een station of een piccolo in een luxehotel. Om zijn hoofd zat een witte tulband gewikkeld. Zijn handen, die hij me trots liet zien, waren opgepimpt met enorme gouden ringen en magische stenen. In totaal een stuk of zeven ringen, allemaal met heilige krachten. Hij had de glimmende koperen bel van zijn grootvader bij zich om geesten mee op te roepen en hij wilde dat ik een hoop foto's van hem nam.

Samen liepen we naar het familiecomplex van zijn buurman. Het was best een eindje lopen, en om er te komen moesten we een tijdje door de drukke hoofdstraat. In de bijna vier maanden dat ik nu al op Bali was, had ik Ketut nog nooit zijn familiecomplex zien verlaten. Ik vond het verontrustend om hem over de snelweg te zien lopen, te midden van al die veel te hard rijdende auto's en waaghalzerige motoren. Hij zag er zo klein en kwetsbaar uit. Hij zag er zo *verkeerd* uit tegen die moderne achtergrond van verkeer en toeterende auto's. Om de een of andere reden moest ik er bijna van huilen, maar ik voelde me sowieso een beetje extra emotioneel vandaag.

Er waren al zo'n veertig gasten bij het huis van de buurman toen we aankwamen, en het huisaltaar lag vol offers: stapels geweven palmmanden vol rijst, bloemen, wierook, geroosterde varkens, een paar dode ganzen en kippen, kokosnoten en papiergeld dat in de wind fladderde. Iedereen had zijn mooiste zijden en kanten gewaden aan. Ik was niet op de gelegenheid gekleed, zweette nog van mijn fietstocht en voelde me te midden van al deze schoonheid niet zo op mijn gemak in mijn T-shirt met gaten. Maar ik werd precies zo verwelkomd als je hoopt wanneer je als blank meisje onuitgenodigd en met de verkeerde kleren aan ergens binnenkomt. Iedereen glimlachte me hartelijk toe, negeerde me verder en begon toen aan het gedeelte van het feest waarbij ze allemaal elkaars kleren zaten te bewonderen.

De ceremonie, die onder leiding van Ketut stond, duurde uren. Alleen een antropoloog met een hele batterij vertalers zou je kunnen vertellen wat er allemaal precies gebeurde, maar een paar van de rituelen begreep ik, door de uitleg van Ketut en door een paar boeken die ik had gelezen. Tijdens de eerste ronde zegeningen hield de vader de baby vast en de moeder een beeltenis van de baby: een kokosnoot die zo omzwachteld was dat hij net een baby leek. Evenals de echte baby werd de kokosnoot gezegend en doordrenkt met gewijd water. Toen werd hij op de grond gelegd, net voordat de voetjes van de baby voor het eerst de aarde zouden beroeren; dat was om de demonen voor de gek te houden, zodat ze de nepbaby zouden aanvallen en de echte baby met rust zouden laten.

Eerst werd er echter uren gechant voordat de voetjes van die echte baby de grond mochten raken. Ketut luidde zijn klok en zong eindeloos zijn mantra's, en de jonge ouders straalden van plezier en trots. Het was een komen en gaan van gasten. Ze liepen in het wilde weg rond, praatten wat, keken even naar de ceremonie, boden hun cadeaus aan en gingen vervolgens weg voor hun volgende afspraak. Te midden van al die eeuwenoude, rituele formaliteit ging het er allemaal merkwaardig informeel aan toe; het hield het midden tussen een picknick in de achtertuin en een oud kerkelijk ritueel. De mantra's die Ketut voor de baby chantte waren erg lief; ze klonken als een mengelmoes van het heilige en het tedere. Terwijl de moeder de baby vasthield, zwaaide Ketut voor het gezichtje van het kindje etenswaren, fruit, bloemen, water, belletjes, de vleugel van een gegrilde kip, een stukje varkensvlees en een gebarsten kokosnoot heen en weer... Bij elk nieuw voorwerp zong hij iets voor haar. De baby klapte lachend in haar handjes, en vervolgens zong Ketut lachend verder.

Ik stelde me mijn eigen vertaling van zijn woorden voor: 'Ooooo... kleine baby, wat een lekker stukje gegrilde kip voor jou! Op een dag zul je dol zijn op gegrilde kip, en we hopen dat je er maar veel van mag eten! Ooooo... kleine baby, hier is een klompje gekookte rijst, dat je altijd maar zo veel gekookte rijst mag hebben als je hartje begeert, dat het altijd maar rijst moge regenen... Ooooo, kleine baby, hier hebben we een kokosnoot, ziet die er niet grappig uit? Ooit ga je heel veel kokosnoten eten! Ooooo... kleine baby, dit is je familie, zie je niet hoe verschrikkelijk veel ze van je houden? Ooooo... kleine baby, jij bent belangrijk voor het hele universum! Jij bent de beste van de klas! Jij bent ons heerlijke konijntje! Wat een lekker, lekker, lekker grietje ben je! Ooooo kleine baby, jij bent de Sultan of Swing, jij bent het allerbelangrijkste in ons leven...'

Keer op keer werd iedereen gezegend met bloemblaadjes die in gewijd water waren gedoopt. Terwijl Ketut de heilige mantra's zong, gaf de hele familie om de beurt de baby door terwijl ze kleine geluidjes tegen haar maakten. Zelfs mij lieten ze even de baby vasthouden, zelfs in mijn spijkerbroek, en terwijl iedereen zat te zingen, fluisterde ik haar mijn eigen zegeningen toe. 'Sterkte,' zei ik tegen haar. 'Wees dapper.' Het was snikheet, zelfs in de schaduw. De jonge moeder, die onder haar doorzichtige kanten blouse een sexy bustier aanhad, zat te zweten. Ook de jonge vader, die geen andere gezichtsuitdrukking leek te kennen dan een gigantisch trotse grijns, zat te zweten. De diverse oma's wuifden zichzelf koelte toe, werden moe, gingen zitten, stonden weer op, maakten zich druk om de geroosterde offervarkens en jaagden honden weg. Iedereen was afwisselend geïnteresseerd, ongeïnteresseerd, moe, lacherig en ernstig. Ketut en de baby leken echter in hun eigen privé-ervaring voor twee verwikkeld te zijn, vastgenageld aan elkaars aandacht. De baby wendde de hele dag niet één keer haar blik af van de oude medicijnman. Hoeveel baby's van zes maanden ken jij die vier uur achter elkaar noch huilen, noch moeilijk doen, noch slapen in de hete zon, maar gewoon de hele tijd nieuwsgierig iemand aankijken?

Ketut kweet zich goed van zijn taak, en hetzelfde gold voor de baby. Ze was volledig aanwezig bij de ceremonie voor haar transformatie van godin tot mens. Ze ging uitstekend met haar verantwoordelijkheden om; ze was nu al een echte Balinese, met de rituelen in haar bloed, zeker van haar geloof, gehoorzaam aan de eisen van haar cultuur.

Tot slot van al het gechant werd de baby in een lang, schoon wit laken gewikkeld dat veel langer was dan haar beentjes, waardoor ze er lang en indrukwekkend uitzag, alsof ze deelnam aan een debutantenbal. Ketut maakte op de onderkant van een aardewerken kom een tekening van de vier windrichtingen van het universum, vulde de kom met gewijd water en zette hem op de grond neer. Dit met de hand getekende kompas gaf de heilige plek aan waar de voetjes van de baby voor het eerst de aarde zouden raken.

Toen kwam de hele familie om de baby heen staan. Iedereen leek haar tegelijk vast te houden, en toen – *oké! daar gaan we!* – dompelden ze de voetjes van de baby lichtjes in die aardewerken kom vol gewijd water, recht boven de magische tekening die het hele universum omvatte, en toen zetten ze haar voor het eerst met haar voetzooltjes op de grond. Toen ze haar weer optilden, bleven er kleine, vochtige voetafdrukken achter op de grond onder haar, waardoor dit kind eindelijk een plekje in het grote Balinese stramien kreeg en er werd bepaald wie ze was door te bepalen wáár ze was. Iedereen klapte verrukt in zijn handen. Nu was het kleine meisje een van ons. Een mens, met alle risico's en sensaties die die verwarrende incarnatie met zich meebrengt.

De baby keek op, keek om zich heen en glimlachte. Ze was geen godheid meer. Dat leek ze niet erg te vinden. Ze was helemaal niet bang. Ze leek zielstevreden met alle beslissingen die ze ooit had genomen.

106

De deal ging niet door. Op de een of andere manier kwam er niets terecht van het stuk land dat Felipe voor Wayan had gevonden. Wanneer ik Wayan vraag wat er mis is gegaan, krijg ik een vaag antwoord over een kwijtgeraakte akte; de ware toedracht krijg ik volgens mij nooit te horen. Het enige wat er nu toe doet is dat het niet doorgaat. Zo langzamerhand begin ik een beetje in paniek te raken vanwege die hele huizentoestand van Wayan. Ik probeer haar uit te leggen hoe dringend de situatie voor mij is: 'Wayan, over minder dan twee weken moet ik weg uit Bali, terug naar Amerika. Ik kan mijn vrienden die me al dat geld hebben gegeven niet onder ogen komen als ik hun moet vertellen dat je nog altijd geen huis hebt.'

'Maar Liz, als een plek geen goede taksu heeft...'

Iedereen heeft een ander gevoel voor wat dringend is in het leven.

Een paar dagen later belt Wayan echter naar het huis van Felipe, helemaal lyrisch. Ze heeft een ander stukje land gevonden dat ze echt geweldig vindt. Een smaragdgroen rijstveld aan een stille weg, vlak bij de stad. Het heeft duidelijk een uitstekende taksu. Wayan vertelt ons dat het land toebehoort aan een boer, een vriend van haar vader, die ernstig om geld verlegen zit. In totaal heeft hij zeven aro waar hij vanaf wil, maar aangezien hij snel geld nodig heeft, is hij bereid haar alleen de twee aro te geven die ze zich kan veroorloven. Ze vindt het een geweldig stuk land. Ik vind het een geweldig stuk land. Felipe vindt het een geweldig stuk land. En ook Tutti – die met uitgestrekte armen over het gras rondrent, een kleine Balinese Julie Andrews – vindt het een geweldig stuk land.

'Koop het,' zeg ik tegen Wayan.

Er gaan echter een paar dagen voorbij, en ze blijft uitvluchten zoeken. 'Wil je er wonen of niet?' blijf ik vragen.

Meer uitvluchten, meer aanpassingen aan het verhaal. Vanochtend, zegt ze, belde de boer haar om te zeggen dat hij niet zeker meer weet of hij dat kleine stukje van twee aro aan haar kan verkopen; als het even kan wil hij in één keer de hele zeven aro verkopen... Zijn vrouw ligt dwars... De boer moet met zijn vrouw praten, kijken of zij het goed vindt dat hij het land opdeelt...

Wayan zegt: 'Als ik meer geld had zou ik misschien...'

Goeie genade, ze wil dat ik genoeg geld bij elkaar sprokkel zodat zij het hele stuk land kan kopen. Terwijl ik probeer te verzinnen hoe ik aan nog eens 22.000 Amerikaanse dollars extra (!) moet komen, zeg ik tegen haar: 'Wayan, dat lukt me nooit, zo veel geld heb ik niet. Kun je niet iets regelen met de boer?'

Dan komt Wayan, die me inmiddels niet helemaal recht meer aankijkt, met een moeilijk te volgen verhaal op de proppen. Ze zegt dat ze onlangs een mysticus heeft bezocht, en de mysticus raakte in trance en zei dat Wayan absoluut het hele stuk van zeven aro moest kopen om er een goed medisch centrum op te zetten... want dat is haar bestemming... en verder zei de mysticus dat als Wayan het hele stuk land kon kopen, ze er misschien ooit een mooi luxehotel op zou kunnen zetten...

Een mooi luxehotel?

O.
Op dat moment word ik ineens doof en houden de vogels op met zingen en kan ik Wayans lippen wel zien bewegen maar luister ik verder niet meer naar wat ze zegt omdat er net een gedachte bij me is opgekomen die in grote, overduidelijke hanenpoten mijn verstand beslaat: ZE LOOPT JE TE BELAZEREN, VOER.

Ik sta op, zeg Wayan gedag, loop langzaam naar huis en vraag Felipe op de man af naar zijn mening: 'Loopt ze me te belazeren?'

Hij heeft nog nooit kritiek geuit op mijn zaken met Wayan – niet één keer.

'Lieve schat,' zegt hij vriendelijk. 'Natúúrlijk loopt ze je te belazeren.'

Met een plof dondert mijn hart in mijn ingewanden.

'Maar niet expres,' voegt hij er snel aan toe. 'Je moet begrijpen hoe ze hier op Bali denken. Het is hier een *way of life* om te proberen zo veel mogelijk munt te slaan uit buitenlandse bezoekers. Dat is de manier waarop ze hier overleven. En dus loopt ze nu verhaaltjes te verzinnen over de boer. Lieve schat, sinds wanneer moet een Balinese man met zijn vróuw overleggen voordat hij een zakendeal kan sluiten? Moet je horen, die vent wil haar maar wat graag dat kleine stukje land verkopen; dat heeft hij al toegezegd. Alleen wil zij nu het hele stuk. En ze wil dat jij het voor haar koopt.'

Daar krimp ik van ineen, en wel om twee redenen. Ten eerste vind ik het verschrikkelijk om Wayan voor zoiets aan te zien. Ten tweede vind ik de culturele implicaties van Felipes speech verschrikkelijk; hij riekt naar het koloniale geloof in de *White Man's Burden*, het paternalistische argument dat 'die mensen nu eenmaal zo zijn'.

Felipe is echter geen kolonialist; hij is Braziliaans. Hij legt uit: 'Moet je horen, ik kom uit een arm gezin in Zuid-Amerika. Denk je dat ik de cultuur van dit soort armoede niet begrijp? Je hebt Wayan meer geld gegeven dan ze ooit bij elkaar gezien heeft, en nu is haar fantasie op hol geslagen. Wat haar betreft ben jij de kip met de gouden eieren en is dit misschien wel de laatste keer dat het haar een beetje mee zit. En dus wil ze er alles uithalen wat erin zit, voordat jij weggaat. Jezus christus – vier maanden geleden had het arme mens niet eens genoeg geld om eten voor haar kind te kopen, en nu wil ze een hôtel?'

'Wat moet ik nu?'

'Vooral niet boos worden, wat er ook gebeurt. Als je boos wordt, raak je haar kwijt, en dat zou zonde zijn, want ze is een geweldig mens en ze houdt van je. Dit is een overlevingstactiek van haar, accepteer dat gewoon. Denk vooral niet dat ze geen goed mens is, of dat de kinderen en zij niet echt je hulp nodig hebben. Je moet haar alleen geen misbruik van je laten maken. Lieve schat, ik heb het al zo vaak zien gebeuren. Westerlingen die hier een tijdje wonen bereiken uiteindelijk meestal óf het ene uiterste, óf het andere. De ene helft blijft de toerist uithangen. Die blijft zeggen: "O, die leuke Balinezen, zo lief, zo hoffelijk..." en wordt ondertussen aan alle kanten afgezet. De andere helft raakt zo gefrustreerd door al die afzetterij dat ze de Balinezen beginnen te haten. Wat zonde is, want dan ben je al die geweldige vrienden kwijt.'

'Dus wat moet ik nu?'

'Je moet weer een beetje controle over de situatie krijgen. Speel een spelletje met haar, net zoals zij dat met jou doet. Dreig haar met iets wat haar tot actie zal aansporen. Daar wordt ze alleen maar beter van; ze heeft een huis nodig.'

'Ik wil geen spelletjes spelen, Felipe.'

Hij geeft me een kus op mijn hoofd. 'Dan hoor je niet op Bali thuis, lieve schat.'

De volgende ochtend denk ik een plan uit. Het is niet te

geloven – na jarenlang alle deugden bestudeerd te hebben en gezwoegd te hebben om zelf een eerlijk bestaan op te bouwen, ga ik nu een dikke vette leugen vertellen. Ik ga liegen tegen degene die me op Bali het dierbaarst is, iemand die als een zusje voor me is, iemand die mijn *nieren* heeft schoongemaakt. Godallemachtig, ik ga liegen tegen de mama van Tutti!

Ik loop naar de stad, naar de winkel van Wayan. Wayan komt naar me toe om me te omhelzen. Ik maak me los uit haar omhelzing en doe net alsof ik boos ben.

'Wayan,' zeg ik. 'Wij moeten eens praten. Ik heb een ernstig probleem.'

'Met Felipe?'

'Nee. Met jou.'

Ze ziet eruit alsof ze elk moment flauw kan vallen.

'Wayan,' zeg ik. 'Mijn vrienden in Amerika zijn erg boos op je.'

'Op mij? Waarom, lieverd?'

'Omdat ze je vier maanden geleden veel geld hebben gegeven om een huis te kopen, en nu heb je nog steeds geen huis. Elke dag sturen ze me e-mails om te vragen: "Waar is Wayans huis? Waar is mijn geld?" Nu denken ze dat je hun geld hebt gestolen en voor iets anders hebt gebruikt.'

'Ik heb niets gestolen!'

'Wayan,' zeg ik. 'Mijn vrienden in Amerika denken dat je... dat je een bullshit bent.'

Ze snakt naar adem alsof iemand haar een stomp op haar luchtpijp heeft gegeven. Ze ziet er zo gekwetst uit dat ik even aarzel en haar bijna geruststellend in mijn armen neem en zeg: 'Nee hoor, niet waar! Dat verzin ik maar!' Maar nee, ik moet doorzetten. Maar goeie genade, wat is ze van haar stuk gebracht. 'Bullshit' is een woord dat op veel emotionelere wijze in het Balinees is opgenomen dan welk ander Engels woord ook. Het is een van de ergste dingen die je op Bali tegen iemand kunt zeggen: dat hij 'een bullshit' is. In deze cultuur, waar mensen elkaar al vóór het ontbijt twaalf keer gebullshit hebben, waar bullshitten een sport, kunst, gewoonte en wanhopige overlevingstactiek is, is het verschrikkelijk als je iemand zowaar aanspreekt op zijn bullshit. Het is iets waar je in het oude Europa gegarandeerd een duel aan overgehouden zou hebben.

'Lieverd,' zegt ze met tranen in haar ogen. 'Ik ben geen bullshit!'

'Dat weet ik, Wayan. Daarom ben ik zo kwaad. Ik probeer mijn vrienden in Amerika duidelijk te maken dat Wayan geen bullshit is, maar ze geloven me niet.'

Ze legt haar hand op de mijne. 'Sorry dat ik het je zo moeilijk maak, lieverd.'

'Ja, maar dit is allemaal wel heel lastig, Wayan. Mijn vrienden zijn boos. Ze zeggen dat je voordat ik terugga naar Amerika een stuk land moet kopen. Ze hebben tegen me gezegd dat als je volgende week geen land koopt, ik *het geld terug moet halen*.'

Nu ziet ze er niet meer uit alsof ze elk moment flauw kan vallen; ze ziet eruit alsof ze elk moment dood kan gaan. Ik voel me het gemeenste kreng aller tijden, omdat ik zo'n verhaal ophang aan een arm mens dat zich – onder meer – duidelijk niet realiseert dat ik evenmin de bevoegdheid heb om dat geld van haar rekening af te halen als om haar Indonesische staatsburgerschap in te trekken. Maar hoe zou ze dat ook moeten weten? Per slot van rekening heb ik het geld op haar rekening getoverd. Dan zal ik het er ook wel weer net zo gemakkelijk vanaf kunnen halen.

'Lieverd,' zegt ze, 'geloof me, ik vind nu land, geen zorgen, ik vind nu heel snel land. Geen zorgen alsjeblieft... misschien over drie dagen is klaar, dat beloof ik.'

'Daar moet je inderdaad voor zorgen, Wayan,' zeg ik, met een ernst die niet helemaal gespeeld is. Inderdaad, daar móet ze voor zorgen. Haar kinderen hebben een dak boven hun hoofd nodig. Ze wordt binnenkort op straat gezet. Dit is geen goed moment om een bullshit te zijn.

Ik zeg: 'Ik ga nu naar het huis van Felipe. Bel me wanneer je iets gekocht hebt.'

Dan loop ik weg van mijn vriendin. Ik ben me ervan bewust dat ze me nakijkt, maar ik weiger me om te draaien en naar haar om te kijken. De hele weg terug naar huis stuur ik God een bizar gebed: 'Laat het alstublieft waar zijn dat ze alleen maar liep te bullshitten.' Want als ze niet liep te bullshitten, als ze echt niet in staat is een huis te vinden terwijl ze net $18.000 heeft gekregen, dan zitten we echt zwaar in de nesten en dan weet ik niet of dat mens zichzelf ooit uit de penarie zal weten te trekken. Maar als ze gewoon liep te bullshitten, dan is dat in zekere zin een sprankje hoop. Het geeft aan dat ze het een en ander in haar mars heeft, en dan komt het misschien allemaal toch nog goed met haar.

Ik ga naar Felipe. Ik voel me beroerd. Ik zeg: 'Als Wayan eens wist wat ik allemaal achter haar rug om liep te bekokstoven...'

'...voor haar eigen geluk en succes,' maakt hij de zin voor me af.

Vier uur later – maar vier uurtjes later! – gaat de telefoon bij Felipe. Het is Wayan. Ze is buiten adem. Ze wil doorgeven dat de klus geklaard is. Ze heeft net de twee aro van de boer gekocht (zijn 'vrouw' leek het ineens niet erg meer te vinden dat het land opgedeeld werd). Blijkbaar waren er toch geen magische dromen, interventies van priesters en taksu-stralingstesten nodig. Wayan heeft zelfs al de eigendomspapieren in handen! Notarieel bekrachtigd en wel! Verder verzekert ze me dat ze al bouwmateriaal voor haar huis heeft besteld en dat er begin volgende week met de bouw begonnen wordt – nog voordat ik wegga. Zodat ik zelf kan zien hoe het project van start gaat. Ze hoopt dat ik niet boos op haar ben. Ze wil dat ik weet dat ze meer van mij houdt dan van haar eigen lichaam, haar eigen leven, de hele wereld.

Ik zeg tegen haar dat ik ook van haar hou. En dat ik ernaar uitkijk om ooit op bezoek te komen in haar mooie nieuwe huis. En dat ik graag fotokopieën van die eigendomspapieren wil.

Als ik ophang zegt Felipe: 'Grote meid.'

Ik weet niet of hij het over mij heeft of over haar. Maar hij trekt een fles wijn open en we brengen een toast uit op onze lieve vriendin Wayan de Balinese landeigenares.

Dan zegt Felipe: 'Kunnen we nu alsjeblieft op vakantie?'

107

Uiteindelijk gaan we met vakantie naar het piepkleine eilandje Gili Meno, voor de kust van Lombok, dat op zijn beurt weer het eiland ten oosten van Bali is in de grote, langgerekte Indonesische archipel. Ik was al eens eerder op Gili Meno geweest en wilde het graag aan Felipe laten zien, die er nog nooit was geweest.

Het eiland Gili Meno is voor mij een van de belangrijkste plekken ter wereld. Twee jaar geleden ging ik er in mijn eentje naartoe toen ik voor het eerst op Bali was. Dat was toen ik die opdracht van dat tijdschrift had: een artikel schrijven over yogavakanties. Ik had net twee weken enorm versterkende yogalessen achter de rug, maar had besloten nog iets langer in Indonesië te blijven als ik eenmaal klaar was met het artikel, aangezien ik nu toch helemaal in Azië was. Wat ik in feite wilde, was ergens een heel afgelegen plek zoeken en me daar tien dagen lang terugtrekken in absolute stilte en absolute eenzaamheid.

Als ik nu terugkijk op de vier jaren die verstreken tussen het begin van het einde van mijn huwelijk en de dag waarop ik eindelijk gescheiden en vrij was, zie ik een gedetailleerde kroniek van totale pijn. En het moment waarop ik helemaal in mijn eentje op dit eilandje aankwam, was het absolute dieptepunt van die hele donkere reis – het dieptepunt en het hart van de pijn. Mijn ongelukkige gedachten waren een slagveld van strijdende geesten uit het verleden. Toen ik de beslissing nam om zo ver weg tien dagen in mijn eentje en in stilte door te brengen, zei ik tegen al mijn strijdende en verwarde onderdelen hetzelfde: 'We zijn hier nu allemaal samen, jongens, helemaal alleen. En nu moeten we echt eens gaan afspreken hoe we allemaal met elkaar moeten omgaan, want anders gaan we op den duur allemaal samen dood.'

Misschien klinkt dat ferm en zelfverzekerd. Wat ik echter ook moet toegeven is dat ik nog nooit zo bang was geweest als toen ik in mijn eentje naar dat stille eilandje voer. Ik had zelfs geen boeken meegenomen om te lezen, geen enkele vorm van afleiding. Alleen mijn verstand en ik, die op het punt stonden op een leeg veld de confrontatie aan te gaan. Ik weet nog dat mijn benen zichtbaar beefden van angst. Toen haalde ik voor mezelf een van mijn favoriete citaten van mijn goeroe aan: 'Angst – nou en?' en zo ging ik in mijn eentje aan wal.

Ik huurde voor een paar dollar per dag een hutje op het strand, deed mijn mond dicht en zwoer dat ik hem niet meer open zou doen totdat er iets in me was veranderd. Het eiland Gili Meno was mijn ultieme waarheids- en verzoeningsverhoor. Daar had ik de juiste plaats voor uitgekozen, dat was wel duidelijk. Het eiland zelf is piepklein, ongerept, een en al zand, blauw water en palmbomen. Het is helemaal rond met één enkel pad dat helemaal rondloopt; het kost ongeveer een uur om helemaal om het eiland te lopen. Aangezien het praktisch op de evenaar ligt, verandert er zelden iets aan de dagelijkse cyclus. Om halfzeven 's ochtends gaat de zon aan de ene kant van het eiland op en om halfzeven 's avonds gaat hij aan de andere kant weer onder, elke dag opnieuw. Het eiland wordt bewoond door een handjevol islamitische vissers en hun gezinnen. Er is geen plek op het eiland vanwaar je de oceaan niet kunt horen. Er zijn geen gemotoriseerde voertuigen. De elektriciteit komt uit een generator, die alleen 's avonds een paar uur aanstaat. Het is de rustigste plek waar ik ooit ben geweest.

Elke ochtend liep ik bij zonsopgang een rondje om het eiland, en bij zonsondergang deed ik het nog eens. Voor de rest zat ik gewoon te kijken. Ik keek naar mijn gedachten, naar mijn emoties, naar de vissers. De grote yogawijzen zeggen dat alle pijn in het leven van de mens wordt veroorzaakt door woorden; hetzelfde geldt voor alle vreugde. We scheppen woorden om onze ervaringen te definiëren en die woorden brengen emoties met zich mee die ons als honden aan de lijn voortslepen. We worden zo verleid door onze eigen mantra's *(Ik ben een mislukkeling... Ik ben eenzaam... Ik ben een mislukkeling... Ik ben eenzaam...)* dat we die ook daadwerkelijk gaan belichamen. Wie dus een tijdje ophoudt met praten, probeert in feite de macht van woorden te ontmantelen, zichzelf niet meer met woorden te smoren, zichzelf te bevrijden van zijn verstikkende mantra's.

Het duurde even voordat ik echt in de stilte kon afdalen. Zelfs toen ik eenmaal was opgehouden met praten, merkte ik dat ik nog gonsde van de taal. Mijn spraakorganen en -spieren – mijn hersenen, keel, borstkas, de achterkant van mijn nek – trilden van de na-effecten van het praten, zelfs toen ik zelf allang geen geluid meer maakte. Mijn hoofd tolde van de echo van woorden, zoals ook in een binnenzwembad alle geluiden en al het gegil nog lang lijken na te galmen, zelfs als de kleuters allang weg zijn. Het duurde verbazingwekkend lang voordat al die woorden ophielden met natrillen en de wervelende geluiden eindelijk gingen liggen. Misschien wel drie dagen.

Toen begon alles boven te komen. In die stilte konden alle afschuwelijke en afgrijselijke zaken door mijn lege geest rennen; er was ruimte genoeg. Ik voelde me als een afkickende junkie die lag te stuiptrekken van al het vergif dat naar buiten kwam. Ik huilde veel. Ik bad veel. Het was zwaar en doodeng, maar één ding wist ik wel: er was geen enkel moment waarop ik daar niet wilde zijn, en ook geen enkel moment dat ik wilde dat er iemand bij me was. Ik wist dat ik dit moest doen, en ook dat ik het in mijn eentje moest doen.

De enige andere toeristen op het eiland waren een paar stelletjes die op een romantische vakantie waren. (Gili Meno is zo mooi en afgelegen dat alleen gekken er in hun eentje naartoe gaan.) Als ik naar die stelletjes keek, was ik wel een beetje jaloers op de romantiek waarvan ze genoten, maar ik wist ook: 'Gezelschap krijg je wel een andere keer, Liz. Jij hebt hier een andere taak.' Ik ging iedereen uit de weg. De mensen op het eiland lieten me met rust. Ik denk dat ik iets engs uitstraalde. Ik voelde me al het hele jaar beroerd. Je kunt niet zo'n slaaptekort opbouwen, zo veel afvallen en zo lang zo veel huilen zonder er op een gegeven moment uit te gaan zien als een psychoot. En dus zei niemand iets tegen me.

Hoewel... dat is niet helemaal waar. Er was één iemand die me elke dag weer aansprak: een klein jochie dat deel uitmaakte van een groep kinderen die over de stranden heen en weer rennen en vers fruit proberen te slijten aan toeristen. Dit jochie was een jaar of negen en leek de leider van het stel te zijn. Hij was stoer, strijdlustig en tamelijk gewiekst. Op de een of andere manier had hij prima Engels geleerd, waarschijnlijk door zonnebadende westerlingen lastig te vallen. En hij moest me hebben, dat joch. Verder vroeg niemand me ooit wie ik was, verder viel niemand me ooit lastig, maar dat vasthoudende joch kwam elke dag weer naast me op het strand zitten en vroeg dan: 'Waarom zeg je nooit iets? Waarom doe je zo raar? Doe maar niet alsof je me niet hoort – ik weet dat je me hoort. Waarom ben je altijd alleen? Waarom ga je nooit zwemmen? Waar is je vriendje? Waarom heb je geen man? Wat is er mis met je?'

Ik dacht: *Donder op, rotkind! Wat ben jij voor iets – een afschrift van mijn allerergste gedachten?*

Elke dag weer probeerde ik vriendelijk naar hem te glimlachen en hem met een beleefd gebaar weg te sturen, maar hij hield niet op tot hij me op de kast kreeg. En uiteindelijk kreeg hij me altijd op de kast. Ik weet nog dat ik één keer tegen hem uitviel: 'Ik zeg niets omdat ik verdomme op een spirituele reis ben, klein kutjoch – en nu oprotten!'

Hij rende lachend weg. Hij rende elke dag lachend weg, zodra hij me een reactie had ontfutseld. Uiteindelijk lachte ik zelf meestal ook, als hij eenmaal uit zicht was verdwenen. Ik was als de dood voor dat vervelende joch, maar tegelijkertijd keek ik ook naar hem uit. Hij was de enige komische noot bij mijn zeer zware reis. De Heilige Antonius van Egypte beschreef ooit hoe hij de woestijn inging voor een stille retraite en werd aangevallen door allerlei visioenen van zowel engelen als duivels. Hij zei dat hij in zijn eenzaamheid soms duivels tegenkwam die eruitzagen als engelen, en engelen die eruitzagen als duivels. Toen men hem vroeg hoe hij het verschil had gezien, zei de heilige dat je alleen weet waarmee je te maken hebt gehad door het gevoel dat je hebt als het wezen weer weg is. Als je met schrik vervuld bent, zei hij, was je bezoeker een duivel. Als je je opgebeurd voelt, was het een engel.

Ik denk dat ik wel weet wat dat kutjoch was om wie ik uiteindelijk altijd moest lachen.

Op mijn negende dag zwijgen begon ik 's avonds toen de zon onderging te mediteren en stond ik pas na middernacht weer op. Ik weet nog dat ik dacht: 'Dit is 'm, Liz.' Ik zei tegen mijn geest: 'Dit is je kans. Laat me alles zien waar je verdrietig van wordt. En dan bedoel ik ook werkelijk alles. Hou niets achter.' Eén voor één staken de treurige gedachten en herinneringen hun hand op en stonden ze op om zich voor te stellen. Ik keek naar alle gedachten, naar alle stukjes verdriet, gaf toe dat ze bestonden en voelde (zonder dat ik probeerde mezelf ertegen te beschermen) hun verschrikkelijke pijn. En vervolgens zei ik één voor één tegen al die stukjes verdriet: 'Al goed. Ik hou van je. Ik accepteer je. Kom nu maar mijn hart binnen. Het is voorbij.' En dan voelde ik zowaar hoe het verdriet (alsof het een levend wezen was) mijn hart binnentrad (alsof dat een echte kamer was). Dan zei ik: 'Volgende!' waarop het volgende stukje verdriet naar boven kwam. Daar keek ik naar, dat ervoer en zegende ik dan, en vervolgens nodigde ik ook dat stukje verdriet uit om mijn hart binnen te treden. Dat deed ik met alle verdrietige gedachten die ik ooit had gehad (waarbij ik jaren terugging in mijn geheugen), totdat er niets meer over was.

Vervolgens zei ik tegen mijn geest: 'Laat me nu al je woede zien.' Eén voor één stonden alle incidenten van mijn leven waarbij ik kwaad was geweest op om zich voor te stellen. Elk onrecht, elk verraad, elk verlies en elke woedeaanval. Eén voor één zag ik ze en erkende ik hun bestaan. Ik doorvoelde werkelijk elk stukje woede, alsof ik het voor het eerst meemaakte, en daarna zei ik: 'Kom nu maar in mijn hart. Daar kun je uitrusten. Het is veilig. Het is voorbij. Ik hou van je.' Dat ging urenlang door, waarbij ik voortdurend heen en weer werd geslingerd tussen twee krachtige, extreme, emotionele ervaringen: eerst verschrikkelijke woede, en vervolgens totale kalmte wanneer de woede mijn hart binnenstapte alsof hij door een open deur liep, ging liggen, tegen zijn broers aan kroop en ophield met vechten.

Toen kwam het moeilijkste gedeelte. 'Laat me je schaamte zien,' vroeg ik aan mijn geest. En godallemachtig, wat ik toen allemaal niet voor verschrikkelijks te zien kreeg... Een deerniswekkende optocht van al mijn tekortkomingen, leugens, egoïsme, jaloezie en arrogantie. Daar deinsde ik echter niet voor terug. 'Kom maar op met alle gruwelen,' zei ik. Toen ik probeerde de stukjes schaamte uit te nodigen in mijn hart, bleven ze allemaal aarzelend bij de deur staan en zeiden: 'Nee, geloof me, mij wil je daar echt niet binnen hebben... Weet je dan niet wat ik heb gedaan?' Waarop ik zei: 'Ik wil je wel degelijk. Ja, echt, zelfs jou. Zelfs jij bent hier welkom. Al goed. Ik vergeef je. Je maakt deel uit van me. Nu kun je uitrusten. Het is voorbij.'

Toen dat allemaal achter de rug was, was ik leeg. In mijn geest woedden geen gevechten meer. Ik keek in mijn hart, naar mijn eigen goedheid, en zag hoeveel ruimte er nog over was. Ik zag dat mijn hart nog lang niet vol was, zelfs niet nu ik al die rampzalige schooiers (verdriet, woede en schaamte) had binnengelaten en verzorgd; mijn hart had er gemakkelijk nog meer kunnen opnemen en vergeven. De liefde van mijn hart was onbegrensd.

Op dat moment wist ik dat God op die manier van ons allen houdt en ons allen opneemt, en dat ons universum helemaal geen hel heeft, behalve misschien in ons eigen doodsbange hoofd. Want als zelfs één gebroken, beperkt mens één keer zo'n absolute vergevingsgezindheid en acceptatie van zichzelf kan meemaken, stel je dan eens voor – echt hoor, stel het je voor! – wat God met Zijn eeuwige medeleven allemaal wel niet kan vergeven en accepteren...

Op de een of andere manier wist ik ook dat dit vredige respijt tijdelijk zou zijn. Ik wist dat ik nog niet voor altijd klaar was, dat mijn woede, verdriet en schaamtegevoel uiteindelijk allemaal weer uit mijn hart zouden vluchten, naar mijn hoofd zouden terugkruipen en dat weer zouden bezetten. Ik wist dat ik keer op keer met die gedachten zou moeten afrekenen, net zo lang tot ik langzaam en vastberaden een nieuwe wending gaf aan mijn leven. En ook dat dat een moeilijk en vermoeiend proces zou worden. Maar in de duistere stilte van dat strand zei mijn hart tegen mijn geest: 'Ik hou van je, ik zal je nooit in de steek laten, ik zal altijd voor je blijven zorgen.' Die belofte dreef uit mijn hart omhoog en ik ving hem op in mijn mond en hield hem daar vast en proefde ervan, terwijl ik het strand verliet en terugliep naar het hutje waar ik logeerde. Ik pakte er een oud schrift bij, sloeg het open op de eerste bladzijde, en pas toen deed ik mijn mond open om hardop de woorden uit te spreken en ze vrij te laten. Ik liet die woorden mijn stilzwijgen doorbreken en vervolgens stond ik toe dat mijn potlood hun grootse verklaring op papier zette: 'Ik hou van je, ik zal je nooit in de steek laten, ik zal altijd voor je blijven zorgen.'

Dat waren de eerste woorden die ik ooit in dat geheime schrift van me noteerde, het schrift dat ik vanaf dat moment altijd bij me zou dragen, en waar ik me de volgende twee jaar regelmatig toe zou wenden om hulp te vragen *en die ook altijd te krijgen*, zelfs wanneer ik op mijn allerverdrietigst of allerbangst was. En dat schrift, helemaal doordrongen van die belofte van liefde, was werkelijk de enige reden dat ik de volgende jaren van mijn leven overleefde.

108

En nu kom ik onder opvallend andere omstandigheden terug op Gili Meno. Sinds mijn laatste bezoek aan het eiland ben ik rond de aarde gevlogen en tot een schikking gekomen met betrekking tot mijn scheiding, heb ik het definitieve einde van mijn relatie met David overleefd, alle stemmingsveranderende medicijnen uit mijn systeem gewist, een nieuwe taal geleerd, in India een paar onvergetelijke momenten lang op de handpalm van God gezeten, aan de voeten van een Indonesische medicijnman nieuwe dingen geleerd en een huis gekocht voor een gezin dat heel hard een dak boven zijn hoofd nodig had. Ik ben gelukkig, gezond en in balans. En inderdaad, het ontgaat me niet dat ik deze keer naar dit mooie tropische eilandje vaar met mijn Braziliaanse minnaar. Wat – ik geef het toe! – een bijna belachelijk sprookjesachtig einde aan dit verhaal is, alsof het rechtstreeks afkomstig is uit een huisvrouwendroom. (Misschien zelfs wel uit een van mijn eigen oude dromen.) Wat me er echter van weerhoudt helemaal op te gaan in een sprookjesachtige gloed is het volgende concrete feit, een feit dat de afgelopen jaren werkelijk mijn botten sterker heeft gemaakt: ik ben niet gered door een prins, maar heb zelf mijn redding bewerkstelligd.

Ik moet denken aan iets wat ik ooit eens heb gelezen, iets waar zenboeddhisten in geloven. Zij zeggen dat een eik door twee krachten tegelijk in het leven wordt geroepen. De ene is natuurlijk de eikel waarmee het allemaal begint, het zaad dat de hele belofte en het hele potentieel in zich draagt, en dat uitgroeit tot een boom. Dat weet iedereen. Maar slechts weinigen hebben door dat er ook nog een tweede kracht in het spel is: de toekomstige boom zelf, die zo graag wil bestaan dat hij de eikel tot leven wekt, de zaailing met verlangen uit de leegte omhoogtrekt en hem begeleidt bij zijn evolutie van niets tot volwassenheid. In dat opzicht, zeggen zenboeddhisten, is het de eik die de eikel schept waaruit hijzelf wordt geboren.

Ik denk aan de vrouw die ik de laatste tijd ben geworden, aan het leven dat ik nu leid, aan hoe graag ik altijd al deze persoon heb willen zijn en dit leven heb willen leiden, bevrijd van de farce van doen alsof ik iemand anders ben dan ik ben. Ik denk aan alles waar ik doorheen moest voordat ik op dit punt belandde en vraag me af of ikzelf – ik bedoel, deze gelukkige, evenwichtige versie van mezelf die nu op het dek van dit kleine Indonesische vissersbootje ligt te doezelen – degene was die die andere, jongere, verwardere en erger worstelende versie van mezelf al die jaren naar dit punt toe heeft getrokken. De jongere ik was de eikel vol potentieel, maar het was de oudere ik, de al bestaande eik, die de hele tijd zei: 'Ja – groei! Verander! Evolueer! Ontmoet me hier op dit punt, waar ik al helemaal compleet en volwassen besta. Voor mij moet je uitgroeien tot mij!' En misschien was deze huidige, volledig verwezenlijkte ik wel degene die vier jaar geleden boven dat jonge, getrouwde, huilende meisje op de badkamervloer zweefde, en misschien was die ik wel degene die liefdevol in het oor van dat wanhopige meisje fluisterde: 'Ga terug naar bed, Liz...' In de wetenschap dat alles goed zou uitpakken, dat alles ons uiteindelijk híer samen zou brengen, hier op dit ogenblik, waar ik altijd al kalm en tevreden zat te wachten, de hele tijd zat te wachten tot zij eindelijk aankwam en zich bij me voegde.

Dan wordt Felipe wakker. De hele middag liggen we al in elkaars armen te doezelen, hier op het dek van deze zeilboot van een Indonesische visser. De oceaan laat ons op en neer deinen, de zon schijnt. Terwijl ik daar met mijn hoofd op zijn borst lig, zegt Felipe dat hij in zijn slaap een idee heeft gekregen. Hij zegt: 'Ik moet duidelijk op Bali blijven, want daar zit mijn bedrijf, en het ligt in de buurt van Australië, waar mijn kinderen wonen. En ik moet ook vaak naar Brazilië, want daar zijn de edelstenen en daar heb ik familie. En jij moet in de Verenigde Staten wonen, want daar heb je je werk en je familie en je vrienden. Dus ik zat te denken... misschien kunnen we samen een leven proberen op te bouwen dat op de een of andere manier verdeeld is over Amerika, Australië, Brazilië en Bali.'

Daar kan ik alleen maar lachend op reageren, want tja – waarom ook niet? Het is zo idioot dat het misschien wel werkt. Er zijn vast mensen die zo'n leven absoluut krankzinnig en te zot voor woorden vinden, maar het is wel een zeer goede afspiegeling van mijzelf. Natuurlijk is dat de manier waarop we verder moeten. Het voelt nu al vertrouwd. En ik moet zeggen: de poëzie van zijn idee spreekt me ook wel aan. Dat bedoel ik letterlijk. Na een jaar waarin ik de individuele, interessante i's heb verkend, heeft Felipe me nu een geheel nieuwe reistheorie aan de hand gedaan.

Australië, Amerika, Bali, Brazilië = a, a, b, b.

Net een klassiek gedicht met twee gepaarde rijmen.

Vlak voor de kust van Gili Meno gaat het vissersbootje voor anker. Er zijn geen aanlegsteigers hier op het eiland. Je moet je broek opstropen, van de boot afspringen en op eigen kracht door de branding waden. Dat is absoluut onmogelijk zonder kletsnat te worden of zelfs op het koraal gesmeten te worden, maar het is al die heisa waard omdat het strand hier zo mooi, zo bijzonder is. En dus trekken mijn minnaar en ik onze schoenen uit, stapelen we onze kleine tassen met spullen op ons hoofd en bereiden we ons voor om samen over de rand van de boot te springen, de zee in.

Weet je, het is grappig. De enige Romaanse taal die Felipe toevallig niet spreekt is Italiaans. Maar toch zeg ik het tegen hem, net voordat we springen.

Ik zeg: *'Attraversiamo.'*

Laten we oversteken.

Tot slot: erkenning en geruststellingen

Een paar maanden nadat ik Indonesië had verlaten, ging ik terug naar Bali om mijn dierbaren op te zoeken en Kerstmis en Oud en Nieuw met ze te vieren. Mijn vliegtuig landde net twee uur nadat Zuidoost-Azië was getroffen door een ontzagwekkende tsunami die dood en verderf zaaide. Kennissen uit binnen- en buitenland namen meteen contact met me op, zo bezorgd waren ze om de veiligheid van mijn Indonesische vrienden. Blijkbaar werden de mensen vooral verteerd door deze ene zorg: 'Is alles goed met Wayan en Tutti?' Het antwoord daarop luidt dat Bali absoluut geen schade opliep door de tsunami (behalve emotioneel natuurlijk) en dat ik iedereen gezond en wel aantrof. Felipe stond me op het vliegveld op te wachten (de eerste van vele keren dat we elkaar ergens op een vliegveld zouden treffen). Ketut Liyer zat zoals gebruikelijk op zijn veranda geneesmiddelen te bereiden en te mediteren. Yudhi was onlangs als gitarist aan de slag gegaan in een plaatselijk luxevakantieoord en maakte het goed. En Wayan en haar gezin woonden naar volle tevredenheid in hun prachtige nieuwe huis, ver weg van de gevaarlijke kustlijn, beschut tussen de hooggelegen rijstvelden van Ubud.

Met alle dankbaarheid die ik in me heb (en ook namens Wayan) zou ik nu graag alle mensen willen bedanken die financieel hebben bijgedragen aan de bouw van dat huis: Sakshi Andreozzi, Savitri Axelrod, Linda en Renee Barrera, Lisa Boone, Susan Bowen, Gary Brenner, Monca Burke en Karen Kudej, Sandie Carpenter, David Cashion, Anne Connell (die ook, samen met Jana Eisenberg, een ster in last-minute reddingen is), Mike en Mimi de Gruy, Armenia de Oliveira, Rayya Elias en Gigi Madl, Susan Freddie, Devin Friedman, Dwight Garner en Cree LeFavour, John en Carole Gilbert, Mamie Healey, Annie Hubbard en de ongelooflijke Harvey Schwartz, Bob Hughes, Susan Kittenplan, Michael en Jill Knight, Brian en Linda Knopp, Deborah Lopez, Deborah Luepnitz, Craig Marks en Rene Steinke, Adam McKay en Shira Piven, Jonny en Cat Miles, Sheryl Moller, John Morse en Ross Petersen, James en Catherine Murdock (met de zegen van Nick en Mimi), José Nunes, Anne Pagliarulo, Charley Patton, Laura Platter, Peter Richmond, Toby en Beverly Robinson, Nina Bernstein Simmons, Stefania Somare, Natalie Standiford, Stacey Steers, Darcey Steinke, de meisjes Thoreson (Nancy, Laura en miss Rebecca), Daphne Uviller, Richard Vogt, Peter en Jean Warrington, Kristen Weiner, Scott Westerfeld en Justine Larbalestier, Bill Yee en Karen Zimet.

Ten slotte nog iets heel anders: ik wou dat ik een goede manier wist om mijn dierbare oom Terry en tante Deborah te bedanken voor alle steun die ze me tijdens dit jaar op reis hebben gegeven. Die gewoon 'technische ondersteuning' noemen doet geen recht aan het belang van hun bijdrage. Zonder het vangnet dat ze met zijn tweeën onder mijn strakke koord weefden had ik dit boek nooit kunnen schrijven. Ik weet niet hoe ik hun ooit terug moet betalen.

Uiteindelijk doen we er misschien echter allemaal beter aan om niet meer te proberen de mensen die ons in deze wereld op de been houden terug te betalen. Uiteindelijk is het misschien verstandiger te capituleren voor de wonderbaarlijke reikwijdte van de menselijke generositeit en gewoon altijd welgemeend dank je wel te blijven zeggen, zolang we een stem hebben.

Lees verder in het vervolg op *Eten, bidden, beminnen*

ELIZABETH GILBERT
Toewijding
Een sceptica verzoent zich met het huwelijk

Trouwen, dat nooit! Elizabeth Gilbert en Felipe ontmoeten elkaar in Indonesië en beloven elkaar eeuwige trouw, maar ze zweren ook dat ze nooit met elkaar zullen trouwen.

Hun idylle wordt ruw verstoord als de Amerikaanse inlichtingendienst Felipe op het vliegveld arresteert en hem het land uitzet. Elizabeth en Felipe worden alsnog voor de keuze gesteld: trouwen of nooit meer tot de vs toegelaten worden.

Min of meer veroordeeld tot het huwelijk en in afwachting van de immigratieaanvraag gaan Elizabeth en Felipe op reis. Elizabeth worstelt met de beslissing om ondanks hun eerdere belofte toch te trouwen. Wat is dat toch met het huwelijk? Waarom zijn de materiële consequenties van een romantische verbintenis zo groot? Hoezo zijn die twee zaken eigenlijk aan elkaar gekoppeld?

Met de bekende mengeling van intelligente humor en aanstekelijke warmte gaat Elizabeth Gilbert op zoek naar het wezen van het huwelijk en probeert ze haar eigen gevoelens ten opzichte van het eeuwenoude instituut te begrijpen.

Toewijding is de gedroomde opvolger van *Eten, bidden, beminnen* – een prachtig geschreven ode aan de liefde in al haar complexiteit.

'*Toewijding* is een onderhoudende, met vaart en flair geschreven stoomcursus "trouwen in al zijn facetten".' – *NRC Handelsblad*